AF345298

De Origine Moribus Ac Situ Germanorum Libellus

A. læt. b 1901 üd

C. CORNELII TACITI

DE

ORIGINE MORIBUS AC SITU

GERMANORUM

LIBELLUS.

OMNIUM CODICUM HUCUSQUE COGNITORUM LECTIONE

ACCURATISSIME SUBINNOTATA

NEC NON

DE LIBELLI FATIS ET CODICE CETERORUM OMNIUM FONTE

QUAESTIONE ADDITA.

CURA

IOANNIS FERD. MASSMANN,

BEROLINENSIS.

QUEDLINBURGI ET LIPSIAE.

TYPIS AC SUMPTIBUS GODOFR. BASSI.

MDCCCXLVII.

Germania

des

C. Cornelius Tacitus.

Mit

den Lesarten sämmtlicher Handschriften

und

geschichtlichen Untersuchungen

über

diese und das Buch selbst.

Von

Hans Ferdinand Maßmann,

Dr. Professor.

Mit 3 Steindrucktafeln.

Quedlinburg und Leipzig.

Druck und Verlag von Gottfr. Basse.

1847.

Herrn

Prof. Wilhelm Wackernagel

zu Basel.

Vorwort.

Futuro editori id agendum existimo, ut ad
hunc libellum omnibus mendis purgandum
omnia subsidia critica quae dicuntur col-
ligat, codices iterum iterumque excutiat et
antiquissimum historiae Germanorum mo-
numentum pristino nitori restituat.
Gerlach German. pg. xiv.

Schon im Jahre 1833, als ich in Neapel, Rom, Mailand ꝛc.
neben den gothischen Palimpsesten auch Handschriften der Germa=
nia des Tacitus nachgieng und sie ausbeutete, konnte mir weni=
ger darum zu thun sein, den Schwall von Lesarten oder Schreib=
fehlern des fünfzehenten Jahrhunderts zu häufen, als vielmehr einer
Urhandschrift jenes für uns so wichtigen Büchelchens auf die
Spur zu kommen, an deren Grundlage für alle bis dahin, wie
bis heute, bekannt gewordenen Handschriften, deren keine die Mitte
jenes genannten Jahrhunderts überschreitet, ich schon damals nicht
mehr zweifelte.

Wenn ich jetzt so weit gehe, daß ich sogar die ursprüngliche
Schriftgestalt und Lesart einer solchen mater nachzuweisen oder für
den immer noch möglichen Fall des Wiederfundes vorzubeuten wa=
gen möchte, so hat solches Wagestück oder jenes Bemühen über=
haupt seit dem Jahre 1841, wo Ludwig Troß die Germania
(nebst Dialogus, und Suetonius de viris illustribus) aus einem
bis dahin nicht benutzten, ja gar nicht bekannt gewesenen Coder

auf der Leydener Universitätsbibliothek herausgab [1]), einen hohen Grad der Wahrscheinlichkeit gewonnen.

Der Abdruck jener perizonischen Handschrift führte durch ihre merkwürdigen Texterscheinungen und Doppellesarten (aus deren Doppelbanne keine der übrigen Handschriften sich herausbegibt), durch ihre Buchstabenverwechselungen und Selbstverbeßerungen, nicht minder durch die vom früheren Besitzer, vielmehr Schreiber (dem bekannten, gelehrten Vicekönige von Neapel, Jovianus Pontanus) hinzugefügten geschichtlichen Bemerkungen über die ihm vorgelegene ältere Handschrift und ihr etwaiges Schicksal meine Vermuthung und Untersuchung sogleich eine bedeutende Strecke weiter, worüber ich schon damals in den Berliner »Jahrbüchern für wißenschaftliche Kritik« (1841. n. 87—90.) Nachweisungen (zugleich über die Geschichte des taciteischen Büchleins überhaupt) niederlegte.

Die eben angedeuteten Beziehungen oder Schicksale jener älteren Handschrift, welche Pontanus vor sich hatte und mit eigener Hand im Jahre 1460 höchst sauber, besonnen und sicher abschrieb, waren, wie der Leser im Verlaufe der nachfolgenden geschichtlichen Abhandlung zugestehen wird, ganz dazu gemacht in mir den Glauben hervorzurufen, daß in der vatikanischen Bibliothek unter den vom Pabste Nicolaus V., ihrem Gründer, allerwärts — in Deutschland und Frankreich, wie in Griechenland — aufgekauften und dorthin versammelten Handschriften jene alte Hand- oder Urschrift der Germania, wenigstens aus dem 10. 11. Jahrhunderte, sich wohl noch vorfinden würde.

Ich schrieb deshalb auch an den ständigen Secretair des archäologischen Institutes zu Rom, den so einsichtigen als gefälligen Herrn Dr. Emil Braun aus Gotha, der mir denn auch unterm 8. Juni und 3. August 1842. vorläufig antwortete »Der Codex mit den kleineren Schriften des Tacitus ist mir bekannt: ich habe ihn vor zwei Monaten verglichen. Für die Germania liefert er viel neue Lesarten. Sie scheinen mir beachtenswerth. Bis in's X. Jahrhundert reicht er nicht, aber er ist alt und treu, häufig durch die Unkunde des Schreibers entstellt.«

---

[1] *C. Cornelii Taciti* De origine situ moribus ac populis Germanorum libellus etc. Hammone, typis Schulzianis. 1841. 8.

Auf diese Mittheilung baute ich für einen im Frühjahr 1843 in der K. B. Akademie der Wißenschaften zu München gehaltenen Vortrag weiter, vielleicht augenblicklich schon zu weit, indem ich die gehoffte und mit Recht vorausgesetzte Grundhandschrift für nun schon gefunden hielt, während die endlich mit dem Schluße jenes Jahres (11. Dezbr.) erfolgte freundliche Übersendung der römischen Lesarten so wie näherer Beschreibung von Beschaffenheit und In=halt der fraglichen Handschrift [1]) den bis dahin vorausgewagten Aufbau meines Beweises, wenn auch nicht meiner Überzeugung er=schütterte, diese vielmehr nach einer anderen Seite nur um so stär=ker befestigte.

Das Ergebniß meiner Untersuchung ist fortan nun dieses, daß die nachweisbare Urschrift zwar zur Zeit noch nicht wieder aufge=funden worden ist, des Pontanus Abschrift aber, in Folge ihrer durchsichtigen Genauigkeit und weil alle übrigen Abschriften, die über das Jahr 1460 nicht hinausgehen, auch über die (wesentlichen) Lesarten jener nichts Neues, nichts Andres als jene gewähren, vollkommen als jene Urhandschrift angesehen werden darf und darnach auch, zu überraschenden Ergebnissen, die meist nur unwesentlichen und durch die Schriftunkunde oder Fahrläßigkeit der Abschreiber verschulbeten Abweichungen aller geordnet werden müßen, wie ich denn auch zu thun bemüht gewesen bin.

Schon bei solcher Anordnung der Lesarten wird der geneigte Leser zwischen den Zeilen zu lesen wißen; die nachfolgende ge=schichtliche Abhandlung aber wird durch Zusammenstellung der schlagendsten Fälle gegen ihren Schluß dieses Geschäft und die Anschauung zu erleichtern suchen.

Sollte aber der eine und andre Benützer oder Beurtheiler die=ser meiner Ausgabe jene Überzeugung nicht theilen können, so wird er durch dieselbe doch wohl wenigstens in so weit befriedigt werden, als sie ihm die Lesarten sämmtlicher bis anher bekannt

---

[1]) Cod. Vatic. 4498 (von Brotier schon gekannt, von Gerlach S. xi mit Vatic. Urb. 655. zusammengeworfen). Auch diese Handschrift, die ich 1833 so wenig wie zu seiner ersten Auflage des Agrikola E. Dronke erlangen konnte, ist im fünfzehenten Jahrhundert erst geschrieben und gleichmäßig nur Ab=schrift jener Grundhandschrift. Die Nachweisung in der Einleitung S. 13—15. — Die klare Vergleichung der Lesarten zu Rom fertigte auf Dr. Braun's An=regung Herr Dr. Brunn, dem ich hiermit unbekannter Weise herzlichst danke.

geworbenen Handschriften der Germania geordnet darbie=
tet, zu benen ich auch diejenigen Drucke rechnete, welche, außer der
princeps (Spirenſis) und ihrer Wiederholung durch Beroaldus, im
Anfange des ſechszehenten Jahrhunderts (beſonders zu Nürnberg
und Leipzig) ſelbſtändig — noch aus der gemeinſamen Quelle (zu
Rom) ſchöpften. Mit der erſten Ausgabe des Beatus Rhenanus
(ihm nach Alciatus) im J. 1519 aber ſchloß ich ab, weil in der
zweiten von 1533 bereits ſeine oft treffenden, oft willkürlichen Text=
änderungen beginnen, die [1]) ſeitdem bis jetzt faſt fortgetragen wor=
ben ſind. Was aber würde jede nachfolgende Heßiſche Notierung
von meiſt nur Druckverſehen fruchten, da ja, wie geſagt, ſogar
ſämmtliche Handſchriften des Büchelchens die Mitte des fünf=
zehenten Jahrhunderts nicht überſchreiten und es vielmehr weſent=
lich ſich darum handelt, theils einer auch nur etwas älteren
Handſchrift auf die Spur, theils dem möglichſt älteſten Texte nahe
zu kommen, wofür fortan eben die pontaniſche Handſchrift
gelten darf.

Der erwähnte Abbruck dieſer durch L. Troß konnte mir na=
türlich für meine Zwecke nicht genügen: er war in dieſem Sinne
nicht »ad codicem accurate expreſſus«. Mir wurde aber durch
den ſo gelehrten als gefälligen Geel gleichfalls die Gunſt und der
Vortheil, die Leydener Handſchrift nochmals in dem Sinne abzu=
ſchreiben, wie Troß S. vi von der ſeinigen ſagt ſumma cum cura
ac religione a me factum eſt. namque omnes ſcripturae
apices, naevos etiam et lituras maculasque diligentiſ=
ſime rimatus ſum et annotavi, quo certius de ipſo codice
ferri poſſet judicium, ſtatimque intellexi eſſe ipſum praeſtantiſſi=
mum et auctoritate alios omnes antecedere. Grade deswegen aber
mußte mir die unmittelbare Anſchauung aller Schrift=Abkürzungen
und =Eigenheiten, welche der Troßiſche Druck weder wiedergegeben
hatte noch wiederzugeben vermochte, von höchſtem Werthe ſein.

Die ſchon genannte, der Beſchreibung der Handſchriften und
Drucke ſowie dem Texte der Germania folgende geſchichtliche
Abhandlung hat keinesweges zur Abſicht, über den Zweck des
großartigſten, aber auch räthſelhafteſten aller der Geſchichtſchreibung

---

[1]) Nicht nur ſeine Hertha. Übrigens hat Aventin (Frkf. 1580.
S. 19ᵃ.) Nertha.

unb Völkerkunde anheimfallenden Werke des klassischen Alterthumes abzusprechen.

Ich habe mich nie weder von einer sonderbar sentimentalen, ziemlich unrömischen »Vorliebe« [1]) des sonst so männlichen Ver= faßers [2]) für die von ihm lebhaft und treffend geschilderten Barba= ren, denen er in den ächt römischen Worten maneat quaeso du- retque gentibus, si non amor nostri, at certe odium sui (S. 33) wahrlich nichts Gutes wünscht, überzeugen können; noch vermag ich, so sehr man sich über des Tacitus Wahrheitsliebe und tiefen Haß gegen Laster, Heuchelei, Tyrannei zu freuen hat [3]), an einen seinen entarteten Römern vorgehaltenen germanischen Sittenspiegel zu glauben, welcher urgentibus jam imperii fatis (S. 33) d. i. vor dem wirklich bald erfolgenden allgemeinen Einbruche der Germa= nen in das gesammte römische Reich, sicherlich wenig mehr helfen, höchstens als Denkschrift den Kaiser Trajan von einem thöricht er= neuten Angriffe auf diejenigen abhalten konnte [4]), welche durch Wehrhaftigkeit und sittliche Kraft nun schon über zwei Hundert Jahre triumphati magis quam victi (S. 33) waren. Aber auch denen kann man sich eben so wenig unbedingt anschließen, welche den fast immer für sich erscheinenden Libellus für eine aus den Historien oder Annalen herausgerißene oder dafür bestimmte Epi= sode [5]) zu halten geneigt sind, der bekannten Schilderung der

---

[1]) Admiratione abreptus: Walch zum Agrikola S. 122 ꝛc.

[2]) Man vgl. nur den klaren und ruhigen Ausspruch über den Werth der Gegenwart Ann. III, 65.

[3]) Nihil falsi dicere, nihil veri omittere ausus sagte schon Puteolanus so schön als wahr von Tacitus. Vgl. Hofmeister Die Weltanschauung des Tacitus (Eff°, 1831); Scharpff Darstellung der politischen und religiösen Ansichten des Tacitus. Einladungsschrift z. Feier des Geburtsfestes S. M. des Königs (Rottweiler, 1843); Eckstein Prolegomena in Taciti, qui vulgo fertur, dialogum de oratoribus in M. Schmidt Ad scholae latinae gy- mnasii Halensis Examen sollemne (Halae Saxon. 1835. 4°. S. 68—70.).

[4]) Sieh Passow in Wachler's Philomathie 1818. 1, 39. 40. 50. (wieder abgedr. in s. Vermischten Schriften, Leipz. 1843); Rühs Die zehn ersten Ca- pitel ꝛc. S. 56.; Rommel Diss. de Taciti descript. German. Marburg, 1805. S. 18.; Gerlach Historische Studien. Hamburg u. Gotha, 1841; Ame= lang im Encyclopädischen Journal. Cleve, 1774. I. und Andre.

[5]) Sieh U. Becker in Seebode's Neuer kritisch. Bibliothek 1825. II, 195; Falk in Kieler Beitr. 1821. II; Luden (Deutsche Gesch. I, 431. 696—700.)

Juden (Hist. V, 2. 4. 8. 13. II, 4. 85 ꝛc.), der kürzeren über die Britten (Agric. 11—13) oder der cäsarischen über die Sueven und Gallier (B. G. VI, 11—20) nicht unähnlich, wobei nur nicht vergeßen werden darf, daß nach Tacitus eigenen Andeutungen (S. 37. vgl. Plinius Epist. II, 7.) die Germania früher als die Historien (H. I, 1.) und die Annalen (A. XI, 11. IV, 32.) geschrieben sein möchte [1].

Von allen diesen Betrachtungsweisen enthielt ich mich dort zu handeln, wo es mir zunächst einzig darauf ankam, das räthselhafte, immer noch nicht vollaus ermittelte erste Wiedererscheinen der Germania aufzuhellen, die in allen früheren Jahrhunderten kaum mehr gekannt und genannt, erst in der zweiten Hälfte des fünfzehenten Jahrhunderts aus deutschen Klöstern wieder nach Italien wanderte, um, sobald die inzwischen gleichfalls in Deutschland erfundene Buchdruckerkunst jene von Venedig aus in unser Vaterland zurücktrug, hier, wo kurz darauf der Welt auch die fünf ersten Bücher der Annalen wiedergegeben wurden, mit dem ungetheiltesten Jubel begrüßt zu werden [2]. —

---

sah sogar nur unzusammenhängende Notizen in dem Buche, wogegen Seebode a. a. O. 1825. S. 2., Leo in den Berliner Jahrbb. f. wißensch. Kritik. 1827. S. 140., die Hallische Literaturzeitung. 1827. S. 119 ꝛc. auftraten.

[1] Vgl. Süvern über den künstlerischen Character des Tacitus, S. 122.; Passow a. a. O. S. 34.

[2] Luther achtete sogleich auf Tacitus (Wider Hanswurst 1541. u. Tischreden: f. S. 158.); ebenso Joh. Agrikola (Dreyhundert Gemeyner Sprichwörter 1529); Spalatin und Hutten schrieben Armin's Leben (Ausgaben f. in Maßmann's Arminius Cheruscorum dux ac decus, liberator Germaniae. Lemgo. 1839. S. XVI. XVII.) und Melanchthon besorgte selber eine Ausgabe der Germania zu Wittenberg bei Clug 1538, bei Joh. Lufft 1557 (f. Maßmann a. a. O. S. XVII.), die öfter wiederholt wurde (vgl. Melanchthon's Widmung von 1559 zu Melanthonis epigrammatum libri tres collecti ab Hildebrando Grathusio Vfsleniensi. Wittenb. Crato. 1560. 8. hierselbst S. 168.); nicht minder Conrad Celtes in Wien (und Nürnberg), Beatus Rhenanus zu Basel, Bilibald Pirkheimer (?) zu Nürnberg u. f. w. Im folgenden Jhd. schrieb Hagelgans Armin's Leben (f. Maßmann S. XVII.); Schöttel rühmt die Germania („Der treffliche Römer Cornelius Tacitus, ein Mann, der die Spitze der Klugheit angeschliffen, hat sowol in seinen Annalibus als vornemlich in einem eigenen Büchlein die Sitten unsrer Vorfahren, zwar kürzlich, doch aufs fleißigste beschrieben") und Freiherr Hans Aßmann von Abschatz, der 1646 geboren, 1699 starb, singt schon (in seinem schönen Liede „Nun ist es Zeit zu wachen, eh Deutschlands Freiheit stirbt") „Ein Hermann

Die genannte geſchichtliche Abhandlung ſpricht zuerſt von der Geſchichte der Germania in den früheren Jahrhunderten, wobei die der übrigen Schriften des Tacitus, namentlich der kleineren (Dialogus und Agricola) um ſo weniger umgangen werden konnte, als ſie auf das Schickſal jener (der Germania) Licht zu werfen im Stande iſt; verfolgt hienach das Wiederauftauchen des Buches in der erſten Hälfte des fünfzehenten Jahrhunderts und ſucht darzuthun, daß das auf ſolche Weiſe um 1439 in Hersfeld vorhandene Volumen Taciteum wahrſcheinlich dieſelbe Handſchrift geweſen, welche, von Enoch von Ascoli für Nicolaus V. aus Deutſchland heimgebracht, im Jahre 1460 von Jovianus Pontanus zu Rom mit dem Dialogus de oratoribus und Suetonius de viris illuſtribus abgeſchrieben wurde.

Von ſelbſt kehrt die Abhandlung hienach zur genaueren Prüfung des pontaniſchen Textes und ſämmtlicher übrigen, damit eng zuſammenhangenden Handſchriften zurück.

Erſt jetzt, nachdem dieſe alle verſammelt [1]) und unter Einem Geſichtspunkte geordnet erſcheinen, wird es möglich zu einem gra-

---

wird ſich finden, der eure Reihen führt“. Im J. 1740 ſingt Laurentius (in Monumenta Romanorum in Thuringia. Gotha. 4º.) Armin's Lob in (natürlich lateiniſchen) Verſen und will ihn an des Perſeus Stelle an den Sternenhimmel verſetzt haben. — In Froben's Ausgaben des Tacitus (1519) und Vellejus, in Opera Divi Caecilii Cypriani ep. carthag. von Erasm. Roterod. (Baſel, Froben. 1521. fol.) u. ſ. w. zeigt die Holzſchnitteinfaſſung des Titels oben in der Mitte Arminium, ihm links gegenüber Varvs Qvintilivs, ganz rechts S. P. Q. R. mit dem römiſchen Reichsadler, endlich die Worte Tandem . vipera . ſibilare . deſiſte (mit der Zahl 1517 und dem Zeichen *A-I*, das auch in Varus Schilde als /H wiederkehrt). — Zu Mainz bei Juo Schöffer erſchien 1535 eine Überſetzung des Tacitus „Der Römiſchen Keyſer Hiſtorien durch C. Tacitum beſchrieben“ von Jacob Micyllus, wiederholt 1612 zu Frankfurt; 1634 erſchien zu Amſterdam eine holländiſche Überſetzung von C. Hoofe (T. in't Hollandtſch vertaalt); 1657 erſchien zu Frankfurt eine zweite deutſche von Grotnitzen von Grobnou (dem Behütenden in der fruchtbringenden Geſellſchaft), der der Dialogus fehlt. In der Mainzer Ausgabe von 1535 ſteht die Germania Bl. 437: Das Buch | Cornelij Taci=|ti von ben ſittē | vnnd völckerñ | der alten Teut=|ſchen ‖.

[1]) Ceterum rectius ſane de codicum velut ſtemmate judicare liceret, ſi omnes omnium librorum manuſcriptorum variantes lectiones accurate excerptos haberemus. *A. Wiſſowa* Lection. Tacitin. Specim. III (Ratibor, 1832. 4º.). S. 12.

phiſchen Ergebniſſe zu gelangen, daß, wenn auch weniger der Ger=
mania ſelbſt (dieſe hat weit mehr von deutſcher Sprachforſchung ge=
wonnen und zu gewärtigen), doch der Beurtheilung alter Texte
überhaupt zu Statten kommen wird.

Berlin, am 5. Dezember 1845.

H. F. Maßmann.

Inhalt.

I.
Die Handschriften und ersten Drucke
der Germania [1]).

A. Die Handschriften
(von 1460 — 1502).

Vorbemerkung. Da alle Handschriften der Germania durch=
aus nur dem fünfzehnten Jahrhunderte angehören, höchst wahr=
scheinlich auch sämmtlich erst nach 1460 angefertigt worden sind
(die meisten obenein sicher aus der Einen gleichen Quelle), da so=
mit Pergament oder Papier, schönere Schrift oder unscheinbareres
Äußere hier nicht mehr entscheiden können, sondern nur innerer
Werth und dieser hier wieder nur auf genauerem Wiedergeben des
Einen gemeinsamen Grundtextes beruhen kann, so werden die
Handschriften hier zur leichteren Übersicht gleich nach dem ABC
ihrer in dieser Ausgabe gebrauchten Bezeichnungen aufgeführt.

1) **A** — Cod. Arundelianus, aus welchem Fr. und Abrah.
Gronovius einige Lesarten angaben und der nach Passow (Ger=
mania S. vii) in Oxford liegen sollte, was aber der dortige Bi=
bliothekar Panizzi (Gerlach S. x) verneinte. Auch im Britti=
schen Museum zu London, wohin alle Arundelischen Handschrif=
ten kamen (Catalog I), ist er nicht [2]).

Ernesti (S. xxv) und danach Becker (I, xx) nennen **A** einen
Codex Bilibaldi Pirkheimeri, dessen Bibliothek freilich in jene
Arundelische, somit in das Brittische Museum übergieng [3]).

---

[1]) Über die Handschriften des ganzen Tacitus sieh Walther I, xv—xxii,
über die Ausgaben xxiii — xxxvi; Ruperti I, xcvii — cv und cx — cxvi
u. s. w.

[2]) Sieh **L** (S. 4.).

[3]) Sieh Maßmann über die Bilibald Pirkheimerische Bibliothek in den
Bayrischen Annalen. München, 1835.

übrigens stimmt nicht, wenn J. F. Gronow zu Germ. 3. aus **A** *barditum*, dagegen Peter Burmann Sec. (zur Antholog. lat. II, 440) *blandicum* anführt.

Bartels versprach in seiner Ausgabe die Lesarten von **A** mitzutheilen. Woher?

Sieh Seebode's Kritische Biblioth. 1824. S. 1418; 1825. S. 190; Archiv für Philologie. I, 4, 682. — Ruperti I, cvi, 1 (und cviii oben).

2) **B** — Cod. Babenbergensis, den Passow (S. viii) und demnach Gerlach (S. xi) aufführt, als von Franc. Modius für Lipsius zwar mehrfach, doch nicht sorgsam genug verglichen (Ernesti S. xxiii, Becker I, xix), ist von jeher in der Bamberger Bibliothek nicht mehr zu finden gewesen, wie Jäck mir erneut mittheilte.

Schon Ernesti sagt, nachdem er von einem irrthümlichen Würzburger Codex des Tacitus gesprochen: Fama etiam *quondam* fuit de codice antiquo Taciti, qui *Bambergae* servaretur. Sed Franciscus Modius a Lipsio de eo consultus rescripsit (t. I, Coll. ep. Burm. p. 107) *falsam* illam famam esse, nec quicquam ibi reperiri *nisi paucas e libello de moribus Germanorum plagulas,* easque recenti manu scriptas (vgl. **K**).

3) **F** — Cod. Florentinus [1]) in der Bibliotheca Laurentiana (Plut. LXXIII. cod. XX; Montfaucon S. 38.), Pergam. 4°. 15. Jhd. — schön und klar geschrieben. Goldenes Anfangs=C auf Bl. 1. mit einem Brustbilde (des Apicius?) und vorderer Randverzierung zu dreien Seiten, mit Engeln und Vögeln; unten das mediceische Wappen (mit acht rothen Knöpfen in goldenem Schilde).

Die Handschrift enthält 1) nach rother Überschrift Apicii Celii Epimeles [2]) incipit liber primvs (de re coquinaria oder culinaria) 11 Bücher, auf Bl. 1ᵃ—45ᵇ; 2) nach rother Überschrift C. cornelii taciti eqtif r. de origine & situ germa-|nie liber incipit ‖ auf Bl. 45ᵇ—59ᵃ; mit goldenem (und blau=grün=rothem) Anfangs=G. Schluß Cornelii taciti equitif r. libelluf de situ germanie finit. — 3) nach rother Über=

---

[1]) Den Farnesianus s. unter **N** (S. 5.).
[2]) Gedruckt Amsterdam, Janson. 1709.

ſchrift Francisci aretini ¹) elegia, in qua rurſum alloqtur rogatq ut libellū suū epiſtolarum diogeniſ reddat pio ſecundo pontifici maximo; auf Bl. 59ᵇ — 60ᵃ. (Anfang Ad uaticani preclara palatia petri Vnde precor noſtri diua thalia memor; Schluß Candiduſ exſupereſ ſeriuſ aſtra pie). — 4) Ad sanctiſſimū clementiſſimū prem & dominum Pium secundū pontificē maximū in Diogenis philoſophi epiſtolaſ Francisci aretini prefatio ²).

Die Handſchrift ſtimmt in allen ihren Verleſungen am Meiſten mit **Rb** und **Rf.** Alle drei leſen romane (discipline), uicum urbem agit, nox ducere dum (ſt. diem) videtur, mox rerum (ſt. rex) uel princeps, inſuper po crate, dum opinamur (ſt. dum puniantur), Veledum; doch hat **F** beßer als jene nerthum (**Rbf** nehertum), deos celūqꝫ (**Rbf** deos deumqꞌ); doch auch wieder (ſtatt humis hoſtiis) urniſ ³), wie **Rb** hurnis, **Rf** hur-|nis. — Die Saß= und Sinntrennung in **F + Rbf** iſt wild: ne armentiſ quidem suuſ honor, aut gloria: frontiſ numero gaudent. — quia nec terra olim, ſed claſſibuſ aduehebantur. Qui mutare ſedeſ querebant. — Statim 6 ſomno, quē plerunqꝫ in diem extrahunt. Lauantur ſepiuſ calida aqua: ut apud u. ſ. w.

Vgl. Ruperti I, cvııı (beklagend, daß er noch nicht verglichen ſei). 4) **H** — Cod. Hummelianus: Papier, 15. Jhd. — Zuerſt beſeßen von Friedrich Hummel, Rector zu Altdorf, dann von Chriſt. Theob. Adam Dorfmüller, Paſtor und Rector zu Werben.

Hummel theilte die Handſchrift an Paul Daniel Longolius mit, der die Lesarten in den Leipziger Druck von Lotters 1509 (ſ. **L²**) eintrug und benußte (Progr. ad Tacit.); wie Bahrdt in ſ. Überſetzung und Jörbens in ſ. lateiniſchen Ausgabe genau beſchreiben.

Hummel ſelbſt gab Auszüge in ſ. Bibliotheca librorum rarorum rariorumque (Nürnberg, 1776. I, 2, 212. n. 32) und Bi=

____

¹) Im Jahre 1443 in Siena, ſpäter Lehrer zu Piſa und Ferrara, zuletzt uuter Sixtus **IV.** zu Rom.

²) Dieſelben Verſe mit des Diogenes epiſtolis ſelbſt in **Rf.**

³) Obſchon ſie ſonſt hiſdem (ſt. iisdem), cohercere ſchreibt.

bliothek deutscher Alterthümer S. 41. § 2. — Genauer (obschon mir des Longolius Eintragung noch Manches ergab: f. **K**) theilte Selling (Observationes criticae in C. Cornelii Taciti Germaniam. Augsb. Kollmann. 1830. 4°.) die Ausbeute mit.

5) **K** — Cod. Kappianus (et „Longolianus"). — Papier, 15. Jhd., nur Hptst. 8—43 enthaltend (und deshalb vielleicht gleich mit **B**??).

Die Handschrift oder der Band wurde auf meine Anregung im J. 1839 vom Consistorialrathe Dr. Kapp in Baireuth, dem Sohne des taciteischen Joh. Kapp ebendaselbst, für die K. Hof= und Staatsbibliothek zu München (Cod. lat. 947. 4°.) erkauft und enthält 1) die Druckausgabe der Germania Leipz. Lotters 1509 (nicht Nürnberg, wie Passow S. xi und daraus Gerlach S. xiv meint), auf deren Titel bemerkt steht Contuli cum codice chartaceo | non multum supra typographiae | natales adscendente communicato a *V. A. Hummelio*, qui in sua Bibliotheca Nono Tom. I. Part. II. N. 32. eius dedit specimina | *J. D. Longolius* [1]). — Die Lesarten sind eingetragen. — 2) das Bruchstück jener besonderen Papierhandschrift der Germania (Ende Hptst. 8—43, beginnend diu apud plerosq3 numinis loco habitam) auf einem Quaternio von 8 Bl., in Seiten von 29 Zeilen.

6) **L** — Cod. Londinensis f. Harleijensis. 1895. im Brittischen Museum: Papier, kl. Fol., 15. Jhd. in Italien geschrieben. — Überschrift C. Cornelii Taciti oratoris de origine et situ Germanorum liber. (Vgl. **A**.)

Panizzi in London theilte die Lesarten an Gerlach (S. x) mit, dieser Jenes Abschrift an mich.

7) **M** — Cod. Monacensis auf der K. Hof= und Staatsbiblio=

---

[1]) Joh. Daniel Longolius (Sohn des Predigers Renatus Friedrich zu Sohland, der 1698 starb), geboren 1677 zu Rückersdorf in Meißen, gestorben 1740 zu Bauzen. Sein Sohn war Paul Daniel Longolius, geboren 1704 zu Kesselsdorf bei Dresden, der 1779 als Rector in Hof starb. Von ihm erlangte Joh. Kapp obigen Band, der seine Verbindung oben genannter Bestandtheile (hinten befinden sich noch einige wenig bedeutende Pergamentbruchstücke) wohl schon durch Longolius erhielt: auf dem Deckel steht die Zahl 163. — Dieß sind also die **Codd. quidam Longolii** bei Passow S. 37, Ruperti I, cvi und Andren.

thek zu München (feiner Herkunft nach bezeichnet als episc. Chiemfee: N. 7.). 15½ Bl. kl. 4°. Papier, 15. Jhb. [1]).

Enthält 1) 2) Defcriptō terre fancte. — 3) mit rother Über= fchrift Cornelij Taciti de origine et Situ Germanorn; mit rothen Anfangsbuchstaben. Jeder Satz hebt für fich befon= ders an. Schluß (roth) Cornelij Taciti de origine et fitu ger= ma|norum Liber Explicit.

Eine gewiffenhaft gefchriebene Handfchrift, obfchon Fehler nicht fehlen: nolo für uolo, huic ft. hinc, actorpio ft. torpor, fe= cundi ora ft. fecundiora, fulmen ft. flumen. Spuren älterer Handfchrift in verberibus (ft. uberibus), gerefe (ft. gerere 47). Vni facerdoti (40) hat fie gemein mit **F**, eben fo diuerfi (26).

8) **N** — Cod. Neapolitanus, Farnefianus [2]) auf der K. Bi= bliothek (Studij): Bibl. Reg. IV, c, 21. Pergament, gr. Fol. (je 30 Zeilen die S.). 15. Jhb.

Enthält 1) (mit goldenen Buchstaben) C. CORNELII TACITI RO|MANAS HISTORIAS SCRIBEN-|TIS EX HIS QVI REPE- RIVNTVR LI-|BER PRIMVS INCIPIT . LEGE FELICITER ‖ NAM [3]) VA-|

---

[1]) Ich wiederhole hier, was ich fchon 1841 in den Berliner Jahrbb. für wiffenfch. Kritik Nr. 87, Sp. 690 bemerken mußte, daß mir nicht angerechnet werden könne, was Gerlach in feiner Ausgabe der G. an dem ihm 1834 von mir geliehenen handfchriftlichen Apparate (Lesartenfammlung) verfchuldete, wenn er X. ftatt XV. Jhb. druckte. Machte er doch auch aus plut. LXXIII nur XXIII; aus MCCCCLXIX ein MCCCCLXIV; aus pap(yraceus) ein mon. pop. 4. R. 7.; aus claffis (S. xII) ein Claffic. und S. xIV lieft man in Cornelii Tacitum. Dinge wie hercyninus S. 47, commigra- vemerint S. 43, chuctorum S. 49, tum S. 58, cancorum S. 54, ca- nent S. 49, mathones (ft. inuthones) S. 67, exftat (ft. extera!) S. 51 fallen dem zur Laft, der S. 70 im Texte nach Burii wegen Wiederkehr deffel= ben Wortes eine ganze Zeile auslieft und durchgängig meine Handfchrif= tenbezeichnung verwechfelte; fo wie er nicht beachtete, daß, welche Hand= fchriften oder Drucke ich je in den Lesarten nicht befonders anzeigte, mit dem drüber geftellten allgemein üblichen Texte ftimmen. Hätte dieß der Heraus= geber einfach bedacht, fo hätte er nicht nöthig gehabt an meiner Achtfamkeit zu zweifeln, wie es S. 5. 9. 22 34. 39. 46. 48. 51. 56. 60. 64. wie zum Danke und faft fpaßhaft gefchieht. Wenn er aber S. 73. 76 2c. omnes Mafmanni codices fagt, fo habe nicht ich die Flüchtigkeit zu verantworten; eben fo bei dem durchaus falfchen it fama (S. 71) cett. Mafmanni codices u. f. w.

[2]) Weil früher im Farnefifchen Palafte in Rom, mit deffen Schätzen er nach Reapel wanderte.

[3]) Im N fitzt ein bärtiger Mann mit einem Buche auf feinem Schofe.

LERIVM ASIATICV͞ᴹ. | BIS CONSVLEM FVISSE . QVONDA͞ | ADVLTE-
RVM EI⁹ | CREDIDIT PARITER|Q³ ORTIS IHHYANS. | QVOS ILLE A
Ĩ ceptos
LVCVLLO | emptos infigni magnificen-|tia extollebat. Si uillum
accufandis utrifq₃ inmittit. Adiun-|gitur u. f. w. — 2) mit
golbenen Buchftaben C. CORNELII TACITI DIALOGVS | DE
ORATORIBVS FOELICITER ĪCIPIT (auf 18½ Bl.). Anfang:
Sepe ex me | reqviris Ivfte fabi cvʳ | Priora fecvla tot eminĕ-|
tium oratorum ingenijs gloriáq₃ | floruerint noftra potiffimum
ętas | deferta et laude aeloquentiae or-|bata uix nomen ipfum
oratoris re-|tineat? — 3) mit golbenen Buchftaben C. COR-
NELII TACITI DE ORIGINE ET | SITV GERMANIE̦ LI-
BER INCIPIT | (auf 11½ Bl.). Anfang: GERMANIA | OMNIS Á
GALLIS RETI-|ISQ³ ET PANNONIIS RHE-|no & danubio fluminibus,
á farmatis | dacifq₃ mutuo metu aut montibus fepa-|ratur, ...
Schluß: Cæte-|ra iam fabulofa hellufios et oxionas ora hominum
uul-|túfq₃ et corpora atq₃ artus ferarum gerere . quod ego ut |
incompertum in medium relinquam. ∾ Τελωσ. ∾ ‖. — 4)
mit golbenen Buchftaben C. SVETONII TRANQVILLI DE
GRA᷍-|MATICIS ET RHETORIBVS INCIPIT (auf 9ᵃ Bl.).
Anfang: Grammatica | Romae Ne In Vfv Qvid' | Olim. Nedvm
In Honore ‖ Vllo Erat Rvd. s. Ac....; Schluß: conuocatáq₃
plebe caufis propter quas | morj deftinaffet diu ac more con-
cionantis redditis abfti-|nuit cibo. amaro atzhrli. Am Ranbe
baneben vacat 1 exemplarj ¹).

Diefe Handfchrift benutzte fchon Lipfius (führte fie aber nur
fechsmal an), Jacob. Gronovius und Corbinelli. Niebuhr
fanb biefelbe in Neapel wieber ²), förberte ihre Lesarten an J.
Becker; nochmals las fie Karl Wilh. Schluttig ³) aus Sachfen für Döberlein, ber bie Lesarten an Walther mittheilte ⁴).
Die Germania fchrieb ich 1833 ganz ab.

Unten am Ranbe Seneka's Tob im Babe unb Rom's Branb, babei Nero in
golbener Rüftung.

¹) In ber Germania fteht mitten in ber Zeile hermum-duris: bas ex-
emplar brach fo ab; baher auch Ɓc (Vatic. 1518) hermü-|durif zeigt.

²) Eckftein (Prolegomena in Taciti q. v. f. Dialogum. 1835. S. 62)
macht immer noch zwei Handfchriften baraus.

³) Starb am 12. October 1830 zu Rom.

⁴) Vgl. Walther IV, VII. VIII; Ruperti I, C—CI. CVIII—CIX.

Paſſow (S. viii) überſchätzte die Handſchrift; eben ſo Eck=
ſtein [1]). Richtiger würdigte ſie ſchon Kloßmann (Prolegom.
in dialogum de orator. claris, qui Tacito vulgo adscribitur.
Breslau, 1829. S. 6.: Cod. Farnes. per totum libellum minor est fides) und Gerlach (S. xi: cui plurimum pretii ſta-
tuit Paſſovius, inter deteriores Germaniae codd. referendus).

Die Handſchrift muß im Kloſter geſchrieben worden ſein: dar=
auf deutet nicht nur der Mönch im Anfangs=N, ſondern auch in
der Germania die Lesart ſanctitatiſ ſtatt civitatis; vielleicht
auch Vesta ſtatt veste (vgl. **Rd** unten S. 17.) u. ſ. w.

Die Lücken in der vorgelegenen Handſchrift ſind ſorgſam an=
gemerkt; theils durch Freilaßen halber und ganzer Seiten, theils
durch Randbemerkungen von gleichzeitiger Hand; z. B. zum
Schluße von B. 6.: Hic plurimum deficit; zur Mitte von B.
10.: Hic plurimum deficit, zum Schluße: Deeſt hic aliquᵘtulm;
zur Mitte von B. 11. (nach den Worten Illi uetereſ militiaſ in
cuneoſ congregauit): Hic aliquot libri deſunt, zum Schluße:
Hic plurimum deficit. Eben ſo heißt es im Dialogus (nach
den Worten Cum ad ueros iudices uentum): Multum deficit in
exemplaribus q reperiuntur.

9) **P** — Cod. Pontani Lugdunensis, d. i. der Leybener Uni=
verſitäts=Bibliothek XVIII. Periz. C. 21. [2]), „Ex legato Viri
Clariſſ. Jacobi Periſonii“ (auf Bl. 1ᵃ unten gedruckt aufgeklebt).
Pergament, 59 Bl. 4º., je 22 Zeilen — vom Jahre 1460.

Enthält: 1) Bl. 2ᵃ—30ᵃ mit rother Überſchrift CORNELII
TACITI DIALO-|GVS DE ORATORIBVS INCIPIT: ∾ ‖ Anfang:
Saepe ex me requiriſ Jûſte Fabi, cur cū | priora ſecula tot

---

[1]) Dieß gieng aus Lipſius Urtheil hervor, der der Handſchrift zu ſeiner
Zeit für den Dialogus viel zu verdanken eingeſtändig war: Quum deprava-
tiſſimus vulgo circumferretur libellus, nulla pagina sine vulnere et vi-
bice, admirabile est quantum a *Farneſiano* codice in eo ſanando ſimus
adjuti. Multi hiatus expleti, verba et lineae integrae inſertae, centeni
aliquot loci emendati. In notis meis ea ſaltem tangam, quorum vel in-
ſignis correctio eſt vel ambigua. reliqua recepta in textum ſatis ſit
verbo jam nunc praedixiſſe e *Farneſiani* libri fide eſſe. — Etwas that
auch wohl die äußere Sauberkeit oder Schönheit der Handſchrift, die aus der
Schreibſchule der für Matthias Corvinus geſchriebenen Handſchriften hervorgieng.
[2]) Oder φ 21.

eminentiū oratorū inge|nīſ gloriaq₃ floruerint, noſtra potiſſimū |
ętaſ deſerta, et laude eloqūtiæ orbata uix nomen ipſum orato-
riſ retineat. Neq; enim ita | appellemuſ niſi antiquoſ; Schluß:
ac ſimul aſſurgeſ, et aprū cōplexuſ, Ego inqt | te poetiſ meſ-
ſala, cū antiqᵃriiſ, crimī abimuᵣ. Aᴛ ego | uoſ rhetoribȝ et
ſcholaſticiſ ɪqt. Cū arriſiſſēt, diſceſſim⁹. | ꜰɪɴɪᴛ ꜰɪɴɪᴛ
ꜰɪɴɪᴛ ¹). —

2) Bl. 31ᵃ — 47ᵃ roth: CORNELII . TACITI . DE ORI-
GINE . SITV . MORIBVS .| AC POPVLIS . GERMANO-
RVM LIBER . INCIPIT : ∾ || Anfang: Gᴇrmania omniſ a galliſ
rhetiíſq₃ et pannoniiſ | rheno et danubii flumɪbuſ. á ſarmatiſ
daciſ-|q; mŏtuo metu aut mōtibuſ ſepatur . coetera | oceanuſ
ambit . latoſ ſinuſ . et ɪſularū ɪmēſa ſpatia | cōplecteſ nup co-
gᵗiſ qbuſdā gētibuſ ac regibuſ. qᵒſ | bellum apuit . Rhenuſ
rheticarū alpiū ɪacceſſo ac | pcipití uertice ortuſ modico flexu,
ⁱⁿ occidētem | uerſuſ, ſeptētrionali oceano miſcetur . Danubíuſ |
molli et clemter edito mōtiſ Arbonę iugo effuſuſ | pluriſ po-
puloſ adit, donec ɪ pōticū mare ſex me-|atibuſ erūpat. ſeptimū
oſ paludibuſ hauritur. | Schluß: Cðetera iā fabuloſa || 47ᵃ
          Ɪ etionaſ
helluſíoſ et oxionaſ ora hoíum uultuſq₃ corpora | atq₃ artuſ
ferarū gerere. qð ego ut ɪ compertū | ín mediuͫ relin-
quaM.: ∾ : ∾ : ∾∾ | Fɪɴɪᴛ |

3) Bl. 47ᵃ — 59ᵇ: Suetoniuß De viris illuſtribus und zwar
a) unmittelbar an den Text der Germania ſich anreihend das
Namenverzeichniß der darin abgehandelten GRAMMATICI . ꞮL-
LVSTRES und RHETORES ²); ſodann b) auf Bl. 47ᵇ mit rother Überſchrift Caii . Suetoníi Tranquílli . De viriſ il-
luſtribȝ | Liber incipit: ∾ DE GRAMMATICIS. Anfang:
Gʀamatica romę ne in uſu qdem olim, nedū ɪ | honore ullo
erat, rudi ſcilicet ac bellicoſa etiā | tū cíuitate.ʼ necdū magno-
pere liberalibuſ diſciplʼis: ³) | uacāte. Jnitíū qᵒq₃ ei⁹ medio-
cre extitit? ſiqdem | antiqſſimi doctorū qdem et poetę et ſe-
migręci | erāt ꝛc. Schluß (mitten auf S. 59ᵇ, die nur noch 6½

---

¹) Das erſte und dritte Finit roth. — Bl. 30ᵇ leer, obſchon mit Linien
bezogen.

²) Ihre Folge ſieh bei Troß S. 97. 98.

³) Am Rande diſciplīʝſ.

Zeilen zählt): in formā ˌpuīciẹ redigerēt᾽, M. inſuper Brutum ┤
cuiuſ ſtatua in ipse ū erat, ꝛuocaret legū ac li-|bertatiſ au-
torē et uindicē, pené poenaſ luít | Jam auſ ſenior ob uitiū
uomicẹ nouariā re-|díít . cōuocataq₃ plebe, cauſiſ ˌppter quaſ
mori | deſtinaſſet díu ac more cōcionātiſ redditiſ | abſtinuít
cibo: ⌒ || Am Rande aber ſteht Ampli⁹ reptū nō | eſt ad
huc. | deſt᾽ rhetoreſ XI. || —

Die Handſchrift iſt auf ſchönem weißen Pergamente geſchrie=
ben, mit breiten Vorderſtegen und Rändern oben, unten und zur
Seite; die Schrift vortrefflich und gleichmäßig klar durchgeführt.
Äußerſt wenige Fehler (leichter Art) nur entgiengen der aufmerk=
ſamen Durchſicht desſelben Schreibers, welcher ausſtrich, unter=
punktierte, auskratzte, unmittelbar beßerte oder barüber ſchrieb,
ſchwankende Doppellesbarkeiten aber durch ł oder vel andeutete.
Fleißige Randbemerkungen, theils von derſelben Dinte mit dem
Texte, theils von blaßerer Dinte, theils flüchtiger, immer aber
von derſelben Hand (des Textes) — gewähren fortlaufende In=
haltsüberſicht oder Anhalte für die Latinität oder Erinnerungen
aus Dichtern [1]), Beſtätigungen aus Geſchichtsforſchern des Al=
tetthumes, ſo wie Lebenserſcheinungen aus der Zeit des Schrei=
bers und Anmerkers [2]). Wo im Texte von der blaßeren Dinte
Verbeßerungen, Unterſcheidungszeichen ꝛc. erſcheinen, zeigt ſich
auch am Rande ſtets von der ſchwärzeren Textbinte irgend ein
vorausgegangenes Merkzeichen (Strich oder zwei Punkte), von
der blaßeren Dinte und verbeßernden Hand aber auch ein gleich
ſchwacher Nebenſtrich neben jenem Merkzeichen, zum Beweiſe,
daß der Fehler getilgt oder verbeßert ſei.

Die Handſchrift (in braunrothem Lederbande, mit der Ziffer
21), mit Jakob Perizonius ſonſtigen Handſchriften an die Uni=
verſitätsbibliothek zu Leyden vererbt [3]), war früher in Italien:

---

[1]) So Bl. 7ᵃ Jvv. | Macnlonuſ cōmodat ẹdeſ | ac lōge ferrata dom⁹
ſer|uire iubetur | — Et q̃ cōductio pendent | anabathra tigillo |; Bl. 7ᵇ
Silua placet muſiſ und Q᾽d q̄ritur ſacriſ niſi tantū | fama poetiſ?; Bl.
10ᵇ Neq; eīm lacrimanda | poete morſ cui ˌppetuo | fama ſuperſteſ erit.

[2]) Zu adulatio (Bl. 10ᵃ) fügt der gewiegte und bewanderte Staatsmann:
qd᾽ ad curialeſ et | aulicoſ ꝑincipū totū pertiner᾽ uidetᵘ.

[3]) Perizonius, geboren 1651 zu Dam, gebildet zu Dortrecht, Utrecht
und Leyden, ward 1681 zu Franecker, 1693 zu Leyden als Profeſſor angeſtellt;

dafür sprechen a) auf der inneren Seite des vorderen Holzdeckels die Worte d'amore. | fiore amorofo von einer Hand des 15. Jhb.; b) die Inschriften auf Bl. 1ᵃ (das wie die übrigen Blätter mit 22 Linien bezogen ist), nach einigen Federproben fe o qqest | queft ‖ Si oq ques |, von derselben fauberen welschen Hand des 15. Jhb. Super ægrof manuf imponent, & bene ha bob ob (tiefer unten quer abwärts von derselben Hand die Feder= probe I qo quo oniam). Jener felbe Spruch von derselben Hand wiederholt sich auf der Kehrseite des Blattes

> Super ægrof manuf imponent & bene habebūt.
> Iᴇsuf Mariae filiuf mūdj faluf, & dūs ¹) p̄ merita
> B. Vincētij cōfefforis, fit tibi clemēs et propiti⁹ Amē.

Am Sicherften aber für Herkunft der Handschrift aus Italien spricht die auf Bl. 1ᵇ über dem eben beigebrachten Spruche stehende, von der Hand des ganzen Textes in der Handschrift geschriebene, rothe Bemerkung

> Hof libellof Iouianuf pontanuf excripfit M. CCCC.
> nuper adinuētof et in lucē relatof ab Enoc LX
> Afculano quāquā fatif mendofof martio m̄fe
> · ż ·

Hiernach ist, was in der Einleitung über die Geschichte der Ger= mania sich geltend machen wird, diese schöne und befte aller Handschriften im Jahre 1460 vom gelehrten Jovianus ²) Pontanus, dem Vicekönige von Neapel, mit eigener Hand aus

---

als er am 6. April 1715 daselbst starb, vermachte er der dortigen Univerfitäts= bibliothek eine Kifte mit Handschriften, worunter auch die obige war. Wie Perizonius zu dieser Handschrift kam, ist unermittelt. In seinen Animad-verfiones hiftoricae (Amfterdam, 1685. 12⁰.) kommt nichts davon vor.

¹) Von dūs an geht die Schrift ins Flüchtige, Curfive über, namentlich aber von tibi an. — Derselbe Wahlspruch, von derselben Hand, kehrt noch= mals Bl. 16ᵃ wieder (fuper ægros manuf imponent, & bene habebūt). Eben fo steht nochmals auf dem zum Binden dienenden schmalen Pergament= ftreifen Super ægros.

²) Ursprünglich Johannes (Giovanni) Pontanus, geboren 1426 zu Cerreto in Umbrien (daher er sich zum Suetonius felber Jᴏᴠ. Pᴏɴᴛᴀɴᴠꜱ ᴠᴍ-ʙᴇʀ ᴇxꜱᴄʀɪᴘꜱɪᴛ unterzeichnet), erzogen zu Neapel von Antonius Panormitanus, später felbft Erzieher, Geheimschreiber und Staatsrath des Königs Alfons, feit 1471 Ferdinands I., endlich Vicekönig von Neapel, schrieb bekanntlich auch eine Geschichte der Könige Ferdinand und Johann von Arragonien (3 Bde. 1575.

einer älteren Handschrift abgeschrieben worden, welche Enoch
von Ascoli erst kurz vorher nach Italien (in lucem — ad nos)
heimgebracht hatte.

Der Letztgenannte war früher vom Papste Nicolaus V. zum
Erwerbe griechischer Handschriften für die von ihm, dem Papste,
begründete vatikanische Bibliothek nach Griechenland oder der
Türkei geschickt worden [1]). Aus einer roth geschriebenen lán=

Fol.) und starb 1503. Seine Werke erschienen 1518 zu Venedig 4°., 1538 zu
Basel 4°. (3 Bde), 1556 zu Basel 4°. (4 Bde) mit den Gedichten, die 1533
zu Venedig besonders herausgekommen waren.

[1]) Josephus Lentus (Clarorûm Asculanorum praeclara facinora.
Rom, 1622.) handelt nur auf zwei Seiten von Enoch von Ascoli und nennt
nicht einmal seine Lebensjahre. Nachdem er seine Verdienste um Rhetorik auf=
gezählt, fährt er S. 37. über desselben Ausbeute in Griechenland schwülstig
fort: Verum dum huius viri vires in docendo, litterariae Reipublicae
dignitati, iuxta funt atque ornamento, illud accidit, *quod nomen illi com-
parauit*, in omnes aetates perhonorificum. Traces ac Maomethani, et fi`
doctrinae expertes, illiq. non mediocriter infenfi, *Bibliothecam* tamen
Graecorum longe luculentiffimam fiue librorum confertam multitudinem
fpectes, fiue Codicum pretiofam fupellectilem, fiue rerum quae in volu-
minibus inerant, opulentam exiftimationem, iniquiffimè occupatum, de-
mentiffimè retinebant. Jacebant praeftrictis omnibus bonis, acri dolo-
ris morfu, occifae litterarum opes, et indigniffimum in modum, com-
mentariorum infepultae, cernebantur fepulturae. Lugebant bonae artes,
moerebant ftudiofi, fquallebant Lycea, afflictabantur Academiae, Exhe-
drae demum ipfae tam falutarem, tam fplendidum librorum reducem
aduentum, defiderabant. Interim *Summus Pontifex*, fuum polliceri praefidium *Enocho*, fi *dolo auri*, aut uirtute animi, rem tantam, è barbaro
imperio extorquere poffet. *Enochus*, fapienti et altiori mente praeditus,
omnem movere lapidem, donec res prospere fcilicet cefferit. Quam ob
rem non folum nutantes *litteras latinas* confirmauit, uerum *Graecam fa-
cundiam* tuendo melius propagauit latius.

Mehr Einblick gewährend sagt Fr. Philelphus in einem Briefe an Ca=
liftus vom Jahre 1456 (gebr. Paris Jo. Petit. Fol. CLVII, B. XIII, cp. I.,
mitgetheilt von Muratori III, 2, 926.): Nuncios et negotiatores mifit (Nicolaus) quam plurimos per *univerfam Europam* cum grandi pecunia,
quam diligentes ubique odorarentur, fi quid *latinae* gravitatis et elegan-
tiae usquam lateret, idque nullius pretii habentes (?) rationem omnino
ad fefe devehendum curarent. Scio unum ex iis fuiffe, *Enochum Afcu-
lanum*, qui quondam fuerat *Florentiae auditor nofter*, una *Aenea ifto Sil-
vio*, qui nunc Senae gerit epifcopatum. Is enim Enochus in *Daciam*
usque profectus eft, et, *ut referunt aliqui*, in Candaviam usque, quae
quam longiffime ultra reliquas omnes infulas, de quibus exftet memo-

geren Randanmerkung des Pontanus zum Anfange des Suetonius (Bl. 47ᵇ) erfahren wir, daß derselbe Enoch von Ascoli
von Nicolaus zum selben Zwecke auch nach Frankreich und
Deutschland geschickt worden sei und von hier die Handschrift heimgebracht habe: Temporibus enim Nicolai quinti pon-
tificis maximi Enoch ᵉAsculanus in Galliam et inde in
Germaniam profectus conquirendorum librorum gratia, hos,
quamquam mendosos et imperfectos ad nos retulit.

Wenn das hier wiederholt wie in jener oben mitgetheilten
Vorbemerkung gebrauchte satis mendosos auch auf innere Fehler (des Textes) gemeint sein mochte, so deutet das hier zur
Vervollständigung hinzugefügte imperfectos doch bestimmt den
äußeren Zustand der dem Pontanus vorgelegenen Handschrift
an, den wir schon in der oben (S. 9.) mitgetheilten Schluß-
bemerkung des Suetonius (Amplius repertum non est adhuc.
desunt rhetores XI) als solchen erkennen mußten, und über dessen Verstümmelung wir in jener längeren Randbemerkung zum
Suetonius, die in der geschichtlichen Abhandlung noch ausführlicher mitgetheilt werden wird, eine merkwürdige Erzählung erhalten. Die von Pontanus beklagte Unvollständigkeit der Handschrift (libros imperfectos) gibt sich aber noch an einer anderen
Stelle kund: auf Bl. 26ª nämlich, im Dialogus des Tacitus,
bricht Zeile 8. inmitten mit dem Worten cū ad ueros iudices
uentum ab, die folgenden 8 Zeilen sind leer gelaßen (Z. 17. setzt
fort rē cogitāt. nihil humile ut abiectū eloq poterat) und am

---

ria apud priscos rerum scriptores posita est in mari *oceano e regione
Germaniae ad septentrionem.*

Tiraboschi (Storia della lett. ital. XIV, 215—216. Florenz, 1797. 8.)
nennt, mit Bezug aber auf Filelfo, Joh. Manetti und Muratori, in der Übersetzung jener wesentlichen Worte die fragliche Insel auch **Candavia,** worin
man am Ende doch sCand(in)avia vermuthen muß, ähnlich wie im Solinus
(bei Hattemer I, 41.) dafür Gangauia steht oder wie im Wittechind von
Corvey (bei Meibom I.) aus Jornandes est in oceano ... insula nomine
Sulza statt **Scandza, Scantza.** — Vgl. übrigens Jahn's Jahrbb. für
Philologie und Pädagogik. 1830. V, 12. S. 460—462.

Platina (Vite e fatti di tutti i sommi pontiff. Rom. Venedig, 1543.
f. 216.) sagt von Poggius und Enoch: **Poggio allhora ritrovò Quinti-**
liano et *Enoch Asculano* **trovò Marco Celio Appitio e Pomponio Porfi-**
rione, egregio scrittore nelle opere d'Oratio.

Rande bemerkt Pontanus derāt ı exēplari | sex pagelle ue-|
tustate cōsuptę [1]): Pontanus hatte somit eine Handschrift
vor sich, deren einem Quaternio drei Blatt (sex pagellae) weg=
geschnitten oder zerstört waren. — Jene allen Handschriften des
Dialogus eigene oder gemeinsame Lücke wird in der geschichtli=
chen Einleitung zur Sprache kommen.

10) **R** — Cod. Romanus Vaticanus 4498: Pergament (32 B.,
zwischen gezogenen Linien, mit bezeichneten Quaternionen von je
10 Bl., nur Bl. 110ᵃ nicht bezeichnet); 15. Jhd. gr. 8.

Enthält: 1) Frontinus de aquaeduct. (1ᵃ); 2) Rufus de
prouinciis (20ᵇ); 3) Suetonius de grammaticis et rhetoribus
(36ᵃ); 4) Plinius [2]) de viris illustribus (45ᵇ); 5) Taciti
agricola (63ᵇ); 6) Taciti dialogus de oratoribus (78ᵃ);
7) Taciti Germania (97ᵇ); 8) M. Junii Nypsi de Men-
suris (109ᵇ) unvollständig; 9) Incerti de ponderibus (111ᵃ);
10) Senecae ἀποχολοχύντωσις (112ᵇ); 11) Censorinus de
die natali (119ᵃ — 145).

Jede neue Schrift beginnt mit neuer Seite. — Die Lücke
im Dialogus des Tacitus (cp. 35. nach Cum ad ueros Iu-|
dices uentum), angedeutet durch die Worte hic multum deficit,
erfolgt auf der Mitte der zweiten Seite von Bl. 93; erst mit
Bl. 94ᵃ oben folgt rem cogitare ꝛc. — Suetonius schließt,
wie immer, mit den Worten et abstinuit cibo, bricht aber auf
der Mitte der ersten Seite von Bl. 45 ab, auf dessen Kehr=
seite dann der vermeinte Plinius de illustr. Rom. folgt, wäh=
rend das Bruchstück von Junius Nypsius die Seite schließt.

Der Dialogus des Tacitus beginnt (78ᵃ): C. Cornelij
Taciti Dialogus de Oratoribus (roth) | (S)Aepe ex me

---

[1]) Vgl. **Rc** (S. 16.).

[2]) Ohne Zweifel das Werkchen, das, von Procas dem Albanerkönige be=
ginnend, unter Plinius Namen 1447 zu Venedig (PLINII SECVNDI ORA-
TORIS | nouocomensis Liber illustrium viroꝶ de Proca re|ge Albano-
rum || Schluß: ANDREA VENDRAMINO .| PRINCIPE | VENETIIS
IMPRESSVM | M CCCC . LXXVII . NONIS IVNII .| 4º.) und 1506 zu
Cöln bei Quentel (Plinii secundi tunioris liber | illustriũ virorum | a con=
dita urbe. 4º.), zu Straßburg aber unter Suetonius Namen (1510 bei
Joh. Knoblauch, 1577 bei Schurer) als Liber de viris illustribus herauskam.
Sieh Panzer VI, 48.

requiris Iuſte Fabi cur cum prio-|ra ſ̧cula tot eminentium
oratorum inge|nijs gloriaq₃ floruerint: noſtra potiſſimɑ | ̧tas
deſerta & laude eloquenti̧ orbata.| uix nomen ipſum oratoris
retineat.̃ Neq₃ | enim ita appellemus niſi antiquos ꝛc.

Die Germania beginnt (97ᵇ) mit rother Überſchrift: ‚C. Cor-
nelij Taciti de origine & ſitu Germanorum.| Gɛrma-
nia omnis a Gallis Retijsq₃ & Pan-|nonijs Rheno & Danubio
fluminibus: & | Sarmatis Dacisq₃ mutuo m̧tu aut mō-|tibus ſ̧-
patur. Çtera Oceanus ambit. latos ſinus & inſula ꝛ̟ ı̄menſa
ſpatia complectens | nnper cognitis quibuſdam gentibus ac Re-
bib, qⁿs | bellum aperuit. Rhenus ŗtica ꝛ̟ alpium inacceſſo |
ac pŗcipiti uertice ortus modico flexu in occiden-|tem uerſus
Septentrionali oceano miscetur. Danu-|bius molli & clementer
̧dito montis arboņ iugo effuſus plures populos adit, donec in
ponticum mare | sex meatibus erumpat. Septimum os palubib꞊
hau-|ritur.

Der Suetoniuß beginnt (36ᵃ) mit rother Überſchrift C.
Suetonij Tranquilli hiſtorici de Grāmaticis prohemium (folgt
baß Namenverʒeichniß; bann bie rothe Überſchrift) De inuen-
tione grammatices | Gɛammatica olim Rom̧ ne i€uſu quidem,
ne dum in | honore ullo erat, rudi ac bellicoſa ꝑͬ ciuitate, nec
tnc | magnopere liberalibus diſciplinis uacante.̓. Initium q°q₃|
& poeţ & ſemigŗci erant. Liuium & Ennium dico.|· quos
utraq₃ lingua domi forisq₃ docuiſſe notum eſt. ni-|hil amplius
q̄ gŗcos interpretabantur ac ſi quidem ipi latine compoſuiſ-
ſent: latine perlegebant ¹). — Bl. 42ᵇ Mitte (roth) Liber
primus ſinit | Suetonij Tranquilli hiſtorici de Rhetorib꜀ Liber
ij (baß Namenverʒeichniß, bann) De Rhetorices inuentione et
inuentoribus.|

Die Hanbſchrift war ſchon von Brotier getannt unb be꞊
ſtimmt alß bem 15. Jhb. anheimfallenb ertannt; entgieng mir
aber 1833, wie ſie auch Dronte (Agritola, Außg. 1, S. vɪɪ.)
ſpäter nicht erlangen tonnte ²), inbem Maggiorani nur Cod.

---

¹) Dieſer Text enthält mehr Abweichungen.

²) Auch Ruperti I, cvɪɪ, 11.: qui codex non amplius reperitur in
bibliotheca Vaticana et fortaſſe in aliquo ejus angulo deliteſcit. Vgl.
G. Kämmerer De indole ac pretio codicum mſs. Taciti Agricolae et
editionum veterum ad Lipſienſes (Breßlau, Richter. 1842. gr. 8.) S. 31.

Vat. 3429 für den Agricola anzugeben wußte, bis sie Dr. Jakob
Clemens von Cöln für die zweite Dronkesche Ausgabe des Agri=
cola wieder hervorsuchte und verglich ¹).   Auch Pertz (Ital. Reise)
und Walther (Ausgabe) kannten und nannten sie nicht.

11) **Ra** — Cod. Romanus Vaticanus 1862: Papier, 15. Jhd.   *B*
Fol.

Enthält (nach dem innen stehenden Inhalte) Corneliuſ ta-
cituſ De origine et ſitu geᵘmanoʒ Et Suetoniuſ trāqlluſ De
grāmaticiſ & rhetorib⁹ (mit gleichem Schlußabbruche); ſpätere
Hand fügte hinzu Cornelius Tacitus de oratoribus, was
auch folgt. Die Germania umfaßt 12½ Bl. — In der Schrift
langes Schluß=ſ, alte Formen (truciſ — pluriſ — conpluriſ —
inpotentiſ — triſ; captiuom — uoltu neben uultu), Unterſchei=
bungszeichen ſinnig, Abkürzungen ü — t̃ — qₛ, q̃ u. ſ. w. —
Von guter Hand geſchrieben. Breiter Rand. Bl. 1ᵃ goldener
Anfangsbuchſtabe; unten ein Wappen mit ſchwarzem Adler.

Brotier kannte die Handſchrift unter derſelben Nummer, be=
nutzte ſie aber wenig. — Vgl. Pertz Ital. Reiſe S. 45.; Ru=
perti I, cᴠɪɪ, ₉. — Ich zog ſie 1833 genau aus.

12) **Rb** — Cod. Romanus Vaticanus VRB. 655: Pergament,
15. Jhd. Fol. Schön geſchrieben, mit ſchön vergoldeten An=
fangsbuchſtaben, die in Blumen und andere Gebilde ausgehen.
Die kleineren Abſchnitt=Anfangsbuchſtaben blau, die der Bücher
golden.

Enthält: 1) Bl. 1ᵇ (oben y̅h̅s, dann in abwechſelnd goldenen
und blauen Zeilen) IN HOC CODICE CO|ɴᴛɪɴᴇɴᴛᴠʀ ʜɪsᴛᴏ-|
RIARVM CORNELII TA|ᴄɪᴛɪ ᴀ ʟɪʙʀᴏ ᴠɴᴅᴇ|CIMO VSQVE
IN VI|ɢᴇsɪᴍᴠᴍ sᴇᴄᴠɴᴅ|VM ET EIVSDEM DE | sɪᴛᴠ ɢᴇʀᴍᴀ-
ɴɪᴀᴇ | LIBER VNVS . ꝗ. (darunter ein leeres, von zwei En=
geln getragenes Wappenſchild, das auch im Cod. Urb. des Ca=
tullus ſteht, der auch von gleicher Hand geſchrieben und geziert
iſt). Bl. 2ᵃ (golden) CORNELII TACITI HISTORIOGRA-
PHI FRAG|MENTVM LIBRI VNDECIMI INCIPIT FELICIT̅|̅
(roth) ɴᴀᴍ ᴠᴀʟᴇʀɪᴠᴍ . ᴀsɪᴀ|ticum bis conſulem fuiſſe quō|dam
adulterum eius credidit; mit den Lücken Bl. 89ᵃ (Schluß der

---

¹) Ern. Dronke C. Cornelii Taciti de vita et moribus Iulii Agricolae liber. (Fulda, Müller. 1844. gr. 8.).

Annalen) deficit; Bl. 140 (zu Ende B. 8), Bl. 191ª (B. 20) hic deficit; Bl. 201ᵇ Schluß ne temeraretur opus. — Bl. 199ᵇ steht require superiuſ, von anderer Hand Iſta parſ ɪ ſupra ɪ libro XXº ſub hoc ſigno 0—0. — 2) Die Germania Bl. 204ª: CORNELII TACITI DE SITV GERMANIE LIB̄ | ɪɴᴄɪᴘɪᴛ, mit goldenem Anfangs = G (roth blau grün durchwunden).

Durch die ganze Handſchrift gehen Randbemerkungen von gleichzeitiger Hand mit uł oder cᵉ (balb crede, balb corrige) beginnend, aus denen ein ſinniger Leſer, oft zu eigenen Lesarten greifend, hervorleuchtet. Daß dieſer Randſchreiber ein Italiener war, zeigt ſich aus der Änderung heluetii citeriora ulteriora beii.

Schriftſpuren der alten Vorlage in hurnis hoſtiis ſt. humis (wie in **F** urnis, in **Rf** hur-|nis: ſ. oben S. 3.), farmeam ſt. frameam, tractemur ſt. -entur, mirantur ſt. -mur, Nehertum (wie **Rf**), Veledum (wie **Rf** u. **F**), deos deumqʼ (wie **Rf**; in **F** celūqʼ), romane (ſt. ratione, mit **RfF**), diſcipline (mit **Rf** u. **F**), nox ducere dum (ſt. diem) videtur (mit **RfF**), rerum ſt. rex (mit **RfF**), inſuper pocrạte (mit **RfF**), dum opinamur ſt. puniantur (mit **RfF**).

Dieſe Handſchrift kannte weder Brotier, noch nennen ſie Andere. Gerlach verwirrt ſie mit Vat. 4498 (**R**). Ich verglich ſie 1833 genau.

12) **Rc** — Cod. Romanus Vaticanus 1518: Pergament, 15. Jhd. (Ende). gr. Fol. [1]).

Enthält: 1) Horatii Flacci vita und Porphyrioniſ uiri doctiſſimi in lyrica Horatij commentum: incipit feliciter; 2) Porphyrionis in poetriam horatiī commentum incipit feliciter (40ª); 3) C. Suʈtonii tranquilli de grammaticis & rethoribus Incipit (161ᵇ); 4) C. Cornelii taciti dialog⁹ de oratoᵘibʒ (173ᵇ) mit der Lücke (180ᵇ) und der Randbemerkung hic defunt ſex pagellae (ſ. **P** S. 13. oben); 5) C. Cornelii Taciti de origine et ſitu germanorum (189ᵇ—198) [2]).

Spuren der alten Vorlage in eleuⁿſcos ſt. cheⁿuſcos, hermuⁿ-|duris wie **N** hermum-duris mitten in der Zeile. — We=

---

[1]) Brotier ſagte: videtur 14. ſecul.
[2]) Bl. 189 und 190 ſind doppelt.

nige Abkürzungen pro rᵘo, qᵉrebāt, ımēſus, ultᵃ, uocĕtᵘ, geʼmani, tʼra, aſpam ꝛc.

Brotier kannte ſie unter obiger Nummer und Pertz nennt ſie demgemäß (Ital. Reiſe S. 145.). Vgl. Ruperti I, cvii, 8.

14) **Rd** — Cod. Romanus Vaticanus 2964: Papier, 15. Jhd. Fol. ¹).

Enthält: 1) Cornelius Tacitus de origine et situ Germanorum (1ᵃ—11ᵃ); 2) De oratoribus (12ᵃ) Bruchſtück, mit der Lücke (15ᵇ) von Hptſt. 26 (ego autem exſpectabam ut incuſato Aſinio …).

Nicht ſehr ſorgſam geſchrieben. — Spuren der älteren Vorlage in populatᵘ ſt. populatio. Aus Rheni alveo machte der Schreiber den Alpheus. (Vgl. **N** oben S. 7.)

Gekannt von Brotier unter derſelben Nummer. — Vgl. Pertz Ital. Reiſe S. 45., Ruperti I, cvii, 10. ²).

15) **Re** — Cod. Romanus Vaticanus Palat. Ottobon. 1795: Papier, 15 Jhd. („Ex codicibus Ioannis Angeli Ducis ab Alcaemps.“)

Enthält: 1) De prioris Italiae regibus; 2) Cornelij . Taciti viri cōſ dʼ ſitu ac moribᵍ germanie libellus ıcipitur (roth) Bl. 24ᵃ—30ᵇ, unvollſtändig, nur bis Hptſt. 13 (Expetᵘtur enim legationibꝫ et muneribus ornātur et ipſa plerᵘqꝫ).

Ältere Formen pluris populos, pluris deo ortos, tris filios ꝛc.

Dieſe Handſchrift kannte Niemand. Ich verglich ſie 1833 vollſtändig.

16) **Rf** — Cod. Romanus Angelicae Bibliothecae (Auguſtinorum) Q. 5. 12: Papier, vom J. 1466. 4º.

Enthält: 1) De Germaniꝭ ſitu opuſculum Foeli|citer incipit (roth); 2) lateiniſche Verſe (des Franz Aretin) auf Papſt nicolaus lumine qntᵍ ſupas aſſumptᵍ in auras und Eneae laudeſ pontificisqꝫ p̄ij ³); 3) Incipiunt ꝫpiſtole Diogenis Phʼi

---

¹) Liegt inne in R. 2965 (Papierhandſchrift Cornelij Taciti quod repit′: die 11 — 21 Bücher der Annal. und Hiſtor. mit den bekannten Lücken). Beide Nummern (2964. 2965) ſind darum jetzt dem Deckel von 2965 aufgefügt.

²) Die Leſung ACRINYPrion iſt Irrthum aus Verkennen des *C . Π . K . Γ*: es ſteht *ACKIΠYPΓION* (ἀσκιπυργιον), wie auch in **Re** *ACKIΠYPΓION* ſteht, gleich **RaRcN**. — **Rb** hat Lücke für das Wort, wie **Rf**.

³) Dieſelben Verſe und Briefe in **F** (oben S. 3.).

2

De | graeco in **Latinum** traduct̄ ſermon̄: | Per Franciſcum Aretinum [1]). — Am Ende ſteht Finiſ 1466.

Die Schreibung der Handſchrift ſehr bequem: Abbrechen nach dem Raume (ge-|rmania, aſp|eram, ba|rditum, augura|ntur), falſche Unterſcheidungszeichen (quia nec t'r|a olim ſed claſſibus ad ue-hebantur. Qui mutare ſedes querebant), Lautverſetzungen aus vorgelegenen Abkürzungen (ſermitus, -pre cuneos, pre pagos, crete, uterqȝ nationes, parua, Matrem), Lautauslaßungen aus bemſelben Grunde (iuſſi, coruptus, curu, terorem, erore neben errare, interogate; vgl. t'r|a), Spuren der alten Schrift (ciuium ſt. auium; nox ducere du m videtur ſt. diem, mit **RbF**; re-rum ſt. rex, mit **RbF**; inſuper pocrate ſt. crate, mit **RbF**; dum opinamur ſt. puniantur, mit **RbF**; deos deumqȝ mit **Rb**; hur-|nis ſt. humis, mit **Rb** hurnis, **F** urnis; aborſ ſt. a boiis; beii ſt. boii), Hereinziehen von Gloſſen (manet illuc bo-|emionem . al' borhenum . nomen, wie **Rb** am Rande hat illuc boiiemionem nomen), Verſchrei=bungen (meatu ſt. metu, rate icarum ſt. reticarum, ſe meati-bus erumpat, adverſis oceanus, eius filium, bardicum). Viele der hier aufgeführten Lesarten (eben ſo Nehertum ꝛc.) laßen ſie ganz mit **Rb** (und **F**) zuſammentreffen [2]).

Dieſe Handſchrift war unbekannt: ich verglich ſie 1833.

17) **S** — Cod. Stotgardienſis, Cod. Hiſt. IV, n. 152. der Privatbibliothek des Königs: Papier, 15. Jhd.

Nach dem Schluße zu Neapel geſchrieben; zunächſt aus dem Kloſter Komburg ſtammend (Bl. 1: Ex Bibliotheca Chomber-gica).

Enthält: 1) Luc. **Florus**, **Rufus Sextus**, Nomina pontificum et imperatorum bis zum Jahre 1460. Eine zweite Hand hat Verbeßerungen und Randbemerkungen, ſo wie kurzen Inhalt angebracht.

Die **Germania** iſt überſchrieben C. Corn. **Taciti de ori-gine ritu et moribus Germanorum.** Im Hptſt. 27. ſteht zwiſchen den Worten viris meminiſſe und Haec in cōmuni roth Liber Secundus; eben ſo in Hptſt. 41. Tertia pars operis.

---

[1]) Sieh vor. S. Anm. 3.

[2]) Bl. 3. ſoll dem Texte nach Bl. 5. ſein (es iſt verſchrieben, nicht ver-bunden: es folgen 1. 2. 5. 3. 4. 6. 7. ... 12. in der erſten Lage).

Diese Handschrift ward verglichen von Heß (Variae lectionn. 1838; vgl. Seebode Kritische Bibliothek 1819. S. 297.; Archiv für Philologie 1824. I, 4. S. 682.), von Gerlach (S. xiii) und für mich nochmals genau von Dr. Ferd. Fellner zu Stuttgard.

Ruperti I, cvi führt sie nur dem Namen nach auf.

18) **T** — Cod. Turicenſis, in der Bibliotheca Carolina Rep. C. 56: Papier, vom J. 1502. Fol.

Enthält: 1) Iaſonis Magni I. C. Eq. Romani ad fereniſſimum Maximilianum invictiſſimum Romanorum regem in auſpicatiſſimis ejus et Auguſtae Blancae Mariae nuptiis Epithalamium. 2) Cornelii Taciti illuſtriſſimi hiſtorici de ſitu, moribus ac populis Germaniae, libellus aureus: 6 Bl. mit einer Lücke vom 8 — 16. Hptſt., die durch 3 Zeilen angedeutet iſt. Der Titel iſt wie in den Ausgaben 1469 (**B¹**). 1472 (**Bo**). 1475 (**M¹**). 1476 (**B²**). 1497 (**B³**). 1502 (**B¹**). 3) Fabularius a Magiſtro Conrado de Marc | Anton civitatis Turicenſis ſecundum ordinem alphabeti cum aliqua diligentia compilatus et tandem completus Anno Domini MCCLXXIII in vigilia aſſumptionis beatae virginis Mariae, indictione prima. — Schluß der Handſchrift Tranſcriptum manu Petri Numagen Treverenſis, capellam Sancti Leonhardi prope Turegum. Anno Domini milleſimo quingenteſimo ſecundo. Die XII. menſis Iunii.

Die Handſchrift wurde ſchon von J. J. Breitinger für Erneſti fleißig verglichen, L. Orelli ſchilderte ſie aber genau in Symbolae criticae et philologicae in C. Cornelii Tacit. (Zürich, 1829. 4°.). Vgl. Ruperti I, cvii, 7.

19) **V** — Cod. Venetianus: Append. miſcellaneorum Claſſis XIV, n. 1. Codd. Latt. — Papier, 1464 zu Bologna geſchrieben, 223 Bl. Fol.

Enthält (von verſchiedener Hand, im J. 1467 wohl zuſammengefügt): 1) Aeneae de piccolominibus ſenenſis epiſcopi poſtea pii pape Secundi tractatus de ortu Gothorum (Bl. 2ᵃ—41ᵇ). 2) Ejusdem oratio ad principes ungariae (41ᵇ— 95ᵃ, wonach bis 101ᵃ leere Blätter, wie von 116ᵇ—120ᵇ und Bl. 194. 195 und die Blätter nach 222). Beide Stücke von einer und derſelben Hand des 15. Jhh. 3) Ejusdem oratio

ad ambiaſcatores regis Galliae (101ᵃ — 116ᵃ ohne Überſchrift)
von etwas ſpäterer Hanb. Am Schluße Pii pape II oratio re-
ſponſiua ad orationem oratorum gallorum in celebri Conuentu
Mantuano publicę habita & diuinitę recitata. Drunter von
berſelben Hanb Opus abſolutum. ad petitionem **Jo. Marcha-
noue** artium & mędicinaę doctoriſ. p. Bononię. M CCCCLXIII|.
4) Bullen beßſelben Papſtes Pius II. von ſpäterer Hanb (121ᵃ
— 148ᵃ unorbentlich geſchrieben mit leeren Blättern bazwi-
ſchen). 5) **Suetoniuſ Tranquillus de Grammaticis**
(166ᵇ — 184ᵇ); am Schluße Opuſ abſolutum Bononiae, anno
D . M CCCC LXIII|. Aᴅ Petitionęm **Jo. Marcanoue.** Von
berſelben kleinen, aber ſauberen Hanb ber folgenbe Tacitus.
6) **Cornelii Taciti Liber de ſitu et | Origine Germa-
norum** (186ᵃ — 193ᵇ): 38 Z. bie S., mit Leſarten (aⱡr) am
Ranbe. Am Schluße Opuſ absolutum Bononiae anno dn̄i
M CCCC LXIII|, ad pętitionem **Jo. Marcanouae.** 7) Latei-
niſche chronologiſche Tabellen aus bem Flavius Joſephus über ben
Jübiſchen Krieg, von anberer Hanb (196ᵃ — 222ᵇ). Am Schluße
Opus abſolutum bononię anno D. M CCCC LXIII|. ad petitio-
nem **Joanniſ Marchanouę** artium & medicinę doctoris pa-
tauini.

Der Arzt Johann **Marchanova** von Pabua, gebürtig von
Venebig, ſchenkte bas Buch 1467 an bas Auguſtinerkloſter St.
Johannes in Viridario zu Pabua ¹), nach ber auf Bl. 224ᵇ be-
finblichen rothen Bemerkung Eximius artium & mędicinę doc-
tor | hunc librum donauit Magiſter Joanneſ **Marchanoua de
Venetiis** Con|gregationi Canonico℞ Regularium Sancti Au-
guſtini ita ut tantum Sit ad uſum | dictoᴢ Canonicoᴢ in mo-
naſtęrio Sancti Johanniſ in Viridario pa|due commorantium Et
q nůq poſſit uendi nec alii extra ipſum | monaſterium com̄o-
dari. Quarę omneſ pro ęo pię oręnt. | M cccc° Lxvii°.

Im geſchriebenen Hanbſchriften-Kataloge bes genannten Klo-

---

¹) Dieß Kloſter iſt auch gemeint in ber Anmerkung Bl. 95ᵃ (nach Pius II.
Rebe an bie Fürſten Ungarns) Inter omneſ qui huiuſ monaſterii gu-
bernacula recte ac laudabiliter adminiſtrauęrunt. Ruⷣ. Ṗr. D. Bene-
dictuſ Veronenſis nulli Canonicorum judicio ſecunduſ fuit, unb auf Bl.
2ᵇ: omnium admirationę Ɍꝯduſ P. Mͬr Bn̄ęd' Veron'. Abbaſ fuit huiuſ
Monaſtr̃ | uir hóc praętio hac pręce in recto legibilis.

ſterß San Giovanni in Viridario di Padoua (Index | librorum
ms. | bibliothecaę uiridarianaę | Canonicorum regularium | La-
teranenſium | quorum omnium uolumina ſunt | CCCCLXX, |
completuſ anno | ab incarnatione domini | MDCCLX. 4⁰.)
ſteht unter T: Tacitus (Cornęl: ∽) de ſitu & originę Germanorum Extat in MS. Sig⁰. n⁰. 102. L.

Dieſer Katalog wird jetzt ſamt der Handſchrift zu St. Marco
in Venedig aufbewahrt. Morelli (Bettio's Lehrer) hatte 1784
nach Pabua zu gehen, um die aus den aufgehobenen Klöſtern
genommenen Handſchriften zu ſammeln. Im Kataloge jenes
Kloſters St. Giovanne liegt ein Zettel von Morelli's Hand:
1783, 23. Marzo. Nota dei Libri del quattrocento della libre-
ria di San Giouanni di Verdara ſcelti da mę D. Jacopo Morelli
Cuſtode della Libręria di San Marco di Venezia per la Libre-
ria medᵃ. giuſta il commando degli Rȗmi. Sigʳ. Riformatori
dello ſtudio di Padoua u. ſ. w.

Die Handſchrift, von Pertz (Archiv IV, 156., V, 45.) aufge=
führt, wurde von Heß (Varr. lectt. S. v) ausgebeutet; ich er=
freue mich aber beſonders genauer Lesartenſammlung durch Prof.
Heubach.

20) **W** — Cod. Vindobonenſis: in der K. K. Bibliothek
olim Hiſt. Prof. 97, nunc 49. Pergament, 15. Jhb. 236 Bl.
gr. Fol.

Die ſchön, aber nicht ſorgſam geſchriebene Handſchrift, einſt des
Johannes Sambucus (Sambuc. I, xxɪ), wie unten rechts noch
ſteht (Joann. Sambuci Pannonii 1563), vom Könige Matthias
Corvinus von Ungarn, ſomit aus Florenz ſtammend, enthält:
1) die Bücher 11—16 der Annalen (Schluß graves crucia-
tus afferente converſis in Demetrium), die Hiſtorien (Schluß
gubernatorum arte navium magnitudine potiorem, d. i. V, 23,
ſo daß 3½ Capitel fehlen, wie im Cod. Vatic. 1863). 2) die
Germania. 3) den Dialogus, zu dem von anderer Hand
geſchrieben ſteht De oratoribus ſuis [1]) et antiquis comparatis;
ſo wie von noch anderer Hand und Dinte Quinctil. [2]).

Verleſungen wie manibus ſt. inanibus (Hiſt. I, 31), Scribo-

---

[1]) SVI S(eculi).
[2]) Vgl. die Überſchrift des Dialogus in BBᵃ (Venedig, 1497) S. 28. oben.

niam ft. Scriboniani (H. I, 89), mentes ft. ruentes (H. I, 56), Sumefanes ft. Sinuefanes (H. I, 72), confecrantibus ft. confectantibus (H. I, 68) find häufig, eben fo Abtheilungen wie idem: omnibus cerulei oculi: rutile come (G. 5); Lefungen wie nomen non gentis (G. 2), frugiferum arborum (G. 5), obiecta peccatorum (G. 8), habent mira diverfitate (G. 15) deuten die Schriftabfürzungen der älteren Vorlage an; wie das pars uerborum (G. 41) in diefer und allen Handfchriften die gemeinfame Quelle. Nach nominatumque (G. 3) Lücke, von neuerer Hand ausgefüllt Asciburgia ἀϛυπύργιον.

Die Handfchrift befchrieb genauer A. Wiffowa (Lectiones Tacitinae Specimen tertium. Ratibor, 1832. 4º.), verglich Schubart für Heß (Variae lectt. et obfervv. in Taciti Germ. Commentatio III. Helmftädt, 1834. S. 5: nur Hptft. 1—27), fo wie vollftändig für mich von Jahn, wozu ich von W. A. Paffow 1835 eine ergänzende Zufammenftellung erhielt.

Vgl. Walther IV, xi, Lipfius zu Hift II, 27.

*

Diefes find die 20 oder, da **A** und **B** mangeln, 18 bis jetzt befannten und benutzten Handfchriften der Germania.

Andere, die hie und da auftauchen, find ungewiß. Der Liber vetus des Lipfius fcheint **N** zu fein [1]) (oder **T**, wenn diefer mit **L**[1]. 1502 gleich ift); ungewiß ift der liber vetus des Ifaac Voffius (Paffow S. 75. 76.), die libri veteres Pichenae (Paffow S. 67.), der Codex vetus Groslotii (Paffow S. 30. 35. 47. 57. 67. 48.), Codex Rhenani (P. S. 28.), Codex Bredovii (P. S. 26. 70.), während Codex Artholphi zweifelsohne einer der beiden Nürnberger Drucke (**N**[1] oder **N**[2]) war [2]), zum Theil unter Cod. Longolianus auch der Leipziger Druck von 1509 (**L**[2]) verftanden werden muß; der Codex Mirandulae aber (a Pompejo Lampugnano, Marquardo fortaffe Frehero probatus: Ernefti S. xxii, vgl. Paffow S. 35., Ruperti I, cui) vielleicht erfunden war, wie Lipfius in feiner Dispunctio notarum

---

[1]) Oder der Codex Rodolphi Agricolae, den Theob. Rychius und Nicol. Heinfius benutzten und woraus Franc. Modius dem Lipfius Lesarten mittheilte.
[2]) Sieh unter **N**[1] (S. 24—25.).

Mirandulani codicis ad Corn. Tacitum (1602 ꝛc.) Jenem vorwirft. Nicht minder ungewiß ist Cod. Norfolc. in collegio Gresham (Ernesti bei Becker I, xx, Rupertt I, cviii).

*

Hienach folgen die Drucke der Germania, geordnet nach dem Jahre ihres Erscheinens, zuletzt übersichtlich nach den unter dem Texte angewendeten Bezeichnungen oder Buchstaben zusammengestellt.

B. Die Drucke der Germania
(von 1469 — 1519).

1) 1470 (oder 1467: 68: 69), Venedig (V[1]) — die sogen. Editio princeps oder Spirensis der bis dahin bekannten taciteischen Werke (bis auf Agricola), besorgt von Vindelinus de Spira, dem Bruder des älteren Iohannes de Spira zu Venedig: auf 176 Bl. Fol., ohne besonderen Titel beginnend mit dem 11. B. der Annalen (n)AM Valerium Asiaticū bis consulem: fuisse | quondā adulterū eius credidit: pariterqs ortis | inhians quos ille a lucullo captos insigni ma-|gnificētia extollebat; schließend mit Finis Deo laus, darunter die Verse

Cęsarios mores scribit Cornelius. esto
Iste tibi codex: historię pater est.
Insigni quem laude facit gens postera: pressit
Spira premens: artis gloria prima suę [1]).

Die Germania auf Bl. 152[a] — 160[b], unter dem besonderen Titel: Cornelij Taciti illustrissimi historici de situ morib⁹ & populis | Germanię libellus aureus. || Schluß bloß FINIS. Anfang (g)Ermania omnis a Gallis rhętiifqs & pannoniis: Rheno: & Dánubio flumıbus: a sarmatis: dacifq; | mutuo metu aut montib⁹ sepatur.

Diese Ausgabe, von Ernesti (S. xxiv) besessen, von Passow (S. xiii) nie gesehen, befindet sich in München (Incun. f. a. 1110 d), Wolfenbüttel u. s. w.

---

[1]) Beide Brüder gaben 1469 noch vereinigt zu Venedig den Plinius heraus. Ernesti (Becker I, xxii), eben so noch L. Hain (R. 15218) nennen irrig den Iohannes Spirensis als den Herausgeber des Tacitus.

Sieh Ernesti (Becker) I, xxii. Panzer Ann. typogr. VII, 164. 256. Ebert n. 22134. L. Hain Repert. n. 15218. Halm in Acta philolog. Monac. III, 459. 465. Walther I, xxiv. Ruperti I, cxi. Gerlach S. xv („multo emendatior codicis contextus est in libro de Germania et in dialogo de oratoribus et a priore scriptura ita diversus ut alia prorsus editio esse videatur").

Woher kam die Handschrift der Germania? Der treu nach der Abschrift gegebene und abtheilende Text der Annalen ꝛc. ist verwandt mit Codd. Vatic. 1863. 1864, denen die Germania fehlt. In dieser liest man Arbone, baritum, erumpit, septimum enim genus sit, conditoris, tris, pluris (aber pluresque), voces illę, cassis aut galeę, stulis (st. scutis), die Lücke für Ἀσκι-πυργιον oder nach nominatum u. s. w.

Von vermeinten Wiederholungen dieser Ausgabe (Venedig 1484. 1494. Rom 1495) s. Ruperti I, cxii, 3. 4. 5. cxvii.

2) 1472, Bologna (Bo): Cornelii Taciti illustrissimi Historici de situ moribus et populis Germaniae libellus aureus. Daran die 6 ersten Bücher des Diodorus Siculus nach der lateinischen Übersetzung des Franc. Poggius, wonach am Schluße steht Bononiae [1]) impressum 1472. 4⁰.

Die verbeßerte Editio Spirensis (B¹).

Vorhanden zu Zürich ꝛc.

Angeführt von Pichena zu G. 2., richtig beschrieben von Panzer Ann. I, 205, 4, von Ernesti (Becker S. xxxvii) für einen Mailänder Druck gehalten, von Ruperti (I, cxxviii, 1) verwirrt mit dem Venetianer Drucke von 1469 und 1476 (auch mit Diodor). Vgl. L. Hain n. 6188.

3) 1473, Nürnberg (N¹), wahrscheinlich bei Friedr. Creusner: — Cai · Cornelij Taciti · Equitis Ro · Germania incipit ·| Anfang: (G)Ermania omnis a gallis rhætijs que et pan=| nonijs . Rheno et Dannubio fluminibus ·| A Sarmatis dacis q̃ mutuo metu aut montibus | separatur· — Schluß: in medium relinquam ‖ Laus deo clementissimo. ‖ Ohne J. u. O. gr. 4⁰.

Beschrieben in Denis Ann. typogr. suppl. II, 673, 5985.

---

[1]) Zu Bologna bei Plato de Benedictis erschien 1493 der Herodian, 1495 der Frontinus, 1496 der Vegetius.

Panzer Ann. typogr. II, 239, 369. Hiftor. typogr. Norimb. 173, 326. Ebert n. 22096 (kannte nur Einen Druck und fagt fälfchlich, diefe Ausgabe fei nach B¹). L. Hain Repert. n. 15224 kennt nur diefen Einen Druck, eben fo Gerlach S. xvi und Ruperti I, cxxviii, 2. Sie wurde benutzt von B. Rhe= nanus (als Cod. Artholphi des Arztes, der fie ihm lieh), von Ernefti (der fie von J. E. Kapp in Leipzig hatte), von Ober= lin (Vorrede S. lix), von Paffow (S. xiv).

Vorhanden 1) zu München in der K. Hofbibliothek (Incun. f. a. 1110 ⨉ Fol.) und Univerfitätsbibliothek (Seemiller Incun. bibl. Ingolftad. II, 151); 2) zu Breslau III, 261 f. (vielleicht die folgende?).

4) 1473, Nürnberg (N²), bei Fr. Creufner: — Cai · Cor= nelij Taciti · Equitis Ro · Germania incipit | ¹) An= fang: (G)Ermania omnis a gallis rhœtijs quœ & pan=|nonij's . Rheno & Dannubio fluminibus · A | Sarmatis dacifque mutuo metu aut montibus | feparatur (.) — Schluß: in medi|um re= limquam. Laus deo clementiffimo ||

Diefer Druck (gleichfalls ohne J. u. O. 4⁰.) hat gleiche Let= tern, gleich viel Seiten, gleichen Schluß mit N¹ und ift, wie Titel und Anfang fchon zeigt, doch verfchieden, fowohl in Abkür= zungen als Zeilenabbruch, Rechtfchreibung ꝛc. — Beide haben S. 1, 10 v. u. māno tris filios affignans (wie B¹), beide S. 2 Acriniprion (wo B¹ Bl. 1ᵃ Lücke hat; N² handfchriftlich am Rande ἀσκιπυργιον: vgl. **RacdN**), beide Nerthum ꝛc.

Beide Drucke mit ihrem felbftändigen fchlichten Titel find nicht nach einer welfchen Ausgabe, fondern aus einer Abfchrift, welche von der gemeinfamen Quelle felbft herkam.

Vorhanden 1) zu München in der K. Bibliothek (A. lat. b. 728 ⨉ 4⁰.). 2) zu Bonn (Auct. lat. p. 883.). 3) zu Bres= lau (f. N¹) ꝛc.

5) 1474, Rom (R¹), bei Joh. Gensberg, ohne J. u. O. 16 Bl. 4⁰. — CAI . CORNELII . TACITI . EQVITIS ‖ RO .

---

¹) Nach incipit kein Punkt, wie in N¹. — Über die erfte Zeile fteht im Münchener Abbruck gefchrieben: COR. TACITI DE ORIGINE ·| & SITV GERMANO℞ LIBER; am Schluße von derfelben Hand COR. TA-CITI · DE · ORIGINE ·| & SITV · GERMANO℞ · LI-·|BER EXPLI-CIT : ∾

GERMANIA INCIPIT .| Anfang (G)ERMANIA OMNIS A GALLIS | Rhetiisq₃ u. f. w. Schluß (16ᵃ) Deo Gratias.

Befchrieben ober aufgeführt bei Panzer Ann. typogr. II, 528, 673, Ebert n. 22197, L. Hain n. 15223, Ruperti I, cxxviii, 3.

Vorhanden in Straßburg, wo fie Prof. Freytag für Heß (Obfervat. critic. 1834. S. iv) verglich [1]).

6) 1475, Mailanb (𝔐[1]) — Annalen, Hiftorien (Cornelii Taciti Actionum Diurnalium Hiftoriae Auguftae liber XI—XXI), Germania, Dialogus, Agricola — o. J. u. O. (unb ohne Fon= tana's Zeichen), kl. Fol.

Diefe Ausgabe beforgte Franc. Puteolanus von Parma, ber fich in ber Wibmung nennt (Francifcus Puteolanus Jacobo Antiquario ducali Secretario Sal.), mit Hülfe bes Bernarbinus Lanterius zu Mailanb [2]). Nicht nach ber Spirenfis (𝔅[1]), bie P. tabelt, fonbern collatis exemplaribus (von Genua?). Die Germania ber Spirenfis treuer unb barnach überfchrieben Cornelii Taciti Illuftriffimi Hiftorici de | Sitv Moribus et popvlis Germaniae Libel|lvs avrevs. ||

Aufgeführt von Ebert n. 22134. 22135 (fagt: um 1475); Kämmerer (a. a. O. S. 43., fetzt ben befonberen Abbruck bes Agricola burch Fr. Puteolanus in f. Collectio Panegyricorum [Mailanb? Ebert n. 15743] um 1482; nach biefer Sammlung foll ber ganze Tacitus erfchienen fein nach Dronke in Jen. Lit. Zeit. 1830. n. 18. S. 144.); vgl. Ruperti I, cxi, 2; L. Hain n. 15219.

Befchrieben von Ernefti Vorrebe I, xxxvi, Walther I, xxiv—xxv, Ruperti I, cxi, 2. xcix, 5.; von Gerlach S. xv kaum gekannt; von Kämmerer (De indole ac pretio codicum mfs. Taciti Agricolae et editionum veterum ad Lipfium usque. Bresl. 1824. S. 52.) genau gewürbigt.

Vorhanden 1) zu München in ber Univerfitätsbibliothek n.

---

[1]) Ernefti nennt nach Maittaire (Ann. typogr. V, 2, 293.) noch eine Ausgabe Rom 1495 (wie Venebig 1484), bie ich nicht kenne (L. Hain aber n. 15220. 15221 aufführt), fo wenig wie bes Lipfius (Vorrebe 1574) Venetianer von 1494.

[2]) Sieh Joh. Saxe Hiftor. liter. typogr. Mediolan. (vor Argelati Bibl. Script. Mediol. l) S. 240.

425.; 2) zu Dresden (Falkenſtein S. 625.); 3) zu Leipzig (Walther I, xxv); 4) zu Bonn (Ruperti I, cxii) ꝛc.

7) 1476, Venedig (**B**²) — Dioborus Siculus und des Tacitus Germania: Fol.

Enthält Bl. 1ᵇ: DIODORI . SICVLI HISTORIARVM PRISCARVM | A POGGIO IN LATINVM TRADVCTI LIBER PRI|MVS INCIPIT : IN QVO HAEC CONTINENTVR | TOTIVS OPERIS PROHEMIVM. || Schluß FINIS und letzte Seite leer. Darnach auf besonderer Seite beginnend 2) CORNELII TACITI ILLVSTRISSIMI HISTORICI | DE SITV MORIBVS ET POPVLIS GERMANIAE | LIBELLVS AVREVS. ||

Schluß des Ganzen: Diodori Siculi Bibliothece hiſtoriæ libri : impreſſi | Venetiis per Andreā Iacobi Katharēſem Andrea Vendramino Duce | fortunatiſſimo . Mcccclxxyı . Pridie Kal. febr. || FINIS.

Nach der Spirenſis (**B**¹) als Wiederdruck von **Bo**; wieberholt 1481 zu Venedig durch Thomas Alexanbrinus (L. Hain n. 6190, und vorhanden auf der Univerſitätsbibliothek zu München und zu Göttingen), zu Paris durch Jehan Petit 4º, Jehan Barbier 4º.

Genau beschrieben von Orelli (Symbolae critieae et philologicae in C. Cornelii Taciti Germaniam. Zürich, 1829. S. 7. ꝛc.); vgl. Ruperti I, cxxviii, 1., L. Hain n. 6189.

Vorhanden 1) in München (Staatsbibliothek Inc. c. a. 474. Fol.); 2) in Zürich (Karol. Biblioth. Gal. V, 87.); 3) in Leipzig (Paulin. Biblioth.) ꝛc.

8) 1497, Venedig (**B**³), von Franz. Puteolanus (Nachdruck von **M**¹). gr. Fol.

Auf einem Vorblatte ſteht bloß klein Cornelij Taciti | Hiſtoriæ Au|guſtae ||; auf Bl. 2 die Widmung Franciſcus Puteolanus Iacobo Antiquario ducali Secretario . Sal. |

Enthält: 1) LIBER | CORNELII TACITI HISTORIE AVGVSTE . LI . XI . ACTIONVM | DIVRNALIVM .|| Anfang (n)Am Valerium Aſiaticum; Schluß FINIS . XXI . Libri. 2) Unmittelbar daran gerückt CORNELII TACITI ILLVSTRISSIMI HISTORICI DE SITV MO|RIBVS ET POPVLIS GERMANIAE LIBELLVS AVREVS. ||; Schluß FINIS. 3) Daran gerückt CORNELII TACITI AEQVITIS ROMANI DIALOGVS AN SVI | SAECVLI ORATORES ANTIQVIORIBVS ET QVARE CON|CEDANT || [1]).

Schluß des Ganzen: Cornelij Taciti hiſtorię auguſtę: nec nõ de ſitu moribus & populis germanię libellus: | ac de oratoribus dialogus foeliciter expliciũt. Venetijs ſideliter impreſi ac diligenter | emendati p Philippũ pinci ſumptibus nobilis viri dñi Benedicti fontana. Anno dñi | M cccxc viı . dic . xxıı . Marcij . Imperante ſapiētiſſimo dño Auguſtino Barbadico pru|dentiſſimi ac Inuictiſſimi Senatus Venetiarum ducę ſereniſſimo .|| Auf der Kehrſeite der Fontaniſche Springbrunnen aus dem Lorbeerbaume, mit den Buchſtaben **B F**.

Beſchrieben oder angeführt von Seemiller Incunab. bibl. Ingolſtad. I, 158. Panzer Ann. typogr. III, 414, 2213. Ebert n. 22136. L. Hain n. 15222. Oberlin Vorr. S. xxxv — xxxvii, Walther S. xxv. Ruperti I, cxııı, 6. Gerlach S. xv. Kämmerer Agrikola S. 53. Dronke in Jen. Lit. Zeit. 1830. S. 144.

Vorhanden 1) zu München (Staatsbibliothek Inc. c. a. 3544. Fol.); 2) Berlin (K. Bibliothek Philolog. Hiſtor. Latin. C.); 3) Breslau (Univerſitätsbibl. III, 263f.; vgl. Paſſow S. xı); 4) Gotha (Jacobs und Ukert Beitr. I, 319) zweimal; 5) Baſel (Gerlach S. xv. xvı); 6) Rom (Sa Minerva H. V. 37. 40., Bibl. Corſina etc.); 7) Neapel (III, 180) zweimal.

Nach dieſer Ausgabe fertigte Gb. Brotier die ſeinige.
9) 1502, Leipzig (L[1]), bei Wolfgang Stöckl [2]): 18 Bl. gr. 8. — Cornelij Taciti Illuſtriſſimi hy|ſtorici be ſitu . moribus . et popu=|lis Germanie Li=|bellus aureus. || Anfang: g Ermania omnis a Galliſ Rhetijſq₃ et Pan|nonijſ Rheno ꝛ Danubio fluminib⁹: a Sar|matis Dacisq₃ mutũo metu aut montib⁹ ſeparaſ. Ce=|terā oceanus ambit ꝛc. Schluß: quod ego vt | incompertum in medium relinquam. || Finis. || Holzſchnitt: auf ſchwarzem Grunde 3 Stufen, darauf eine aufgerichtete Pickel, daneben **W S** || C| Impreſſum eſt hoc Cor. Taciti au=

---

[1]) Vgl. über dieſe Überſchrift **W** (S. 21.).
[2]) Der ſchon 1501 druckte (Panzer Ann. typogr. VII, 143, 55., IX, 481, 55. Ebert kennt den W. S. nicht; ſonſt hat er richtig 1502.

reum | opuſculum Lips in ebibus Vuolfgangi | Monacenſis.
Anno domini . M . D . . 11 . | [1]).

Beſprochen, beſchrieben ober aufgeführt von Panzer Ann.
typogr. IX, 481, n. 55. Ebert n. 22198. Ruperti I, cxxviii,
4; benutzt von Paſſow (S. xiii).

Vorhanden 1) in München (Hofbibliothek A. lat. b. 752, 10.
4⁰.); 2) in Berlin (K. Bibliothek Philol. Hiſtor. Lat. C. p.
122. vrſo); 3) in Breslau (Univerſitätsbibl. III, 222, 4.); 4)
in Bonn (Univerſitätsbibl.); 5) in Göttingen (Heß Obſervat.
crit. 1834. S. iv).

10) 1509, Leipzig (L²), bei Melchior Lotters. 4⁰. von Johann
Rhagius: Cornelij Taciti Il=|luſtriſſimi hyſtorici be ſitu mori=|
bus . et populis Germanie | Aureus libellus. || [2]). — Hienach
(auf bem Titel) Ab Lectorem Germanū | Que ſit theutonici
vetuſta regni | Meta : et que facies poli : vel agri | Hubertas .
feritaſue : crubelitaſue | Sylue : flumina : bos : quus : fereq₃ |
Quis fons gentis origoque ſacrate | Nomen : ler : habitus :
figure : cultus | Mores : relligio : becus : poteſtas | Quam to=
tus tremit et veretur orbis | Ex hac lector habe faceto libro. ||
Kehrſeite: Chriſtophorus Janus ab Joannem Aeſticam=
pianum preceptorem | Docte Calliopes bucis . ſororum |
.... gelibo ſub are . nate | Fortis Luſacie : iocunbe vates |
Corneli Taciti ebe cobicillum | Et bona ſoboli bucis Georgi |
Illuſtris .... | O mi Rhagie bocte mi poeta | Corneli Taciti
ebe cobicillum. ||

Dieſer »Johann Rhagius Aſticampianus Luſatius [3]) Rhetor
et Poeta laureatus« richtet ſeine Rebe an Georg ben Jüngeren,
Herzog zu Sachſen, unb ſagt barin Libellus hic novis indutus
formis in publicum prodit [4]). — Die Germania führt hie=

---

[1]) Nicht 1511! Paſſow, Ebert, Ruperti nennen bieſe Ausgabe ſtets, Irr=
thum verbreitenb, Monacenſis.

[2]) Aureus libellus (nicht libellus aureus, wie B¹BpM¹B²·³), alſo
nach L¹.

[3]) In obiger Wibmung an Herzog Johann Georg's Sohn nennt er ſich
Lipſicus unb unterzeichnet jene Datū Liptzik.

[4]) Nach bieſer Wibmung ſagt Valerian Seyfried Sulzvelbius zum Leſer:
Corneli Taciti primus libellus Ignotus fueram viris peritis Ne dum
Barbarico ſono notatis At nunc puluere nunc receptus atro Cultus Lu-

nach den besonderen Titel (Bl. 8ᵃ) Cornelij Taciti, Illustris=
simi hi=|storici de Situ, Moribus, et populis Germanie | Libellus
aureus .| Schluß: Impressum est hoc Cor. Taciti aureū opus=
culū | Lips ¹) in edibus Melchior Lotters. Anno | domini .
M . D . Nono Vltimo | die Decembris. ||

Diese Ausgabe, von Longolius, Ernesti, Oberlin öfter ange=
führt, ist vorhanden 1) zu München (Hofbibliothek A. lat. a.
359. 4⁰. und im Cod. lat. 947. 4⁰. b. i. **K**); 2) zu Göttin=
gen (Heß Observat. crit. 1834. S. ɪv).

11) 1509, Erfurt (**E**), bei Joh. Canapp: 17 Bl. 4⁰.: — Cor=
nelij Taciti : Eq̄tis Rhomani : Illu|strissimi Historici : de |
situ : morib⁹ et popu|lis Germanie Libel|lus Aureus. || — Dar=
nach (auf dem Titel) M. Joannis M. Herbipolitę . In
Lauda|tum a Cor. Tacito Germaniā : Epigraᵐa (8 Z.); auf
der Kehrseite: Joannis Pistorij Kirchburgij Ad rerū | gestarum
Germanię Cupito|rem Eulogiū (15 Verse). — Auf Bl. 2ᵃ:
Cornelij Taciti : Illustrissimi equitis Rho|mani Historici De
Situ morib⁹ et popu,|lis Germanie Libellus aureus ||. Schluß:
τέλος.

Hinten (nach Philipp Beroalbus Endecasyl|labum Ad Ger-
maniam und D. Hieronymi Magistri Canonici regula|ris In lau-
dem Libri Octostichon) Excusum Erphordie: Aeneis | Jo-
annis Canappi literis | Anno bn̄i M. | D . IX. ||

Dieser Abdruck, wie der Titel und der Bezug auf Philipp
Beroalbus zeigt, nach einer welschen Ausgabe.

Vorhanden zu München (K. Bibl. A. lat. b. 609. 4⁰.) ꝛc.

12) 1509 ?1515 ?Wien (**W¹**), o. J. u. O. — 14 Bl. kl. 4⁰.

S. 1ᵃ. C| Cornelij Taciti . De origine t | situ Ger=
manorū Liber incipit. || Anfang: GErmania omnis a gal=
lijs Rhetiisq₃ ꝛ pan|nonijs : rheno ꝛ danubio fluminibus: a sar=|
matif dacifq₃ mutuo metu aut montib⁹ se-|paratᵘ. Cetera ocea=
nus ambit, latos sinus ꝛ | insulaꝫ immēsa spacia | cōplectens. nup

---

satij, labore, Vatis Enudatus et expolitus. Dem guten Sulzfelber müßen
die Drucke von **L¹M¹·²** nicht bekannt gewesen sein.

¹) Also grade wie in **L¹**. — Ob auch diese Ausgabe schon von Rhagius
herrührte? Seine Ausgabe **L²** schenkte er nach seiner Gewohnheit (Cebes
Tabula, Aristoteles Oecon., Hieronymus Epistolae) den Studenten zum
Neuen Jahre.

co-|gnitis qbuſdam gentibus ac regibus quoſ | bellum aperuit. ||
C| Rhenus rheticaꝛ alpiū inacceſſo ac p̄-|cipiti vertice ortus :
modico fleru | in occidentem verſus ſeptē-|trionali oceano miſce=
tur. || C| Danubius molli ꝛ clementer edito | montis arbonae
iugo | effuſus, pluris ppl'os adit | donec in ponticū mare ſer
meatibus | erumpat. Septimū os paludibus hauritur, | C| Ipſos
Germanos u. ſ. w. ¹). Schluß Bl. 8ᵇ: C| Finis.

Danach folgt Bl. 9ᵃ von C(onrad) C(eltes): C| C. C. De
ſitu ꝛ morib⁹ Germanie abbitōes | Fabula demogorgonis de
creatōe mb'i pfatō ||. Abſchnitte: C| De Situ Germanie et Mo=
ribus. — C| De ſyderibus verticabilib⁹ Germanie. — C| De qua=
tuor lateribus Germanie. — C| De tribus iugis ꝛ mōtib⁹ Ger=
māie. — C| De tractu hercinie ſylue p germaniā. — C| De qua=
litate telluris p Germaniā.

Danach Proſa: C| Er libro C. C. de ſitu ꝛ moribus Norin=
berge de hercinie | ſilue magnitudine ꝛ de ei⁹ in Europa defini=
tōe ꝛ ppul'is incolif —

Schluß des ganzen Bandes C| Finis

Beſonnener Abbruck (außer mehrfachen Druckverwechſelungen
des n und u) einer guten Abſchrift, die in ihren Abkürzungen
(wie R¹·²R¹ und die Handſchriften) auf die Schreibung der
gemeinſamen Quelle ſchließen laßen.

Aufgeführt von Panzer Ann. typogr. IX, 24. n. 129; L.
Hain n. 15225.

Vorhanden 1) in München (K. Bibliothek A. Lat. b. 608.
8.); 2) in Berlin (K. Bibliothek Philol. Hiſtor. Lat. c. p. 122
vrſo); 3) in Breslau (Univerſitätsbibl. III, 223.) ꝛc.

Der Berliner Abbruck war in einem Bande Geographic., die
in Wien zwiſchen 1508 und 1515 gedruckt ſind. Nach den
Lettern am Ende der Ausgabe des Rufus Avienus de Situ orbis.
Vienn. 1508., der die Germania in jenem Bande folgte, ſcheint
auch dieſe dort gedruckt zu ſein. Erſchien die Germania mit C.
Celtes Gedichte ſchon 1497 Vienne? S. W².

13) 1511, Paris (P), mit Conrad Celtes Gedichte (ſ. W¹):
Berofus Babilonicus de his quae praeceſſerunt inundationem.

____

¹) In ſolchen Abſätzen ſchreitet jeder Satz, größer oder kleiner, vor; nach
nominatumq³ tritt ſomit von ſelber Raum ein.

Item Myrſilus de origine Turrhenorum. Cato in fragmen-
tis. Archilochus in Epitheto de temporibus. Metaſthe-
nes de judicio temporum. Philo in breviario temporum.
Xenophon de equivocis temporum. Sempronius de divi-
sione Italiae. Q. Fab. Pictor de aureo ſaeculo et origine
urbis Rhomae. Fragmentum Itinerarii Antonini Pii. Al-
tercatio Adriani Auguſti et Epictici. Cornelii Taciti de
origine et ſitu Germanorum opuſculum. C. C. de ſitu
et Moribus Germanorum. Año dñi. 1511.

Die Vorrede Parrhiſiis apud collegium Pleſſiacum. VI Noñ.
Maias. MCCCCCX., gerichtet an Philibert Babous von Go-
defredus Torinus Bituricus nennt den Tacitus nicht [1]).

Die Germania (Bl. 33—43), genau nach **WB**[1] in ſectio-
nes (nicht capita) getheilt, enthält Abkürzungen, Randbemerkungen und nicht gute Unterſcheidungszeichen und Rechtſchreibung,
ſo wie Druckfehler.

Aufgeführt und benutzt von Paſſow (S. XVI—XVII), Ruperti I, cxxviii, 6, Hummel (Bibliothek von ſeltenen Büchern
III, 9, 94, mit den Lesarten der 18 erſten Hauptſtücke), Heß
(Obſervat. 1827. vollſtändig); Catalog. bibl. anonym. Hag. II,
256.

Vorhanden zu Frankfurt a. M. (Heß Obſervat. critic. 1827.
S. IV).

14) 1512, Venedig (**WB**⁴), bei J. Rubens, durch Joh. Rivius.
Fol.

Cornelii Taciti hiſtorici graviſſimi diſertiſſimique frag-
menta accurate recognita ac nova cenſura caſtigata. | Ioannes

---

[1]) Grade im Jahre 1510 kamen alle aufgeführten Schriftſteller ohne die
Germania bei de Marnef zu Paris mit derſelben Vorrede Torin's an Babou
(6. Nonas Maias 1510) heraus: BEROSVS BABILONICVS | De his quae
praeceſſerunt inun-|dationem terrarum. | Item || Myrſilus de origine
Tyrrenorum. | Cato in fragmentis. | Archilocus in epitheto de tempori-
bus. | Metaſthenes de Judicio temporum. | Philo in breuiario tempo-
rum. | Xenophon de equiuocis temporum. | Sempronius de diuiſione Ita-
liæ. | Q. Fab. Pictor de aureo ſeculo & origine Vrbis Romæ. | Frag-
mentum Itinerarii Antonini Pii. | Altercatio Adriani auguſti & Epictici. ||
Holzſtock von De marnef (Se pellicā). Dieſer Abbruck iſt auf der Münchener
Hofbibliothek (Germ. g. 145. 4º.) und wurde, bezeichnend, von Beatus
Rhenanus geſchenkt, der ihn 1511 von Joañ Ruſer aus Straßburg mitbrachte.

Rivius recenſuit. Schluß: Impreſſum Venetiis per Ioann. Rubeum Vercellenſem. 1512. fol.

Wiederholt, aber reinigt und verbeßert mannigfach des Puteo=lanus Ausgabe von 1497. Ihre Vorzüge und Fehler führt Kämmerer (De indole 2c. S. 54. 55.) genau auf.

Sonſt beſprochen von Erneſti (Vorrede S. xxxvii, Becker I, xxv); Walther I, xxvi (ohne ſie geſehen zu haben); Ruperti I, cxiii, 7; Walch vii; Heß Obſervat. crit. 1834. S. iv; Ebert n. 22137.

Vorhanden 1) zu Wolfenbüttel; 2) zu Berlin (K. Bibliothek Philolog. Hiſtor. Latini C.) 2c.

15) 1515, Rom (R²): Ph. Beroalb's des Jüngern Ausgabe der, wie er in der Nachrede ſagt, nuper in Germania inuenti fünf erſten Bücher der Annalen und der übrigen Werke.

Titel: P. CORNELII TACITI LIBRI | QVINQVE NOVI-TER IN|VENTI ATQVE CVM | RELIQVIS EIVS | OPERI-BVS | EDITI. || Ne quis intra decennium preſens opus poſ-ſit | alicubi impune imprimere aut impreſſum ven=|dere gra-uiſſimis edictis cautum eſt. ||

Inhalt: Bl. 2ᵃ Philipp Beroalb's Widmungsſchreiben an Pabſt Leo X, darnach Ph. Beroaldus ad Lectorem. — Die 5 Bücher der Annalen beginnen (Bl. Aiiii) P. CORNELII TACITI AB EXCESSV | DIVI AVGVSTI HISTO=|RIARVM | LIBER PRIMVS. || (v)RBEM ROMAM A PRIN=|cipio Reges habuere, und enden P . COR . TACITI LIBER QVINTVS | FINIT AD | LAVDEM OMNIPOTENTIS | DEI ET LEO-NIS . X . PONT . MAX .|| Hienach Bl. 73ᵇ PH . BERO-ALDVS LECTORI. || Hi ſunt Cornelii Taciti Quinqu₃ Libri nuper in Germania inuenti | & auſpiciis Leonis X Pont. Max. in lucē ad vſum bonorū editi u. ſ. w., und gibt Bl. 74ᵇ einen Fehlernachtrag von Beroalb. Sobann 75ᵃ die folgenden Bücher A. und H. nach Puteolans Ausgabe (mit deſſen Vorrede an Ia-cobus Antiquarius), doch nach der Spirenſis (R¹) und dem Florentiner Coder des Poggius verbeßert.

Nach dem Schluße Cornelii Taciti Hiſtoriarum libri . XXI . imperfecti & re-liquo-rum qui ad hunc diem reperiuntur. Fi-nis. | folgt mit denſelben Lettern, auch nach Puteolans Ausgabe, die Germania: P. CORNELII TACITI HISTORICI DE |

SITV MORIBVS ET POPVLIS GER.|MANIÆ LIBELLVS [1]) unb Dialogus: CORNELII TACITI EQVITIS ROMA.|NI DIALOGVS AN. SVI SÆCVLI ORATORES ANTIQVIORL| BVS ET QVARE CON.|CEDANT. ‖ [2]). Schluß FINIS.

Hienach folgt ber Brief von Pabſt Leo an Ph. Beroalbus vom 14. November 1514, baß Druckfehlerverzeichniß unb barunter ber Schluß P. Cornelii Taciti Equitis Ro. Hiſtoriarum libri quinq₃ nuper in Germania | inuenti una cum reliquis omnibus eius operibus quę prius inueniebātⁿ Romę | impreſſi p Magiſtrum Stephanum Guillereti de Lothoringia Tullen . dioc .| Anno . M . D . XV . Kl' Martii Leonis . X . Pont . Max . anno ſecūdo .‖ — Auf ber Kehrſeite unter bem päbſtlichen Wappen bie Worte Nomine Leonis . X . Pont . Max . pro-|poſita ſunt premia non mediocra | his qui ad eum libros veteres | neq₃ hactenus editos | attulerint | + ‖.

Darnach folgt, mit beſonberen Cuſtoben A—Av, auf 10 Bl. bie VITA AGRICOLÆ | IVLII AGRICOLAE VITA PER CORNE-|LIVM TACITVM EIVS GENERVM⌉ CASTISSIME COMPOSITA. | — Schluß FINIS (ohne Druckort unb Jahr, boch in benſelben Lettern Guilleret's) ganz auf bieſelbe Weiſe wie in **B³**.

Dieſe Ausgabe iſt natürlich oft beſprochen: von Erneſti Vorrebe XXXVIII—XLI; Becker I, XXV; Walther I, XXVI. XXVII; Ruperti I, CXIII. CXIV; Kämmerer De indole S. 55—56; Ebert n. 22138.

Vorhanden iſt ſie mehrfach: z. B. 1) zu Weimar; 2) zu Berlin (K. Bibliothek Philolog. Hiſtor. Lat. C.); 3) zu München (K. Bibliothek A. lat. b. 710. fol.), welcher letztere Abbruck bem Petrus Victorius gehört hat [3]), ber im J. 1522 bie Lesarten bes Florentiner Cobex von Nicolaus Nicoli (von B. 11 ber Annalen an) eintrug [4]), wie er ſelbſt einſchrieb: Recognoui cū uetuſti Exemplari lr̃s langobardicis ſcripto nõ eá

---

[1]) Hier iſt weggelaßen Illuſtriſſimi unb aureus (ſ. **B³**).

[2]) Puteolan's Titel ganz.

[3]) Born ſteht Petri Victorini (1 amico℞).

[4]) War ber corveyſche Cobex alſo 1522 noch nicht in Florenz? Auch bem Dialogus geht natürlich bie Vergleichung ab. Zur Germania hat Victorinus Ranbbemerkungen, aber keine Lesarten gefügt.

qdem in conlatione omittens quę corrupta aliquo pacto uide-
bant' ne locus coniecturę emēdaturo deeſſet eſt auſ codex é
Diui Marci bibliotheca Florentię M.D.XXII. Idibus Ianua.| P.
Victorjus [1]).

Die Lesarten der Florenzer Handſchrift benutzte aus dieſem
Münchener Drucke Walther (I, xxvii); genauer gibt ſie ſo eben
Caspar Orelli [2]).

16) 1515, Wien (W²), bei Johann Singrenius: 22 Bl. 4⁰.
Vgl. W¹.

Cornelij Taciti veridici Hiſtorici: de | ſitu Germanie z
incolarū : vt ſecla | olim ferebāt : moribus libel-lus lectu digniſ-
ſimus :|| Conradi Celtis Protucij : Poete | fragmēta quebā :
de ijſdem, ſcitu abmobū vtilia .|| Omnibus diligēter reuiſis | et
caſtigatis. || — Auf der Kehrſeite: De Cornel. Tacito paucula .
ꝛc. — Schluß: Impreſſum eſt hoc opuſculum acurata diligen-
tia | Joannis Singrenij Calcographi : Vienne | Pannonie
Menſe Januario . Auui . ꝛc̄ | Decimi quinti .|| [3]). — Dar-
nach Holzſchnitt: Wappenſchild, von zweien Greifen gehalten,
dahinter ein Eichbaum, um den ſechs Kinder klettern, mit dem
Stocke des »Leonardus Alantſe«

---

[1]) In dieſem Münchener Exemplare fehlen im Dialogus c. 6 (et paupe-
rem) bis 19 (argumentorum genera), wofür Annalen XI—XII (vier Blatt)
doppelt liegen. Vielleicht dient dieſe Bemerkung einmal zum Austauſche.

[2]) Zu B. I—VI der Annalen, die Victorius 1522 zu Florenz noch nicht
benutzen konnte, fügte er Verbeßerungen, die wenigſtens hiſtoriſchen Werth
haben: I. quae Tedii (cᵉ Q. Tedii), donaria milliaria (dona), mox (nox);
II. congeriem marmorum (armorum), parata cede (patrata), in aeques:
& (in aequo, sed), Cheruſcis ſociique (Cheruſci), reſiſtentium favor
(reſiſtet uim ſ.), primorum ore (primo rumore); III. victoria ſacrari
(uictorias), ſtudiis ſibi (ibi), Iuſſum (Iuſ ſuum), locum (lucum), minutura (minui cura), promiſit (prompſit), operibus (opibus); IV. agri
(acri), procederet (procideret), caeterorumque (quę), ſub impetrando
(ſibi), poſtulatio (poſtulabo), accident Aeliatem (regi Den rhetiatem),
ſuae maun (ſua), & dicta (icta); V. meditationis (—es), dixiſſe (Dixit
ſe), interq3 (inter quae), Vulciniceuſem et (ſed), pręſectis demū (pro-
fectis demo), Mumū (Numam), aliter eſſe Soſide (alites Seſoſtride —
ganz gleich mit Seyffert Emendd. Taciteae), equites tres (equeſtres), de-
portatur (deportaretur).

[3]) Schöner Druck; aber ſchon obiger Schlußſatz (auui und acurata) zeigt
nicht die accuratam diligentiam.

Aufgeführt von Panzer Ann. typogr. IX, 24. n. 129; Ebert n. 22199; ausführlicher in Gebauer's Vestigia juris German. S. 920.; Ruperti I, ccxxviii, 7.

Vorhanden 1) zu Breslau (Universitätsbibliothek); 2) zu München (K. Bibliothek P. lat. 862. 4º.) ꝛc.

17) 1517, Mailand (**M²**), ex officina Alex. Minutiani, durch Andr. Alciatus. 4º. Nachdruck von Beroald's Ausgabe (**R²**). Seltener Druck.

Aufgeführt von Ebert n. 22139; Ernesti Vorr. xli. xlii; Becker I, xxvii; Walther I, xxvii; Kämmerer De indole S. 56; Bibliographie de France. 1820. S. 336—348; Saxe Proleg. histor. literario-typogr. Mediol. p. 109.

18) 1519 (vor?), Basel (?**B**), o. J. u. O. kl. 8º. — P. Corn. Tac. De mor. et pop. Germ. Libell. Cum commentariol. vetera Germaniae vocab. paucis complectente (42 Bl. Germania).

Von Ulr. Becker zu Ratzeburg an Heß (Observ. crit. 1834. S. iv) mitgetheilt. Stimmt ziemlich mit **B¹** (und **K³**).

19) 1519, Basel (**B¹**), bei Johann Froben durch Beatus Rhenanus. 8º.

P. COR-|NELII TACITI, DE | moribus & popu-|lis Germaniæ, | libellus. || Cum commentariolo uetera | Germaniæ populoru uo-|cabula paucis explicāte. || — Schluß: BASILEAE APVD IOANNEM FRO|BENIVM MENSE MAIO, | ANNO M . D . XIX . — 8º. (nicht 4º., wie Fabric. Bibl. II, 393. sagt). 79 S., das letzte Bl. falsch gedruckt: 87. 97, statt 78. 79.

Bl. 2ª besonderer Titel P. CORNE-|LII TACITI HISTOR-|ci ¹) de situ, moribus & po-|pulis Germaniæ | libellus. ||

Vor dem Commentare S. 43. Widmung an Zinglius, wonach er den Cod. Artholphi (**R¹**) benutzt habe, zu des Puteolanus Ausgabe, deren Fehler ausgemerzt seien.

Vorhanden 1) in München (K. Bibliothek Moral. 317. 8º.); 2) in Berlin (K. Bibl.); 3) in Helmstädt (Walther I, xxvii. xxviii); 4) in Gotha (Jacobs und Ukerts Beitr. I, 320.) ꝛc.

20) 1519, Basel (**B²**), bei Johann Froben (m. Aug.) mit Beroalds Widmung an Leo X. (**R²**) und des Alciatus Anmerkungen (s. **M²**): P . CORNELII TA|CITI . EQ . RO . HISTO-

---

¹) Sic.

RIA AVGVSTA | actionum diurnalium: additis quinque | libris nouiter inuentis ... APVD INCLVTAM BASILEAM, EX OF-|FICINA IO . FROBENII . — Schluß: BASILEAE APVD IOANNEM | FROBENIVM MENSE AV-|GVSTO . ANNO . M . D . XIX .| Fol.

Vorhanden 1) zu Berlin (K. Bibliothek Philolog. Hiftor. Lat. C.); 2) zu Helmftädt (Walther I, xxvii—xxviii) ꝛc.

Aufgeführt von Hummel (Bibliothek deutſcher Alterthümer 1787. S. 42.); Panzer Ann. typogr. VI, 164; Fabricius Biblioth. II, 393; Ebert n. 22142; Heß Var. lectt. 1827. S. V; Walther I, xxvii; Ruperti I, cxiv; Kämmerer De indole S. 56.

21) 1519 (?), Leipzig (K³), bei Valentin Schumann. 4°.

P. Corne-|lij Taciti, be mori=|bvs et popvlis | Germaniꝰ libellus || Cum commentariolo vetera | Germaniꝰ populorum vocabula paucis | explicante : ∾ ꝛꝯ || Holzumranbung (zwei Engel, beren einer einen Dubelſack greift, der andere eine Pfeife. Drunter zwei Kinber mit ausgeſchweiftem Wappen, in beſſen linker Hälfte zwei ſenkrechte Balken, rechts ein Löwe). — Bl. 2ᵃ ⸺ P. CORNELII TACITI HISTO|rici de ſitu, moribns & populis Ger-|maniæ, libellus ||

Zum Commentare die Wibmung bes IOANNES FROBENIVS ZIN=|GLIO SVO S. D. ||; jener mit ber Überſchrift: Commentariolvs, vetuſta Germaniæ populorum vocabula paucis explicäs, & obiter alia quebam.

Schluß: (Lipſie ex ebibus Valentini Schumanni. — Alſo Nachbruck der Froben'ſchen Baſeler Ausgabe.

Vorhanden 1) zu München (K. Bibliothek A. lat. b. 752. g. 4°.); 2) zu Breslau (Univerſitätsbibliothek III, 221. 4°.) ꝛc.

22) 1527, Florenz (F): 22. Mai, bei Phil. Junta's Erben, burch Ant. Franciſcus Varchienſis. 8°.

Nach Beroalb's Ausgabe. Wieberholt 1552.

Aufgeführt von Erneſti (Becker I, xxix); Walther I, xxviii (ber ſie aber nicht hatte); Ruperti I, cxv, 11.

Vorhanden in Göttingen (Heß Obſervat. 1834.) ꝛc.

23) 1529, Nürnberg (N³), bei Fr. Peypus ober vielmehr Leonharb von Aich, burch A. Althammer, gewibmet bem Markgrafen Georg von Branbenburg: 17 Bl. 4°. mit Regiſter:

P. CORNELII | TACITI, EQV. DE SITV, | MORIBVS, ET POPVLIS GERMANIAE | Libellus, cum Scholijs Andreae Althameri Brenzij [1]). — Schluß TYPIS EXCVDEBAT NO-RIMBER|gæ Fridericus Peypus, impenſis prouidi viri | Leonardi de Aich, Bibliopolæ ac ciuis No|rimbergeñ, Anno a partu ſalutifero, | viceſimo nono, ſupra ſeſqui=|millenum. | — Buch=druckerſtock mit ϗϸ d. i. Friedrich Peypus.

Aufgeführt von Hummel (Bibliothek deutſcher Alterthümer 1787. S. 42.).

Vorhanden 1) in München (K. Bibliothek A. lat. b. 752, 11. 4º.) ꝛc.

24) 1533, Baſel (**B**³), bei Johann Froben, durch Beatus Rhenanus: P. Cornelii Taciti equitis Romani Annalium ab exceſſu Auguſti, ſicut ipſe vocat, ſive Hiſtoriae Auguſtae ꝛc. — nach Puteolan's Ausgabe 1497 (**B**³), Beroalb's 1515 (**R**²), Alciatus 1517 (**M**²) und dem Codex Budenſis, den ihm Jakob Spiegel, Kaiſer Maximilian's Rath, geſchenkt hatte. Dieſer hatte ihn vom Könige Ladislaus II. erhalten [2]).

Beſprochen von Ebert n. 22142; Erneſti Vorrede XLIV—XLVII (Becker I, XXIX); Walther I, XXVIII; Ruperti I, CIV, 12; Heß Obſervat. 1827. S. V; Kämmerer De indole S. 57. 58.

Nachgedruckt zu Venedig 1534. gr. 8. (Ebert n. 22143, Walther I, XXIX); zu Lyon, Seb. Gryphius 1542. 1543. 1551. 1559; zu Frankfurt a. M. bei P. Brubach 1542; zu Frankfurt, S. Willich 1551; zu Leipzig, Hauptmann 1547 (vorhanden zu Breslau, Univerſitätsbibl. I, 762). — Wiederauf=

---

[1]) Rhenanus ſagt 1533: Iuuenis eruditus Andreas Althamerus hunc libellum propriisq3 commentariolis e taedio nuper illuſtravit. — Sieh J. A. Ballenſtab Vita Althameri. Wolfenb. 1740. 4º. S. 16—27. — Die Commentare Althammers wiederholt 1536 (Commentaria Germaniae in P. Cornelij Taciti Eq. Rom. libellum de ſ. m. et p. Germanorum) bei Joh. Petrejus zu Nürnberg: 20 Bl. 4º. (München, Hofbibl. A. lat. b. 628. 4º. und 610. 611. 612.; vgl. Hannoverſche Zeit. 1750. St. 61. S. 600.); eben ſo 1580 durch Sim. Fabricius: Augsburg 8º.; 1609 zu Amberg 8º.; auch in Schad Scriptt. rer. Germanic.

[2]) Durch Erbſchaft kam der Codex, der übrigens auch nach dem Florentiniſchen des Poggius (Divi Marci) gefertigt iſt, vor etwa 50 Jahren an Dorsner in Frankreich, der ſeinen Gebrauch dem Oberlin (S. XIII—XX) geſtattete.

gelegt zu Basel 1544: P. CORNELII TACITI | EQVITIS ROMANI ANNALIVM AB EXCESSV AVGVSTI SI|cut ipfe uocat, fiue Hiſtoriae Auguſtae ... per Beatvm Rhenanvm ... Bafileae in officina Frobeniana | ANNO M D XLIIII. fol. (vorhanden in Breslau, Univerſitätsbibliothek III, 266 f.). Vgl. Ebert n. 22142; Kämmerer a. a. D. S. 58.

25) 1534, Venedig (**W**ᵇ), durch Albus, mit den Anmerkungen des Rhenanus und Alciatus: ſl. 4°. — CORNELIVS TACITVS EXACTA | CVRA RECOGNITVS, | ET EMENDATVS || ... ALDVS .| M . D . XXXIII.

Die Germania (Bl. 203ᵃ—210ᵇ) P. CORNELII TACITI EQ .| RO . DE SITV, MORIBVS | ET POPVLIS GER-|MA-NIAE LIBELLVS .|| — Schluß Venetiis, in aedibvs haeredvm Iobani Soceri Aldi Manvtii . Rouenna, et Andreae Menfe Novembris, M . D . XXX . IIII.

Aufgeführt von Ebert n. 22143; Erneſti (Becker I, xxxi); Walther I, xxix; Ruperti I, cxvi, 13.

Vorhanden 1) zu Berlin (K. Bibliothek Philolog. Hiſtor. Lat. C.) ꝛc.

26) 1538, Wittenberg (**W**i), bei Clug, mit Lufftiſchen Schrif-ten ¹): 6 Bl. 8°.

ARMINI-|VS DIALOGVS | Huttenicus continens res Arminii in Ger-|mania geſtas. | P. CORNELII TA=|citi, de moribus & po=|pulis Germaniæ | libellus. Adiecta eſt breuis interpreta=| tio appellationum parti=|um Germaniæ. || — Innen P. COR-NELII TACITI HISTO=|RICI DE SITV, ET MO=|ribus, & po-pulis Germa=|niae, libellus. — Schluß IMPRESSVM VITE-BERGAE | PER IOSEPHVM CLVG. || M . D . XXX VIII.

Lieſt noch Nerthum nach Rhenanus (1533) Hertham; alſo nach der Ausgabe 1519 gefertigt.

Vorhanden 1) zu München (K. Bibliothek A. lat. b. 1891. 8°.); 2) zu Berlin (K. Bibliothek Philolog. Hiſtor. Lat. C.); 3) zu Wolfenbüttel (Heß Obſervat. 1828. S. iv) ꝛc.

---

¹) Das griechiſche Gedicht von Melanchthon (vorletzte S.) an Johann Luther, den älteſten Sohn Luthers, der 1549 zu Königsberg ſtudierte. Iſt dasſelbe erſt in den erſten Jahren nach des Vaters Tode geſchrieben, oder geht ἄθεος (barbarus hoſtis) auf den Türken?

Beſprochen von Hummel Nachrichten von ſeltenen Büchern III, 164.; Panzer Ulrich von Hutten in literariſcher Hinſicht S. 183.; Burckhard Comment. de Huttenio II, 318.; Maß= mann Arminius Cheruſcorum dux ac decus, liberator Germa- niae. Lemgo (Detmold), Meyer. 1839. 8. S. xvi—xvii.

27) 1557, Wittenberg (Wt), bei Joh. Lufft: 24 Bl. 8°. — GERMA-|NIA CORNELII | TACITI. | VOCABVLA | REGIO- NVM ENARRATA, ET | ad recentes appellatio=|nes accommo-| data. | HARMINIVS | Vlrici Hutteni. | DIALOGVS, CVI TI- TV-|lus eſt Iulius. | Recens edita a Philippo | Melanthone. || WITTEBERGAE | Per Ioannem Lufft. | 1557. ||

S. 74—79. auch wieder C. Celtes de ſitu et mor. Germa- norum (Wt¹·²).

Aufgeführt von Hummel (Biblioth. deutſcher Alterthümer S. 43., Nachrichten von ſeltenen Büchern III, 164.); Freytag (Ap- parat. liber. II, 1383—1386); Heß (Obſervat. 1828. S. iv); Strobel Bibl. Melanchth. p. 38. n. 48.

Vorhanden 1) in München (K. Bibliothek Biogr. 233. 8°.); 2) in Berlin (K. Bibliothek Philolog. Hiſtor. Lat. C.); 3) in Weimar ꝛc.

28) 15??, Straßburg (S), bei Th. Rihelius: o. J. 26 Bl. 8°. — P. CORNELII | TACITI, EQVITIS RO-|mani, de ſitu, moribus, & populis | Germanorum, Libellus. || ARGENTO- RATI, | Excudebat Theodoſius Rihelius. — Rhenanus und Leipziger Text (Hertum).

Vorhanden 1) in München (K. Bibliothek A. lat. b. 1889. und 1890. 8°. und Jur. Iſag. 50. 8°.); 2) in Wolfenbüttel (Heß Obſervat. 1834. S. iv).

29) 1557: des Micyllus Ausgaben (Walther I, xxix) nach Rhe= nanus; deutſch ſchon 1535: Der Röm. Keyſer Hiſtorien durch C. Tacitus beſchrieben. Meyntz, Juo Schöffer. Fol. (Bl. 437: Das Büch P. | Cornelij Taci=|ti von den ſitte̅ | vnnd völckern | der alten Teut-|ſchen von Jacob Micyllus), wiederholt 1612, Frankfurt (Tacitus cum verſione Germanica Jac. Micylli).

30) 1574, Antwerpen, bei Plantinus, durch J. Lipſius.

(Vgl. Erneſti xlviii—liv; Walther I, xxix; Ruperti I, cxvii; Kämmerer S. 60.; Ebert II, 874.)

Wiederholt 1576, 8°. 1581, 8°. 1585, Fol. 1588, 8°.

1589, Fol. 1598, 8°. 1599, 8°. 1600, 4°. 1607, Fol. 1619, 8°. (Leyden). 1621, 12°. 1627, Fol. 1637, Fol. 1648, Fol. 1649. 1654. 1668, Fol., u. f. w.

Darnach die Ausgaben des Pichena von Florenz und Janus Gruter (beide 1607), Bernegger (1638), Boxhorn (1643), Gronove (1672. 1673. 1720), Ryckius (1687) u. f. w. Noch später Ernesti (1772. 1782), Brotier (1771) u. f. w. u. f. w.

Vgl. Ernesti (Becker) I, xxxiii; Ruperti I, cxviii—cxx.

*

(Sieh folgende Seite.)

C. Übersicht der Druckausgaben
nach den hier gebrauchten Buchstaben.

Buchstabe	Druckort.	Druckherr.	Druckjahr.	Nro.	Werke.	Herausgeber.
B	Basel.	Joh. Froben.	vor 1519?	18	Germania.	(B. Rhenanus?)
B¹	Basel.	Joh. Froben.	1519, Mai.	19	Germania.	B. Rhenanus.
B²	Basel.	Joh. Froben.	1519, Aug.	20	Opera.	B. Rhenanus.
B³	Basel.	Joh. Froben.	1533.	24	Opera.	B. Rhenanus.
Bo	Bologna.	. . . ? . . .	1472.	2	Germania (mit Diod. Sic.).	(Fr. Poggius.)
E	Erfurt.	Joh. Kanapp.	1509.	11	Germania.	. . . ? . . .
F	Florenz.	Junta.	1527.	22	Opera.	. . . ? . . .
L¹	Leipzig.	Wolfg. Stößel.	1502.	9	Germania.	. . . ? . . .
L²	Leipzig.	Michael Lotters.	1509.	10	Germania.	J. Rhagius.
[L³]	Leipzig.	Valentin Schumann.	1519.	21	Germania.	(B. Rhenanus.)]
M¹	Mailand.	. . . ? . . .	1475.	6	Opera.	Fr. Puteolanus.
M²	Mailand.	Minutius.	1517.	17	Opera.	Alciatus.
N¹	Nürnberg.	Fr. Creusner.	1473.	3	Germania.	. . . ? . . .
N²	Nürnberg.	Fr. Creusner.	1473.	4	Germania.	. . . ? . . .
N³	Nürnberg.	Fr. Peypus.	1529.	23	Germania.	(A. Althamer.)
P	Paris.	de Marnef.	1511.	13	Germania.	. . . ? . . .
R¹	Rom.	Gensberg.	1474.	5	Germania.	. . . ? . . .
R²	Rom.	. . . ? . . .	1515.	15	Opera.	Ph. Beroaldus.
S	Straßburg.	Th. Rihel.	15..	28	Germania.	. . . ? . . .
V¹	Benedig.	Vindelinus de Spira.	1470.	1	Opera.	. . . ? . . .
V²	Benedig.	Andr. Jacobi Katharens.	1476.	7	Germania (mit Diod. Sic.).	(Fr. Poggius.)
V³	Benedig.	Phil. Pinci.	1497.	8	Opera.	(Fr. Puteolanus.)
V⁴	Benedig.	J. Rubeus.	1512.	14	Opera.	Joh. Rivius.
V⁵	Benedig.	Aldus Manutius.	1534.	25	Opera.	. . . ? . . .
W¹	Wien.	. . . ? . . .	1509? 1515?	12	Germania.	C. Celtes?
W²	Wien.	Joh. Singrenius.	1515.	16	Germania.	C. Celtes?
Wi	Wittenberg.	Clug.	1538.	26	Germania.	Melanchthon?
Wi	Wittenberg.	J. Lufft.	1557.	27	Germania.	Melanchthon.

C. CORNELII TACITI

EQUITIS ROMANI

DE ORIGINE MORIBUS AC SITU GERMANORUM

LIBELLUS.

Cornelium appellat Tacitum P cum **BB**^{1,2}**C**^{3}**R**^{2}; *illustrissimi historici* addunt T**B**^{1}**BoR**^{1}**M**^{1}**B**^{2,3}**L**^{1,2,3}**C**, *veridici historici* **B**^{2}, *historici gravissimi et disertissimi* **B**^{4}, *historici* simpliciter **R**^{2}**B**^{1}; *oratoris* L, *equitis* **L**^{3} (*illustrissimi*), *equitis romani* **R**^{1,2}**SCB**^{5}**B**^{3}.

Inscribunt libellum *De situ Germanie* Rb et **B**^{2} (*et incolarum*); *De Germanie situ* Rf. — *De origine et situ Germanie* FT (in initio ac fine) et N (in fine *Germanorum*); *De origine et situ Germanorum* RRacdMVL **yB**^{1} (intus apud C. C. Germaniae). — *De origine ritu et moribus Germanorum* S. — *De situ ac moribus Germanorum* **BoB**; *de situ ac moribus Germaniae* Ro. — *De moribus Germanorum* **L**^{1}; *De moribus et populis Germaniae* **BB**^{1,2}**L**^{1}. — *De situ et moribus et populis Germaniae* **B**^{2}. — *De situ moribus et (ac) populis Germaniae* T**B**^{1}**BoM**^{1}**B**^{2,3}**L**^{1,2}**B**^{1}**R**^{2}**L**^{3}**R**^{1}**B**^{5}**C**. — *De origine situ moribus ac populis Germanorum* P. — *Germania solum* **R**^{1}**R**^{1}**B**^{1}.

Libellus aureus additur in **B**^{1}**BoM**^{1}**B**^{2,3}**L**^{1,2} (aureus libellus) **R**^{2}**C**.

Ipse Tacitus primum „de Germanorum *origine ac moribus*", dein „*singularum gentium* instituta *ritusque*" (secundum libelli caput 27) expediit; inde fortasse S inscripsit: „de origine *ritu* et moribus Germanorum".

Germania omnis a Gallis [1]) Raetisque [2]) et [3]) Pannoniis [4])
Rheno et Danubio [5]) fluminibus, a [6]) Sarmatis Dacisque mu-
tuo [7]) metu [8]) aut montibus feparatur [9]). cetera [10]) oceanus [11]) ambit latos finus et infularum [12]) immenfa fpatia complectens, nuper cognitis quibusdam gentibus [13]) ac [14]) regibus,
quos bellum [15]) aperuit [16]). Rhenus [17]) raeticarum [18]) al-

---

1) Rb in marg. *c^e gallijf*, 𝔚[1] *gallijs*.

2) P *rhetiifq*3, VTW𝔚[1]·𝔏[1·2]𝔕[2]𝔕[4] *rhetiifq*3, 𝔕[1·2] *rhœtiisque*, 𝔐[1]𝔚[2]
rhœtiis quœ &, 𝔚[1]𝔈 *rethijfq*3, R *Retijsq*3, FRabdef *retiisque*, RcN *re-
tiisq*3, S *reciis et pannonis*, 𝔓 *Rhetisque* (infra *Rheticarum*, c. III *retie-
que*, c. XLI. *retie*), 𝔚 *Rethisq*3 (paulo poft *Rheticaru̅*, c. III. *Rhetieq*3,
c. XLI. *Rhetie*).

3) *et* deeft 𝔈.

4) S *pannonis* (P *pã nontif*, 𝔚[2] *Pã|nonijs* etc.).

5) P *danubio* = FMSTRRade, *Dannubio* 𝔕[1·2]𝔕[1], *dannuuio* Rf (paulo
poft *danuuius*), *danuuio* Rbc (ut in nummo Trajani Harduino tefte ad
Plin. H. N. IV, 24. et Fea ad Horat. Od. IV, 15, 21.). Cf. not 24. et c.
XXIX, not. 43. XLI, 6. XLII, 16.

6) R *&*.

7) P *mo̧tuo*.

8) *me a tu* (ut in fine capituli) FRbf, *mȩtu* R. (Rb tefte I. Beckero
uictu, Walthero *ictu*, cum B fecundum Lipfium).

9) Rade *fep e ratur*, R *fȩpatur*.

10) 𝔏[1] *Ceterã* (ex mendo compofitoris typographici). Cf. II, not. 14.

11) *Occeanuf* Rb; Rf poftea *occeano*, aliique. Et c. II. *occeanus* NRd
aliique. — Vide XLIV, 4.

12) Deerat apud Oberlinum, adeft in Beckeri editione.

13) *gentibus* deeft Rb; inde in margine „cognituf a regibus quif.“
— P *gē tibuf ac regibuf*, ut et ceteri codd.

14) MS *et;* P cum ceteris *ac*.

15) Rd *t ellum*.

16) Rd *apperuit*.

17) Rf *Henus*, Rc *R^t enus*.

18) FRbf *rateicarum*, Rb (in marg.) *c^e rheteica*𝔔, Rc *r^t eticaru̅*,

pium inaccesso [19]) ac [20]) praecipiti vertice ortus, modico flexu
in occidentem versus [21]) septentrionali [22]) oceano miscetur [23]).
Danubius [24]) molli et [25]) clementer [26]) edito montis Abnobae [27])
jugo effusus [28]) pluris [29]) populos [30]) adit, donec in ponti-
cum [31]) mare sex meatibus [32]) erumpat [33]): septimum os [34])
paludibus hauritur [35]).

II.

Ipsos Germanos indigenas [1]) crediderim [2]) minimeque [3])

R retica ♃, N ræticarum, S Raehticarum; ceteri rheticarum, reticarum,
rethicarum. Cf. not. 2.

19) P ĩ accesso, W𝕭¹ in accesso, 𝕮 in accessu Rb inaccessu.

20) Rb et.

21) 𝔏¹ deest versus.

22) 𝔜 septremtrionali, ℜ² septē|trionali (P septētrjonali, cet.).

23) Rf misceretur, M inmiscetur.

24) Rbef Danuuius (vide not. 4.), 𝔏¹ Danubiu.

25) H ac.

26) M clementi (P clemter, cet.).

27) PR𝕭¹·²ℜ² Arbonę, RcfLTW (et RabF in marg.) 𝔏¹·²𝕮𝕭 Arbone, Rc arbone (in marg. Mōs. aⁿbona), 𝕭o𝕭²𝔏²𝕭¹·²ℜ³ℜ²𝕭¹·² Arbonae,
N primitus Arnobae, correct. in Arbonae, sed rursus suprascript. arbonae,
Ra Arnobę (in marg. Arbonae), Rb arnobe (in marg. arbone), RdVFS
Arnobe, Mℜ¹·² arnobae, A arnibæ, B anribae (?). — Cf. Abnoba in dua-
bus inscriptionibus in Sylva Nigra repertis et Ptolemaei II, 11. Ἀβνο-
βαῖα et Αὐνοβαῖα ὄρη.

28) Rb effusis (in marg. cᵉ effusus, ut cet. cum P.).

29) PRae𝕭oℜ¹ℜ¹·²𝔜𝕭¹·² pluris, ceteri plures.

30) 𝕮 populus.

31) S ponthicum.

32) Rbf se meatibus.

33) P erũpat = FNMWHSRRabcdefℜ¹·²𝕭¹·²𝕭³𝕮𝕭⁴, erumpit VT
𝕭¹·²·³𝕭o𝔐¹𝔏¹·²·³𝕮𝔜𝕭¹·²ℜ³. — Cf. Annal. II, 6. donec (Rhenus) oceano
misceatur.

34) P septimũ os, inde codd. editionesque septimum os praebent,
praeter 𝕭o𝕭¹·²·³𝔐¹𝔏¹·²·³𝕭³𝕮𝕭¹·²·³𝕮𝕭⁴, qui enim interposuerunt.

35) N ᵸauritur, cet.; FRbf haurit.

II.

1) M indigenes, Rf indignenas.

2) Rd crederim mimeq3.

3) Rd mimeq3, 𝔜 minime (que om.).

aliarum gentium adventibus [4]) et hospitiis [5]) mixtos; quia nec
terra olim fed claffibus advehebantur [6]), qui mutare fedes quae-
rebant, et immenfus [7]) ultra utque [8]) fic dixerim adverfus [9])
oceanus raris [10]) ab orbe noftro [11]) navibus aditur. quis porro [12]) praeter periculum horridi et ignoti maris Afia aut Afri-
ca [13]) aut Italia relicta Germaniam [14]) peteret [15]) informem
terris, afperam coelo, triftem cultu afpectuque, nifi fi [16]) patria
fit? Celebrant [17]) carminibus antiquis, quod unum apud illos
memoriae et annalium genus [18]), Tuifconem [19]) deum terra
editum [20]) et [21]) filium Mannum [22]), originem gentis condito-

---

4) $\mathfrak{B}^1\mathfrak{P}$ adventu, Rc adëtibuſ, c. cet.

5) Rc efpitiis, P ᴸefpitiiſ.

6) $\mathfrak{P}$ advehebant, $\mathfrak{B}^1\mathfrak{L}^1$ aduehebantᵘ, al.

7) S immenſibuſ.

8) S utque ut fic, P oum cet. utque.

9) FRbſ aduerfiſ (Rb in marg. adverfuſ, ut P adu'fuſ c. cet.).

10) M roriſ.

11) S ůrbe noſtrᶞ.

12) Rbſ deeft porro (haud in F); porro|p̄ter piculŭ ę horridi.

13) S Affrica, W Aphrica.

14) Rc germania (cf. I, not. 10.).

15) P peter͂tſ (inde Rd peteretur).

16) P ni,'fi | patria fit, Rc n¹ | fi p. ſ., RbſFL nifi p. ſ., HTS nifi
fibi p. ſ., e nifi fi in VMNRade$\mathfrak{B}^{1\cdot2\cdot3}\mathfrak{Bo}\mathfrak{R}^{1\cdot2}\mathfrak{M}^1\mathfrak{L}^{1\cdot2\cdot3}\mathfrak{R}^2\mathfrak{B}^{1\cdot2}\mathfrak{R}^3\mathfrak{B}^{1\cdot2\cdot3}$
$\mathfrak{SB}^5$. — P pro nifi plerumque fcribit n¹, rarius folutis literis nifi.
Scripferat ergo in hoc ipfo loco nifi, mox feparandum fibi effe ni et fi
intelligens.

17) P Celebra͂t, Rc Cęlebraſ, inde Re Celebrat.

18) P genuſ ē, inde eft in $\mathfrak{R}^{1\cdot2\cdot3}\mathfrak{B}^{1\cdot2}\mathfrak{L}^3$ cum codd. mm. praeter
VTW$\mathfrak{Bo}\mathfrak{B}^{1\cdot2\cdot3}\mathfrak{L}^{1\cdot2}\mathfrak{M}^1\mathfrak{R}^2\mathfrak{B}^{1\cdot2\cdot3}\mathfrak{SB}^5$, qui omnes praebent fit (an ex ge-
nuſtuifconem? unde et H viftonem, N biftonem).

19) P triftonē, Ra Triftonē, Rb tyrftonem, in marg. tirftonem, RcVW
$\mathfrak{Bo}\mathfrak{B}^{2\cdot3}\mathfrak{M}^1\mathfrak{R}^2\mathfrak{CL}^3\mathfrak{B}^{1\cdot2\cdot3}$ Tuiftonem, Ra Tviftonem, FRſ Tyiftonem, L Ti-
ftonem, H Viftonem, N Biftonem, R Biftonum, M bifbonem, S (in marg.)
hiftonem; Rd Tuifconē, Re Tuifconē3, STH (in marg.) $\mathfrak{R}^{1\cdot2}\mathfrak{L}^{1\cdot2}\mathfrak{B}^{1\cdot2}$
$\mathfrak{R}^3\mathfrak{S}$ Tuifconem. — Ra in marg. Tuifman et Rb in marg. tirftonem ,p
tuifman, ut in marg. $\mathfrak{R}^2$ fcriptum Tuifmon.

20) R ęditum, N$\mathfrak{L}^3$ œditum (ut cæterum etc.), Rc ęditŭ, P editŭ͂ cet.;
S celitum.
_{editum}

21) P prius ei, correct. in et, S ei, NRdeMH$\mathfrak{R}^{1\cdot2}$ ei, RacNT$\mathfrak{B}^{1\cdot2\cdot3}$
$\mathfrak{L}^{1\cdot2\cdot3}\mathfrak{M}^1\mathfrak{R}^2\mathfrak{B}^2\mathfrak{CL}^{1\cdot2\cdot3}\mathfrak{SB}^5$ et (vel &), FRbſA ejus, $\mathfrak{B}^1$ cui, $\mathfrak{P}$ CVI.

risque [23]). Manno tris [24]) filios affignant, e quorum nominibus proximi [25]) oceano Ingaevones [26]), medii Herminones [27]),
ceteri Ifcaevones [28]) vocentur. quidam, ut in [29]) licentia ve-
tuftatis, pluris [30]) deo [31]) ortos pluresque [30]) gentis appella-
tiones [32]) Marfos [33]), Gambrivios [34]), Suevos [35]), Vandilios [36])

---

22) P *mā̃num*, Rabcde *Mannum*, N *Mannun* (ut Rf in c. XVII *fa-
gun*), H *marnum* (in marg. *mannum*), F *magnū* (et *Magno*), Rf
magnum manuum (ut Rbf *Magno tres*, ubi Rc *Mā̃o*, Rb in marg.
Manno); editiones *mā̃num* (*Mā̃no*), *Mannum*, *mannum* (*Manno*).

23) P *conditorifq3*, ut omnes mfcr. et edd. praeter Rd (fed impleto
literae capite, ita ut *i* valeat) cum $\mathfrak{B}^{2}\mathfrak{B}^{4}$ *conditoresque*; Rc *conditoⁿis*.
(omiffo *que*), S *conditoriosque*, H *conditoremque*.

24) PW$\mathfrak{B}o\mathfrak{B}^{1.2.3}\mathfrak{E}^{1.2.3}\mathfrak{R}^{1.2}\mathfrak{M}^{1}\mathfrak{R}^{1.2}\mathfrak{B}^{1.2}\mathfrak{B}^{1.2.3}$ *tris*, RS cet. *tres* (R
conditoris).

25) Rbf *e q°4 proximi* (omiffo *nominibus*, unde in marg. Rb „ut
Manno tr. f. a. e pofterif quorum), M *proximo oceano*. — P *e quorū̃ noï-
buf pximi*.

26) P *ingeuonef*, inde *ingeuones* Racde$\mathfrak{M}\mathfrak{E}^{1.2}\mathfrak{B}^{1}$, *ingaeuones* NTHW
$\mathfrak{B}o\mathfrak{B}^{1.2}\mathfrak{R}^{1.2.3}\mathfrak{M}^{1}\mathfrak{E}^{2}\mathfrak{B}^{2}\mathfrak{E}\mathfrak{Y}\mathfrak{B}$, *ingaenones* RbFSV, *iugaenones* Rf. — Vide
Grimmii Mytholog. pg. 320.

27) P *hermi,ⁿones*, $\mathfrak{M}^{1}\mathfrak{B}^{3}$ *Hermĩones*: inde 1) *Hermiones* Rade$\mathfrak{V}\mathfrak{R}^{1}$
$\mathfrak{R}^{1.2.3}\mathfrak{E}^{1.2}$, *h'miones* Rc; 2) *Herminones* RfNMWHST$\mathfrak{B}o\mathfrak{B}^{1.2}\mathfrak{R}^{2}\mathfrak{Y}\mathfrak{E}\mathfrak{B}^{1.2}$
$\mathfrak{E}^{3}\mathfrak{B}^{1.2}\mathfrak{E}$, *Hermimones* F, *Hermemones* Rb. Vide *Grimmii* Myth. pg. 325.

28) PRaNHT$\mathfrak{B}o\mathfrak{B}^{1.2.3}\mathfrak{R}^{2}\mathfrak{M}^{1}\mathfrak{E}^{3}\mathfrak{E}\mathfrak{B}^{2}\mathfrak{B}^{1}$ *Iftaeuonef*, Rcde$\mathfrak{B}^{1}\mathfrak{R}^{3}$ *Ifteuo-
nes*, S *Iftaenones*, V *Iftaenones*, RbF *Inftaenonef*, Rf *iuftaenonef*, $\mathfrak{E}^{1.2}$
ifceuones, M *ifrenones*. Vide *Grimmii* Myth. pg. 323.

29) P *qdā̃ ut ī l.* = ASRRabcdef cet.; F *Quidam auf l.*; T *autem*, $\mathfrak{B}^{1.2}\mathfrak{M}^{1}\mathfrak{B}^{1.2}$ *autē̃*.

30) *plurif — plurefq3*, ita plerique ceterorum; $\mathfrak{B}^{1}\mathfrak{R}^{2}\mathfrak{B}^{3}$ *plures —
pluresque*.

31) P *deo ortof* (c. cet.), RbfF *deof ortof*, $\mathfrak{E}$ *deortos*, H *de eo* (in
marg. *Deo*).

32) S *appellatores* (P *appellatõ̃ef*).

33) S *Marfoffi* (ex *fi Gambriᵛos?*), Ro *Maⁿfos*; ceteri omnes *marfof*.

34) P *gabriniof*, Ra *Gäbriuiof*, Rc *ganbriuios*, Rb$\mathfrak{V}\mathfrak{E}^{1}$ *Gambriniof*,
Rf *gambriuiof* f. *gambrunof*, M *Gambrunos* (quod et in Rd legi poteft;
cf. Γαμβριουνοι, Γαμβριουννοι apud *Strabon.* VII, 13.); S *gambriᵛos*; ceteri *Gambriuios*.

35) P *fueuof* c. ceteris, exceptis RfV$\mathfrak{B}^{1.2}\mathfrak{B}o$ (*Suenos*), $\mathfrak{B}^{1}$ (*Sue-
tios*), $\mathfrak{R}^{1.2}$ *equo4*.

36) P *uandaliof* = WTS$\mathfrak{B}^{1.2}\mathfrak{B}o\mathfrak{Y}\mathfrak{B}^{3}\mathfrak{B}^{3}\mathfrak{E}$, *Vandalos*, *uandalos* FHA
$\mathfrak{M}^{1}\mathfrak{E}^{1.2.3}\mathfrak{R}^{2}\mathfrak{B}^{3}\mathfrak{B}^{2}\mathfrak{B}^{1.2}\mathfrak{R}^{3}$, *Vandilios* RRacdeNM$\mathfrak{R}^{1.2.3}\mathfrak{R}^{1}\mathfrak{B}^{1}$, *Vandileos*

affirmant [37]), eaque [38]) vera et antiqua nomina. ceterum Germaniae vocabulum recens et nuper additum [39]), quoniam [40]) qui primi [41]) Rhenum transgreffi Gallos expulerint ac [42]) nunc [43]) Tungri [44]), tunc [45]) Germani vocati fint [45]). ita nationis nomen, non [46]) gentis evaluiffe [47]) paulatim, ut omnes [48]) primum a victore [49]) ob metum, mox a [50]) fe ipfis invento nomine Germani vocarentur.

III.

Fuiffe apud eos et [1]) Herculem memorant [2]) primumque omnium virorum fortium ituri in proelia canunt. Sunt illis haec [3]) quoque carmina, quorum relatu, quem baritum [4]) vo-

SH (in marg.), *Vandilos* RbfL. — Cf. *Vandali, Vandili, Βανδιλοι, Vindili* apud *Zeufs* p. 443—455 et *Grimmii* Mythol. pg. 337.

37) W *affirmauit* (mut. in —*ant*).

38) Rc *en q3 uera*, N *eáq3;* cet.

39) FG *aditum*, Rbf *editum*.

40) P *qm͞ qui*, 𝔚[1] *qm͞ qui*, cet.

41) ℜ[1.2] *q. pr. eni͞ rh.* (P *qm͞ qui p₁mi;* cet.).

42) P *ut*, ceteri omnes *ac*.

43) P *nu͞c tu͞gri, tu͞c g.* atque ita ceteri, exceptis ℜ[1.2]𝔚[1] (*Tunc T. nunc G.*) et 𝔚[2]E[3]𝔚[3.5]𝔚[2.3]ℜ[3] (*Nunc T. nunc G.*).

44) P *tu͞gri*, Rd *Thingri*, S *tinigri*, Rbf *totungri*, F *titungri*, M *tungari*. Ceteri *tungri*.

45) P *fint* c. cet., *funt* RbFSE[1.2]E𝔚[2]ℜ[3].

46) P *natioif nom͞ no͞ ge͞tif* c. cet. omnibus (𝔚[1] *nomen : no͞*).

47) M *non genti fe valuiffe*, S *coaluiffe*.

48) P𝔚[1] *om͞f*, Rbf *omnis;* ceteri *omnes*.

49) P *á uictore*, N *áuictore*, Rf *aiutore*, V *a uictorię* (deletis u et ę).

50) P *mox e͞t a fe ip͞if*, Ra *mox etiam a fe ipfis*, RbcfFVSAH𝔚[1]𝔜 *mox et a fe ipfis*, 𝔚[2] *mox t a feipfis*. — M *ob metu n͞no⅄ et a fe i.*

III.

1) P *ap. eof et* (cum cet.), RbF *et ap. eos H*.

2) S *me͞mora͞tur*, R *nominant*.

3) P *hec* (c. cet.), Rb *huius*.

4) P *barditu͞* = *Barditum* RacdNVMSA (ubi *blandicum* exhibuit P. Burm., de quo vide Paffov. praef. pag. viii) Hℜ[1.2]ℜ[1], *ba-|rdicum Rf*, *Bardicum* RbFL, *Barditum* N, *Baritu͞*^(baritus) ReTS (in marg.) W𝔅o𝔅[1.2.3]𝔚[1]𝔜, *baritum* R. — Cf. *Barritum* apud Veget. III, 18., Amm. Marcell. XVI, 30. XXVI, 7. XXXI, 7. — et *Grimmii* Mythol. pg. 853.

cant, accendunt [5]) animos futuraeque pugnae fortunam ipfo [6])
cantu augurantur. terrent enim [7]) trepidantve, prout fonuit [8])
acies; nec tam voces illae [9]) quam virtutis [10]) concentus videntur [11]). affectatur praecipue afperitas foni et fractum [12]) mur-
mur objectis [13]) ad os [14]) fcutis [15]) quo plenior et gravior
vox repercuffu [16]) intumefcat. Ceterum et Ulixem [17]) quidam
opinantur longo illo et fabulofo errore [18]) in hunc oceanum de-
latum adiffe [19]) Germaniae terras [20]) Afciburgiumque [21]), quod
in ripa Rheni [22]) fitum hodieque [23]) incolitur [24]), ab illo con-
ftitutum nominatumque [25]): aram [26]) quin [27]) etiam Ulixi [28])

---

5) P *accēdūt aĭof* (c. cet.), F *accendere animof*, ℌ *accenfus animus.*

6) P *ip̃o cãtu* (c. cet.), S *ipfi cantu.*

7) S deeft *enim.*

8) P *fonuif* (deleta litera *f*).

9) P *uocef illę* = R (*voces illę*) RnbcdefNTFMWH𝕭¹𝕭o𝕽¹·²ℒ¹·²ℭ
𝕎𝕭¹·²ℌ (*uoces ille*), 𝕭²·³𝕸¹ℒ³𝕭¹·²𝕽³ (*uoces illae*); 𝕭³𝕭³ *uocis ille.*

10) AB *mentis*, P *uirtutif* c. cet. (S *virtutis*).

11) P *uidē̆tur*, Rc *uidēt*ᵘ, R *uidentur*, unde omnes libri *videntur.*

12) P *fractū̆*, Rc *fractū̆*, cet.; N *factus.*

13) RdN *abiectis*, Rc *mu*ᵘ*m*ᵘ *dictis ados.*

14) RfM *ad eos*, Ra *ad eof* (deleta *e*), N deeft *ad os*, Rc *dictis ados
fcutis.*

15) Ra *fcutū̆*, Re *fcutum*, W𝕭¹·² *ftutis.*

16) S *repercuffā̆* (P *repcuffu* c. cet.).

17) P *Vlyffem* (ex *Vlyxem*, ut infra *Vlyffi* ex *Vlyxi*). Variant ceteri
inter *Vlixem* (Rbdf), *Vlixen* (RcN), *Ulixen* (R), *Ulyxem*, *Ulexen.*

18) P *errof̃ ĩ hũc*, Rc *erore fi ĩ hũc.*

19) PRacdN al. *adiffe*, Rbf al. *adijffe.*

20) P *germaię terraf*, RbfF *germanię terre* (Rb in marg. *adiiffe Loca
germanię*).

21) P *aftiburgiū̆ᶜq3*, Radc *Afciburgiū̆q3*, Rbf *Afciburgiumq:*, ceteri
Afciburgiumq3 (N in marg. *Afciburgus*), 𝕎 *Afcipurgiū̆q3*, Rc *Affibur-
giū̆q'*, ℭ𝕎¹ℌ𝕽³ *Aftiburgiumq3.*

22) Rd *in ripa et rhene*, Rc *rʰeni.*

23) P *hodieq3* = RabdefFHS𝕽¹·²𝕎²ℌ𝕽³𝕭³𝕭⁵, *hodie* RRcWTNV
𝕭o𝕭¹·²·³𝕸¹ℒ¹·²·³ℭ𝕽²𝕭²·³.

24) P *incolitᵧ̃*, Rc *ĭcolit*ᵘ, cet., MH *incolatur.*

25) P *noĭatū̆q3* nulla fequente lacuna (ita ut Pontanus in marg. ad-
diderit *deeft*), eodemque modo in RTSℒ¹·²𝕎²𝕽³; eft autem lacuna in
RbfFMHL(?)W (ubi manus altera addidit graecam vocem) 𝕭o𝕭¹·²·³𝕸¹
𝕽¹ℌ. Lacuna expleta eft verbo *ΑΣΚΙΠΥΡΓΙΟΝ* in Re, *ΑΣΚJΠV ΡΓΙΟΝ*
in Rd, *ασκιπύργιον* in Rae (nec *ΑCRΙΠΥΡΓΙΟΝ* ut Broterius, nec

confecratam adjecto Laertae patris nomine eodem loco olim repertam [29]), monumentaque [30]) et [31]) tumulos quosdam graecis [32]) literis infcriptos in confinio Germaniae Raetiaeque [33])
adhuc exftare. Quae neque confirmare [34]) argumentis neque
refellere in animo eft: ex ingenio fuo quisque demat vel [35]) ad-
dat fidem.

IV.

Ipfe [1]) eorum opinionibus accedo, qui Germaniae populos [2])
nullis aliis aliarum [3]) nationum [4]) connubiis infectos propriam [5])
et finceram et tantum [6]) fui fimilem gentem [7]) exftitiffe arbi-

---

Ασκίπυρπον, ut Pertzius legit, nec *Acriniprion*, quod idem ille et ℜ[1.2]).
In ℜ[2] marg. fcriptum eft *ασκϊπυριομ*, ut in 𝔅[3] *acrimprion*; in 𝔅[2] fcriptum *άκρινίπριον*, impreffum in 𝔓. In A legitur *ACTYTEAΓION*, in
𝔅[2] infcriptum, in 𝔅[3]𝔅[5]𝔖 impreffum *αστυπυργιον*. Huttenus in Arminio
(1538. 1557) et Melanchthon in edit. *Οδυσσιπυργιον* fibi fecerunt.

26) Rd *arma.*

27) Rd *quando,* P *qn ef̄*, Rc *quin|&*, cet.

28) 𝔅[1] *v lix e.*

29) P *rep-|tam*, F *repertã*, H *repertã* (tractu manus fecundae), Ra
reptaჳ, Rc *reptam*, Rdf *repertam*, RNM *reperta*, Rb *rep artam* (fed in mg.
reptam).

30) RVW𝔅[1]𝔅oℜ[1.2] *monimentaque.*

31) P *et*, quod deeft in RbfF (fed Rb in marg. *ul' reptam : monu-
mentaq; et tumulof*).

32) N in marg. *Monumēta in cōfinio germanie getif īfcripta litteris*
(P *grçcif*, c. cet.).

33) H *Rh. Germ.*

34) Gronovius annotat librum fcriptum Pirkheimeri *affirmare* ex-
hibentem.

35) P *ul* = FMSTHℜ[1.2]𝔏[1]𝔊𝔅[2]𝔏[3]𝔅[1]ℜ[3] (*Vel*).

IV.

1) P *Ip͠e eo♃*, c. cet., F *Item r* (deleta) e_∧*rum.*

2) RRcN *populis*, P *ppľof* c. cet.

3) P *aliif alia♃*, c. cet. omn. (Walchius *aliif* deleri vult.) Rudolf
et Meginhart cp. 2: „nec facile *ullis aliarum* gentium (vel fibi inferio-
rum) conubiis infecti propriam et finceram et tantum fui fimilem gentem facere (conati funt)."

4) P *natoïbuf.* (nu̅ above)

5) A *Propterea*, B *perpetuam*; 𝔅[1] *„ppā.*

6) 𝔓 *tamen* (ex tm̄ 𝔅[1]).

trantur. Unde [8]) habitus quoque [9]) corporum, quanquam [10])
in tanto [11]) hominum numero, idem: omnibus [12]) truces et
coerulei [13]) oculi, rutilae comae, magna corpora [14]) et [15])
tantum [16]) ad impetum valida. laboris [17]) atque operum non
eadem patientia [18]), minimeque fitim [19]) aeftumque tolerare [20]),
frigora atque inediam coelo folove [21]) affueverunt [22]).

V.

Terra, etfi [1]) aliquanto [2]) fpecie differt, in univerfum tamen aut filvis horrida aut paludibus foeda, humidior [3]) qua [4])

---

7) S *gentium* (P *gentē* c. cet.).

8) P *Uñ* cet., S *tum.*

9) Meginh. *quoque ac magnitudo corporum* (ex fequenti „*magna corpora*“) *comarumque color.*

10) P *quāquā*, Rbf *quanquam*, Rc $\overset{o}{q}$ *tā q^u*, N *tānquam*, Ra $\overset{q^u q^u}{\overline{q}\,\overline{q}}$ (in
marg. *tanq̄*), N *tanquam*, RdMV *tamquam;* Meginh. *tanquam in tanto
hom n.*

11) P *ĩñ tãñto* c. cet., S *in toto.*

12) P *idem oĩbuf* c. cet. mfs et $\mathfrak{B}^3\mathfrak{B}^5\mathfrak{S}$; contra *idem : omnibus* in
TW$\mathfrak{B}^{1\cdot2\cdot3}\mathfrak{L}^{1\cdot2}\mathfrak{R}^2\mathfrak{M}\mathfrak{E}$, *idē.* Oĩbus $\mathfrak{B}^2$, *idē.* Omnibus $\mathfrak{R}^{1\cdot2}\mathfrak{B}^1\mathfrak{Y}$, *idem,*
oĩbus $\mathfrak{L}^3$ = *idem, omnibus* $\mathfrak{R}^3\mathfrak{B}^{1\cdot2}$; Meginh. *idem pene omnibus.*

13) P *ceruli* = RdH; Ra *ceruli,* Rc *cęrulęi,* cet. *ccrulei;* V *audeli* (in
marg. *ccrulei*).

14) $\mathfrak{Y}$ *opera,* P c. cet. *corpora.*

15) Rb *omittit et;* AB *omittunt magna ... et.*

16) $\mathfrak{B}^1$ *tm̃.*

17) RW *ualida laboris.*

18) P *patiẽtia.* N *pafia,* RbF *potentia,* Rf *pontentia.*

19) Rc *fatim ęftumq;.*

20) SW$\mathfrak{B}^{1\cdot2}$ *tollerare,* P *tolerar̃* c. cet.

21) P *folo ue,* Rb *foloue,* Racdf$\mathfrak{R}^{1\cdot2}\mathfrak{M}^1\mathfrak{E}$ *foloue,* $\mathfrak{R}^2$ *folo ue,* $\mathfrak{B}^2$ *folo
ve* c. cet., N *foluẽ.*

22) P *affuerũt,* Ra *affuerunt,* W *affeuerunt,* Rd *affueuerunt,* Rc *af-
fueuerũt,* M *affueuermtt,* Rb *affueuerīt,* F$\mathfrak{R}^{1\cdot2}$ *affueuerint.*

V.

1) S *enim,* P *etfi* c. cet.

2) B *aliquando fpecie arct.*

3) V *humilior,* P *humiclior,* Ra *humidiõ,* Rc *humidiᵘ,* N *humᵈᵒⁱor,*
Rd *humedior.*

Gallias, ventofior qua [4] Noricum ac Pannoniam [5] afpicit [6]; fatis [7] ferax, frugiferarum [8] arborum impatiens, pecorum fecunda, fed plerumque improcera. Ne armentis quidem fuus honor aut gloria frontis [9]: numero gaudent [10], eaeque [11] folae et [12] gratiffimae opes [13] funt. Argentum et aurum propitiine an [14] irati [15] dii negaverint [16] dubito. nec tamen [17] affirmaverim nullam Germaniae venam [18] argentum aurumve [19] gignere; quis enim fcrutatus eft? poffeffione [20] et [21] ufu haud [22] perinde [23] afficiuntur [24]. eft [25] videre [26] apud

---

4) Plures *qua — qua* (Racd cet.), ℜ4 *qua — q̃̃*, 𝔅3 *qua — q̃ᵘ*, RbfF *q̃ — q̃*, N *quã — q̃*.

5) Rb in mg. cᵉ *ac pannonia quaſ afpicit*, Ra *Pãnoniã*, P *pãnoniã*.

6) P *afpicit* cet., Rf *afpicis*.

7) W *fatix*, 𝔓 *vatis*.

8) W *frugiferam*, P *frugiferarũ* c. 𝔅1 cet. Unde in Grimmii editione *frugiferarum que?*

9) M *frones*, P *frõtiſ* cum cet.; R *frontis numero*.

10) Rf verbis f. fyllabis *numero gaude* || finit folium 2, quod fequitur folium 5, quod fequuntur folia 3 et 4, ex mendo fcriptoris, non ligatoris.

11) P *eęq3* = ℜ2𝔏3, *eeq3* 𝔅1𝔅2𝔈𝔓, *eæq3* ℜ1·2𝔐1𝔅1·2·3𝔅5ℜ3, *Eeque* Rd, *Eeq3* 𝔅1, *eeq3* Raf, *Eæq;* Rbf, *eaq3* 𝔏1, *eãtq'* Rc, *eatq3* N, *eatque* R, *atq3* M, *heeq3* S, *heq'* F.

12) 𝔅1·2𝔓 *fole his gratiffimae.*

13) Ra *dåpeſ.*

14) *ppitii ne an irati dii* = RadeMVHSℜ1·2𝔓𝔅2, Rb *propitij dij an irati dij*, RcFNTW𝔅o𝔅1·2·3 *propitii an.*

15) L *nati.*

16) P *negauerīt* = 𝔅 cet., ℜ3𝔅1 *negauerũt*, Rbf *negarint.*

17) A *nec inde*, 𝔅1 *nec tñ.*

18) M *venũ* (P *uenã*, cet.).

19) A *aurum argentumve.*

20) V verba *apud illos argentea uafa legatis & principibuf eo ꝗ*[cat] (fic cum va[va] cat fuprafcripto) ante *poffeffione·* pofita funt. In W inter *eft* et *poffeffione* deeft punctum.

21) P *et*, Ra *etiã*, ceteri *et*, &.

22) L deeft *haud.*

23) P *pinde* et in marg. *pīde*, 𝔏1·2·3𝔅2 *pinde*, ℜ1·2𝔅1ℜ3HNRcd *perinde*, Ra *perinde*[l' pro], S *perinde*[pro], RRbfFMVSTWL𝔅o ℜ1·2𝔅1·3𝔐1𝔈𝔅2 *proinde.*

24) P *afficiũtur*, M *afficimur*, 𝔏1 *efficiuntur* (Rb in marg cᵉ *effinũtur*), L *accipiuntur.*

illos argentea vafa, legatis et principibus [27]) eorum muneri [28])
data, non in alia vilitate [29]) quam [30]) quae [31]) humo fingun-
tur; quamquam proximi [32]) ob ufum commerciorum [33]) aurum
et [34]) argentum in pretio habent formasque quasdam noftrae
pecuniae agnofcunt atque eligunt: interiores fimplicius et anti-
quius permutatione mercium utuntur. Pecuniam probant veterem et diu notam [35]), ferratos [36]) bigatosque [37]). Argentum
quoque [38]) magis quam aurum fequuntur, nulla affectione [39])
animi [40]), fed quia [41]) numerus [42]) argenteorum [43]) facilior
ufui eft promifcua [44]) ac [45]) vilia mercantibus.

VI.

Ne [1]) ferrum quidem fupereft, ficut ex genere telorum [2])

---

25) FM *Et*, Rf deeft *eft*.

26) P *uider̃* c. cet., M *uide*, Rb *Eft ualere*, Rf *Uidere ualere*.

27) 𝔚 *princibus*, P *p¹ncipibuf* c. cet.

28) Rb *numeri* (in marg. c^e *muneri*) = 𝔚, P *muneri* c. cet.

29) P *uilitate* = RacdeNM𝔚¹·²·³ℜ¹·²ℰ¹·²𝔐¹ℜ²𝔚¹ℭ𝔚¹·²; *utilitate*
Rbf FW𝔚²𝔚ℰ³𝔚²𝔚⁵ℜ³.

30) Rb in marg. c^e *utilitate magifq;*.

31) Rf *q̲ᵘquam h. f. q̲ᵘquam pr.*, P *quãquę h. f. quãquã ̗p*, RaN
q̲ᵘquae, Rc *quam q;*, Rd *quam humo* (omiffo *quae*).

32) 𝔚 *proximi oceano*, P *ₚximi ob ufũ*.

33) R *commentiorum*.

34) 𝔚¹ deeft *et*.

35) Rf *diuotam*, P *diũ notã* etc.

36) ℜ³𝔚¹ *feratos*, M *farratos*, Rc *fratos*, P *ferratof* cet., B *fervatos*.

37) Rc *ligatosq;*.

38) P *q°q³* cet. (deeft in ℜ¹·²ℜ¹).

39) P *affectatõe* = *affectatione* RadV ℜ¹ℜ¹·²𝔚²·²𝔚⁶; ℜ³ *effectione*,
RbcfNS𝔚¹·²·³ℜ²ℰ¹·³𝔐ℜ¹𝔚²𝔚¹ *affectione*, ℰ² *affectiõne*, 𝔚¹𝔚 *affectõne*.

40) P *aĭ*, M *aĭ*, Rd *an*.

41) Rbf *fed et numerus*, 𝔚¹ *fʒ q̃ numer9*.

42) P *fed,⁼^{qa} nũf*, Rbf *fed et numerus*.

43) P *argẽteorũ*, Rc *argentĕorum*, V *argentᵉorum*, Rdf *argentorum*.

44) FN *ufui eft. Promifcua*, P *ufui ẽ.* | *ₚmifcua*, cet.

45) M *atque*.

VI.

1) F *Ut*.

2) Rcd *tellorum*, P *telorũ*, cet.

colligitur. Rari gladiis aut majoribus lanceis utuntur: haſtas vel
ipſorum vocabulo frameas [3]) gerunt anguſto [4]) et brevi ferro,
sed ita acri et ad uſum habili [5]), ut eodem, telo [6]), prout ratio
poſcit, vel cominus vel eminus pugnent. Et eques [7]) quidem
ſcuto frameaque [8]) contentus eſt; pedites [9]) et miſſilia ſpargunt,
pluraque [11]) ſinguli, atque in immenſum [12]) vibrant [13]) nudi
aut ſagulo leves. Nulla cultus jactatio, ſcuta [14]) tantum [15])
lectiſſimis coloribus diſtinguunt [16]); paucis loricae, vix uni al-
teríve [17]) caſſis [18]) aut galea [19]). Equi [20]) non forma, non
velocitate conſpicui; ſed nec variare [21]) gyros in morem noſtrum
docentur: in rectum aut uno flexu [22]) dextros agunt [23]) ita con-

---

3) P *frameaſ* c. cet. omn. Cf. infra adnot. 8. et cp. XIV.

4) M *auguſto.*

5) RdSV *abili,* M *alibi.*

6) Rc *tello.*

7) M *equos.*

8) N *parmeáq3,* ceteri *frameaq3.*

9) M *peditos.*

10) 𝕷¹ *meſſilia.*

11) P *pluraq3* c. ſceteris, exceptis WT𝕭¹·²·³𝕭o 𝕽¹ (*plura*).

12) P *atq3, īmenſū,* Rd *atq3 ī in menſum,* Rc *atq; ī ī|menſum,*
𝕻 *in ī menſuƺ,* Ra *atq3 ī menſū,* M *atq3 in menſum,* Rf *atq3 minime
uſum inbrant,* 𝕷³ *in im | miſſuƺ.*

13) Rf *inbrant nudi,* P *uibrāt nudi* cet., 𝕽¹·²𝕭² *vibrant nudi,* 𝕽²
𝕷¹·²𝕻 *vibrant: nudi,* 𝕷³𝕭¹·²·³𝕮 *vibrant, nudi;* 𝕮 *vibrant. nudi.*

14) Rd *Scuto.*

15) 𝕻 *tamen,* 𝕭¹ *tm̃,* P *tantũ* c. cet.

16) P𝕽¹𝕭² *diſtingūt,* RWS *diſtingunt,* 𝕷¹𝕮𝕭² *diſtinguũt,* 𝕷²𝕽²𝕭¹𝕭³
diſtinguunt, H *diſtinguuntur.* — P ſejungit *diſtingũt. pauciſ loricę,* 𝕽¹
diſtingũt paucis loricæ.

17) M *alterine,* P *alteri ue* c. cet.

18) M *caſſię.*

19) P *galeę* = VRRabſF𝕭¹𝕷¹·²𝕮, *galee* SLHRdec (*augaleę*) M (*ga-
lie*) 𝕭¹·²𝕻𝕷³, *gáleae* N, *galeæ* ſ. *galeae* W𝕭²·³𝕽¹·²·³𝕸¹𝕽²𝕭²; *galea*
𝕭³𝕭⁵𝕮. — P interpungit *galeę . eq.* — Non ex *galeaequi.*

20) N *Eequi.*

21) P *uarietate* = *varietate* T𝕭¹·²𝕽¹·²𝕽¹𝕮, *uarietate* (deletis et
manu altera, ut videtur) W, *variare* NRRacdf, *variare* 𝕸¹𝕽²𝕷¹·²·³𝕭¹·²𝕻
𝕭¹·²·³𝕭³·⁵𝕮𝕽³, *narrare* M, *uarie* Rb. — De Paſſovii *variegare* cf. Ann.
Litter. Ienenſ. 1818, col. 268.

22) *ſtãſu* S, *fluſu* 𝕭¹𝕻.

23) Rf *angunt,* P *agũt : | cum* cet.

juncto [24]) orbe ut nemo poſterior ſit. In univerſum aeſtimanti [25]) plus penes peditem roboris [26]); eoque mixti [27])
proeliantur apta et [28]) congruente [29]) ad equeſtrem pugnam velocitate peditum, quos ex omni juventute delectos [30]) ante aciem
locant. Definitur [31]) et numerus [32]); centeni [33]) ex [34]) ſingulis pagis [35]) ſunt idque ipſum inter ſuos vocantur; et quod [36])
primo [37]) numerus [32]) fuit, jam nomen et honor [38]) eſt. Acies
per cuneos [39]) componitur [40]). credere [41]) loco, dummodo [42])
rurſus inſtes [43]), conſilii quam formidinis [44]) arbitrantur. Cor-

---

24) P cũcto; inde *cuncto* RRdMSH et Ra in marg. (*9iuncto*), Rc *concto*, N *cuncto*,
V *conjuncto*, in marg. aĩr *cuncto*, 𝔚[1]𝔜 *ɔiũcto*, 𝔏[2] *ɔiuncto*, 𝔚[1] *coniũcto*,
𝔚[2]𝔐[1]𝔏[1]𝔚[2]ℭ *cōiuncto*, Rabfℜ[2]ℜ[1.2.3]𝔏[3]𝔚[1.2.3]𝔚[3.5]ℭ *coniuncto* (*cõuicto*).

25) P *eſtimāti* = ℭ, 𝔚[1]𝔜 *eſtimãti*, 𝔐[1]𝔚[3] *æſtimāti*, ℜ[1.2.3]𝔏[3]𝔚[1.2.3]
𝔚[5]HST *aeſtimanti*, RadeFMℜ[2]𝔏[1.2]𝔚[2] *eſtimanti*, 𝔚[1] *eſtimanti*, Rbf *ex-
timati*, Ro *exiſtimãti*, NV *exiſtimanti*, V in marg. aĩr *æſti*.

26) *roboris* deeſt W.

27) *Miſti* P (ubique, ut *iuſta*).

28) N *ex*.

29) M *congruenti*, P *cōgruēte*, Rc *ɔgruēte* etc.

30) P *ãlectoſ* c. cet., Ra *delectoſ* (*l' di*), ℭ *dilectos*, Rf *delictos*.

31) P *Definitur*, Rc *Definit'* = NRacℜ[1.2.3]𝔜𝔚[2]𝔚[2.3]𝔚[5]ℭ, *Difinitur*
𝔅o𝔚[2], *Diffinitur* RdbfFWTS𝔚[1.3]𝔐[1]ℜ[2]𝔏[1.2.3]ℭ𝔚[1], *Definit'* 𝔚[1].

32) Rc deſunt verba *centeni* usque *primo numerus* (quae vox *numerus*
repetitur). — PRcd *nũs*.

33) V *Centini*, 𝔐[1]ℜ[2] *centim*.

34) V &̈ (*ex*), Rb *et*.

35) Rbf *plagis* (Rb in marg. :|e| *ſingulis pagis ſũt*); P *pagis ſt*.

36) P *et qd'em* (ita ut prius legeretur *qdem*, literis *em* linea deletis),
Ra *et quidem*, 𝔚[1] *ɹ q primo*.

37) P *p'mo*, Ra *primo*, V *primo*. in marg. aĩr *primũ* (*us*), SH *primum*.

38) *Honor* omnes. (Vid. XIII, 22. XX, 25. XXIX, 12. XLIV, 19.

39) Rc *p cũcos*, Rd *cuniuſ*.

40) S *cōpõnũt*.

41) R *Credere*.

42) P *dũm°* (cet. *dum modo*), Rbf *dum noſtro* (Rb in marg. *dũ
noſter*).

43) P *inſteſ*, Rb *inſter* (in marg. *du noſter inſtet*), Rf *iuſteſ*, 𝔏[1.2]
inſtes magis conſilii.

44) P *fortitu-|midiniſ* (ita ut Pontanus ipſe ſyllabas *titu* tractu ut
delendas ſubſcripſerit ſyllabamque *mi* ante initium lineae ſequentis po-
ſuerit.

pora ſuorum etiam ⁴⁵) in dubiis proeliis ⁴⁶) referunt. Scútum reliquiſſe praecipuum flagitium; nec aut ⁴⁷) ſacris adeſſe aut ⁴⁸) concilium ⁴⁹) inire ⁶⁰) ignominioſo fas ⁶¹), multique ⁶²) ſu- perſtites bellorum infamiam ⁶³) laqueo finierunt.

VII.

Reges ex nobilitate, duces ex virtute ſumunt. nec regibus infinita aut ¹) libera poteſtas ²), et ³) duces exemplo potius quam imperio, ſi prompti, ſi ⁴) conſpicui ⁵), ſi ante ⁶) aciem agant, admiratione praeſunt ⁷). Ceterum neque animadvertere ⁸) neque vincire ⁹), ne ¹⁰) verberare quidem, niſi ſacerdotibus per- ,miſſum ¹¹): non ¹²) quaſi in poenam, nec ducis juſſu, ſed vel- ut ¹³) deo imperante ¹⁴), quem adeſſe bellantibus ¹⁵) credunt;

---

45) P et̄ (ut ſemper fere), N &̄|indubijs, Rc & ī d. p^cdiis.

46) Rc p̊diis (P p̄liiſ), R proliis.

47) S deeſt aut.

48) S ac.

49) P cō ciliū, Ɛ¹ cōciliū̄, ℬ² cōcilium, ℬ¹Ɛ² ociliū, V concilium (in marg. ał̄r conſī), RcdFℜ¹·²ℭ conſilium.

50) ℜ¹·² mire, P inire, ℭ in ire, H ^{in}adire.

51) R fas eſt.

52) N multiſq₃, P multiq₃ c. cet.

53) Rc infameā̄, P īfamiā etc.

VII.

1) Aut PRadMℜ¹·²ℬ³ℭℬ⁵ cet., ac RRbfAWSTHLNℬ¹·²·³BoƐ¹·²·³ ℜ¹ℜ²ℬ²ℜℬ¹·² (ℬ² in marg. alias Aut).

2) Rc poī̄aſ, Ra põtaſ.

3) P et̄ (alias pro etiam), Ra etiā̄, Rd Et, Rbf et c. cet.

4) H ac.

5) S ^{con}perſpicui.

6) P an̄̄, ℭ autem.

7) P p̄ſunt, Ɛ²ℬ¹ p̄ſunt, Ɛ¹ ſuñt ſolummodo.

8) Rf animadeuertere, P aĭ-|aduertere etc.

9) P ulcire, Rf uincere = MVSƐ¹·² vincere, ℬ² uiuere.

10) FVWT neque, Mℬoℬ²·³ℜ¹·² neq₃, ℬ¹ℜL nec, PRabcdefNHSA ne uerberar̄ qd̲ē. — Cf. cp. XLIV nec libertini quidem in Ɛ², et Suetonii Tib. 21. 37.

11) P pmiſſū̄ c. cet., ℭ praemiſſum, S comiſſum (in marg. per).

12) Rd nec.

13) ℭℜℬ¹·² velud.

effigiesque et [16]) figna quaedam detracta [17]) lucis in proelium ferunt. Quodque [18]) praecipuum fortitudinis [19]) incitamentum eft, non cafus [20]) nec [21]) fortuita conglobatio turmam aut cuneum [22]) facit, fed familiae [23]) et [24]) propinquitates: et in proximo pignora, unde [25]) feminarum ululatus [26]) audiri, unde [27]) vagitus infantium. Hi [28]) cuique fanctiffimi teftes, hi [29]) maximi laudatores [30]). ad [31]) matres, ad [32]) conjuges vulnera [33]) ferunt, nec illae [34]) numerare [35]) aut [36]) exigere [37]) plagas pavent cibosque [38]) et hortamina [39]) pugnantibus [40]) geftant.

---

14) P *impāte*, $\mathfrak{L}^{1\cdot2}$ *impante*, $\mathfrak{B}^3$ *ïperante* c. cet., M *imparante* (cf. cp. VIII, adn. 15.), RbfF *imperitante*, A *infpirante*.

15) S *rebellantibus*.

16) H *ac*.

17) Rf *dectracta*.

18) P$\mathfrak{L}^2$ *qdq3*, M *Quod*.

19) P c. cet. *fortitudinif*, $\mathfrak{L}^1$ *fortitudīs*, F *fortiffimif*.

20) W *cafu*.

21) P *neq3*, ceteri *nc*.

22) P *cuneū* c. cet., Rd *cunnum*; Rf deeft *cuneum*.

23) PRb *familię*, cet. *familie*, *familiae*.

24) P *aut*, ceteri *et*. ^{et}

25) S *unum*, P *uñ*. ^{unde}

26) *Ululatus feminarum* VW$\mathfrak{B}^{1\cdot2\cdot3}\mathfrak{L}^{1\cdot2\cdot3}\mathfrak{R}^2\mathfrak{P}\mathfrak{B}^4\mathfrak{C}\mathfrak{B}^1$.

27) S *unum*, P *uñ*. ^{unde}

28) S *hii*, W *Ii*.

29) W *Ii*.

30) Rbf *ludatores*.

31) M *et m̃res ad cõiuges*.

32) $\mathfrak{R}^1$ & *coniuges . vulnera ferũt nec*.

33) Rc *uulnere*, S$\mathfrak{B}^1\mathfrak{P}$ *volnera*.

34) P *illę*, WV$\mathfrak{R}^1\mathfrak{C}\mathfrak{L}^2\mathfrak{B}^1$ ... *ille*.

35) A *mirari*.

36) PARRdeS$\mathfrak{R}^1$ *aut*, RcFHMNS *et*, Rbf *t*, $\mathfrak{B}$o$\mathfrak{B}^{1\cdot2\cdot3}\mathfrak{L}^{1\cdot2}\mathfrak{C}\mathfrak{B}^2$ *nec*, T *neo*.

37) P *exigere* c. cet. omn. (Rb in marg. *ut exigct*), exceptis A$\mathfrak{B}^3$ $\mathfrak{B}^5\mathfrak{C}$ (*exugere*).

38) P *cibofq3 et*, Rd *cibufq3*, S *aliique* (in marg. *cibosque*), ita ut Heffii „*alimentis*“ minime opus eft.

39) Rc *ᵗortamĭa*, P *ᵗortamĭa*.

40) $\mathfrak{B}$ *bellantibus*, P *pugnātibʒ* c. cet.

VIII.

Memoriae proditur [1]), quasdam [2]) acies inclinatas [3]) jam et labantes [4]) a feminis [5]) reftitutas conftantia precum [6]) et objectu pectorum [7]) et monftrata [8]) cominus captivitate [9]), quam longe impatientius [10]) feminarum fuarum nomine timent, adeo ut efficacius [11]) obligentur [12]) animi civitatum, quibus inter obfides puellae quoque [13]) nobiles [14]) imperantur [15]). Ineffe quin etiam fanctum [16]) aliquid et providum putant, nec [17]) aut confilia [18]) earum [19]) afpernantur [20]) aut [21]) refponfa [22]) negligunt [23]). Vidimus fub divo Vefpafiano [24]) Veledam [25])

VIII.

1) N *prodere*, P *pditur*, Rc *prodit*[u], cet.

2) RbfF *apud quafdam*.

3) Rc *inclinas*, P *inclïataf*.

4) V *labentes*, P *labä̃tef*, cet.

5) Rf *foemine*, P *foemïf*, cet.

6) Rc *prɇco*, N *praeco*, P *p̄cum*, Raℓ² *precũ*, cet.

7) P *pectorũ*, ℓ¹ *pecto*♃, ℬ¹ *peccato*♃, W *peccatorum*.

8) Rc *monftrate*.

9) Hinc deeft textus in T usque ad cp. XVI verba *folent et fubterraneos*.

10) P *ïpatienti*9, ℓ² *ïpaciɇ̃ti*9, Rc *inpatiɇ̃tius*, W *inpatiens*, N *impatius*.

11) P *efficaciu*9, RbfF *efficiati* (Rb in marg. *affecti*).

12) P *obligɇ̃tur*, Rd *obligarentur*.

13) Inter *puellɇ* et *q⁰q*3 erafum quid in P; *puelleq' nobilef* F.

14) P *nȯbilef*.

15) P *impentur*, ℓ² *impant'*, M *imparantur* (ut cp. VII, adn. 14.).

16) S *Sedm̃*, in marg. *fctum*.

17) F *ne aut*, S *nec* aut *cfilia*.

18) M *concilia*, P *cõfilia*, cet.

19) S *eorum*.

20) P *afpnã̃tur*, ℓ² *afpnã̃t':*, Rf *afperantur*, ℜ¹ *erpnant'*.

21) Rf deeft *aut*, Rb u♃ (in marg. c° *aut*).

22) P *refpõfa*, M *refponfam*, ℜ¹ *afponfa*, ℬ¹ *rñfa*.

23) Ra *neglegunt*.

24) Rd *Vefpiano*, P *Vefpafiano*, cet.

25) P *Voleda*, Rd *Veledam*, Re *Valedã*, NVWSHMRRaeℬoℜ¹ℜ¹·²ℬ¹·²ℓ¹℘Œ *Veledam*, ℬ¹ *velledä*, F *ueledũ*, Rbf *ueledum* (Rb in marg. *ueledã*), L *velle dum*, ℳ¹ℓ²·³ℬ²ℬ¹·²·³ℬ³·⁵ℜ³Œ *Velledam*, *Velledã*, *Vel|ledam*. — Βελήδα apud Dion. LXVII, 5. — Cf. I. Grimmii Mytholog. pg. 84. 85. 374.

diu [26]) apud plerosque [27]) numinis [28]) loco habitam [29]). fed
et olim [30]) Auriniam [31]) et compluris [32]) alias [33]) venerati
funt, non adulatione, nec [34]) tanquam facerent [35]) deas.

IX.

Deorum · maxime [1]) Mercurium colunt, cui certis diebus humanis [2]) quoque hoftiis litare fas habent [3]). Herculem [4]) ac [5])
Martem [6]) conceffis [7]) animalibus placant. Pars Suevorum [8])
et Ifidi facrificat [9]). unde caufa et origo peregrino [10]) facro pa-

---

26) Hic codex Longolino-Kappianus (K) incipit.

27) $\mathfrak{B}^1$ *placrofque*, P *plerofq3*, cet.

28) L *numenis*, P *numif*, Rd *numis*, Rb in marg. *suif*.

29) P *hitam*, RbfL *habitatam* (Rb in marg. *hitam*), cet. *habita*, *habitam*; Rd defunt verba *habitam*. *Sed et olim Auriniam*.

30) RbfF *dum*, P *olim e.* cet.
l' *Albrinia*

31) P *Aurinia* (prius *Aurima* et *Albrima* fere), Rc *aurinia*, Ra
Auriniaᶊ, RRbeKHS (c. omn. libris impreffis) *auriniam*, F *aurima*, W
Aurinam, M *auarimaᶊ*; Ra in marg. *Albriniam*, R in textu *Albriniam*,
RfL *albrimam*, Rb in marg. *albrinam*, Re in marg. *albrunia*, N *ſuriniam*.
— In Rd defunt verba inde ab *habitam* usque ad *Auriniam*. — Cf. Ior-
nand. cp. 24. et Grimmii Mytholog. pg. 85. 375.

32) P *coplurif* = RaKW$\mathfrak{B}$o$\mathfrak{B}^{1\cdot2\cdot3}\mathfrak{R}^2\mathfrak{R}^{1\cdot2}\mathfrak{R}^1CV\mathfrak{B}^{1\cdot2}Q^3\mathfrak{B}^{1\cdot2}$, *complures* RRbdefQ$^1\mathfrak{R}^3$, *coplureis* $\mathfrak{B}^3$S.

33) RRd *alios*, S *alii*.

34) P *neq3*, cet. *nec*; Rb in marg. *eᶜ fed*.

35) Rd *fecerunt*; P *faceret*, cet.

IX.

1) Meginh. cp. 2: *Coluerunt enim eos, qui natura non erant dii,
inter quos maxime Mercurium venerabantur, cui* cet.

2) P *humaif*, $\mathfrak{S}^2$ *huanis*, Rb *hurnis*, Rf *hur|nif* (correct. ex *biar|nif*),
F *urnif*, $\mathfrak{B}^1$ *huius*.

3) Meginh. *confueverant*.

4) M *Hercule*.

5) RdeHKV$\mathfrak{R}^1$ (&) $\mathfrak{B}^2\mathfrak{Y}$ (ℓ) *et*.

6) PRa *Martem coceffif aialibuf placat et hercule*, RfFH *ac matrem*.

7) M *concefis*, $\mathfrak{B}^2$ *concifis*, P *coceffif* cet.

8) P *fueuoᴣ*, cet. *Sueoru*, *Sueuoᴣ*, *Sucuorum*, exceptis Ra V$\mathfrak{B}^1$
(*fuenorum*).

9) P *facificat*, W *facrificant*, $\mathfrak{B}^1$ *facrificat*, MRd *facrificant*.

10) P *peg'no facro*, Rc *peregrinoru facro*.

rum comperi, nisi quod signum ipsum in modum liburnae [11]) figuratum [12]) docet advectam [13]) religionem. Ceterum nec cohibere parietibus deos [14]), neque in ullam [15]) humani oris speciem assimilare [16]) ex [17]) magnitudine [18]) coelestium arbitrantur [19]). Lucos ac [20]) nemora consecrant [21]) deorumque nominibus [22]) appellant secretum illud, quod [23]) sola [24]) reverentia vident [25]).

X.

Auspicia sortesque [1]) ut [2]) qui [3]) maxime observant [4]). Sortium consuetudo simplex [5]): virgam frugiferae [6]) arbori [7])

---

11) P *liburnę*, V *liburne* cet.; M *liburna|efiguratũ*.

12) P *figuratũ*; ℭ *figura* | *docet*.

13) P *aduectã*, cet., Rf *ad|nectam*, WB[1.2.3]R[2]M[1]L[1.2.3]B[2]CB[1] *adiectam*, L[3] in marg. *aduectam*, ut et R[1.2.3]B[2.3]B[3]C.

14) Meginh. 2.: *Deos suos neque templis includere neque ullae humani oris speciei adsimilare.*

15) M *neq3 nul|lam*, P *neq3 in ullã*, cet.

16) P *assimular̃* = RabcdefNFL, *assimi|lare* W, *assimilare* RVKB[1.2]M[1]R[2]R[1.2.3]L[1.2.3]B[2]CD B[1.2.3]B[3]C et Meginh. 2. — Cf. Passov. pg. 13. et Freundii lexic. s. v.

17) P *ex* cum cet. et Meginh.; Rbf *et*.

18) W *ex imagine*, Meginh. 2. *magnitudine et dignitate coelestium.*

19) Meginh. 2. *arbitrati sunt* (ut *conati sunt* — *voluerunt* — *venerabantur*).

20) P *ac* c. cet. et Meginh., MV *et*.

21) RN *consacrant*, Rc *ofacrant*, P *cõfecrãt* c. cet., Meginh. 2. *consecrantes ... appellantes.*

22) P *noĩbʒ*, Ra *noĩbuf*, Rc *nomĩbus* c. cet. et Meginh., N *nomĩnibus* (*numinibus*), B[1] *noĩbus*.

23) P *illud qd̃*, L[1] *illd' qd'* c. cet. et Meginh., RbfF *id quod*. — Cf. cp. X, adn. 33. XI, adn. 22.

24) P *folum*; Meginh. c. cet. *sola*.

25) Meginh. 2. *illud sola reverentia contemplabantur.*

X.

1) Rd *fortesq'*, Meginh. 2. *et fortes.*

2) M *et*, P *ut* c. cet.

3) P *utique*, B[1] *utiquã*, P *ut qui* c. cet., Meginh. (et Adam. Brem.) *quam maxime.*

4) Rc *ofuãt*; Meginh. 2. *observabant.*

5) P *fĩples*, Rc *eft simplex*, Meginh. *simplex erat*, R *simplex uirgam.*

decisam [8]) in furculos [9]) amputant, eosque notis quibusdam discretos [10]) super candidam vestem temere [11]) ac fortuito [12]) spargunt [13]). mox [14]), si [15]) publice [16]) consuletur [17]), sacerdos civitatis [18]), sin [19]) privatim, ipse pater familiae [20]) precatus deos coelumque [21]) suspiciens [22]) ter singulos tollit [23]), sublatos [24]) secundum impressam [25]) ante notam interpretatur [26]). si prohibuerunt [27]), nulla de eadem re in eundem diem consultatio [29]); sin [30]) permissum [31]), auspiciorum [32]) adhuc

---

6) P *frugiferę*, B *frugifere* cet., RbfF *frugiferi* (Rb in marg. c*ę ferę*).

7) F *arboris*, Rd *arbore*.

8) P *dcisa̅*, K *defcifam*, Meginh. *decifam* c. cet.

9) S *in circu̅ furculos* (*u̅* manu altera additum).

10) M *decretos*, Meginh. c. cet. *difcretos*.

11) P *temer̃*, N *temere*, V *tenere* (l' tenere), S *tem'e* (temere), RH *tenent* (tenent), Meginh. c. cet. *temere*.

12) P *fortuito* c. cet. et Meginh., except. RdKMℜ¹ℜ¹·²·³ *fortuitu*. — Cf. Ann. II, 77.

13) RfS *fpergunt*.

14) Rc *nox*.

15) Rc *fin*.

16) Rc *pa* (*ce*).

17) P *cõfulet'*, Rc *cõfuletᵘ*, ℬ¹ *ofuletᵘ* c. cet., S *sonfoletur*, M *confulentur*, ℬ³ (et inde Bekkerus) *confulatur*, unde Muretus *confultatur*, Walchius *confulitur*; R *confuletur facerdos*. — Meginh. *publica confultatio fuit* (ut infra de eadem re in eundem diem *confultatio*).

18) N *fanctitatis* (ut adnot. 48). — Cf. 36. et XXI, 13.

19) Meginh. *fi*.

20) V *familiaf* (c. Meginh.).

21) Rbf *deos deumq;*, P *coelūq₃*, F *celūq;*, Meginh. *coelumque* etc.

22) Rc *fuppliciēs*, RM *fufcipiens*, P *fufpiciēf* c. cet. et Meginh.

23) Rf *collit*.

24) Meginh. *fublatoeque*.

25) R *imprĕffam*, N *impræffaʒ*.

26) Rc *int'p᷎tatõēʒ*.

27) Pℬ¹ *ₚhibuerũt*, Rc *ₚhibuernat*, FMK *prohibuerũt* c. ℬ¹ℜ¹·²ℒ²ℜ³ ℬ⁵ℭ, *ₚhibuerunt* ℜ¹ℒ¹·²ℬ²ℬ³ℬ¹·²·³ c. Meginh., *ₚhibuerint* ℭ.

28) Meginh. *ipfa die*.

29) N *confultatio*.

30) Meginh. *fi*.

31) P *pmiffum*, Rc *pmiffū*, M *p̄miffum*, Rd *premiffum*, ℜ²ℬ¹ *praemiffum*, Meginh. *permiffum eft*.

32) Meginh. (et Ad. Brem.) *eventuum* (ex infra fequent. *auspiciorum ... eventus*).

fides exigitur. Et illud [33]) quidem etiam hic [34]) notum [35]), avium [36]) voces volatusque interrogare. Proprium gentis equorum [37]) quoque praefagia ac monitus [38]) experiri [39]): publice [40]) aluntur iisdem [41]) nemoribus ac lucis [42]) candidi [43]) et nullo mortali [44]) opere contacti [45]), quos preffos [46]) facro curru facerdos ac rex [47]) vel princeps civitatis [48]) comitantur, hinnitusque [49]) ac fremitus [50]) obfervant. nec ulli [51]) aufpicio major fides [52]) non folum apud plebem, apud [53]) proceres, apud facerdotes: fe enim [54]) miniftros deorum, illos [55]) confcios [56]) putant [57]). Eft et alia [58]) obfervatio [59]) aufpicio-

---

33) RbfF *et id*, P *et illud qdē* c. cet. Vid. cp. IX, adn. 23. XI, 22.

34) P *etiā hic*, F *etiä h²*, Rf *etiä | h^c*, Rb *hoc etiam* (in mg. *c° quidē unū hoc*), B¹ *zh'*.

35) Rf *uotum*, P *notum* c. cet.

36) RbfF *ciuium*, P *aui͞u* cum ceteris ac Meginharto, qui conftruit *Avium ... interrogare, proprium illius gentis erat. Equorum* etc.

37) F *equorumq3*, Rc *equorū q*, P *eq°rum q°q3*, N *equorum quoq3* cum cet. et Meginh.

38) Ad. Brem. *motus.*

39) Meginh. *experiri hinnitusque ac fremitus obfervare* (omiffis verbis *Et illud q. et h. n.*).

40) Meginh. omittit *publice* usque *comitantur.*

41) FM *hifdem*, S *isdem.*

42) P *lucif : candidi.*

43) ℜ¹·² *candi.*, RdK *candi.*, P *cădidi* == Rc c. cet.

44) Rf *prope nullo morali opere*, M *morᵃ|li opore.*

45) M *ɔtractis*, P *cōtacti* c. cet.

46) P *p̄ſſaſ̊.*

47) Fbf *rerum.*

48) N *fanctitatis* (nt adnot. 18.).

49) P *hīnit9q3 ac* c. LRaℜ² et Meginh., *hinnitusq3 et* Rd, *hinnitus ac* RRbcfFNWVB¹·²·³Bo¹·²·³, Rc *himnituf.*

50) Rf *fermituf.*

51) M *nec nulli*, P *nec ulli* c. cet. ac Meginh.

52) S deeft *fides*, eft Meginharto.

53) P *ap͞ plebē. ap͞ pcereſ. ap͞ facerdoteſ* c. RRabdefFNHSMKℜ¹ℜ¹·²B¹, *f. apud proceref* Rc, *fed apud proceres* VBoB¹·²·³·⁵ℳ¹ℜ²¹·²·³B²B¹·²·³ℜ³S, nec non Meginh. (*fed etiam* apud proceres habebatur).

54) Rc *fe . n . miniftros deor —.*

55) P *iſtoſ* (illoſ), Ra *iſtos.*

56) P *cōfcioſ*, Rc *cūfios*, V *confocioſ* (in marg. alr *confcios*).

57) P *putāt*, Rc *putat.*

rum [60]), qua gravium bellorum eventus explorant [61]). ejus gentis [62]), cum qua bellum [63]) eft, captivum [64]) quoquo modo interceptum cum electo [65]) popularium [66]) fuorum, patriis [67]) quemque [68]) armis, committunt: victoria [69]) hujus vel illius pro praejudicio [70]) accipitur [71]).

XI.

De minoribus rebus [1]) principes confultant [2]), de majoribus omnes [3]). ita tamen ut ea quoque, quorum penes plebem arbitrium eft, apud principes [4]) pertractentur [5]). Coeunt [6]), nifi quid fortuitum et fubitum incidit [7]), certis [8]) diebus, quum aut

---

58) S *aliud genus alia obf.* ex gloffemate.

59) P *obferuatio* (o *b* factum eft *p*).

60) ℜ[1.2] *afpicio* 4, P *au-|fpicioru̅*, cet.

61) P *exploratur* = Ra, *explora̅t* Rc, *explorant* Rdbf c. cet., Meginh. *explorare folebant.*

62) Meginh. *Ejus quippe gentis.*

63) Meginh. *bellandum fuit,* A *bellum gerunt.*

64) P *captiuú,* M *captu̅,* R *captiuo in quoque.*

65) A *cum aliquo electo,* 𝔅[1] *elcto.*

66) 𝔅𝔓 *populorum,* P *pp̅lariu̅* cet.

67) 𝔏[1] *patris.*

68) P *que̅q3,* 𝔏[2] *que̅q3,* cet. c. Meginh., R *quenque;* H in marg. *quoque.*

69) Meginh. *Et victoriam h. v. i. pro j. habere.*

70) P𝔅[1] *pro p̃iudicio,* 𝔓 *pro p̄iudicio,* 𝔅[2]𝔏[2] *.p p̄iudicio,* ℜ[1.2]𝔏[1]ℭ *.p prieudicio,* N *propreiudicio,* RdecMV *pro preiudicio,* 𝔅[1]ℜ[2]𝔅[2]𝔅[3]ℭ *pro prɛiudicio,* 𝔅[1]𝔐[1]𝔏[2]𝔅[3.5]𝔅[1] *præiudicio,* Rf *hujus vel illius p̊ prcuiditio,* Ra *pro pre iudicio,* RbF *hujus uel illius uel preiudicio* (Rb in marg. *illiuf pro iudicio,* R et Meginh. *pro iudicio.*

71) N *ac-|cipipitur.*

XI.

1) M *verbis,* P *rebuf* c. cet.

2) 𝔏[2] *princeps confultat,* P *p̍ncipef co̅fultant,* cet.

3) Rd *omnis,* P *ome̅f,* M *om̂s,* 𝔅[1] *oe̅s.*

4) 𝔅𝔓 *princeps,* H *principe̅,* P *p̍ncipes,* cet.

5) P *ptracte̅tur,* M *ptractent',* Radef *pertractentur* cum cet., Rc *p̊ tracte̅tur,* N *praetactentur,* ℜ[1] *pertractarentur,* Rb *pertractemur.*

6) 𝔅[1]𝔓 *coiunt,* 𝔅[2] *coeunt,* P *coe̅ut,* cet.

7) P *incidit,* Rc *ĩcidit* c. cet., exceptis Hℜ[1.2.3]𝔅[2.3]𝔅[5]ℭ, qui habent *inciderit.*

inchoatur [9]) luna aut [10]) impletur [11]). nam [12]) agendis [13]) rebus hoc aufpicatiſſimum [14]) initium [15]) credunt [16]). Nec [17]) dierum numerum, ut nos, fed noctium [18]) computant [19]). ſic conſtituunt, ſic condicunt: nox ducere [20]) diem [21]) videtur. Illud [22]) ex libertate vitium, quod non ſimul nec ut juſſi [23]) conveniunt, fed et alter et tertius dies cunctatione [24]) coeuntium [25]) abſumitur [26]). Ut turbae [27]) placuit, conſidunt armati. Silentium per facerdotes, quibus tum [28]) et coercendi [29]) jus eſt, imperatur. Mox rex [30]) vel princeps [31]), prout aetas euique, prout nobilitas, prout decus bellorum, prout facundia eſt,

---

8) S *certis incidit diebus.*

9) PRc *īchoatur,* Bbd *inchoatur* (c. Meginh.), Ra *incohaī,* RfNẞ[3] *incohatur,* ℜ[1·2] *incoatur.*

10) Meginh. *ut.*

11) M *implebitur,* P *ïpletur,* cet. (c. Meginh.); F vertit *impletur luna aut inchoatur.*

12) *Nam* deeſt Meginharto.

13) P *nā agēdiſ,* W *augendis,* Rf *agentis,* M *agis.* [agendis]

14) P *aufpicatiſſimam,* cum RRabcdf et Meginh.; *aufpicaciſſimum* V Wẞ[1·2·3]ℜ[1·2]Ⅿ[1]ℒ[1·2], *aufpiciſſimum* K, *aufpican-|di fummum* N.

15) S *judicium.* [initium]

16) Rf *credant,* P *credūt,* cet.

17) Rf *Nec.*

18) ẞ[1] *noctum.*

19) ℒ[1] *computent.*

20) S *dicere.*

21) P *diē,* RbſFN *dum.*

22) F *Id,* P *Illud,* cet. — Cf. IX, adnot. 23. X, 33.

23) PRRabceFNSHℋẞ[1·2]ℜ[3] *nec ut iuſſi,* A *nec ut juſſu,* B *nec iuſſu,* M *nec injuſſu,* RdKℜ[1·2]ℜ[1] *nec iniuſſi,* RfWLVẞ[1·2·3]ẞoℒ[1·2·3]Ⅽ *nec iuſſi.*

24) S *tertius* [dies] *conctatione,* RW *contatione,* ẞ[1] *contatiōe.*

25) P *coeūtiū,* RdKℜ[1·2] *coetium.*

26) S *abſumitur,* P *abſumitur,* cet.; ℋ *abſumitur, ut turbae placuit . Conſidunt.* [d]

27) PR *turbę,* cet. — Gronovius et Bekkerus *turba.*

28) P *tamī,* RdMKℋ *tamen,* ℜ[1·2] *tñ,* ẞ[1] *tū,* Rc *cū,* V *quibus cun' q':,* ℒ[2] *q̄b9 tū,* cet.

29) P *coercēdi* (litteris *ercē* correctis), RbFNWS *cohercendi,* Rc *cohercēdi,* Rf *coherendi.*

30) RbſF *rerum.*

31) RbſF *principes;* P *pᵗncepſ,* cet.

audiuntur, auctoritate fuadendi [32]) magis quam jubendi [32]) po-
teftate. fi displicuit [33]) fententia [34]), fremitu afpernantur [35]);
fin [36]) placuit, frameas [37]) concutiunt: honoratiffimum [38]) affenfus [39]) genus eft armis laudare.

XII.

Licet apud concilium [1]) accufare quoque [2]) et discrimen
capitis [3]) intendere. Diftinctio [4]) poenarum ex delicto [5]): pro-
ditores et [6]) transfugas [7]) arboribus [8]) fufpendunt, ignavos et
imbelles [9]) et corpore infames [10]) coeno ac [11]) palude [12]), in-
jecta infuper crate [13]), mergunt [14]). diverfitas fupplicii illud [15])
refpicit, tanquam fcelera oftendi oporteat, dum [16]) puniuntur [17]),

---

32) $\mathfrak{W}^1$ *fuadent*[u] ... *iubēt*[u].
33) **V** *difp*[l]*icuit*.
34) $\mathfrak{W}^1$ *fn̄a*.
35) **P** *afpnātur*, $\mathfrak{W}^1$ *afpnāt*[u], **K** *afpernātur*, **RdF** *afpernatur*, $\mathcal{E}^2$ *afp-nanf̄*, cet. *afpernantur*.
36) **Rd** *fi*, **Rf** *fui*, **P** *fin*, cet.
37) *Frameaf* **P** c. cet. omn.
38) **Rf** *honora-|ntiffimum*.
39) **K** *afcenfus*, **P** *affenfus*.

XII.

1) **Rc** *cōfilium*, **NVSR** *confilium*, **P** *cōciliũ*, c. cet.
2) **S** in marg. *alii quemque*.
3) **Rf** *ad difcrimine capitis*, **P** *et difcrim̄ capitif*, c. cet.
4) **Rd** *deftinctio*.
5) $\mathfrak{W}^2$**T** *dilecto*.
6) **M** deeft *et*.
7) **F** *tranffuge*, **V** *traffugaf*. **P** *trāf|fugaf*, cet.
8) **Rb** *arbitoribus* (in marg. *arcioribuf* f. *aruoribuf*), **P** *arboribuf*, cet.
9) **P** *ībellef*, c. cet.; **M** *ignavos inbecilles in corpore infames fceno ac.*
10) **S** *informes*, quod Gebaueri jam (Veftig. jur. germ. pg. 714.).
11) **Rd** *et*, **P** *ac*, c. cet.
12) **K** *paludi*, **P** *palude*, cet.
13) **P** *ĭfup crate* $=$ **Rd**$\mathcal{E}^2\mathfrak{W}^1$; $\mathcal{E}^1$ *infup crate*, **A** *crate*[l][g], **S** *grate*[c], **M** *gratem mergũt*, **RbfF** *infuper pocrate*, **H** *infuper et crate*, **Rc** *create.* — **Rb** in marg. *ut iniecto ĭfup puluere.*
14) **W** *imergunt*.
15) **S** *illud*, **H** *illud*[c], **P** *illuc*, cet.; **N** *illhuc*, **Rc** *il*[h]*uc*.
16) **Rf** deeft *dum*.
17) **P** *puniũtur*, cet.; **RbfF** *opinamur*.

flagitia [18]) abscendi. Sed [19]) et levioribus [20]) delictis pro modo poena [21]); equorum pecorumque numero convicti mulctantur [22]). pars mulctae [23]) regi [24]) vel civitati, pars ipsi [25]), qui vindicatur [26]), vel propinquis ejus exsolvitur [27]). Eliguntur in iisdem [28]) conciliis et principes [29]), qui jura [30]) per [31]) pagos vicosque reddunt [32]). centeni [33]) singulis [34]) ex plebe [35]) comites consilium simul et auctoritas [36]) adsunt [37]).

XIII.

Nihil autem neque [1]) publicae [2]) neque privatae rei nisi [3])

---

18) P *supplicia*, in marg. *flagitia* ceterorum omnium.

19) P *et*.

20) M *leniories*, P *leuioribus*, cet.

21) P *poenarū*, Ra *penarū*, W¹ *p mō pena℞:*, Rb *pęnarum*, RdfN WK *penarum*, Rc *poenarum*, R *pęna℞ equorum*, c. cet. omn. Genitivus ex seqq. *eq°rum pecorumque*.

22) N *multantur*, sed *mulctae*, Ra *multantur*, sed *mulctę*, Rc *multāt*ᵘ, sed *mulctę*, P *mulctātur* et *mul|ctę*, R *mulctantur*, *mulctāe*, cet.

23) P *mul-|ctę*, Rac *mulctę*, RRfN *mulctae*, Rb *mulctatę*.

24) Rbf *rei*.

25) P *ipīsq* (deleto *s*).

26) P *ipī q uīdicauit* (tur) *uel*, Ra *uīdicauit*, Rc *uīdicat'*, Rd *vindicatur*, N *uindicatur*, R *uindicātur*, RbfF *pars ipsi iudicantur uel* (Rb in marg. *ipsi lęso iudicantur*).

27) PRRbdMV *exoluitur*, Ra *ex-|oluitur*, Rc *exoluit*ᵘ, FN *exsoluitur*, Rf *exuoluitur*; libri omnes *exoluitur*.

28) H *hisdem*, Rd *ijdem*.

29) P *pncępś* (i i), a Pontano ipso correctum.

30) A *vita*, P *iura*, cet.

31) RfF *pre*.

32) PRc *reddūt*, Rf *reddūt* (ex *redunt* correct.); cet. *reddunt*, A *excellant*.

33) K *centū*; P *Centeni*, cet.

34) F *singuli*.

35) S *plebibus*, R *plębe*, cet.

36) P *au͞tas*.

37) Ra *adest adsunt*; Rc *adsūt*, P *assūt*, R *adsunt*, N *assunt*, cet.

XIII.

1) N *nꝫ|* (e)

2) Rc *plu* (ce), P *publicę*, Rabcdef *publice*, c. cet., N *publicę neqꝫ priuatae*.

3) RfF *nichil*, S *non*.

armati [4]) agunt [5]). fed arma fumere non [6]) ante cuiquam moris, quam civitas [7]) fuffecturum probaverit [8]). Tum [9]) in [10]) ipfo concilio [11]) vel principum [12]) aliquis vel pater [13]) vel propinquus [14]) fcuto frameaque [15]) juvenem [16]) ornant [17]); haec [18]) apud illos [19]) toga, hic [20]) primus juventae [21]) honos [22]): ante hoc [23]) domus pars videntur [24]), mox reipublicae [25]). Infignis [26]) nobilitas aut [27]) magna patrum merita [28])

---

4) Rd *armate*, Rc *armate* (e correct. in i), P *armati*, c. cet.

5) ℬ[1] *funt*.

6) S *nifi*.

7) Rf *ciuita fuf-|fecturum*, M *ciuitatis fuffectu*⅏, P *ciuitaf fuffecturu*, c. cet.

8) S *probaverat*.

9) P ∧*Cū* (Tum above) (deleto *C*, ita ut *Cū* totum deleri voluerit Pontanus), inde RbfF *tum cum* (Rb in marg. *cᵉ tum in ipʰo*), WAℬ[1·2·3]ℬo *tum eum*, ℰ[3] *Tū eū*, M *tum eūtū in ipʰo*, Rad *Cum*, RcS *tum*, K *Tū* (cū above), N *tum*.

10) R *deeft in*.

11) M *confilio*, K *confilio*, correct. e *concilio*, P *cōcilio*, c. cet.

12) Rf *principium*; P *pʰncipū*, c. cet.

13) PRb *pater*, Rc *patʰ*, M *p͞r*, Rd *ipʰi*, K *ipfi*; N *pater* (in marg. *alr ul ipfi ul propinqui*).

14) P *ₚppīqui*, RdKVℬ[1] *propinqui*, N *propinquus*, in marg. *propinqui*, ℰ[3] *ₚppinqu9*, c. cet.

15) Rf *fameaq3*; ceteri *frameaq3*.

16) Rf *iuuenum*.

17) A *exornant*.

18) P *Hₑc*, Rc *hₑc*, cet.; RbfF *hoc*, Rd *nec*, K *Nec*.

19) Rb *illo toga* (in marg. *cᵉ illos toga*).

20) N *hinc*.

21) M *inuēte*, ℰ[1·2] *iuuēte*, P *iuuentₑ*, V *Iuuente*, ℜ[2]☉ *iuuentae*, S *vivente* (in marg. *alii juvente*), ☉ *iuuentute*.

22) Omnes *honos*: Vide VI, 38. XX, 25. XXIX, 12. XLIV, 19.

23) ℬ[1] *hic*.

24) P *parf uidētur*, RacdN *parf uidentur*, Rf *parui-|dentur*, Rb *par uidentur* (in marg. *parui penditᵘ . Ipā rei . p.*), F *par uidetur*, ℬ[1] *videnter* (ℬ[1] *videutur*).

25) P *rei pu:*, W *reipu infignis*, V *reiq*.

26) P *Infignif*, c. cet.; pro quo Rb *ciuium*. Cf. X, 36.

27) Rf *deeft aut*.

28) P *merita*, c. cet., F *inclita*, Rf *indita*, Rb *inclita q;*.

principis [29]) dignationem [30]) etiam [31]) adolefcentulis [32]) affignant [33]); ceteris [34]) robuftioribus ac jam pridem probatis aggregantur [35]), nec rubor [36]) inter comites afpici [37]). gradus [38]) quin [39]) etiam ipfe [40]) comitatus habet [41]) judicio [42]) ejus, quem fectantur [43]); magnaque [44]) et comitum aemulatio, quibus primus [45]) apud principem [46]) fuum locus, et principum [47]), cui plurimi et acerrimi comites. Haec dignitas, hae [48]) vires magno femper [49]) electorum juvenum globo [50]) circumdari; in pace decus, in bello praefidium. Nec [51]) folum in fua gente cuique [52]), fed apud finitimas [53]) quoque civitates id

---

29) P p'ncipif, Rf principio, $\mathfrak{B}^2$ prīcipiis, $\mathfrak{L}^1$ Principi s, $\mathfrak{L}^{2 \cdot 3}\mathfrak{E}$ (c. cet.) principis.

30) P dig'tatẽ, A dignitatem; ceteri dignationem, M donacionem, Rb in dignationem, Rf digᵃ-|tionem, $\mathfrak{L}^1\mathfrak{B}^1$ dignationē c. cet.

31) P eᵗ.

32) P adolefcẽtulif, K$\mathfrak{R}^{1 \cdot 2}\mathfrak{L}^2\mathfrak{E}$ adulefcentulis, Rb adolefcentilis (in marg. cᵉ adolofcentulof).

33) Rd affignaret, Rc affignaᶜt, P affignāt, cet. affignant.

34) Ceteris omnes (Lipfius ceteri).

35) P aggregãtur; Lipfius „liber vetus aggregant, quod Taciti et veterum phrafin filet.“ — R aggregantur nec.

36) RbMH (in marg.) robur, S robor, N rûbor, ceteri rubor.

37) Rd apici, P afpici, c. cet.

38) Rb in marg. cᵉ afpici fed gradus.

39) Rd quando.

40) P. qn ẽt ipˆe = quin etiam ipfe NMVW$\mathfrak{Bo B}^{1 \cdot 2 \cdot 3}\mathfrak{M}^1\mathfrak{L}^{1 \cdot 2}\mathfrak{E}$, et ipfe $\mathfrak{R}^{1 \cdot 2 \cdot 3}\mathfrak{B}^{2 \cdot 3}\mathfrak{\bar B}^5\mathfrak{E}$, quin ẽ ipˆe (fed ẽ deleto) Rc, quin ipfe etiam RbFHL, quin ipˆe etiam Rf, qnq3 ipfe S, quĩ etiã $\mathfrak{L}^3$, qui etiam $\mathfrak{R}^2\mathfrak{Y}\mathfrak{B}^1\mathfrak{B}^2$, quando eciam ipˆe Rd.

41) $\mathfrak{B}^1$ h₴.

42) Rb in marg. cᵉ iudiciũ, P iudicio, c. cet.

43) P fectãˆtur = $\mathfrak{M}^1\mathfrak{B}^{2 \cdot 3}\mathfrak{L}^1\mathfrak{B}^{1 \cdot 2}$ fectātur, FMK$\mathfrak{L}^2$ fectantur, c. cet.

44) M Magna et, P magnaq3 et, c. cet.; R magnaque (fine et).

45) RN primum, Rc pᵐ, P p'muf, cet. primus.

46) Rf principu | fuum (fed correctum).

47) RbfFWMVN$\mathfrak{B}^1$ principium, H in marg. principium, P p₁ncipũ, KRa principũ, c. cet. — Cf. XIV, 8.

48) P hęc (deleto c), S heo f. hee.

49) RbfF fuper, PRc femp, RdK$\mathfrak{R}^{1 \cdot 2}$ femper et electorum.

50) M glebo, P globo, c. cet.

51) P Nec (fed fub littera N micat S) c. cet.; M Non.

52) M cuiufq3, P cuiq3, quod deeft in K$\mathfrak{R}^{1 \cdot 2}$.

53) $\mathfrak{B}^1$ finitinas.

nomen, ea gloria eft, fi numero [54]) ac virtute comitatus emi-
neat. expetuntur enim legationibus et muneribus [55]) ornantur,
et ipfa plerumque [56]) fama bella profligant.

XIV.

Quum ventum in aciem, turpe principi virtute vinci [1]),
turpe comitatui virtutem principis non adaequare [2]). jam vero [3])
infame [4]) in omnem vitam ac probrofum [5]) fuperftitem principi [6]) fuo ex acie receffiffe. illum defendere, tueri, fua quoque
fortia facta gloriae ejus [7]) affignare praecipuum [8]) facramentum
eft. Principes pro victoria pugnant [9]), comites pro principe. Si
civitas, in qua orti funt, longa pace et otio torpeat [10]), plerique [11]) nobilium adolefcentium [12]) petunt ultro [13]) eas nationes, quae [14]) tum [15]) bellum aliquod gerunt [16]), quia et [17])

---

54) Rb *fi in-|numero*, Rf *fi in numero.*

55) Rb *omnibus,* F *muĩbuf,* P *muneribuf,* 𝔚[1] *mũerib9,* c. cet.

56) Re definit in verbis *et ipfa plerũq.* — M *plurimiq3,* P *plerũq3,*
𝔚[1] *ple♃q3,* R𝔚[1] *plerunque.*

XIV.

1) Rf *uince,* P *uĩci,* cet.

2) P *nõ adęquã̃,* Radf *adequare,* Rb *adæquare,* 𝔚 *adēqre,* N *non |
aequare,* Rc *nó equare,* RVW𝔚o𝔚[2]𝔏[3]𝔚[1] *non aequare,* 𝔚[1.3]𝔛[2]𝔏[1]ℭ *non
ęquare,* 𝔏[2] *nõ equare.*

3) P *ultro.*

4) RbfF *infamem in,* S *infamē in,* H *infamē omnem* (et ead. manu
infamē in omnem), P *ĩfame ĩ oẽm.*

5) Rf *probõ|fum,* P *pro |brofũ,* cet.

6) H *principe,* S *principes.*

7) P deeft *ei0*; 𝔏[1] *ei9,* c. cet.

8) P *p̄cipuũ̃,* H *p̄cipium,* cet., *p̄cipuũ* 𝔚[2]𝔜𝔏[2]𝔚[5], *precipuũ̃* K𝔛[1.2]𝔏[2]
𝔚[2.3]ℭ, *præcipuum* N𝔛[3], *principum* RbFW𝔚o𝔚[1.2.3]𝔐[1]𝔏[1.2]𝔚[1]ℭ, *principium* Rfℭ (mutatum in *principium*). — Cf. XIII, 46.

9) RbfF *princeps ... pugnat,* P *p̍ncipef ... pugnã̃t,* c. cet.

10) Rb *torpent,* Rf *turpent* (fed *civitas*); P *torpeat,* c. cet.

11) R *populique nobilium.*

12) P *adolefcētiũ,* c. cet.; K *adolefcētũ̃,* 𝔛[1]𝔛[1.2]𝔚[1]𝔜 *adolefcentũ̃.*

13) K *ultra;* P *ultro,* c. cet.

14) M *quem,* P *q̃,* Rb *quę,* Rf *que,* N c. cet. *quae.*

15) Rbf *cum* (Rb in marg. *cᵉ quę bellũ̃*), P *tũ̃,* 𝔚 *tñ bellum aliquod
gerñt,* cet. *tum.*

16) Rb in marg. *quę bellũ̃ gerunt aliqđ.*

ingrata genti quies, et facilius inter ancipitia clarefcunt [18]), magnumque comitatum [19]) non nifi vi [20]) belloque tueare [21]). Exigunt enim principis [22]) fui liberalitate [23]) illum bellatorem equum [24]), illam cruentam victricem frameam [25]). nam epulae et [26]), quanquam incompti [27]), largi tamen apparatus pro ftipendio cedunt [28]). materia munificentiae [29]) per [30]) bella et raptus. Nec arare terram aut exfpectare annum tam facile perfuaferis, quam vocare hoftem [31]) et vulnera mereri [32]). pigrum quin imo et iners [33]) videtur fudore acquirere [34]), quod poffis fanguine parare.

XV.

Quotiens [1]) bella non ineunt [2]), non multum [3]) venati-

---

17) M deeft *et;* P *qa|et,* B[1] *qz v.*

18) P *clarefcũt,* inde *clarefcunt* RRabdfFHKLMSR[1]R[1.2], *clarefcãt* RcNVWB[1.2]BoEB[2]B[5]S, *et ut ... clarefcant* M[1]L[1.2]B[2]B[3]B[1.2]R[3]L[3].

19) Rb *comitatum tum* (in marg. c[e] *comitatũnõ nifi*), P *comitatũ nõ nifi,* c. cet.; F *comitatumq' nõ nifi.*

20) M *in belloque,* P *ui belloque,* c. cet, F *bello uiq3,* Rf *bello inq3.*

21) *tueare* omnes, exceptis KR[1.2]B[3]SB[5] *tueantur,* Ra *tuent',* P *tuẽtur,* Rd *tueař.*

22) HS *principes,* P *p[i]ncipif,* c. cet.

23) FSWE *libertate,* K *liberalite,* P *liberalitate,* c. cet.

24) M *equom.*

25) Rb *farmeam* (in mg. c[e] *frameã*), cet. *frameã, framea3, frameam.*

26) M[1]L[1.2.3]R[2]B[2]B[1.2] *epulae et convictus;* P *epulę et quãquã,* c. cet.

27) FL *compti;* P *incõpti,* c. cet.

28) WSB[1.2] *caedunt,* P *cedũt,* c. cet.

29) Rf *munificentiam,* P *munificētię,* c. cet.

30) R[1] deeft *per.*

31) PRRabdefNFSHAR[1.2]B[2] *hoftem,* RcP *hoftē,* B[1.2.3.5]M[1]L[1.2.3]R[2]EB[1.2.3]R[3]S *hoftes.*

32) Rb *meteri* (in marg. ut *mereri*), Rf *mereri* (fed quafi *meteri*), F *metere,* M *me'ri,* P *mereri,* c. cet.

33) Rb *in eis,* Rf *ī eif,* M *in ers,* P *inerf,* c. cet.

34) Rf *acquirire,* P *adqreř,* cet.

XV.

1) B[2]R[2]S *Quoties,* P *q[o]tiẽf,* B[1.2.3] *Quotiẽs,* K *Quociẽs,* B[1]P *Quotiens,* cet.; S *Quoniam quotiens.*

2) Rf *meunt,* P *ineũt,* M *ineunt,* cet.

bus [4]), plus per otium transigunt dediti somno ciboque, fortissimus quisque ac bellicosissimus nihil agens, delegata [5]) domus et
penatium [6]) et agrorum [7]) cura feminis [8]) senibusque [9]) et in-
firmissimo cuique ex familia. Ipsi hebent mira diversitate [10])
naturae [11]), quum iidem [12]) homines sic ament [13]) inertiam [14])
et oderint [15]) quietem. Mos [16]) est civitatibus ultro ae viri-
tim [17]) conferre principibus [18]) vel armentorum vel frugum,
quod [19]) pro honore acceptum [20]), etiam [21]) necessitatibus sub-
venit. gaudent praecipue finitimarum gentium [22]) donis, quae
non modo a [23]) singulis, sed et publice [24]) mittuntur [25]) electi

---

3) P *nō multũ*, Rc *nō̃ multũ* c. cet. omn. (Cf. Caes. B. G. VI, 21.)
Lipsius, Ernesti, Bekkerus delerunt *non.*

4) S *ornatibus.*

5) Rf deest *delegata;* RbF *delicata*, R *Delegata.*

6) Rf *penaṭum*, S *penoṭũ*, Rd *penat eum.*

7) 𝔚[1] *agiorum.*

8) Rbf *feminis* (Rb in marg. *ut foeminis*).

9) P *senibusq3*, N *senib,q3*, c. cet.; Rf *infeniliam et*, Rb *in feniliam et*
(in marg. *infamiliä*).

10) P *habēt miram̃ diuerfitatem̃ n*ᵃ*ç*, W𝔚[2] *habent mira diuerfitate*, Rbf
FL𝔅o𝔅[1·3]𝔐[1]𝔑[2]𝔚[2]𝔅[1·2·3]𝔏[1·3]𝔖𝔑[3]𝔅[5] *habent miram diuerfitatem*, MV𝔈
hn̄t miram d., 𝔏[2] *hn̄t mirã̃ diuerfitatẽ*; 𝔚[1]𝔓 *habitant mira diuerfitate,*
Racd HKSN𝔑[1·2] *hebent mira diuerfitate.*

11) 𝔚[2] *naturae* (in marg. *naturam*), P *n̄ẽ*, c. cet.

12) MH *idem*, P𝔏[2] *ijdē*, Rb *ijfdem*, RfVK𝔑[1·2] *iifdem*, F *hifdem.*

13) P *amẽt*, cet. *ament.*

14) 𝔚[1] *mertiam.*

15) Rf𝔚[1]𝔓 *oderunt*, P *oderĩt*, c. cet.

16) M *Mox*, P *Mof*, cet.

17) M *uiritũ*, P *uiritim*, c. cet., K *iuriũ*, 𝔑[1·2] *iurium;* Rhenanus
[ac uirium?]
alicubi legit *Ecuirium*, ex quibus voluit *equitum.*

18) 𝔚 *principibus aliquid.*

19) S *q̄.*

20) 𝔓 *exceptum.*

21) P *et̃* Rf *ẽt*, N *ẽt|*, Rc *&*, Ra *etiã*, c. cet.
finitimarũ

22) P *gentiũ*, N *genti-|um;* Rb *fententia4 generum*, Rf *fentẽtiarum
generum*, F *fententia4 genc4*, Rc *fpatium praebet voci gentium.*

23) MH deest *a*, P *q̄ nō m*º *d fingulif.*

24) P *fed et*, cum S𝔑[1]𝔑[1·2]𝔚[2]𝔓, omisso ceteris; R *et fi* (pro *fed*).

25) N *nituntur*, Rf *imitantur*, P *mittũtnᵧ̃*, Rc *mittũt*ᵘ, K *mittũtur*,
Ra *mittunt̃*, cet.

equi, magna arma, phalerae [26]) torquesque. Iam et pecuniam [27]) accipere docuimus [28]).

XVI.

Nullas [1]) Germanorum populis [2]) urbes [3]) habitari fatis notum eft; ne [4]) pati quidem [5]) inter fe [6]) junctas [7]) fedes. colunt discreti ac diverfi [8]), ut fons, ut campus, ut nemus placuit. Vicos locant [9]), non in noftrum [10]) morem connexis et [11]) cohaerentibus [12]) aedifficiis [13]): fuam quisque [14]) domum fpatio circumdat [15]), five adverfus cafus ignis remedium, five infcitia [16]) aedificandi. Ne caementorum [17]) quidem apud

---

26) S *phallere.*
27) V *pecunia,* 𝕭[1] *pecuniaȥ,* P *pecu-|niā,* cet.
28) S defunt verba *Iam et pecuniam accipere docuimus.*

XVI.

1) *Nullus,* 𝕭[1]𝔓 *nullos,* P *nullaf,* cet.
2) 𝕭[2] *populos (nullas),* 𝕭[1]𝔓 *populos (nullos ... habitari);* P *populif,* c. cet.
3) Rf *urbis.*
4) M *nec;* P *ne,* c. cet.
5) S *qbȥ* (in marg. *quidem*).
6) RbfF *intereft,* P *inter fc,* N *interfe,* cet.
7) P *iũctaf,* KM *iũctas,* F *tunctaf,* (ita ut prius *uinctaf*), Rf *unctaf.* — Fortaffe *inter fejunctas?*
8) P *difcreti ac diuerfi,* 𝕭[1] *diu'fi,* c. cet. omn.
9) PRc *locãt,* Ra *longant,* NVRbdf *locant* (V in marg. *logant alr*), K *longãt,* 𝕽[1·2]𝕭[1]𝔓 *longant* (𝕽[2] fuprafcript. *locant*), 𝔏[2] *locant.* I' locant
10) RfF *in noftri morem,* Rb *non noftri morem,* A *noftro more,* P *nr̃m more,̃* cet.
11) M *at,* P *et,* quod K𝕽[1·2] deeft.
12) R *coherentibus,* cet.
13) Rbf *ȩdificib†uf* (Rb in marg. *cᵉ edificiif,* ut in PF et cet.).
14) Rd *fuamq3 domum,* Rc *fuã q'q; domum,* P *fuã qfq3 d.,* N *fuam quifq3,* cet.; S *nam quifque d.*
15) R *circundat,* ut pg. 69. *circundari.*
16) RfK *iufticia,* 𝕽[1·2]𝕲 *infticia,* P *īfcitia,* c. cet.
17) K *fcemētorũ,* 𝕽[1·2] *fcemētorum,* Rbf *tegmento♃,* N *Nec cementorum,* M *Nec reumtoriũ,* P *cemētorũ,* 𝕭[1] *cemēto♃,* cet.

illos [18]) aut [19]) tegularum uſus: materia ad´omnia utuntur in-
formi et citra [20]) ſpeciem aut delectationem. quaedam loca diligentius [21]) illinunt [22]) terra ita pura ac [23]) ſplendente, ut
picturam ac [24]) lineamenta [25]) colorum [26]) imitetur [27]). So-
lent et ſubterraneos ſpecus aperire [28]) eosque multo inſuper
fimo onerant [29]), ſuffugium [30]) hiemi et receptaculum frugibus:
quia [31]) rigorem frigorum [32]) ejusmodi molliunt, et ſi quando [33]) hoſtis advenit, aperta populatur [34]), abdita [35]) autem et
defoſſa aut ignorantur [36]) aut eo ipſo [37]) fallunt quod quae-
renda [38]) ſunt.

---

18) N *illo*, P *illoſ*, cet.

19) Rhenanus 1533 *aut aut*, Aldus *aut ante!*

20) Rb *circa* M *cir*ᵃ, P *citra*, ut RſFN, cet. — Cf. XXVII, 38.

21) P *diligentius* (en ſubraſis).

22) P *illinū̃t* = Rad𝔅¹; K *illi|nūt*, Rc *illinut*, NFMSA *illiniunt*, II
inliniunt.

23) 𝔅o𝔅¹·²𝔏¹·²𝔅¹ *et*, ꝛ, &.

24) M *ad*.

25) P *liniamenta*, c. cet., exceptis RacM𝔅¹𝔜𝔖 *lineamenta*.

26) F deeſt *colorum*.

27) RN𝔑ᵃ *imitentur*, 𝔏ᵃ𝔅¹𝔅ᵃ𝔅⁵ *imitet'*, Rabdf cet. *imitetur*, Rc *im-
mitetᵘ*; Rhen. 1533 cum Ald., Gryph., Micyll. *invitet*; Lipſ. 1574 (ex N!)
imitetur.

28) 𝔅¹ *operire*.

29) P𝔏ᵃ *onerāt*, Rc *honerāt*, RſN *honerant*, Rab *onerant*, cet.; Rd
onorant, S *ornant*, AB *operiunt* (reſpic. ad *aperire*).

30) P𝔏ᵃ *ſuffugiū̃*, c. cet.; RbF *ſuffugiunt* (Rb in marg. *ſufficiunt*),
Rf *ſuffungunt*, 𝔅𝔜 *ſuffugiumque*.

31) Rb *qui* (in marg. cᵉ *quę*), S *qui* (quia), P *qa*, 𝔅¹ *qz*, cet.

32) Rf *rigorum rigorem* (eraſa litera *f*) *frigorum*; M deeſt *frigorum*;
P *vigorē frigorū*, cet.

33) P *ſi qñ*, ᶠ*oſtiſ*, K *ſi qñ* | *hoſtiſ*, 𝔅¹ *ſi qñ hoſtis*, cet.

34) P *popłatur*, c. cet., Rc *populatᵘ*, RdK𝔑¹·² *populatio*.

35) Rbf *addita* (Rb in marg. cᵉ *abdita*, ut FP cet.).

36) K𝔅¹·² *ignoranter*, P *ignorã̃tur*.

37) R *ipſorum*.

38) N *q uerenda ſunt*, P *quęrēda*, Ra *q' querēda*, Rf *qd'* | *querenda*,
Rc *q, quęrēda ſt'*, Rbd *quod querenda*, cet.

XVII.

Tegumen [1]) omnibus fagum [2]), fibula [3]) aut, fi [4]) defit,
fpina confertum [5]); cetera intecti [6]) totos dies juxta [7]) focum
atque ignem agunt. Locupletiffimi vefte diftinguuntur [8]) non
fluitante [9]), ficut Sarmatae [10]) ac [11]) Parthi [12]), fed ftricta et
fingulos artus [13]) exprimente. Gerunt [14]) et ferarum [15]) pelles, proximi ripae [16]) negligenter [17]), ulteriores exquifitius, ut
quibus [18]) nullus per commercia [19]) cultus. eligunt feras, et
detracta velamina fpargunt [20]) maculis [21]) pellibusque belluarum [22]), quas exterior oceanus [23]) atque ignotum [24]) mare

---

XVII.

1) N *Tegmen.*

2) Rf *fa-|gun.*

3) P *figula,* ceteri *fibula* (K *fibula).*

4) 𝔚[1]𝔓 *fi ea defit.*

5) N *conferitur,* P *confertu˘,* cet.

6) S *intectos.*

7) P *iufta* (femper, ut *mifti).*

8) P *diftīguntur,* K *diftingūtur,* R𝔅[1.2]ℜ[1.2]𝔐[1]ℜ[2]𝔚[1.2]𝔓𝔏[3]𝔅[1] *diftin-
guntur,* ceteri *diftinguuntur.*

9) 𝔚[2] *fluitantem,* P *fluitā|te,* K *fluitāte,* cet.

10) P *Sarmatę,* Rc *farmatę,* cet. *Sarmate, Sarmatae* (𝔚[1]𝔓 *Samrate),*
𝔚[2]ℭ *Sarmathe,* SW𝔅o𝔚[2] *Sarmathae,* V *Sarmathi,* Rd *farmati.*

11) V *aut,* P *ac,* c. cet.

12) Rf *parti.*

13) RdNKℜ[1.2] *arctus.*

14) P *Ferŭt,*^G Ra *Ferunt.*

15) M *ferrarum* (poftea *feras),* P *feraru˘,* cet.

16) Rd *proximi et ipe negl.;* P *ripę,* cet. *ripe, ripae.*

17) Rb *negligentur* (in marg. cᵉ *negligenter),* Rc *neglegēt^u,* P *negli-
gēter,* cet.; H *negligentius* (*ius* deleto) ut fequens *exquifitius.*

18) 𝔏[1.2] deeft *ut quibus.*

19) S *conmercia,* R *commertia,* K *comertia.*

20) Rb *fpęrgunt.*

21) S *maculas.*

22) Rf *beluarium,* P *beluaru˘,* 𝔚[1] *belua4,* c. cet.; R𝔐ℜ[1]ℜ[2]𝔚[3]𝔅[1.2.3]
ℜ[3]𝔚[5] *belluarum.*

23) NRc *aliique occeanus.*

24) S *ignitum.*

gignit. Nec alius [25]) feminis [26]) quam viris habitus, nifi quod feminae faepius lineis amictibus velantur eosque [27]) purpura variant partemque veftitus fuperioris in [28]) manicas non extendunt, nudae [29]) brachia ac [30]) lacertos; fed et proxima pars pectoris patet.

XVIII.

Quanquam fevera illic matrimonia, nec ullam [1]) morum partem magis [2]) laudaveris [3]). nam prope [4]) foli [5]) barbarorum [6]) fingulis uxoribus contenti funt, exceptis [7]) admodum paucis, qui non libidine fed ob nobilitatem plurimis nuptiis [8]) ambiuntur [9]). Dotem non [10]) uxor [11]) marito [12]) fed uxori [13]) maritus offert. interfunt parentes et [14]) propinqui [15]) ac [16])

---

25) Rd *alias*, S *aliis*, P *aliuſ*, cet.

26) Rd *femīs*, PRc *foemīſ*.

27) 𝔚² *eosqu3 ʒ*, 𝔚¹ *eoſq3 ʒ*.

28) M *et manicas*.

29) P *nudę*, cet. *nudę*, *nude*, M *unde*, Rbſ *nudant*.

30) RdTKℓ¹·² *et*, P *ac*, c. cet.

XVIII.

1) P *ullārū* (deletis *rū* manu ipfius Pontani).

2) Rb *magis*, in marg. *maioris*, F *maioriſ* (*laudis* nempe).

3) P *laudaue-|riſ*, RſF *laudiſ*, Rb *laudas*, S *laudarim*.

4) RbſF *proprie*, P *.ppe*, c. cet.

5) Rd *ſole*, P *ſoli*, cet.

6) Rd *barborum*, Rc *baⁿbarorū*, P *barbarorū*, c. cet.

7) Rb *exep-|tis*, in marg. *cᵉ exceptis*, ut RſFP c. cet.

8) Rſ *nuptiſ*.

9) Rſ *ambv̇untur*, Rc *ambiout*, ut paulo poft Rſ *uoxori* (et 𝔜 *avonculi*, XXV *vinolentus*, XXX S *voltus*, XXXI T *voltu*, RabS𝔜 *voltus*, XXXIV Rae *volgauit*, XXXVII N *quom*).

10) M *Dotem et u m. ſed*.

11) Neque 𝔑¹ neque 𝔑² (nec ℓ¹·²) deeſt *uxor*.

12) AB deeſt *marito*.

13) Rſ *uoxori*.

14) P *ac*, c. cet., S *ac* (et).

15) RbſF *propinqui qui*.

16) F *hec*, Rb *ac* (in marg. *cᵉ hęc*), P *ac*, c. cet.

munera probant [17]), munera non ad delicias muliebres [18]) quaefita, nec quibus nova nupta comatur [19]), fed boves et frenatum equum et fcutum [20]) cum framea [21]) gladioque [22]). in haec munera uxor accipitur, atque invicem ipfa armorum [23]) aliquid [24]) viro [25]) affert [26]). Hoc [27]) maximum vinculum, haec arcana facra, hos conjugales [28]) deos arbitrantur. Ne fe mulier extra [29]) virtutum cogitationes extraque [30]) bellorum cafus putet [31]), ipfis incipientis [32]) matrimonii [33]) aufpiciis admonetur [34]) venire [35]) fe laborum periculorumque fociam, idem in pace, idem in proelio paffuram aufuramque [36]). Hoc [37]) juncti boves, hoc [37]) paratus equus [38]), hoc [37]) data [39]) arma denunciant [40]); fic vivendum, fic pereundum [41]): accipere fe,

____

17) Pℒ²ℂ ˌpbāt, ℤ²ℒ¹ ˌpbant, V in marg. ˌpbant aĭr, in textu prębęnt.

18) F *muliebrif*, P *muliebrcf*, cet ; S *muliebres queſita* (superscript: *cultus*).

19) S *ornatur*.

20) ℤ¹ *boues ꝛ fre-|natū equū . equū ꝛ fcutū cñ fr.*

21) M *Framea* omnes.

22) M *framea a gladioq3*.

23) RbfF *armatorum*, M *armõru*, PRac *armorũ*, N *armoruʒ|*, Rd cet. *armorum*, ℤ¹ *armorũ* etc.

24) P *aliq̱d*, Rabcd *aliquid*, N *a⁺*, Rc *armorũ id*, S *ipfa aliquid* (omiffo *armorum*); R deeſt *aliquid*.

25) M deeſt *uiro*.

26) F *offert*.

27) N *haec*, Rc *kec*, R *hęc*.

28) W con *g iugalcs*.

29) M *ex*, P *extra*, cet.

30) M *extraq3*, P *cxtraq3*, cet.; Kℤ¹ *extra* (omiffo *que*).

31) V *putent*, P *putet*, c. cet.

32) P *īcipiētibuſ*, S℘ *incipientibus*, quod deeſt F (*i pſis | m.*) Rf (*ip̄is m.*), ℒ² *Ip̃is incipiẽts*.

33) ℘ *incipientibus matrimonium*.

34) P *ad-|monetur*, c. cet., K *admouetur*, Rf *admouetu'*, V *admonentur*.

35) P *uenir̃*, M *Venie* (ex *veni'e*).

36) Rf *paſſuram | aſuramq3*.

37) S *hec — hec — hec*; Rf *iuncti*, erafo antecedente *hᶜ*.

38) RbfF *h. p. epuliſ equus*, K *equs* (folus).

39) Kℜ¹˙² *parata*, Rd (in textu!) *hoc aĭr data parata arma*.

40) P *denūtiãt*, c. cet., Rd *renũtiant*, K *renuntiant*, ℤ¹ *renunciãt*, ℜ¹˙²℘ *renunctiãt*.

41) P *fic uiuendũ fic peundũ*, ℤ¹ *pereũdum*, cet., Rc *pᶜiendum*, RRa

quae [42]) liberis inviolata [43]) ac digna reddat [44]), quae nurus [45]) accipiant rurſus, quae [46]) ad nepotes referantur [47]).

XIX.

Ergo [1]) ſepta [2]) pudicitia [3]) agunt, nullis ſpectaculorum
illecebris, nullis conviviorum [4]) irritationibus corruptae. Literarum [5]) ſecreta viri pariter ac [6]) feminae ignorant. Pauciſſima in
tam numeroſa gente adulteria, quorum poena praeſens [7]) et ma-
ritis [8]) permiſſa [9]). abſciſis [10]) crinibus nudatam [11]) coram [12])

NHM𝔅¹𝔓 *pariendum*, S *ſic uineū ſic pieū* (d / periendum above) (in marg. *pariendum*); Rbſ
ſic patrem accipere; F *ſic uixendum ſic accipere*; L *ſi vivendum ſit
periende*; K *ſic viuentes. ſic parīentes*; ℜ¹ℜ¹·² *ſic viuētes ſic parié̄tes*; Rd
renūtiant . ſic parientes accipe.

42) P *ſe q̃*, MF *ſeq3*, Rb *ſeq;*, Rd *ſe quc*, K *ſe quae*, cet.; Rſ *ſed.*

43) P *īuiolata*, c. cet., Rb *immolata* (in mang. *aĺ in uiolata*), F *īmo-
lata*, Rſ *in mo!ata*, ℜ¹·² *inuolata*, K *inuoluta.*

44) P *reddat . q̃*, Rſ *reddat que*, M *reddat quẽ*, F *reddat, que*; 𝔏²·³
reddatq̄', Rb *reddant que*, 𝔅¹𝔓 *reddāt*, Rc *re^ddāt*, cet.

45) Rſ *mirus*, K *quaſi mir9*, P *nuruſ*, c. cet.

46) P *rurſuſq3*, RabcdFMTNVSK *rurſusque*, Rſ *rurſuſ que*, 𝔅¹𝔏¹ℭ
rurſus quę, Rc *rurſus qe*, 𝔏²·³𝔅 *rurſus q̃*, 𝔅¹·²ℜ¹·²ℜ²𝔅¹·²·³𝔐¹ *rurſus
quae*, W *rurſus : quac*, 𝔅¹ *rurſus quae:* — Cf. Walther, Gerlach, Bekker.

47) P𝔅¹ℜ¹·² *referātur*, RRabcdeſFVHWMNK𝔅o𝔅²·³𝔐¹ℜ²𝔏¹·²·³𝔅¹·²
referantur, Rc *referātᵘ*, T𝔅³ℭℜ³𝔅⁵ *referant*, 𝔅¹·²𝔓 *deferantur*, S in-
ferantur.

XIX.

1) K *Erga*, P *Ergo*, c. cet., S *In* (Ergo above) *ſepta.*

2) P *ſepta* c. cet. (Rℜ¹·² *ſaepta*), excepto A (?) *ſeptae*, T *ſeparta.*

3) 𝔏¹·² *pudicitie.*

4) Rbſ *conuiuorum*, F *conuiuiorum*, ut P (c. cet.) *cōuĩuiorũ.*

5) P *irritatoīb3*, RbF *incitationibus*, Rſ *deſunt verba irritationibus corruptae literarum.*

6) P *pariter ac*, RdM *et*, 𝔏² *ι*, W *pariter* (*ac feminae* deſunt; in
marg. manu ſec. ∧*ignorāt*).

7) P *pñſ*, RaS𝔅¹ *pñs*, BA *parentibus.*

8) Rb *et martis* (in marg. *cᵉ maritiſ*), Rſ *ad martis*, FP *et maritiſ*,
c. cet.

9) R *commiſſa.*

10) P *accisis* etc., RdFTS *abſciſis*, M *abſciſſis*, Rb *adſciſſis*, Rſ *ad-
ſiſſis*, Raℜ¹·² *adcisis*, NRc𝔐¹ℜ¹𝔅¹·²·³𝔏¹·²ℜ²ℭ𝔅¹·²𝔓𝔅¹·²·³ℭℜ³𝔅⁵ *accisis.*

11) R *nuda.*

propinquis expellit domo maritus [13]) ac per omnem [14]) vicum verbere [15]) agit [16]). publicatae [17]) enim [18]) pudicitiae nulla venia: non forma, non aetate, non opibus maritum invenerit [19]). Nemo enim [20]) illic [21]) vitia ridet, nec corrumpere et [22]) corrumpi saeculum [23]) vocatur [24]). Melius [25]) quidem adhuc eae [26]) civitates, in quibus tantum [27]) virgines [28]) nubunt, et cum spe votoque uxoris semel [29]) transigitur. Sic unum accipiunt maritum quo modo [30]) unum corpus unamque vitam, ne [31]) ulla cogitatio [32]) ultra [33]), ne [34]) longior [35]) cupiditas ne tanquam maritum, sed tanquam [36]) matrimonium ament [37]).

---

12) P corā|; V coronam.

13) Rd deest maritus.

14) P ac p õem, L[2]B[1] ac p oẽm, Rc ac psone, R omne.

15) P uerber̃, RbfF uicum urbem agit, A verberans.

16) V agunt, P agit, c. cet.

17) P publicatę, RbfB[1]L[2]C publicatę, R[2] cet. publicatae, L[1] publicante, R publica, S Rupte (in marg. publicate).

18) P cĩm, L[a] emẽ, Rd ensẽ uj pud., M[1]R[2]B[1] .n., ceteri enim.

19) P ĭuenerit, Ra ĭueniet, Rd inuenerit, R[1.2]L[1.2]YB[3]B[5]S invenerit, Rc lucnit, NVTW inucnit, BoB[1.2.3]M[1]W[2]B[1.2]L[3]R[3] invenit (B[2] in marg. inuenerit), S maritus invenitur.

20) RfF deest enim, M ẽm, P eĩm, B[1] .n., cet.

21) N illhic.

22) F nec, P et, c. cet.

23) P seculū, Rb seculum (in marg. secu♃), R seculum, c. cet., S se seculum, B[1] sel'm.

24) P uocatſ̃, cet.; R[1.2] vocantur.

25) S meliusque adhŏc.

26) P eę, B[1]C ęe, Rc ée, RadB[1.2]B ee, B[2.3]R[2]B[1.2.3]R[3]L[3]S eæ, KL[1.2] eae, N esse, W hac, Rbf he, F hoc, S ex (he).

27) S tandem (tantum), B[1] tm̃.

28) V juuenes (in marg. uirgines), P uirgines, c. cet.

29) P semel, c. cet. (nec non B[2]).

30) P q°m°, Rf quõ, cet.

31) Omnes ne ulla, ne vlla, Groslot. „ex vet. cod." nec ulla.

32) RbfF cognatio, P cogitatio, c. cet.

33) Rd deest ultra.

34) RfFB neç.

35) Rf lungior.

36) Omnes tãquã, tanquã, tanq (u), tqm (u), tãq3 (u).

37) P amēt, c. cet., Rd amant, Rc attinēt.

Numerum liberorum [38]) finire [39]) aut quenquam [40]) ex agnatis necare flagitium habetur; plusque [41]) ibi boni mores valent quam alibi bonae leges.

XX.

In omni domo nudi ac [1]) fordidi in hos artus [2]), in haec [3]) corpora, quae [4]) miramur [5]), excrefcunt [6]). Sua quemque [7]) mater uberibus [8]) alit, nec [9]) ancillis aut [10]) nutricibus delegantur. dominum ac fervum nullis educationis [11]) deliciis dignofcas [12]); inter eadem pecora [13]), in eadem [14]) humo degunt, donec aetas feparet [15]) ingenuos, virtus agnofcat [16]). Sera

---

38) N *libeororum.*

39) Rd *funere,* KℜF[1.2] *finuere,* P *finiľ,* c. cet.

40) R *quenquam,* 𝕭 *quenq̃3,* cet.

41) M *plusquã* ... *qm̃,* P *plusq3* ... *quãm,* cet.

XX.

1) Rd *et,* P *ac,* c. cet.

2) R *os artes.*

3) Rf *inhᵒ,* Rb *nihil,* P *in hẹc,* c. cet.

4) P *corporaq̃,* Rbf *corporaq;,* F *corpora q',* S *corporaq,œ.* (que)

5) P *miramur,* c. cet., Rc *mirãtᵘ,* RbdfFV *mirantur* (V in marg. *miramur*), S *minã̇tur,* A *corpora nutriuntur et crefcunt.*

6) Rf *excrefunt,* A *et crefcunt.*

7) R *quenque,* 𝕭[1] *quenq3,* cet.

8) M *verberib,,* S *ubere,* P *uberibuf,* 𝕭[1] *vberib9,* c. cet.

9) RcbfF *non,* S *ne,* P *nᶜ,* Rd *nec,* cet.

10) PRM *aut,* Rd *nec,* RbfF *non,* cet. *ac.*

11) S *nullis educacoïbus deliciis.*

12) RbfF omittunt *dignofcas* usque *virtus* (propter fequens *agnofcas,* uti legunt); RRacd𝕭[1] *dinofcas.*

13) P *pectora* (deleto *t*), Rc *peccora,* Rd *corpora.* — Conf. cp. XXV, adn. 9.

14) P ĩ *eađ,* c. cet., M *eodem.*

15) P𝕭[1] *fepet,* SℜF[1.2]𝕭[2] *feperet,* Rd *feperat,* N *fepãret,* R *faperet,* S *fejungit feperet,* R *Ingenuos virtus agnofcat.* — Conf. Thierfch in Ann. philol. mon. II, 3, 464.

16) BbfF (qui omittunt *dignofcas* usque *virtus*) *agnofcas,* P *agᵒfcat,* c. cet., *agnofcat.*

juvenum venus eoque [17]) inexhaufta [18]) pubertas. Nec virgines feftinantur [19]); eadem juventa [20]), fimilis proceritas: pares [21]) validaeque mifcentur, ac robora parentum liberi referunt [22]). Sororum filiis idem apud avunculum, qui ad [23]) patrem [24]) honor [25]). Quidam [26]) fanctiorem arctioremque hunc [27]) nexum fanguinis [28]) arbitrantur et in accipiendis [29]) obfidibus [30]) magis [31]) exigunt, tanquam et animum [32]) firmius et domum latius teneant. Heredes [33]) tamen [34]) fuccefforesque [35]) fui cuique liberi et nullum teftamentum. Si liberi non funt, proximus gradus in poffeffione [36]) fratres, patrui,

----

17) Rbf *uenuf co-|hiq3*, F *coireqo*, P *eoq3*, c. cet.

18) RdKℜ[1.2] *inexauta*, Rb *inexaufta*, Rc ī *ex*ᶠ*aufta*, N *inexhaufta*, cet.

19) Rd *ueftinantur*.

20) P *iuuēta*, RbfF *iuuentas* (*fimilis*), M *iumenta*, V *Inuenta* (*iuuenta*).

21) RbfF *partes ualideq;*, P *paref*, cet.

22) Rb *feruntur*, P *referūt*, cet.

23) P *ap̃*, RbfVℬ[3]ℬ[5]ℭ *apud*, N *a₊d*, RRacdFHKMSTWℬoℜ'ℬ[1.2]ℜ[1.2]𝔐'ℒ[1.2.3]ℬ[1.2]ℭℌℬ[1.2]ℜ[3] *ad*, N *qui adpatrem*, ℬ[3]ℜ[2] *quia ad*, Rbf *qui patrem*.

24) P *p̄rem*, Rc *pᵃrem*, Ra *pr̃eȝ*, cet.

25) *Honor* omnibus: vide VI, 38. XIII, 22. XXIX, 12. XLIV, 19.

26) S *qd'*, Rf *quiddam*, cet.

27) P *hunc*, S *habet* (hunc), Rbf *habet* (Rb in marg. cᵉ *hunc*), F deeft *hunc* (f. *habet*).

28) S *fanguinisque*.

29) F *accipiundif*, P *accipiēdif*, Rc ī *accipiēdis*, N *inaccipien-|dis*, Rf *et accipienf*, Rd *in accipientibus* (omiffo *obfidibus*).

30) Rd deeft *obfidibus* (five ineft in *accipientibus magis*).

31) A *maxime*, P *magis* c. cet.

32) P *tāquā et ī aīum*, Ra *et ī animū*, Rc *& ī aninū*, R *et in animum*, Rbf *et inanimum*, N *tanqᵃ₊et inanimum*, RdHKTW *et in animum*, S *tanquam et in amare* (animum), F *tanqᵘ & in animam* = ℬoℬ[1.2.3]ℜ[1.2]𝔐'ℒ[1.2.3] (*tanq̃ȝ et in aīm*) ℜ[2]ℭℬ[1]; *tanq̃ȝ & ii animū* ℒ[3], *& ij animum* ℬ[2]ℜ[3], *ij et animum* ℬ[3]ℭℬ[5]AB, *tanq̃ȝ ꝛ animum* ℬ[1], *tanq̃ȝ ꝛ animū* 𝔚[2]𝔓, *ta̓qm̃ et aīm* MH (in quo manus fec. delevit *in*).

33) 𝔚[1] *heredesq3*.

34) P *tam̃*, Rb *tⁿ* (tᵉn), 𝔚[1] *tñ*, cet.

35) Rf deeft *que*, P *fuccefforefq3*, cet.

36) H (manu fecunda) *fucce(-ffione* fcil.) fuprafcript.

avunculi [37]). Quanto [38]) plus propinquorum, quo [39]) major [40]) affinium numerus, tanto [41]) gratiofior [42]) fenectus; nec ulla orbitatis pretia [43]).

XXI.

Sufcipere tam [1]) inimicitias [2]) feu [3]) patris [4]) feu propinqui [5]) quam [6]) amicitias [7]) neceffe eft; nec [8]) implacabiles [9]) durant. Luitur [10]) enim etiam [11]) homicidium certo armentorum ac [12]) pecorum [13]) numero recipitque [14]) fatisfactionem univerfa domus, utiliter [15]) in publicum, quia periculofiores funt

---

37) 𝔚¹𝔓 *avonculi.*

38) RbfF deeft *Quanto*, P *quãto pluſ*, N *qatoplus*, cet.

39) RbfF *tanto*, H manu fec. (ex *quo*) correx. *tanto*, Rb *tanto* (in marg. c^e *quãto*), M *tam.*

40) E priori *magiſ* (et fortaffe *quoo*) Pontanus correxit *quo maior*, ut in WTAB; RRabcdfFNVSK𝔑^{1.2}𝔚¹𝔓 *tanto major*, M *tam maior.*

41) Rd *tanta*, P *tãto*, Rc *tãto*, cet.; deeft in 𝔚¹𝔓 (vide adn. 39).

42) PRbc𝔚³𝔖𝔚⁵ *gratioſior*, Rc *gratioſio*ᵘ, N *gratioſior* (superscr. gratior), Ra *gratioſior* (superscr. l' gratior), RV *gratior* (in marg. ut *gratioſior*), 𝔚² *gratior* (in marg. *Aliàs gratioſior*), WHTRd𝔚o𝔅^{1.2.3}𝔐¹𝔏^{1.2.3}𝔑²𝔈𝔚¹𝔓𝔑³𝔚⁴ *gratior*, M *gracior*, RbfL *generoſior* (ex *gr̃ſior?*).

43) R *prȩtio.*

XXI.

1) T *tamen*, PRc *tã*, cet.

2) S *in inimicitias.*

3) M deeft *ſeu*, Rc *q^{al}*; (pro *ſeu*).

4) W *patriàs.*

5) Rc deeft *ſeu patris ſeu propinqui*, 𝔚¹ *ſeu p̄ris . ppinq . q̄3 a ...*

6) S *tam.*

7) S *in imicitias* (superscr. ne ulla; subscr. a) (*i* alterum mutat. in *a*).

8) S *ne.*

9) V *implicabiles*, P *ĩplacableſ*, cet.

10) M *Linitur*, P *luitur*, cet.

11) P *eim ẽt*, K folummodo *eciã*, Rf *ĩ|etiam.*

12) Rd *et*, P *ac*, cet.

13) P *pe-|corũ*, cet., Rc *ac poetarũ*, M *pretorum*. — Cf. X, 18. 48. 36.

14) M *recepitq3*, P *r̃cipitq3*, cet.; RbfF deeft *que.*

15) K𝔑^{1.2} *vtilitate*, P *uti-|liter*, cet.

inimicitiae [16]) juxta [17]) libertatem. Convictibus [18]) et [19]) hofpitiis [20]) non alia gens [21]) effufius [22]) indulget. quemcunque [23]) mortalium arcere tecto nefas habetur; pro fortuna quisque apparatis [24]) epulis excipit. quum defecere [25]), qui modo hofpes [26]) fuerat, monftrator hofpitii [27]) et comes: proximam domum non [28]) invitati [29]) adeunt; nec intereft: pari humanitate accipiuntur. Notum ignotumque, quantum [30]) ad jus hofpitis [31]), nemo discernit. Abeunti, fi quid popofcerit [32]), concedere [33]) moris; et pofcendi invicem eadem facilitas [34]). Gaudent [35]) muneribus; fed nec data imputant [36]), nec acceptis obligantur. victus inter hofpites comis [37]).

---

16) K *inimiciae*, W *amiciciae*.

17) PRf *iufta*.

18) P *Cōuictíb჻*, M *Cōuictibus*, Rb *Coniunctis*, Rf *Coniunᶜtibuf*, F *comitibȝ*.

19) S deeft *et*, 𝕭[1] *ʒ*.

20) P *ʰofpitiif*, N *hofpitijs*, cet.

21) P *aliqua gens*.

22) RbfSL omittunt *effufius* usque ad *excipit*, folummodo praebentes *eft*.

23) R *quencunque*, 𝕭[1] *quēcunqȝ*.

24) M *poratur*, P *apparatif*, cet.

25) P *defecer̃*, RadHKM𝕭[1.2.3]𝕽[1.2.3]𝔐[1]𝕼[1.2.3]𝕽[2]𝕰𝕭[2]𝔜𝕭[1.2.3]𝕭[5]𝕾 *defecere*, Rc *defecer&*, N *defecerit* (uti et 𝕭[2] in marg.), Rf *deficiem*, L *deficerem*, Rb *deficere*, R *deficeret*.

26) V *hofpites*, P *q̄ mᵒ ʰofpef*, N *hofpef*, c. cet. — Omnes *fuerat* (Rc *fueᵛat*).

27) V *hofpotii*, P *ʰofpitii*, N *hofpitii*, c. cet.

28) F deeft *non*.

29) P *inuitati*, Rb *in inuitati*, Rf *inmutati*, K *nō|muitati*.

30) F deeft *quantum*, P *quãtŭ*, cet.

31) Omnes *hofpitis* (P *ʰofpitif*, Rf *hofpicis*, Rc *hofpitijs*) contra Lipfii (et Bekkeri, Gruberi, Walchii) *hofpitii*; Paffovius et Walchius ad v. 19. pofuerunt *hofpitis*.

32) P *popofcerit* (fed *t* correcto ex *s*, uti 𝕭[3] et Lipfius Pichena exhibuerunt *popofcerif*), Ra *popofcerũt*. Ceteri *popofcerit*.

33) V *concederit*, P *cōceder̃*.

34) N *facultas*, P *facilitaf*, c. cet., M *felicitas*.

35) 𝕭[1] *gaudet* (pro *gaudēt*).

36) S *imputant*. (accufant)

XXII.

Statim e ¹) ſomno, quem plerumque ²) in diem extrahunt ³), lavantur ⁴), ſaepius calida ⁵), ut ⁶) apud quos plurimum ⁷) hiems ⁸) occupat ⁹). Lauti ¹⁰) cibum capiunt ¹¹), ſeparatae ſingulis ſedes et ſua ¹²) cuique mensa. Tum ad negotia, nec minus ſaepe ad ¹³) convivia procedunt armati. Diem noctemque continuare potando ¹⁴) nulli probrum ¹⁵). crebrae ¹⁶), ut ¹⁷)

---

37) Eſt omnibus hic verſus (P *victuſ in-|ter ʰoſpiteſ comiſ*), Rc *homines* (i. e. *hões, hõs*) pro *hoſpites*. L. Troſs nuperrime voluit ĭt' õſ pᵃt' comĩs (i. e. inter omnes pariter communis), Lachmann jam prius *Vĭclũ ĭt' omĩes comᵃs* (i. e. Vinculum inter omnes comitas), Gerlachius cum Walchio ut verba ſpuria ſ. ſuppoſiticia incluſit vel ejecit.

XXII.

1) P *Statĭ eĭm* ᴬ̂ᵉ *ſon o*, Ra *ſtatim eĭ3 ſomno*, Rd *Statim enĭ ſomno*, K *enĭ ſõpno*, ℜⁱ·² *enĭ*, N *ſtatim é ſomno*, Rc *Statĭ e ſomno*, Rb *Statim e ſomno*, Rſ *St. e ſonno*, R *St. e ſonno*, V in marg. *é aĭr*, in textu cum Rad *enim*.

2) M *plerimiq3*, P *plerũq3*, c. cet.

3) Rſ *extrhaunt*.

4) ℓ¹ *leuant'*.

5) RbF *calida aqua*, S *aqua calida*, ℓ² *apud calida ut apud*, P *ſępi9 calida ut apˉ q⁰ſ*, cet.

6) S *ſicuti*.

7) N *plurimus*, P *plurimũ*, c. cet.

8) Rbſ *hiemis* (Rb in marg. cᵉ *hicmſ*), F *hiemĭſ*, Rd *hyemps*, RRac *hyems*, cet.

9) M *accupat*, P *occupat*, cet.

10) M *lanti*, P *lauti*, cet. In M verba *accupat. lanti cibum capiunt* leguntur in margine.

11) Rabdſ *Seperate*, ℜ¹·² *ſeperatæ*, P *ſepatę*, Rc *Sepate*, N *Separatae*, cet.

12) S *ſui*.

13) S *ac convivia*.

14) S *continuᵃⁿᵈᵒ potare*.

15) M *ˌpbrium*, P *ˌpbrũ*, ℓ² *probrũ*, cet.; ℜ¹·² *probum* (in ℜ² r ſupraſcripto).

16) P *creibrę*, Rſ *crebere*, Rb *Crebrę*, cet

17) P *ut*, c. cet., Rd *et*, Rb deeſt.

inter [18]) vinolentos [19]), rixae, raro [20]) conviciis [21]), saepius [22]) caede et [23]) vulneribus transiguntur [24]). Sed [25]) de reconciliandis [26]) invicem inimicitiis [27]) et juugendis [28]) affinitatibus et adfcifcendis [29]) principibus, de pace denique ac [30]) bello plerumque [31]) in conviviis confultant, tanquam nullo magis tempore aut ad fimplices cogitationes [32]) pateat [33]) animus aut ad magnas incalefcat [34]). Gens non [35]) aftuta [36]) nec [37]) callida aperit adhuc [38]) fecreta pectoris licentia joci [39]). ergo [40]) detecta [41]) et nuda omnium mens [42]) poftera die retractatur [43]):

---

18) Rc *inte*ᵃ, P *īter*, c. cet.

19) P *uinolētof*, S *vinŏlcntos*, RWVK𝔅¹·²𝔑¹·² *vinulentos*, cet. *vinolentos*.

20) S *rixe . Raro* ... *transigitur*, R *Raro*.

21) RbfF *conuiuiif*, P *cōuicijf*, cet.; R *uitiis*.

22) RbfF deeft *fępi9*.

23) RRbfF deeft *et*.

24) S *transigitur*, P *trãffigũtr̃*. — Cf. Ann. XII, 19.

25) RbcfFNVWST𝔅¹·²·³𝔏¹·² deeft *et*, P *fed et đ*, Rc *S; de*, cet.

26) P *recōciliãdif*, 𝔏³𝔑¹·² *recōciliãdis*, 𝔅²𝔜 *recōciliandis*, Rabcdef FNH𝔅³ℭ𝔅⁵𝔑³ *reconciliandis*, ℭ *cōciliandis*, WVA𝔅¹·²𝔅o𝔏¹·²𝔑²ℭ𝔅¹·² *reconciliatif* (in 𝔏² a fcriptore correct. in —*ãdis*).

27) P *inimicif*, RabcdefFNHLS𝔑¹·²·³𝔏³𝔅³𝔅⁵ *inimicis*, W *inimiciis*, 𝔏¹𝔐¹𝔅¹ℭ𝔅³ *inimiciciis*, ATV𝔅o𝔅¹·²𝔏²𝔑²𝔅²𝔜𝔅¹·² *inimicitiif*.

28) Rf *inimicis deum gentis aff.*, P *et iūgēdif aff.*

29) ℭ *ad|cifcendis*, R *adfciendis*.

30) Rd *et de b.*, P *ac b.*, cet.

31) R *plerūque*.

32) RbfF *cognationes*, P *cogitatõ̃ef*, cet.

33) M *patet*, N *petat*, P *pateat*, cet.

34) Rf *uicalefcat*.

35) RbfF *nec*, P *nŏ*, c. cet.

36) Rd *abfcuta*, K𝔑¹·² *abftuta*, P *aftuta*, c. cet.

37) P *nec*, c. cet., Cod. Groslot. *aut*.

38) RcdNMHT𝔅o𝔅¹·²·³𝔏¹·²𝔑²𝔐¹ℭ𝔅¹·³ℭ *ad huc* (fuprafcr. *adhŭc* in 𝔅³), S *ad hŭc*, RfAK𝔑¹·²·³𝔅² *adhoc*, Rb *et ad hoc*, PRaF𝔑¹𝔅¹𝔜 *ad hec*, Gronov. „vet. ed. *ad hcc.*"

39) P *ioci*, HSM *loci*, ceteri omnes *ioci, joci*.

40) MK *Erga*, P *Ergo*, cet.

41) RfL *detracta*, P *de-tecta*, c. cet.

42) 𝔑¹·²𝔅²SH *mens. Poftera*.

43) P *retrectatr̃*.

et falva utriusque temporis ratio eft: deliberant, dum [44]) fingere nefciunt [45]); conftituunt, dum errare non poffunt.

XXIII.

Potui humor ex hordeo [1]) aut frumento in quandam fimilitudinem vini corruptus [2]); proximi ripae et vinum mercantur. Cibi fimplices: agreftia poma, recens fera aut lac concretum. Sine apparatu, fine blandimentis expellunt [3]) famem [4]); adversus [5]) fitim non eadem temperantia [6]). Si indulferis ebrietati [7]), fuggerendo quantum concupifcunt [8]), haud minus facile vitiis [9]) quam armis vincentur.

XXIV.

Genus fpectaculorum unum atque in omni [1]) coetu [2]) idem [3]): nudi juvenes, quibus id ludicrum [4]) eft, inter gladios fe atque infeftas [5]) frameas [6]) faltu [7]) jaciunt. exercitatio [8]) ar-

---

44) M *deliberandum fingere*, P *dcliberãt dũ*, c. cet.
45) Rf *nefcunt*, P *nefciũt*, cet.

XXIII.
1) PN𝕽[1.2]𝖂[2]𝖄 *ex hordeo*, cet.; FVTW𝖂o𝖂[1.2.3]𝕽[1.2.3]𝕸[1]𝕽[2]𝕮𝖂[1.2.3]𝕽[3]𝕮𝖂[5] *ordeo*, Rf *exordio.* — Conf. *ortos* cp. XXVI (T𝖂[2] *hortos*) et *oftis*, *ofpes* faepius.
2) A *corrupti*, P *corrupt9*, cet.
3) M *appellunt*, PRc *expellũt*, cet.
4) RbfW *famen*, RcF *famē*, P *famē*, Rd deeft vox.
5) S *et adverfus.*
6) Rdf *temporantia*, Rc *te‾pantia*, P *tēpantia*, cet.
7) Rf *ebrigitate*, P *ebrietati*, cet.
8) Verba inter *concupifcunt* et *Genus* („haud m.... vincentur") ut omiffa fuprafcripta funt in S.
9) B *vino*, R *vinis*, Rf *intufq^u3*, N *uitijs q̲^u*, P *uiti-|if*, 𝖂[1] *viciis*, cet.

XXIV.
1) M deeft *omni*, P *ĩ omĩ.*
2) P *coetu*, cet., W𝖂[1] *cetu*, R *cẹtu*, 𝖂[1] *caetu.*
3) M *idem eft*, P *idē* folummodo, c. cet.
4) W *lucrum*, P𝖂[1] *ludicrũ*, cet., S *iudicium.*
5) RdM *infeftos*, P *infeftaf*, cet.
6) Rb *fragmeas*, Rf *fragineaf*, ceteri *frameaf.*
7) H *fe* (in marg. *faltu*).
8) RcN *excitatio*, P *ex'cita-|tio*, cet. *exercitatio.*

tem paravit [9]), ars decorem [10]); non in quaeftum [11]) tamen [12]) aut mercedem [13]), quamvis audacis lafciviae [14]) pretium [15]) eft voluptas fpectantium [16]). Aleam, quod [17]) mirere [18]), fo- brii [19]) inter feria [20]) exercent [21]), tanta lucrandi perdendive [22]) temeritate ut, quum omnia defecerunt [23]), extremo ac noviffimo jactu [24]) de libertate ac [25]) de corpore contendant [26]). victus voluntariam fervitutem adit: quamvis juvenior [27]), quamvis robuftior, alligari fe ac venire [28]) patitur. ea eft in re [29]) prava [30]) pervicacia: ipfi fidem vocant. Servos conditionis [31])

---

9) PRabdfFHKLNℜ[1]ℜ[1·2]𝔚[1]𝔜ℭ𝔚[3] *parauit*, V *parat* (in marg. *pa-rauit atr*) = RcMSWT𝔚o𝔚[1·2·3]𝔏[1·2·3]𝔐[1]ℜ[2]ℭ𝔚[2]𝔚[1·2]ℜ[3] *parat*.

10) *decorum* „mfc. quidam" Longolius (at minime in K), P *decorē* ...

11) Rf *queftu*, P ī *queftū*, R *queftum*.

12) RfF deeft *tamen*, P *tam*, cet.

13) Rb in marg. c^e *mercede* (quanquam *queftum*), P *mercedē*, cet.

14) Rf *laftune*, M *lafcinia*, P *lafciuię*, cet.

15) RbfF *premium*, P p̄ctū, Rb in marg. *proetium*, R *pręlium*, cet.

16) Rac *expectātiu*, HNS *expectantium*, Rbf *fpie expcctantium*, Rb in marg. *fpectantium*, Rd *fpectantium*, P *fpectātiū*, cet.

17) RbfF *quidem*, P qđ, N *quod*, cet.; Rd *quidem quod*.

18) Rb *quidem inijcere*, Rf *quidem inicere*, F *quidem mirer*, S q^d *mirere*
q *miretur*, Rc *miretur*.

19) Rf *fobri*.

20) F *feua*, Rb in marg. ì *feua*, Rf *fena*, P *feria*, cet.

21) Rbf *exercet* (Rb addit ut *feua eof ex'|cet*), P *ex'cēt*, cet.

22) Rd *perdendiq3*, P *pdendi ue*, M *lucrandi ne temeritate* (om. *per-dendi*).

23) P *defe-cerīt* = T; cet. *defcecerūt* (Rc al.), *defecerunt* (NRadf cet.). — Cf. cp. XXI, 25. *quum defecere*).

24) P *actu*, interjecto í (*iactu*), 𝔏[1] *tactu*.

25) P *ac*, c. cet. omn. [unde Bekkeri Gruberi et? num propter *ac de corpore*?].

26) VS *contendunt*, P𝔚[1] *cōtendāt*, c. oet.

27) P *fuuenīor*, RabcdeNVHSℜ[1]ℜ[1·2]𝔚[1]𝔜 *iuuenior*, Rf *inuenior | in uenior* (fic), Rb (in marg.) WT𝔚o𝔚[1·2·3]𝔐[1]𝔏[1·2·3]ℜ[2]𝔚[2]ℭ𝔚[1·2·3]ℭℜ[3]𝔚[5] *iunior*.

28) M *fe in|ueīre*, P *fe ac ueīre*, cet.

29) Rf deeft *re*.

30) RfVHℭ *parua* (V in marg. *praua*, H manu fecunda *parua*[21]), P *praua*, cet.

31) F *conditione*, K *codicioif* (*i* ut e), P *cōdicioif*, cet.

hujus per commercia tradunt [32]), ut fe quoque pudore victoriae [33]) exfolvant [34]).

XXV.

Ceteris [1]) fervis [2]) non in [3]) noftrum morem defcriptis
per familiam minifteriis [4]) utuntur [5]): fuam [6]) quisque fedem,
fuos penates [7]) regit. Frumenti modum [8]) dominus aut pecoris [9]) aut veftis ut [10]) colono [11]) injungit, et [12]) fervus hactenus paret; cetera domus officia uxor ac [13]) liberi exfequuun-
tur [14]). Verberare [15]) fervum ac [16]) vinculis et opere coer-
cere [17]) rarum [18]); occidere folent, non difciplina et feveri-
tate [19]), fed impetu et ira, ut inimicum [20]), nifi quod [21]) im-

---

32) R t²dunt.

33) Rd uictorio, P uictorię, cet.

34) Rb exfoluant, P exoluãt, cet. exoluant.

XXV.

1) Ceterum ? ?

2) K deeft fervis.

3) Rf ī in n. m., P nõ ī nr̄m m, ℜ[1.2] non ni noftrũ morẽ.

4) P miſtriſ, Ra miniſtriſ, M mīſteriiſ, F in miniſteriiſ. ^{teriiſ}

5) Ra deeft utuntur, Rd transponit utuntur miniſteriis.

6) Rd ſuis, P ſuã qſq3, N Suamᶜ quiſq3, R ſuam in quisque, ceteri
ſuam quisque.

7) M ſuas penas, P·penateſ, cet., Ꝑ penatis.

8) ℜ²ℬ¹ℬ³ domum (ℬ³ fupraſcript. modum, ℬ¹ in marg. Lege modũ), P modũ, cet.

9) Rd pectoris, P pecoriſ, c. cet. — Cf. cp. XX, 13.

10) P aut (a eraſà), RRdMK aut.

11) W comunione.

12) P ut, ceteri ut, vt. ^{et}

13) MS et = ℬ¹·²·³𝔐¹Ʊ¹·²·³ℜ²ℬ²Ꝑℬ¹·²·³ℜ³ℬ⁵ℭ (et, &), P ac, cet.

14) P exequũtℱ, KRa exequũtur, RbdFV exequuntur, Rf ex|equiun-
tur, RRcN exequantur.

15) P uerberar̃, V uerbere (in marg. rant aĭr, aĭr u'berare), Kℜ[1.2]
verberãt.

16) Rd et, P ac, cet.

17) Rf cohercere, N cohercére, P coercer̃, cet.

18) N irarum, ℬ³ irarum, P rarum, cet.

19) S ſervitute.

20) ℬ² ut ī inimicum, P ut inimicũ, cet. — R inimicum : nifi.

21) ℬ² nifi qd' ſolũ impũe, ℬ¹· nifi qɔ impune eſt.

pune [22]). Liberti [23]) non multum fupra [24]) fervos funt, raro aliquod momentum [25]) in domo, numquam in civitate, exceptis [26]) duntaxat [27]) iis [28]) gentibus, quae [29]) regnantur [30]). ibi [31]) enim et [32]) fuper ingenuos et fuper nobiles [33]) afcendunt [34]): apud ceteros impares [35]) libertini libertatis argumentum [36]) funt [37]).

XXVI.

Fenus [1]) agitare et in ufuras extendere ignotum, ideoque

---

22) M *impium*, 𝕎[2] *impu͂e*, P *impune*, cet. — P *impunc e͂*, quod *eft* deeft RdKℜ[1]ℜ[1·2·3]𝕎[3]𝕊𝕎[5], incft in R c. cet.

23) P verba „*Liberti* usque ad capitis finem *argumentum funt*“ non nifi poft caput XXVI (fol. 39[b]) praebet, fed Pontanus afterifci figne eadem verba repetit in margine inferiore jam folii 39[a], appofitis hifce „*in hoc loco potius.*“ Eodem modo Ra eandem periodum poft cap. XXVI (pg. 91.) pofuit.

24) S *fuper.*

25) Rb in marg. c[e] *momti*, A *aliquid momcnti*, P *aliqod*, ℓ[a] *aliqd’*, cet. — P *momtu͂*, cet.

26) V *excepti exceptis*, P *exceptif*, cet.

27) R *du m taxat.*

28) P *iif*, 𝕎 *is*, cet.; RbfFHW ℜ[1·2] *his*, KM *hijs*, S *hiis* (deleta altera *i*).

29) Rb *que* (in marg. ut *eque*).

30) S *regnantur*, FVT *regnant*, MH *regna͂t*, R *regnabantur*, Rb *que regnantur*, in marg. ut *eque regna͂t*, (FM *que*), P *q̃ regna͂t͛* [uti 39[a] repetitum *que regnant‘*], ℓ[a] *regnant‘*, L *regnantur*, cet.

31) S *Illi.*

32) Rb deeft *et.*

33) Rf *enim et fuper in obiles afcendunt*, P (repetita periodo 39[a]) *Ibi eīm | et fup nobiles afcendu͂t*, omiff. *ingenuos et fuper*, quae eodem modo Rf omifit — P (39[b]) *īgenuof.*

34) V *affendunt*, P *afcendu͂t*, cet.

35) 𝕎[1] *impare*, P *imparef*, fequente bis puncto, R *imp eres.*

36) 𝕎[2]𝔜 *augmentum*, 𝕎[1] *augmentu͂*, P *argu-|m͂tu͂*, N *ar*, R *ar^{tu͂3}*.

37) P *f’t*, Rf *f͂t*, unde ceteri *ft’*, *fu͂t*, *funt*, RN *eft*, uti fupra adn. 23.

XXV.

1) P *Foen9*, c. cet.; R *Fęnus*, RabcdfN *fenus.*

magis fervatur, quam fi vetitum effet. Agri [2]) pro numero cul-
torum ab univerfis in vices [3]) occupantur, quos mox inter fe
fecundum dignationem [4]) partiuntur. facilitatem [5]) partiendi [6])
camporum fpatia praeftant [7]). arva per annos mutant, et fupereft ager. Nec enim [8]) cum ubertate [9]) et amplitudine foli labore [10]) contendunt, ut [11]) pomaria [12]) conferant et prata feparent [13]) et [14]) hortos [15]) rigent [16]): fola [17]) terrae [18]) feges
imperatur [19]). Unde [20]) annum quoque ipfum non in totidem

---

2) Rbf *agitur* (Rb in marg. *agricultura agitur*), F *ager* (in marg.
agri), P *agri*, cet.

3) P *ĩuice͂*, V *inuicef*, Rad𝕽¹𝕽¹·²𝕭¹𝔜 *in uicef*, *in vices;* omiff. *in*
Rbcf FMWSTLN𝕭o𝕭¹·² (𝕭² fcript. *uicis*), B *vicis*, N *uices*, H *vice*, R
uite (om. *in*). — *Per vices* 𝕸¹𝕷¹·²·³𝕽²𝕭³𝕭²𝕭¹·²·³𝕽³𝕭⁵𝔈 (*p vices*).

4) RfF *dignitatem*, quod et V prius fcripferat; P *dignatiõem*, H
dignacõe3, 𝕽¹·² *dignacõem*, 𝕷¹·² *dignatõe3*, K𝕭²𝔈𝕭¹𝔜𝕷³ *dignatione͂*,
𝕭¹·³𝕸¹𝕽²𝕭²𝕭¹·²·³𝔈𝕽³ *dignationem.* Idem VNMRRabcde.

5) Rf *facultatem*, ceteri omnes cum P *facilitatĕ*.

6) Rf *partiendendi*.
l' prebent
7) P *prebent*, R *praebent*, Ra *preftant*, V *preftant* (in marg. *prebent*),
ceteri *preftãt* (𝔜), *p'ftãt* (Rc), *p̃ftant* (𝕭²), *preftant* (Rbf𝕭¹), *preftant*
(𝕽¹·²𝕷¹·²), *praeftant* (N̈), cet.

8) 𝕭³𝕽² *nec .n. cum*, P *eĩm*, 𝕭¹ *em͂*, cet.

9) Rf *ubertatem*, P *ubertate*, cet.; 𝕷¹·² *hubertate*.
ĩ labor͂   ĩ rarc
10) P *laborar͂*, N *labore*, Ra *labore* (in marg. ĩ *laborare*), RacSK
𝕽¹·²𝕭¹·²𝔜𝕭³𝔈𝕭⁵ *labore*, RRbfF𝕭o𝕭¹·²·³𝕸¹𝕷¹·²·³𝕽²𝕭¹𝕽³ *laborare*, 𝕭²
laborare (in marg. *alias labore*), 𝔈 *laborari*.

11) M *et*, P *ut*, cet., T *ne*.

12) RcN *pomeria*, P *pomaria*, cet.
e a
13) P *fepe͂t*, RaK𝕽¹·²𝔈 *fcperent*, H *fepare͂t*, Rc *fepar'et*, NRdb *feparent*, Rf *feparant*, 𝕭³𝔈𝕭⁵ *fepiant*, 𝕭²𝕽³ adhuc *feparent.* — Vide fupra
I, 9 XXVIII, 46.; cf. VII, 14. VIII, 15.
et
14) P *ut*, 𝕭o𝕭¹·²·³𝕷²VT *et*, Rc &, RabdfFHKMN𝕽¹𝕽¹·²𝕭²𝔜 *ut*,
𝕭¹ *vt*.

15) RafMSW𝕭¹·² *ortos*.

16) M *ut rigent ortos*.

17) Rd *folo*.

18) Rf *terra*, P *terrę*, Rd *terre*, Rc *terę²*, N *terrae*, aliique.

19) S *imponitur* (in marg. *imperatur*), Rf *imparant.*

20) M *vnũ*, P *un͂*, K *vñ* | *annũ*, cet.

digerunt [21]) fpecies [22]). hiems et ver et aeftas intellectum ac [23]) vocabula habent: auctumni [24]) perinde [25]) nomen ac [26]) bona ignorantur [27]).

XXVII.

Funerum nulla [1]) ambitio. id folum obfervatur [2]), ut [3]) corpora clarorum virorum certis lignis crementur. Struem [4]) rogi [5]) nec veftibus nec odoribus cumulant: fua cuique arma, quorundam igni et equus [6]) adjicitur [7]). Sepulcrum caefpes [8]) erigit; monumentorum [9]) arduum et operofum [10]) honorem ut [11]) gravem defunctis afpernantur. Lamenta ac lacrimas cito, dolorem et triftitiam tarde ponunt [12]). Feminis lugere honeftum eft [13]), viris meminiffe [14]).

21) **MW** *degerunt,* **P** *digerũt,* cet.

22) **Rf** *fpef,* **P** *fpēf,* 𝕭[1] *fpēf,* cet.

23) **T** *et,* **P** *ac,* c. cet.

24) **R** *in autumnum.*

25) **P** *pĩñ,* 𝕽[1·2] *pinde,* 𝕷[1·2·3] *pinde,* **Rc** *p inde,* ceteri *perinde,* **M** *proinde.*

26) **Rd** *Autũpi ac bona,* **P** *autũmi piñ nom ac,* **Rc** *autũni p inde nomē ac,* cet.

27) **P** *ignorãtur.* **Hic in PA** fequuntur illa capitis **XXV** verba *Liberti ... argumentum funt* (vide **XXV,** 24. pg. 89).

XXVII.

1) **Rf** *Funera non nulla,* **RbF** *Funerum non nulla* (vide **XXVIII,** 11), 𝕭[1] *Funeꝫ nulla,* cet.

2) **P** *obferuãt,* ceteri omnes *obferuat',* *obferuatur.*

3) *Ut* deeft in **W**𝕭[1]𝕭o𝕸[1]𝕭[8]𝕽[2]𝕰 (: *corpora*).

4) **Rb** *Stiuem* (in marg. *ftruem*), **Rf** *fciuem,* **P** *ftruẽ,* c. cet. *ftruem.*

5) **S** *rhogi.*

6) **RbcfF** *igitur* (**Rc** *igit*ᵘ) *et equuf,* **P** *igni et equuf,* **RdNK** *et equs.*

7) **P** *adiicit̃,* **K**𝕽[1·2] *adicitur,* 𝕭[1] *adijcitur,* cet.

8) **Rd** *ceps,* **P** *cefpef,* **Rc** *cefpes,* cet.

9) 𝕭 *monimentorum,* **P** *monum̃torũ,* cet.

10) **P** *et opofũ,* cet.; **VTW**𝕭o𝕭[1]𝕸[1]𝕽[2]𝕰𝕷[8]𝕭[1·2·3] *peroperofum,* 𝕷[1] *poperofũ,* 𝕷[2] *poperofu*3, 𝕽[1·2]𝕭[8]𝕾𝕭[5] *& operofum,* 𝕭[1·2]𝖄 ꝫ *operofuꝫ.*

11) 𝕽[1] *et.*

12) **N** *pro-|munt,* **P** *ponũt,* **Rac** *ponũt,* cet.; **A** *tarde deponunt.*

13) **RcdH** deeft *eft,* **P** *ẽ,* 𝕷[2] *ẽ.*

14) **S** poft *meminiffe* dividens fcribit *liber Scds* (rubr.), fed iterans poft cp. **XXXIV** ps ꝫᵃ *operf* (haud *operꝫ,* ut Heffii oculi viderunt).

Haec in commune [15]) de [16]) omnium [17]) Germanorum [18]) origine ac moribus accepimus [19]). Nunc [20]) fingularum gentium inftituta [21]) ritusque, quatenus [22]) differant, quae nationes e [23]) Germania in Gallias commigraverint [24]), expediam.

XXVIII.

Validiores olim Gallorum res fuiffe fummus auctorum [1]) divus Iulius tradit, eoque [2]) credibile eft etiam [3]) Gallos in [4]) Germaniam [5]) transgreffos. Quantulum enim amnis [6]) obftabat, quominus [7]), ut quaeque [8]) gens evaluerat, occuparet permutaretque [9]) fedes promifcuas adhuc [10]) et nulla [11]) regnorum

---

15) S *comuni* = 𝔜𝔈, P *coē*.

16) S deeft *de*, P *đ*.

17) P *oĭum*, 𝔅[1] *oīm*, cet.; SRf *omni*, K *ŏmj*, Rb in textu et in marg. *omni*.

18) Rbf in textu *de omni igitur mannorum origine*; P *ī cõe đ oĭum g'manorū origīe*.

19) 𝔅[2] *accipimus*, P *ac-|cepim9*, cet.

20) Rbf *Hūc*, K *ñũc*, P *nūc*, cet.

21) V *iuftitia* (in marg. *inftituta*), P *īftituta*, cet.

22) V *quantuf*, P *quaten9*, K *quatin9*.

23) Rbf deeft *e*, P *e*, cet.

24) 𝔑[3] *commigrarunt*.

XXVIII.

1) P *autor diuuf*, Ra *auctor*, ceteri omnes *auctorū* (𝔅[1]𝔑[1·2]Rc), *auctoru3* (𝔈), *auctoRſ* (𝔅[2]), *auto4* (𝔅𝔅[1]), *autho4* (𝔏[2]), *authorū* (𝔏[1]), *autorum* (RdFN𝔅[1]𝔏[3]𝔖𝔅[5]), *auctorum* (𝔑[2]𝔅[2·3]HRbfN cet.).

2) Rd *eáq3*, P *eóq3*, cet.

3) P *eſ̃*.

4) S *et* (in).

5) Rbf *germania*, FM𝔑[1·2] *Germaniā*, K *Germa:|niā*, P *germaĭam*, cet.

6) P *amnif* = SWTNFRa𝔅[1·2·3]𝔑[1·2]𝔐[1]𝔑[2]𝔅[2]𝔜𝔅[1·2·3]𝔏[3]𝔖𝔑[3]𝔅[5], *annif* RRb (in mg. *cᵉ amnif*) cdefHV𝔏[1·2]𝔈, *annus* M. — Vide cp. XXIX, 4.

7) M defunt verba *quo minus usque evaluerat*.

8) P *q̃q3*, Rb *quoque*, Rf *quoq3*, F *queq3*, 𝔅[1] *quęq3*, cet.

9) S *occuparet* P*mutaretq3*.

10) 𝔑[3] *promifcuas : adhuc et*.

11) W *nonnulla*. — Vide XXVII, 1.

potentia divifas [12])?   Igitur [13]) inter [14]) *hercyniam* [15]) filvam *Rhenum*que [16]) et *Moenum* [17]) amnes *Helvetii* [18]), ulteriora [19]) *Boji* [20]), gallica [21]) utraque [22]) gens, tenuere.
Manet [23]) adhuc [24]) *Boihemi* nomen [25]) fignatque [26]) loci
veterem memoriam, quamvis mutatis [27]) cultoribus.   Sed utrum
Aravifci [28]) in Pannoniam [29]) ab *Ofis* [30]), Germanorum na-

---

12) P *diuifaſ*: RadHKMNSR¹R¹·²B¹PB³EB⁵ *diuifas* (ver), RbcfFBVT
LWBoB¹·²M¹L¹·²·³R²BER³B² *diuerſas* (B² in marg. *Alias diuiſas*).

13) S *Ideo*, P *Igitur*, c. cet.

14) F *intra*.

15) P *hīrciniă* (altera *i* mutata in *y*), B¹L³ *Herciniam*, FB¹·²R¹·²
B¹·²P *hercyniă*, M¹B³L¹·²R²EB²·³SR³B⁵ *hercyniam*, M *hercymam*, N
hercy'nam, Rc *h'cină*, Rb *h'cyniam*, Ra *Hircyniă*, S *Hirciniam*, Rd *hyr-
cyniam*, Rf *h'ci-|miriam*. — Cf. XXX, 3 et 13.

16) Rd *Rcnumq3*.

17) P *moenŭ*, RaHR¹·²P *mœnŭ*, Rbcdf *moenum*, cet.; LP *Menum*,
AB¹B³EB⁵ *Moenim*, B² *Moemi* (correct. in *um*), B² *Menin*, WBoB³
L¹·²·³ER²M¹B¹·²R³ *Moeni*.

18) Rd *aluetij*.

19) R *vlteriora*, Rb (in marg.) *heluetij citeriora ulteriora beij*.

20) P *boij*, RaMNB¹·³L¹·²EB¹·²PB¹·²·³EB⁵R³ *boij*, RcM¹B²R²L³
boii, cet.; RdKR¹·² *boi*, Rbf *beij*, F *beii*.

21) *Gallᶜa*, P *Gallica*, cet.

22) P deeft *utraque*, ceteri *utraq3*, *vtraq3*, B²·³ *veraq3*.

23) N *Monet*, P *Manet*, c. cet.

24) Rbf *illuc* (Rb in marg. cᵉ *illic*).

25) P *bo,ʰiemi nonŭ*, S *bohịemi*, H *boiihemi*, RadVTKR¹·²B¹P
Boihemi, Rc *boiᵗemi*, WBoB¹·²·³M¹L¹·²·³R²B²EB²·³SB⁵ *Boiemi*, R³
Bocmi, N *nomen bohemi*, P *bohemi nomen*, M *bohemi nomen adhuc boij
hennonĕ* (in textu), R *Bohemi Boieno⁴ nomen*, Ra (in marg.) *l'
Boijennonĕ*, F *adhuc boilemionĕ nomen*, Rb *illuc boiiemionem
nomen*, Rf *illuc bo-|emionem . al' borhenum . nomen*, Rb (in marg.)
illic borhĕnum, L *Borrenum*, B *Boiis emunere nomen*.

26) P *ſig,ᵗ* RaMH *ſignatq3*, R *ſignatque*, N *ſign₊ătq3*, S *ſignificatq3* (ſignat),
RabcdfK *ſignificatq3* = L³ c. cet.

27) P *muta-|tis*, L³ *mutatʒ*, S *mutatibus*, E *mutatus*.

28) P *arauiſci* (ⁿ), (poſtea *arauiſciſ* = RcN), RbWBoB¹·²·³M¹R²L¹·²·³
B²R³ *Araniſci*, T *Aramiſci*, RRacfFHKMNSAR¹·²B¹PB¹·²·³EB⁵ *ara-
uiſci*, Rd *Arauiſei* (infra *Aramiſcis*), E *Araniſti* (infra *Araniſcis*), ut
Rb *araniſtis*; Rf *aruiſciſ*.

29) *Pănonia*.

30) P *a boiiſ* (in marg. cum ſigno correcturae *oſis*, inde B¹·³M¹

tione [31]), an *Ofi* [32]) ab *Aravifcis* [28]) in Germaniam commigra-verint [33]), quum eodem adhuc fermone inftitutis moribus utan-tur [34]), incertum eft: quia [35]) pari olim inopia ac libertate, eadem utriusque ripae bona malaque erant. *Treveri* [36]) et *Nervii* [37]) circa [38]) affectationem [39]) germanicae [40]) originis ultro ambitiofi [41]) funt, tanquam per hanc gloriam fanguinis [42]) a [43]) fimilitudine [44]) et inertia [45]) Gallorum feparentur [46]). Ipfam Rheni ripam haud dubie Germanorum populi colunt,

---

L[1.2.3]**R**[2]**CW**[2]**B**[1.2.3]**ER**[3]**B**[5] *ab ofis, ab Ofis*), R**B**[1] *a Boijs,* Rb *a bors* (in marg. *et ab ofis*), Rf *ab-|orf,* N *aboijs,* SV *a boijs,* Rad**Y** *a Boijf,* HRc *a boiif,* KFM *a bois,* L *a Bois.* — Vide not. feq.

31) **B**[2] *pannoniam? ab Ofis germanorum natione?*

32) P *an ofi* = **B**[1]**R**[1.2.3]**L**[1.2.3]**R**[2]**CW**[2]**B**[1.2.3]**ER**[3]**B**[5]; R *anofi,* **B**[1] *an Ofi,* M *on Ofi,* Rc *Ofci,* Rf *Oli,* N *Ofi* (in textu deleti, in marg. *boi*), S *an boij.*

33) P *cō-|migrauerīt,* K**B**[2]**Y** *cōmigrauerīt,* Ra *cōmigrauerint,* MRRbdf **B**[1]**R**[1.2.3]**M**[1]**R**[2]**B**[3]**L**[1.2.3]**CW**[2]**B**[1.2]**B**[5] *commigrauerint,* **B**[3] *commigrauerint,* **E** *commigrarint,* Rc *commigrauerūnt,* R *commigrauerunt,* N *commigraue-runt.*

34) R *uertantur.*

35) P $\bar{q}$ (*qa* above), Ra *qui,* ceteri *quia* (**B**[1] *qz*).

36) P *Treueri,* c. cet.; V *Treneri,* **B**[1.2]**M**[1]**B**[3]**ER**[3]**B**[5] *Treuiri.*

37) P *neruli* (*h* above), inde RRacdKMNSTVW**B**o**B**[1.2]**R**[1.2]**M**[1]**L**[1.2]**B**[1.2]**Y** *neruli* (M quafi *ueruli*), RfFL *heruli,* Rb *herculi.* — H primitus *Neruii* (cor-rect. in *Neruli*), **B**[2] in marg. fcript. „alij *Nerui,* **L**[3] in marg. impreffum „Legēdū *Neruij* qᵒs Tornacenfes putamus effe"; hine **B**[3]**ER**[3]**B**[5] *Neruij.*

38) *citra* (*circa* above), ceteri *circa* (Rf *circha*), except. K**R**[1.2] *cura,* uti et *citra* in P videtur (**R**[2] fuprafcriptum *circa*). — Cf. XVI, 20.

39) P *affectatõem* c. cet., except. M *affectionē,* RfHKS**R**[1.2] *affectio-nem* (*ta* above) (H *affectionem,* fyllaba *ta* manu pofteriore fcripta).

40) P *germanę,* Rc *germanię,* RbfFM *germanie,* **L**[1.2] *Germanie,* **B**[1]**E** *Germanię,* **M**[1]**B**[2.3]**R**[2]**B**[1.2] *Germaniæ,* VW *germaniae,* RadHST**B**[2]**Y** *germanice,* **R**[1.2]**B**[3] *Germanicæ,* N *germanici.*

41) K**R**[1.2] *amitiofi,* P *ābitiofi,* cet.

42) P *fanguif,* Rc *fangufs,* Rd *faguis.*

43) H *et* (a manu recentiore).

44) P *fil'itudine,* **L**[1.2] *fil'itudine,* **R**[1.2] *fimitudīe.*

45) Rf *inertiam;* **M**[1] *mertia.*

46) Rf *feperentur.* — Cf. I, 9. XXVI, 13.

Vangiones [47]), *Triboci* [48]), *Nemetes* [49]). Ne *Ubii* [50]) quidem [51]), quanquam romana colonia effe meruerint [52]) ac libentius Agrippinenfes [53]) conditoris [54]) fui nomine vocentur, origine [55]) erusbefcunt [56]), transgreffi [57]) olim et experimento fidei fuper ipfam Rheni ripam [58]) collocati [59]) ut arcerent, non ut cuftodirentur [60]).

XXIX.

Omnium harum gentium virtute praecipui [1]) *Batavi* [2]) non

---

47) P *vangiones*, ceteri *uangiones* (Rf), *Vangiones*, *Vāgiones* (Rd), *Uangiōnes* (𝕭¹), cet.

48) P *triboci*, RadNM𝕽¹·²𝕭¹·²𝔜 *triboci*, ReTVW𝕭o𝕭¹·²·³𝕷¹·²·³𝕸¹ 𝕽²𝕰𝕭¹·²·³𝕾𝕭⁵𝕽³ *trcboci*; RbfF *triborci*, HS *tribocci*, R *Treiboci*.

49) P *nemetef*, c. cet., except. RbfF *hemetes*.

50) P ⁿnubij, atque ita omnes *nubii*, *nubij* (Rd), *Nubij* (RRbf𝕭¹𝕽¹·²), *Nubii* (Rc); Rb in marg. cᵉ *Vbij*, 𝕭² *Nubii*, correct, *VBII.*, W *Ńubii*, 𝕸¹𝕭³𝕷²𝕽²𝕭¹·²𝕰𝔜𝕭¹·²·³𝕷³𝕽³𝕭⁵ *Vbij* (fine *Ne*).

51) S *qui q,ᵃ q,ᵃ*.

52) P𝕭¹ *meruerīt*; RbfF *inuenerint* (Rb in marg. *meruerint*); M *meruerūt*. Ceteri omnes *meruerint*.

53) P *ag¹ppinēfef*, c. cet.; Rd *Agrippinenfis*.

54) P *cōditorif fui*, c. cet., Rd *jue* (uti Lipfius!), M *conditores fui*.

55) P *origĭe*, Rb in margine cᵉ *originem*.

56) 𝕭² (*Nubii*, correct. *VBII*) fuprafcript. *non erubefcūt*.

57) P *trāfgreffi*, Rc *Trafgreffi*, Rd *Tragreffi*, 𝕷² *Trāgreffi*, 𝕰 *Trangreffi*.

58) R *ripam Rheni*.

59) P *collocati*, V *collocati* (in marg. *collati*), RdK𝕽¹·² *collati*. — Cf. XXIX, 20.

60) P *cuftodirētur*, T *cuftodirent*, Rf *cuftodierunt*; 𝕰 *vt arcerent no cuftodirentur*.

XXIX.

1) R *praecipue*.

2) P *batáui*, Re𝕸¹𝕷¹·²·³𝕽²𝕭³𝕭¹·²𝔜𝕭¹·²·³𝕭⁵𝕽³𝕾 *bataui*, RRacdFKNV 𝕭o𝕭¹·²𝕽¹·²𝕰 *batauij*, Rbf *batanii* (Rb in marg. cᵉ *batauij*), M *batami*, S *batani* (in marg. *bathi*), H *bathi* (in marg. *Batavi*), W *bathauii*, N ᵇᵃᵗⁱʲ*batauij*. — Vide n. 32.

multum ex ripa fed infulam [3]) Rheni amnis [4]) colunt [5]), *Chattorum* [6]) quondam populus [7]), et feditione domeftica in eas fedes [8]) transgreffus [9]), in quibus pars romani [10]) imperii fierent [11]). Manet honos [12]) et [13]) antiquae focietatis [14]) infigne [15]). nam nec [16]) tributis [17]) contemnuntur [18]), nec publicanus atterit. exempti oneribus [19]) et collationibus [20]) et tantum in ufum proeliorum fepofiti velut tela atque arma bellis refervantur. Eft in eodem obfequio [21]) et *Mattiacorum* [22]) gens. protulit enim magnitudo populi romani [23]) ultra Rhenum ultra-

---

3) P ĩfulã|, 𝕭¹𝕽¹·² ĩfulã, M infula3, Rabdf𝕭² infulam, Rc𝕻 infula, N infula.

4) Rbf annis, P amnif, c. cet. — Vide XXVIII, 6.

5) P colūt, 𝕮 colomit.

6) P cattorũ, K𝕽² cattorũ, F Caɛtorũ, M Chactorũ, Ra Cʰattorum, RRcNSTVW𝕭¹·²·³𝕸¹𝕮²𝕭¹·²𝕻𝕮 Chattorum, Rbf Chatorum, 𝕽¹·²𝕻𝕭¹·²·³ 𝕮³𝕮 Cattorum, 𝕮¹ Catthorũ, Rd Cottorum, L Hactorum. — Vide XXX, 2. 12. 35. XXXI, 5. 31. XXXII, 1. 12. XXXV, 8. XXXVI, 2. 21. XXXVIII, 4.

7) RcN populis, P ppluf, 𝕭¹ ppul9, cet.; 𝕮² ppl'os ... trãfgreffos.

8) P ĩ eaf fedef, Rbf mens fedes (Rb in marg. mouenf fedes).

9) 𝕮² popl'os ... transgreffos.

10) 𝕮¹·² Rhomani (prius romani. Vide adn. 23).

11) P fierēt, c. cet.; F fuit.

12) P honos, c. ceteris, 𝕽¹·²K honus. — Cf. VI, 38. XIII, 22. XX, 25. XLIV, 19.

13) F deeft et.

14) P antiquę focietatif, 𝕮¹ antiqua focietas infigne, 𝕮² antiqᵃ focietas.

15) F deeft infigne.

16) P nã nec, F nec tam tribˢ.

17) F tribˢ.

18) P cõtemnũtur (K cõtempnũtur), Rf contenni-|untur, T conteruntur (ex sequente atterit?), Rb in marg. ut conterũtur.

19) honerib,, R honeribus, F honorib,, P oncribuf, eet.

20) P collatoĩb,, cet.; N collationibus, RaV collationibuf (in margg. collocationibuf), RRbfF collationibus. — Cf. XXVIII, 59.

collocationibus

21) P obfeqo et, 𝕭¹ obfeqo ꝝ, Rb obfequi|ut, Rf obfeq et, F obfequio &, cet.

22) P Mattiaco ♃ = MNRad cet., mactiacorum RbF, mactiato ♃ Rf, mactiacorum H, martiacorum W, matiacorum Rc, Matiaco ♃ 𝕭², Mattico ♃ 𝕭¹𝕻.

23) P po.ro¹, 𝕭¹ po-|ro., 𝕻 po.|ro, 𝕭² populi ro|ultra, 𝕭¹𝕮 populi Ro., 𝕽¹·² romãi, 𝕮¹𝕭¹ Rhomãii, 𝕮³𝕸¹𝕭³𝕽² Romani; M deeft romani.

que veteres ²⁴) terminos imperii ²⁵) reverentiam: ita fede ²⁶)
finibusque in fua ripa ²⁷), mente ²⁸) animoque ²⁹) nobiscum
agunt, cetera ³⁰) fimiles ³¹) *Batavis* ³²), nifi quod ³³) ipfo ³⁴)
adhuc terrae fuae ³⁵) folo, et ³⁶) coelo acrius animantur ³⁷).
Non numeraverim ³⁸) inter Germaniae ³⁹) populos, quanquam
trans Rhenum ⁴⁰) Danubiumque ⁴¹) confederint, eos qui decu-
mates agros ⁴²) exercent ⁴³): leviffimus quisque ⁴⁴) Gallorum ⁴⁵)
et inopia ⁴⁶) audax ⁴⁷) dubiae ⁴⁸) poffeffionis ⁴⁹) folum occu-

---

24) Rd *uetheres.*

25) V *Danubiumque imperii* (cf. not. 41.).

26) P *fede,* c. cet., Rf *fedef.*

27) 𝔚¹ ī *fua ipā mēte.*

28) P *mte|;* H *mente* (in marg. *manente:* v. not. 27).

29) P *aīoq³;* H *animo,* omisso *que* (v. not. 28).

30) S *ceterum.*

31) 𝔚¹ *filēs.*

32) P *batáuif,* Racd *batauif,* cet.; W *bathauis,* Rb *uatanis* (in marg.
ut *batauif*), F *uatauif,* Rf *uacauif.* — Vide not. 2.

33) P *nⁱ qd̄,* F *nichilq⁹,* 𝔚¹ *nifi q⁹.*

34) P *ipfo,* c. cet.; RbfF *ipfe* (Rb in marg. cᵉ q̃ᶾ *ipo*).

35) P *fuę folo,* Rc *fue folo,* Rd *fuo folo,* 𝔚¹ *ipfo adhuc terra ꝛ folo
fuo . celo.*

36) M *folet celo.*

37) P *aīantↄ,* c. cet.; RbfF *animatur.*

38) N *nō nūa-|uerī,* cet. *numeraverī, numerauerim;* TVW𝔐¹𝔅o𝔅¹·²·³
𝔈¹·²·³ℜ²𝔚²𝔜𝔈ℜ³𝔅¹·² *numeramuf* (𝔅² in marg. *Alias Cõnumerauerim*).

39) P *g'maię,* F *germanof.*

40) P *rhenū;* V *Rhenum ultraque ueteref terminof Danubiumque*
(repetitis ex fupra verbis: cf. not. 24. 25).

41) P *danubiūq³* = RaN cet., Rc *danuuiūq³,* HR *danuuiumque,* Rbf
dannuuiumque, K *Dannubiūq³.* — Cf. I, 5. XLI, 6. XLII, 16.

42) P *decumatef agrof,* c. cet.; RadNKH𝔑¹·²𝔚¹𝔜 *decumathef,* Rd
documathes, M *deum athefagros.*

43) P *exercēt,* cet., Rb *exement* (in marg. *exemunt*), Rf *exenent.*

44) P *Leuiffi-|m⁹ qfq³,* Rc *leuiffim⁹ q.,* R *lęuiffimus q.,* Rd *Leuif-
fimufq³.*

45) P *galloru̅,* cet.; Rbf *callo♃* (Rb in mrg. ut *gallo♃*), F *callorum.*

46) S *inopie audax,* P *īopia,* c. cet.

47) Rf deeft *audax.*

48) P *dubię,* quod deeft Rf (in fine lineae).

49) P *poffeffioif;* M *paffionis.*

7

davere. Mox limite acto [50]) promotisque praefidiis finus [51])
imperii et pars [52]) provinciae habentur.

XXX.

Ultra hos [1]) *Chatti* [2]) initium fedis ab *hercynio* [3]) faltu
inchoant [4]), non [5]) ita [6]) effufis ac paluftribus locis ut ceterae
civitates, in quas [7]) Germania patefcit; durant [8]) fiquidem colles,
paulatim [9]) rarefcunt [10]), et [11]) *Chattos* [12]) fuos faltus *her-*
cynius [13]) profequitur fimul atque [14]) deponit. Duriora genti

---

50) P *acto*, H *aucto* (*u* a manu fecunda).
51) P *fin9*; M *fimus*; 𝔅¹ *fimul*.
52) K ℜ² *par*, P *parf*, 𝔅¹ *ps*, cet.

XXX.

1) P *Vltrahof* (prius *Vlera*), Ra *Vlerahof*, M *Vltrochos*.
2) P *catti*, RcMSℜ²𝔏³𝔅¹·²·³𝔖ℜ³𝔅⁵ *catti*, F *caiti*, Rd *Cacti*, Rbf
Carti (Rb in marg. *cᵉ chacti*), ℜ¹·² *chacti*, RRaVWN𝔅¹·²·³𝔐¹𝔏¹·²𝔅¹·²
𝔜𝔈 *chatti* (W in marg. *chatti*, N in marg. *chatj*). — Vide XXIX, 6.
XXX, 12. cet.
3) H *hĭrcinio*, S *hircinio*, Ra *Hircynio*, Rb *h'cinio*, Rf *h'cymo*, RRcN
VW𝔅¹·²·³ℜ¹·²𝔐¹ℜ³𝔈𝔅¹𝔏³ *hercinio*, K *hercmio*, Rd *hertinio*, F𝔏¹·²𝔜𝔅²
𝔅²·³𝔖ℜ³𝔅⁵ *hercynio*, M *herqⁱnio*, H *herqinio*. — Vide infra not. 13. et
XXVIII, 15.
4) P *ĭchoãt* (Pontanus prius fcripferat *ĭchoat'*), RRa *incohãt*, SNRdf
incohant, Rbc *inchoant*, 𝔅¹ *inchoãt*, cet.
5) Rf *nan*, P *nō*, Ra *nō*, cet.
6) N deeft *ita*.
7) R *qua*.
8) P *durãt . fi qdē* (mutata *t* ex *s*), R *durant. Si q.*, Rd *du-*
rantj, M *durat fiq.*, N̄S̄ cet. *durant Si q.*, five *durant. Si q.*
9) P *paulatī*, c. cet.; deeft R𝔅¹𝔜; 𝔅³𝔖𝔅⁵ *paulatimq3*, N *paula-*
tim ₊ *rarefcunt* (cum figno lacunae).
10) P *rarerfcūt*, Rd *rarefchū't*, Rc *rarefcere*.
11) F deeft *et*.
12) P *catto'*, ℜ²𝔅¹·²·³𝔏³𝔖ℜ³𝔅⁵, *cattos*, F *cacteos*, Rc *caᶠstos*, Rbf
chacteos, RRaMNVW𝔅¹·²ℜ¹·²𝔐¹𝔅¹·²𝔜 *Chattos*, Rd *cathattos*. Vid. not. 2.
13) P *hercini9*, RRcFNKVW𝔅¹·²ℜ¹·²ℜ²𝔅¹·²𝔜𝔅³𝔏³𝔅¹ *hercinius*, 𝔏²
𝔅²·³𝔖ℜ³𝔅⁵ *hercynius*, 𝔏¹ *hercyninus*, Rf *h'|cynniuf*, Rb *h'cinnius*, S *hirci-*
nius, Rd *hirtinius*, Ra *hircyniuf*, H *herqinius*, M *herquinius*. — Vid. n. 3.
et XXVIII, 15.
14) P *ãc* (atqs), Ra *fimul ac*, ceterorum *atque* deeft S.

corpora, ſtricti artus [15]), minax vultus [16]) et major animi [17]) vigor. multum, ut [18]) inter Germanos, rationis [19]) ac follertiae: praeponere electos, audire praepoſitos, noſſe [20]) ordines, intelligere occaſiones [21]), differre [22]) impetus, disponere [23]) diem, vallare [24]) noctem, fortunam [25]) inter dubia, virtutem inter certa numerare, quodque rariſſimum [26]) nec [27]) niſi romanae [28]) disciplinae conceſſum [29]), plus reponere in duce quam in exercitu. Omne robur in pedite [30]), quem [31]) ſuper arma ferramentis [32]) quoque et copiis onerant [33]). Alios ad proelium ire [34]) videas, *Chattos* [35]) ad bellum: rari [36]) excurſus et for-

---

15) P *art9*, Rc *arc9*, RN *arcus*, Rb *artus*, RdK *arctus*.

16) S *voltus*.

17) P *aĭ*, deeſt M, H *animis*.

18) 𝔚[1] *Multum | inter G.*

19) P *roĭs*, 𝔚[1] *rōnis.* — Vide not. 28.

20) P *noſſe*, cet.; Rcdf *noſce*, S *noſcere* (minime Gerlachii *poſcere*).

21) P *occaſiones*, M *actiones*, K𝔑[1.2] *neceſſitates.*

22) P *differre ĭpetuſ*, cet.; Rb *differentiẹ*, RfF *differentiae impetus.* — Rf interpungit „*preponere : electos audire : prepoſitos noſſe, ordines intelligere : occaſiões differentie : impetus diem uallare noctem : —*

23) P *diſponer͂*, quod deeſt RbfF.

24) P *uallare*, c. cet., KRd *vallere*, 𝔚[2] *uallere.*

25) P *fortunã*, RfF *formam.* — R *noctem. Fortunam* —

26) 𝔚[1] *ratiſſimũ.*

27) P *nec niſi*, RbfF *non niſi.*

28) P *romanẹ*, l' ratione inde Rb *romanẹ*, RafFSMLBAHK𝔜 *romane*, 𝔚[1] *Romane*, RRdNTW𝔅o𝔚[1.2.3]𝔑[1.2]𝔐[1]£[1.2]ℭ𝔚[1.2.3]𝔖𝔑[3]𝔚[5] *ratione*, £[1] *ratione*, 𝔑[2] *ratiõe*, £[3] *rōne*, Rc *rõe.* — Vid. not. 19.

29) P *cōceſſũ*; M *concenſum*, S *confenſum.*

30) P *ī pedite*, Ra *ī pedite*, RcK *inpedite*, RRfMSW𝔚[2]ℭ *impedite*, F *iⁿpedite*, NRd *impedire.* — Rb c. cet. *in pedite.*

31) P *quẽ͂*, Rc *quẽ*, S *q̄*, R *q̲ᵘ*, Ra *q̃*, Rf *quem*, NRbd *quam*, M *qᵃm*, H *quam*, in marg. *q̃;.*

32) P *ferraᵐtis*, H *fermamentis*, K *fĕʳramentis.*

33) P *onerãt*, K𝔑[1.2]𝔜 *onerāt*, F *onerant*, cet.; Rbf *honerant*, Rc *honorant*, TVW *coonerant*, 𝔚[1.3]𝔐[1]£[1.2]𝔑[2]ℭ𝔚[2]𝔚[1.2.3]£[3]𝔖𝔑[3]𝔚[5] *coonerãt*, 𝔚[2] *cohonerãt.* — Rd *oneratur.*

34) P *ire*, RbfF *ne.*

35) PK𝔑[2]𝔚[1.2.3]£[3]𝔖𝔑[3]𝔚[5] *cattos*, F *cactos*, M *chactos*, Rb *chactos* (in

tuita [37]) pugna [38]). Equeſtrium [39]) ſane [40]) virium [41]) id [42])
proprium [42]), cito parare victoriam, cito cedere: velocitas juxta
formidinem, cunctatio [43]) propior [44]) conſtantiae eſt [45]).

XXXI.

Et [1]) aliis Germanorum populis uſurpatum, raro [2]) et pri-
vata [3]) cujusque audentia [4]), apud *Chattos* [5]) in conſenſum [6])
vertit, ·ut primum adoleverint [7]), crinem barbamque ſubmit-
tere [8]), nec niſi hoſte caeſo [9]) exuere [10]) votivum [11]), obliga-

---

marg. *ut chactiſ*), RRacdNSVW𝔅[1.2.3]𝔐[1]𝔑[1.2]𝔏[1.2]𝔅[1.2]P𝔈 *chattos;* Rf
omiſit nomen, lacuna relicta. — Vid. XXIX, not. 6. cet.

36) P *rari*, c. cet.; RRcdNV *raro.* — Cf. XXXI, 2.

37) P *fortuita*, cet., Rbf *fortuna.*

38) R *pugnę.*

39) Rdf *equeſtrum.*

40) N deeſt *ſane*, Rf *ſa-|ne.*

41) Rd *uirum.*

42) S ^(ul') *id proprium.*

43) P *cũctatio*, 𝔅[1] *Contatio*, Rf *cuctatior*, RbF *cunctatior.*

44) P *,ppior*, K𝔑[1.2]𝔏[2]𝔅[1]𝔜 *,ppior*, RaF𝔅[1.3]𝔐[1]𝔅[1.2.3]𝔑[2]𝔈 *propior*,
RRcN *propiora*, H *proprior* (deleto r a manu ſecunda), W *proprior*,
SRbdf𝔑[3] *proprior*, 𝔅[2]𝔏[2] *,ppĩor.*

45) S *eſt conſtantie*, ^(eſt) — 𝔜 interpunxit *conſtantię : eſt et aliis germ.
pop uſurpatum : Rara ... audentia . Apud* etc.; 𝔅[1] *cõ-|ſtantie | eſt ʓ
alijs Germano4 ppĩis vſurpatũ, rara ʓ priuata, cu-|iuſq3 audentia . Apud ...*

XXXI.

1) Vide XXX, 45.

2) PRcdKMTW𝔅o𝔅[1.2]𝔈 *raro*, Ra *rara*, V *raro* (in marg. a^(ı̅ o)r *rara*);
RRbfSL𝔐[1]𝔑[1.2]𝔅[1.2]𝔜𝔅[3]𝔏[1.2.3]𝔑[2]𝔅[1.2.3]𝔑[3]𝔅[5]𝔈 *Rara.* — *uſurpatum. Raro*
interpungunt RcdKTW𝔅[1.2.3]𝔅o𝔈𝔐[1]𝔜𝔏[1.2.3]𝔑[2]𝔅[1.2.3]𝔑[3]𝔈𝔅[5].

3) L *prurarta.*

4) S *audiencia*, in margine *audencia.*

5) PS𝔑[2]𝔅[1.2.3]𝔏[3]𝔈𝔑[3]𝔅[5] *cattoſ*, F *cactos*, Rbf *chactos*, RRaKMNVW
𝔅[1.2.3]𝔐[1]𝔑[1.2]𝔏[1.2]𝔈𝔅[1.2]𝔜 *chattos*, Ro *ca^(t)ttos*, Rd *cathattos.* — Vide
XXIX, 6. cet.

6) P *cõſenſũ*, c. cet.; W *conſenſu.* — Groslot. „*in conventum.*“

7) P *adoleuerı̅t* = 𝔅[1] c. cet., RfS *adoleuerit.*

8) R *ſumittere.*

9) P𝔈 *ceſo*, FT𝔅o𝔑[1.2]𝔏[1.2]𝔅[2]𝔜 *ceſo*, 𝔐[1]𝔅[3]𝔅[1.2.3]𝔏[3]𝔈𝔑[3]𝔅[5] *cæſo*,
Rf *caſeo*, Rb *caſeo* (in marg. c^(e) *ceſo*), 𝔅[1.2] *exſo*; W *occiſo.*

10) W deeſt *exuere.*

11) P *uotíuũ*, cet.; Rf *uotuũ*, M *nociuum.*

tumque [12]) virtuti [13]) oris habitum. super sanguinem et spolia revelant [14]). frontem [15]) seque tum [16]) demum [17]) pretia nascendi [18]) retulisse dignosque patria ac [19]) parentibus [20]) ferunt. ignavis [21]) et [22]) imbellibus [23]) manet [24]) squalor. Fortissimus quisque ferreum insuper [25]) anulum [26]), ignominiosum [27]) id genti, velut vinculum gestat [28]), donec se caede [29]) hostis absolvat [30]). Plurimis *Chattorum* [31]) hic placet habitus, jamque [32]) canent [33]) insignes et [34]) hostibus simul [35]) suis-

---

12) P *obligatūq3*, cet.; M deest *que*.

13) P *uirtuti*, cet.; RbfF *uirtutis*.

14) PKℰ² *reuelāt*, cet.; M *reueloͫt*.

15) PKH *frontē*, cet ; TVW𝕭o𝕭¹·²·³𝕸¹ℰ¹·²𝕽²𝕭¹·²𝕽³ *frontes* (𝕭² in marg. *aliàs Frontē*). — K *revelant vultū | frontē*.

16) B *seq3 tū demū*, ℰ² *seq3 tū demū*, K *seq3 tum demū* (sed q ex d facto); S *tamen*, M *sequentū demum*.
    tum

17) P *demū*, cet.; Rf *denium*.

18) P *noscendi*, Ra *noscendi*; RcKV𝕽¹·²𝕭² *noscendi*; RbfFN cet. *nascendi*.
    ul' a

19) Rd *et*; P *ac*, c. cet.

20) Rd *paretibus*, P *parētb³*, cet.

21) P *Ignauis*, Rb *Igraius* (in marg. cᵉ *Ignauis*), Rf *Igraius*.

22) M deest *et*.

23) P *ībellibus* (prius *ībcelligus*) c. cet., 𝕭¹ *inbellib9*, S *inbellibus*, M *in bellibus*, Rf *iubellibus*, V *imbecillibus* (in mg. *imbellibus*).

24) Rd *remanet*; 𝕭¹ *manet | squalor*.

25) S *ferreum annulum*.
    insuper

26) P *anulū*, RabFMNTVW𝕭¹𝕭o cet. *anulum*, RRd *aͫnulum*, Rc *anūlum*.

27) P *igᵒminiosū*, cet.; 𝕭²𝕻 *Ignomino|sum*, 𝕭¹ *Igmominosū*, K *ignomino.|sum*.

28) S *gestant*.

29) P *cede*; ceteri *cede, cęde*; Rf *se sede*.
    at

30) P *absoluerit*; ceteri omnes *absoluat*.

31) P *catto♃*, S𝕽²𝕭¹·²·³ℰ³𝕽³𝕾𝕭³ *cattorum*, RRacdKMNVW𝕭¹·²𝕽¹·²ℰ¹·²𝕸¹𝕭³𝕭¹·²𝕾𝕻 *chattorum*, Rbf *chactorum*, F *cactorum*. — Vide XXIX, 6. cet.

32) P *iäq3*, cet.; V *Ianque*, Rf *nanq3*, Rb *namq3*.

33) P *canēt*, KHRc *canēt*, RfF *canent*, Rd *canūt*, Rb *cauent*, ℰ¹·² 𝕭¹·²𝕻 *cauēt*.
                                                                              et
34) P *īsignes* ᴧ *ostib3*; ceteri omnes *et*.

35) Rf *insimul*, S *suisque quisque*.

que [36]) monſtrati [37]). omnium penes [38]) hos initia [39]) pugnarum: haec [40]) prima [41]) ſemper [42]) acies, visu nova. nam [43]) ne [44]) in pace quidem [45]) vultu [46]) mitiore manſueſcunt [47]). Nulli [48]) domus aut ager aut aliqua cura [49]); prout ad quemque [50]) venere, aluntur, prodigi alieni [51]), contemptores [52]) ſui, donec exſanguis [53]) ſenectus tam durae [54]) virtuti impares [55]) ſaciat.

XXXII.

Proximi *Chattis* [1]) certum [2]) jam alveo [3]) Rhenum [4]) qui-

---

36) RbfF *ſimul ſuiſ* (omiſſo *que*).

37) P *mõſtrati*, c. cet.; ℰ[1·2]𝔚[2] *monſtrari*; 𝔜 *monſtrati*, ut ceteri.

38) V *pineſ*, P *peneſ*, c. cet.

39) P *initia*, c. cet.; Rbf *intra* (Rb in marg. *hoſ magna cura ſpatia ītra*), F *uitia*.

40) S *hiſs*.

41) P *p'ma*, ceteri *prima*; V *premia* (in marg. *prima*), Rbf *hec proe|mia*.

42) P *ſẽp*, cet.; RbfF *ſuper*.

43) P *nã*; RbfF *iam*.

44) P *ne* c. cet.; Rb *ue*.

45) P *qdē*, 𝔚[1] *q̄3*, cet., Rd *quidam*.

46) P *uultu*, Ra𝔚[1·2·3]𝔑[3]𝔚[5] *uultu*, Rd𝔅o𝔚[1·2·3]𝔐[1]𝔑[1·2]ℰ[1·2·3]𝔑[2]ℭℭ *vultu*, T *voltu*; ARRbcfFMNS𝔚[1·2]𝔜 *cultu*.

47) P *mãſueſcũt*, c. cet.; Rf *mari|ſuecunt*.

48) P *nulli*, c. cet., 𝔚[1] *Hulli*.

49) P *rura* (*c* superscript).

50) S *qnq3* (*quamq.* superscript), 𝔚[1] *quēq3*.

51) P *alieni*, c. cet., RbfF *alumni*, Rf *alunnj*.

52) P *cõtẽptoreſ*, 𝔚[1] *otẽptores*, c. cet.; RRbf *contentores*, V *contemptoriſ*.

53) P *exangueſ*, R *exangues*, S *exãguis*, RabcdfNW𝔚[1] *exanguis*, cet.

54) P *durę*, 𝔚[1] *dure*, al.; RacdN *durae*, cet.; H *dura*[c], Rbf *durare* (Rb in marg. *c*[c] *duratę*).

55) P *īpareſ*, 𝔚[1] *Ipares*, cet.; M *'impars*.

XXXII.

1) P𝔑[2]𝔚[1·2·3]ℰ[3]ℭ𝔑[3]𝔚[5] *cattiſ*, F *cactiſ*, Rbf *chactis*, RRacdKMNSW𝔚[1·2·3]𝔐[1]𝔑[1·2]ℰ[1·2]ℭ𝔚[1·2]𝔜 *chattis*. — Vid. XXIX, 6. cet.

2) S *certum crime*.

3) Rd *Alpheo*; PRabcfN cet. *alueo*.

4) Rb in marg. *crede iam alueũ rheno*.

que terminus esse sufficiat [5]), *Usipi* [6]) ac *Teneteri* [7]) colunt. *Tencteri* [8]), super solitum bellorum decus [9]), equestris disciplinae [10]) arte [11]) praecellunt: nec major apud *Chattos* [12]) peditum [13]) laus [14]) quam *Tencteris* [15]) equitum. Sic [16]) instituere majores [17]), posteri imitantur. hi [18]) lusus infantium, haec [19]) juvenum aemulatio, perseverant [20]) senes. Inter [21]) familiam [22]) et penates et jura successionem equi traduntur: excipit filius non ut cetera [23]) maximus natu, sed prout [24]) ferox [25]) bello et melior.

XXXIII.

Iuxta [1]) *Tencteros* [2]) *Bructeri* [3]) olim [4]) occurrebant [5]);

5) W *sufficit.*

6) P *Vsipi* = RRabcdFKLMNSTVBoB[1,2]R[1,2]B[1,2]YC; W *Vsippi,* M[1] *Vsipii,* B[3]L[1,2]B[1,2,3] *Vsipij,* R[2]L[3]CR[3]B[5]HAB *Usipii.*

7. 8) PRRacdHKNVR[1,2]B[1]Y *tencteri,* KB[2] *teucteri,* R[2] *Tenetri,* MTWBoB[1,2,3]M[1]L[1,2]C *teneteri* (W *e* mutata in *c*), S *tenecteri,* RbfFL *tenteri.* — Vide not. 15. XXXIII, 2. XXXVIII, 5.

9) M *decis,* P *decuf,* cet.

10) S *difcipulis.* [ine above]

11) Rf *arce,* P *arte.* cet., R *artis.*

12) P R[2]L[3]B[1,2,3]CR[3] *cattof,* F *caetos,* Rbf *chactos,* RMKVWB[1,2,3]R[1,2]M[1]L[1,2]C *chattos,* B[1,2]Y *catthos.* — Vide XXIX, 6. cet.

13) Rf *poditum,* PB[1] *peditū,* cet.

14) H *laus eft,* P *lauf,* cet.

15) P *tencteris,* ceteris eaedem ac fub not. 5. 6. mutationes; Rd *Tecteris* (not. 7. 8. *tencteri*).

16) Rd *Sit,* P *Sic,* c. cet.

17) Rbf *maiore* (Rb in marg. c^e *ref*), P *maioref,* c. cet.

18) S *hic* [hii above], W *li.*

19) S *hæc* (æ five *o* mutat. in *i*), B[1] *hic.*

20) P *pfeuerät fenef,* K *perfeuerät,* cet.; F *perfeuerant . Senef,* S *perfeverant, fenes inter.*

21) F *intra,* P *iter,* cet.

22) B[1] *famuliam.*

23) P *coetera,* cet.; WV *extera* (mutat. in *ut cetera*), B[1,2,3]M[1]CR[2]B[2]B[1] *extera,* L[1,2] *extra.*

24) P ‚*put,* cet.; Rf *fed ut.*

25) S *ferax.*

XXXIII.

1) P *Iufta,* W *Iuẍ.*

2) P *tēcterof,* RaWR[1,2]B[1]YB[1,2,3]CR[3]B[5] *Tencterof,* L[1] *Tё|eteros,*

nunc *Chamavos* [6]) et *Angrivarios* [7]) immigraffe [8]) narratur [9]),
pulfis *Brucleris* [10]) ac penitus excifis vicinarum confenfu nationum, feu fuperbiae odio feu praedae dulcedine feu favore quodam erga nos deorum. nam ne [11]) fpectaculo quidem proelii
invidere: fuper fexaginta [12]) millia non armis telisque [13]) romanis [14]), fed, quod magnificentius eft, oblectationi [15]) oculisque
ceciderunt. Maneat quaefo duretque gentibus, fi non amor
noftri, at [16]) certe odium fui, quando [17]) urgentibus [18]) imperii fatis [19]) nihil [20]) jam [17]) praeftare fortuna [21]) majus [22])
poteft quam hoftium discordiam [23]).

M𝔅[2]𝔈[1.2]ℜ[2] *Teneteros*, 𝔅[1.2]𝔐[1]𝔈 *Theneteros*, T *Thenetereos*, NV *Thencteros*,
Rc *thencteros*, K𝔅[2] *Teucteros*, RbdfF *tenteros*. Vide XXX, 7. 8. XXXVIII, 5.

3) P *bructeri*, c. cet.; A *Bructeri*. — Vide not. 10.

4) S *deeft olim.*

5) S *excurrebant.*

6) P *chamanof* (in mg. *Chamaui*), inde H *chamanos*, Rbf MT𝔈[3]ℜ[3]𝔅[2]
chamanos, F *camanos*, Rc *chamavos*, RadKNS𝔅[1.2.3]𝔐[1]ℜ[1.2]𝔈[1.2]ℜ[2]𝔅[1.2]𝔈𝔓
𝔅[1.3]𝔅[5]𝔈 *chamauos*, L *camattos.* — Vide XXXIV, 2.

7) P *angrinariof*, S *aug^r inarios*, M *augrinariofu migraffe*, K *A^ngri-
uarios*, RbfL *agriuarios*, F *ageruarios*, Rc *anguiuarios*, RadNH𝔅[1.2.3]ℜ[1.2]
𝔐[1]𝔈[1.2.3]ℜ[2]𝔅[1.2]𝔓𝔈𝔅[1.2.3]𝔈ℜ[2]𝔅[5] *angriuarios.* — Vide XXXIV, 1.

8) M *u migraffe*, P *imigraffe*, cet.

9) R *narrantur*, 𝔅[1] *narrat'*, cet.

10) P *bructerif*, cet., Rad *Bructeriff.* — Vide not. 3.

11) P *na ne fp.*, cet., 𝔈[1] *fe fp.*

12) R *. LX .*

13) Rf deeft *que*; P *telifq³*, cet.

14) S *roboris*, 𝔅[1] *Romanis*, cet. [*romais*]

15) H *oblectacione*, Rf *oblectamini.*

16) RW𝔅[1] *ac*; P *at*, c. ceteris.

17) P *qñ urgetib, ia* | *impii fatif nil ia*, Ra *quando urgetib, iam*,
RdK *quando urgentibus iam*, Rc *quando i urgentib impi*, 𝔅[1]𝔓 *qñ vrge-
tib9 iam imperij fatis nihil ia*, Rf *qñ in urgetibuf*, Rb *quin in urgentibus*, FNT𝔅o𝔅[1.2.3]𝔐[1]𝔈[1.2.3]ℜ[2]𝔅[2]𝔅[1] *quando in urgentibus*; ℜ[1.2]𝔓𝔅[2.3]
𝔈ℜ[2]𝔅[5] *quando urgentibus.*

18) A *vergentibus*, N in *ur-*|*gentibus*, S *ingentibus*, R *quafi in uigentibus.* [*l' igentib,*]

19) K *fatis.*

20) R *nil.*

21) H *fortuna preftare.*

22) 𝔅[1] *magis.*

23) P *difcordiä*, cet.; Rd *difcordias*, Rc *difcordia.*

XXXIV.

Angrivarios [1]) et *Chamavos* [2]) a tergo [3]) *Dulgubini* [4]) et *Chaſuarii* [5]) cludunt [6]) aliaeque [7]) gentes, haud perinde [8]) memoratae. A fronte *Friſii* [9]) excipiunt. majoribus minoribusque *Friſiis* [9]) vocabulum eſt ex [10]) modo [11]) virium. Utraeque [12]) nationes usque ad oceanum Rheno praetexuntur [13]) ambiuntque [14]) immenſos inſuper [15]) lacus [16]) et romanis claſſibus

---

XXXIV.

1) P *Angrinarioſ*, S *augrinarios*, M *augriuarios*, Rf *agriuarioſ*, Rb *agrimarios*, F *ageruarioſ*, N *Ang¹uarios*, Rd *Ang¹uarios*, Rc *Angiuarios*, ℭ[1] *Angriuorios*, RacKW𝔅[1·2·3]ℜ[1·2]𝔐[1]ℭ[2·3]ℜ[2]𝔅[1·2]𝔓ℭ𝔅[1·2·3]𝔖ℜ[3]𝔅[5] *Angriuarios*. — Vide XXXIII, 7.

2) PMT𝔅[2]ℜ[3] *chamanoſ*, S *chamanos*, RadKN𝔅[1·2·3]ℜ[1·2]ℜ[2]𝔅[1·2]𝔓ℭℭ[1·2] *chamauos*, Rb *chamatteos*, Rf *chamatteſ*, Rc *chammatos*, F *camaetos*, R *chamautos*.

3) V deeſt *a tergo*.

4) P *dulgitubini*, Ra *dulgibini*, Rd *dulgicubini*, S *dulgibini* [interlin.: l' dulgicubini] *cubrini* [interlin.: cubini] (ſic in textu), N *dulgibini* [interlin.: dulcubuni], MH *dulcubini* (H *dulcubimi?*), V *dulgibini* (in marg. at *Dulcubini*), RbfFL *dulciboni*, RcK𝔅[1·2·3]ℜ[1·2]ℭ[1·2·3]𝔐[1]ℜ[2]𝔅[1·2]𝔓ℭ𝔅[1·2·3]𝔖ℜ[3]𝔅[5] *Dulgibini*.

5) P *et taſuarii*, RadKℜ[1·2]𝔅[1]𝔓 *Thaſuarij*, RRbfSMHℭ[3]𝔅[1] *chaſuarij*, FL *caſuarii*, Rc *occaſuarii*, N *chaſudrii*, 𝔅[1·2·3]𝔐[1]ℜ[2]ℭ[1·2]𝔅[2]ℭ𝔅[2·3]ℜ[3]𝔅[5] *chaſuari*.

6) P *cludūt* [a], ST *claudunt;* ceteri *cludunt* (Rb in marg. c^e *claudunt*).

7) P *alieq3*, RbF *heq3*.

8) P *pinde*, MKℜ[1·2]𝔅[2]ℭ[1·2·3]𝔅[1·2]𝔓ℭ *pinde*, 𝔅[5] *p|inde*, 𝔅[1]𝔐[1]ℜ[2]𝔅[1·2·3]𝔖ℜ[3] cet. *perinde;* Rb *proinde*. — Vide ſupra XXVI, 25.

9) P *Friſij* ... *friſijſ* (deleto altero i), RRadKSW𝔅[1·2]ℜ[1·2]ℭ *Friſij* ... *friſis*, V *Fraſii* ... *Friſis*, Rc *friſci* ... *friſçis*, MNL *Friſi* ... *friſis*, F *Friſi* ... *fuſis*, Rbf *fuſi* ... *fuſis*, 𝔅[1]ℜ[2]ℭ[1·2]𝔅[2]ℜ[3] *friſii* ... *friſiis*, 𝔅[1]𝔓 *Friſij* ... *Friſij*. — Vide XXXV, 4.

10) P *ex*, cet.; Rb *et*, Rf &.

11) Rf deeſt *modo* in fine lineae (&|uirium), P *m̊*, 𝔅[1] *mō*.

12) P *utreq3*, cet.; T *utreque*.

13) PK *p̄texūtur*, 𝔅[1] *p̄texunt^u*, cet.; M *p̄texūt*, Rbf *pretereuntur* (Rb in marg. *preter uehūtur*).

14) W *ambiguntque*.

15) P *inſup*, Rb *et ſuper lacus* (in marg. c^e *inſuper*, ut F), Rf *et ſup latus*.

16) Rf *latus*, M *lātus vel lacus*.

navigatos. ipfum quin etiam [17]) oceanum illa [18]) tentavimus [19]). et fuperefle adhuc Herculis columnas fama [20]) vulgavit [21]): five [22]) adiit Hercules feu, quidquid ubique magnificum [23]) eft, in [24]) claritatem ejus referre [25]) confenfimus [26]). Nec defuit audentia Drufo Germanico, fed obftitit oceanus in fe fimul atque in Herculem [27]) inquiri. mox nemo tentavit, fanctiusque ac reverentius [28]) vifum [29]) de actis deorum credere quam fcire.

XXXV.

Hactenus [1]) in occidentem Germaniam novimus. In feptentrionem ingenti flexu redit. Ac [2]) primo ftatim *Chaucorum* [3]) gens, quanquam incipiat a *Frifiis* [4]) ac partem litoris [5]) occu-

---

17) S *q̃nq3.* (*quinetiam*)

18) T𝔅^1·2𝔜 *illac*, Rb *illa* (c^e *illac*), P *illa tētauim9*.

19) ℜ^1·2 *tentauerĩ*, K *tentauerim*, P *tētauim9*, 𝔅^2·3𝔏^1·2ℜ^2𝔅^2𝔜𝔅^1·2·3𝔏^3𝔖ℜ^3𝔅^5 *tentauim9*, 𝔐ℜ^1 *tentauimus*, 𝔈 *tentavimns*, 𝔅^1 *tē|trauimus*.

20) M *forma*, P *fama*, cet.

21) Rac *uolgauit*, S *volgavit*, N *uoligauit*.

22) P *fiue* = ℜ^1·2𝔜𝔅^3𝔖𝔅^5, *feu* TVWK𝔅o𝔅^1ℜ^1·2𝔏^1·2·3𝔐^1ℜ^2𝔅^2𝔈𝔅^1·2ℜ^3.

23) P *mag¹ficũ ẽ*, fed fubrafum et in margine *magn|*, Rd *magnum eft*, Ra *magnuf eft*, 𝔅^1 *magnũ eft*.

24) W deeft *in*.

25) RbfF *referri*, P *referre*, cet.

26) P *cõfenfim9*, Rc *confenfim9*, ceteri *cõfenfimus*, *ɔfenfimus*, *confenfimus*; H *confueuimus*, ut et Groslotii cod. et B apud Lipfium.

27) V *Herculim*, P *herculē*, cet.

28) Rb *fanctiufq;*, in marg. c^e *q3 et reuerentiuf*; F *fanctiuf renerentiufq'*; P *reuerēnti9*. — N *fantiusq3*.

29) F *inuifum*, Rb *inuifus* (in marg. *uifum*), Rf *inuifis*.

XXXV.

1) S rubro fuprafcripfit 2^a *ps opers* (minime *opere*, uti Heffio legebatur).

2) K *A*, P *Ac*, cet.

3) P *caucorũ*, Rb *cauero♃* (in marg. *ul chauco♃*), Rf *caueoru3*, F *caueorum*, L *caveorum*, Ra *chaucorũ*, Rc *cha|ucorum*, 𝔅^1 *Chauco♃*, cet. — Vide not. 12. et XXXVI, 1.

4) P *frifif*, c. ceteris (et 𝔅^1·2ℜ^1·2𝔅^1𝔜𝔈), exceptis libris 𝔏^1·2·3𝔐^1ℜ^2𝔅^3𝔅^2𝔅^1·2·3𝔖ℜ^3𝔅^5 *Frifijs*. — Vide XXXIV, 9.

5) M *lite'is*, P *litorif*, W𝔅^1 *littoris*, cet.

pet ⁶), omnium quas expofui gentium lateribus obtenditur ⁷),
donec in *Chattos* ⁸) usque finuetur ⁹). Tam ¹⁰) immenfum
terrarum fpatium non tenent tantum ¹¹) *Chauci* ¹²), fed et ¹³)
implent ¹⁴): populus inter ¹⁵) Germanos ¹⁶) nobiliffimus, qui-
que magnitudinem fuam malit ¹⁷) juftitia tueri. Sine cupiditate,
fine impotentia ¹⁸), quieti ¹⁹) fecretique nulla provocant ²⁰)
bella, nullis raptibus aut latrociniis ²¹) populantur ²²). Id ²³)
praecipuum virtutis ac ²⁴) virium ²⁵) argumentum eft, quod ut
fuperiores agant ²⁶) non per injurias ²⁷) affequuntur ²⁸). prom-

---

6) W *occupent.*

7) P *optēditur,* Ra *obtendit₂,* Rb *obtenditur,* Rd *obtenditur fin ant*
(i. e. omiffa funt verba *donec in chattos ufque);* M *obtendit,* RcN *obtendere.*

8) PℜᵃꞜˢℬ¹·²·³ℭℜ³ℬ⁵ *cattos,* F *caetos,* Rb *chaetos* (in margine
chactof), Rf *chactos* f. *chaeiof,* RRadKMNWℬ¹·²·³ℜ¹·²ℳ¹Ꞙ¹·²ℬ¹·²Ꝧℭ
chattos. — Vide XXIX, 6. oet.

9) PRabfF *finuetur,* H *finuetur* (in marg. al. *finatur),* V *finatur* (in
marg. aʳr *finueat₂),* RRcN *finatur,* Rd *fin|ant.*

10) P n̄ā, Ra *Nam,* Ꞙ¹·² *Et tam imm.* 〔Tam〕

11) K *tenent* ∧ *Chauci.* 〔tm̃〕

12) PRbdfN cet. *chauci,* Rc *caᵗuci,* V *Cʰauci,* ℬ¹Ꝧ *Chauti,* F *cauci,*
Ra *Chā́ci.* — Vide not. 3. et XXXVI, 1.

13) Kℜ¹·² *deeft et,* ℬ¹ *f₄* | *z.*

14) Rf *implet,* P *īplent,* cet.

15) RbfF *autem,* P *īter,* cet.

16) RbfF *german uf,* P *germanof,* cet.

17) P *malint* (primitus *maluit),* Rcd cet. *malit,* Ra *maluit,* FbfF
mauult.

18) T *impetentia,* P *īpotētia,* cet.

19) M *qui et fecretiq₃,* Rc *quietius,* Rd *inquieti,* R : *quieti.*

20) ℬ¹ *,puocent; ,puocāt,* cet.

21) Rc *lociniis,* P *latᵒcintif,* cet.

22) RbfF *appellantur* (F in marg. ✗ ut fignum mendae emendan-
dae), P *,p̄plätᵧ,* cet.

23) Omnes *id*

24) K *aut,* P *ac* (quod deeft W), cet.

25) VWℬoℬ¹·²ℳ¹Ꞙ¹·²·³ℜ²ℬ²ℭℬ¹ *Id praecipuum virtutis ac virium
praecipuum argumentum,* quae repetitio deeft in ℜ¹·²ℬ²ℬ²·³Ꝧℭℜ³ℬ⁵
ceterisque codicibus omnibus.

26) S *agunt.*

27) ℜ¹·² p *iniuriā̃,* K *per iniuriā̃,* P *iniuriaf,* cet.

pta tamen omnibus arma [29]), ac ſi [30]) res poſcat exercitus, plurimum [31]) virorum equorumque [32]), et [33]) quieſcentibus eadem fama.

XXXVI.

In latere *Chaucorum* [1]) *Chattorumque* [2]) *Cheruſci* [3]) nimiam [4]) ac marcentem [5]) diu pacem illaceſſiti [6]) nutrierunt. Idque jucundius [7]) quam tutius ſuit [8]), quia inter impotentes [9]) et validos falſo quieſcas; ubi [10]) manu agitur [11]), modeſtia ac probitas nomina [12]) ſuperioris [13]) ſunt. Ita qui [14]) olim boni [15])

---

28) RcNS *aſſequantur*, RfF *aſſequentur*, Rb *aſſequ̧entur*, Rd *aſſe-quuntur*, P *aſſequūt̄*, cet.

29) S *bella*.

30) P *et ſi*, ceteri omnes *ac ſi*.

31) T *plurimus*, P *p̄imū*, cet.

32) Rbf *equorumq; ₊ chactorumq:* (Rb in marg. *cᵉ carro* ♃), P *eqᵒrūq3 et*, cet.

33) F *ut*, P *et*, cet.

XXXVI.

1) P *chaucorum*, c. ceteris omnibus, M *chanco* ♃. — Vide XXXV, 2.

2) P𝕽2𝕭1·2·3𝕷3𝕾𝕽3𝕭5 *cattorūq3*; ceteri *chattorumque*, K *catthorūq3*, 𝕽1·2 *Chatto* ♃. — Vide XXIX, 6. cet.

3) P *cheruſci*, c. cet. omn., 𝕮 *cheruſti* (infra *cheruſci*), Rd *churuſci*. — Vide not. 17. 23.

4) T *mirſiam* ſ. *murſiam*, P *nimiā*, cet.

5) Rb *mercentē*, P *marcentē*, cet.; Rf *ac in | arcentem*.

6) R𝕭1 *inlaceſſiti*, S *inlaceſſiti diu nutrierunt*.

7) P *iucūdi9*, Ra *incundius*, 𝕭2𝖄𝕭1𝕽3𝕮 *iucundius*, ceteri *iocundius*, *iocūdius*.

8) S *facit*. (fuit)

9) RbfF *qui* (F in margine Χ, ſigno conjecturae), P *q̱a*, cet.

10) T *impedentes*, K𝕽1·2 *impotentis*, P *in-|potēteſ*, cet.

11) M *agit*, 𝕭1 *agit'*, P *agitur*, cet., S *agatur* (Ald. *agetur*).

12) P *noĩe*, Ra𝕭2𝕷1·2𝕭1𝖄 *noĩe*, RbcdefFHKNTS𝕭1𝕽1·2𝕸1𝕮 *nomine*, 𝕭2𝕭1·2·3𝕷3𝕮𝕭5 *noĩa*, 𝕭3𝕮2𝕽3 *nomina*.

13) S *ſuperiorĩs*, T *ſuperiores*.

14) Rb *Itaq; olim boi equiq;*, Rf *Itaq3 olim boi equiq3*.

15) Rbf *boi*, F *boii*, ceteri *boni*.

aequique [16]) *Cherusci* [17]) nunc [18]) inertes [19]) ac ſtulti vocantur [20]). *Chattis* [21]) victoribus [18]) fortuna in ſapientiam ceſſit.
Tracti [22]) ruina *Cheruscorum* [23]) et *Foſi* [24]), contermina [25])
gens: adverſarum rerum [26]) ex aequo [27]) ſocii [28]) ſunt [29]),
quum in ſecundis [30]) minores [31]) fuiſſent.

XXXVII.

Eundem Germaniae ſinum [1]) proximi oceano *Cimbri* [2]) tenent, parva [3]) nunc civitas, ſed gloria ingens, veterisque famae
lata [4]) veſtigia manent utraque ripa caſtra ac [5]) ſpatia, quorum

---

16) S *et aequi.*

17) *Cheruſci* omnes (Rf *cheruſi*), Rd *churuſci.* — Vide not. 3. 23.

18) M deeſt *nunc* usque *victoribus.*

19) Rf *in erteſ,* Rc *in hertes,* 𝕭¹ *in ertes.*

20) RbfF *uagantur,* P *uocătur,* cet.

21) P𝕭¹𝔈³𝕾𝕽³ *cattiſ,* RRbf cet. *chattis.* — Vide XXIX, 6. cet.

22) NMH *Tractj,* S *Tʳacti,* P *Tacti,* c. cet. (F in marg. X, ſign.
correcturae), T *Chatti.*

23) P *Cheruſcorũ,* cet.; Ra *Cheruſchorũ,* Rf *cheruſto|rum,* M *chery-
ſeorũ,* L *Ceruſiorum,* Rd *choruſcorum,* Rc *eleuᵘſorum.* — Vide n. 3. 17.

24) P *fůſi* (in marg. *foſi*), Ra *fuſi,* Rb *foci,* V *Foſci,* RcdN cet.
Foſi, foſi.

25) RbfF *certamina,* P *cōtermina,* cet., 𝔈¹ *cōtermīata,* 𝔈² *oterminata.*

        adu'ſariis   ı *aduerſarijſ*   *rerum*
26) P *aduerſarũ rerũ|,* Ra *aduerſarũ rerũ,* S *adverſariorum pareſ
et equi ſocii* (rerum manu ſecunda ſupraſcriptum), N *aduerſarum rerum,*
Rd *aduerſarijs rerum,* RbfF *aduerſarios rerum,* Rc *adu'ſarium rerũ,* 𝔈²
aduerſarũ, N *aduerſarum rerum,* 𝕭¹ *aduerſa₂₄ rerũ,* cet.

27) Rc *execǫ,* S *pareſ et equi* (vide n. 26.).

28) Rc *ſotii.*

29) P *ſocii ſı',* FK *ſũt,* R *ſunt :,* ceteri omnes *ſunt;* RbF *ſunt hi,*
Rf *ſunt bi.*

30) Rb *ſoeculis,* Rf *ſeculis,* F *ſeculiſ;* M *ſcđis,* P *ſecũdiſ,* cet.

31) F *memoreſ,* P *mĭoreſ,* cet.

XXXVII.

1) P𝕭¹ *ſitũ,* RbfFKA *ſitum,* RRacd *ſinum,* V *ſinum aℑr ſitum,* HT
ſinum, 𝔈² *ſinu3,* cet.; M *finũ.*

2) PTVW𝕭o𝕭¹𝕸¹𝔈¹²·³𝕽²𝕭¹·²𝕽³ *cymbri,* RRabcdfNS𝕽¹·²𝕭¹·²𝖄𝕾
𝕭⁵ cet. *cimbri.*

3) M *perua,* P *paruo,* cet.

4) P *lata,* c. cet.; 𝕭³𝕾𝕭⁵ *late.*

5) ML *et,* P *ac,* cet.

ambitu 6) nunc quoque metiaris molem manusque gentis et tam magni exitus 7) fidem 8). Sexcentefimum 9) et 10) quadragefimum 11) annum urbs noftra agebat, quum 12) primum *Cimbrorum* 2) audita funt arma 13) Caecilio Metello 14) ac 15) Papirio 16) Carbone confulibus 17); ex quo fi 18) ad alterum imperatoris Trajani confulatum 19) computemus 20), ducenti 21) ferme 22) et decem 28) anni colliguntur: *tamdiu Germania vincitur!* medio 24) tam 25) longi aevi 26) fpatio multa invicem damna. Non Samnis 27), non Poeni 28), non Hifpaniae Galliaeve, ne Parthi quidem faepius admonuere 29): quippe regno

---

6) RRabcfFHNV *ambitum*, M𝕭¹ *ambitū*, RdP cet. *ambitu*.

7) P *exituf* c. cet. omn. (Lipfius et Worsberg *exercitus*).

8) H *fedem* (in marg. *al. fidem*). — Cf. XLII, 10.

9) P *sefcētefimū*, 𝕭¹𝕻 *Sefcentefimum*, cet.

10) £¹ *ex xl.*, £² *et ,xl.*; P *et*, cet.

11) R *et XL*.

12) P *cū*, N *quom*, ceteri *cum*.

13) 𝕭¹·² *audita funt Cimbrorum arma*.

14) M *met a llo*.

15) PRdK𝕭¹ *et*, ceteri *ac*.

16) P *Sapyrio*, Rad *Sapirio*, K𝕽¹·² *Sapino*, ℭ *Papi|ro*, RbfN cet. *papirio*.

17) P *conˉ*, 𝕭² *cōes*, M *comes*, V𝕽¹·² *conff.*, ℭ *conf.*, R *cos.*, 𝕭o𝕭¹𝕽¹𝕭³£¹·²·³𝕭¹·²·³ℭ𝕽³𝕭⁵ *coss.*, 𝕭² *cōfulibus*, 𝕻 *ꝛfulibus*, N cet. *confulibus*.

18) P *ex qº fi*, M *ex qua fi*.

19) P *confulatū*, K𝕽¹·² *cōuentū*, Ra *con,* , Rbf *traiani conputemus confulatum*.

20) P *cōpu-|tem9*, cet., RbfF *conputemus confulatum*.

21) W *ducentum*.

22) S *ferime* (manu fecunda).

23) R *cc^{ti}. x.* Rb *cc et x*.

24) P *medio*, cet., N *E'edio*.

25) P *tamˉ* (deleta abbreviatura), N *tamen*; Rabcdf *tam*.

26) P *lōgi eui*, 𝕭¹ *longi eui*, M *longeui*.

27) P *famnif*, c. cet., N *famnij*; Rf *fannif*, M *fanis*, £¹ *Sānis*, T *Samnites*.

28) Rac *peni*.

29) P *admonuerˉ*, cet., T *admovere*, 𝕭 *admouere* (fed *admōucre* videtur).

Arſacis [30]) acrior eſt Germanorum [31]) libertas. Quid enim
aliud nobis quam [32]) caedem Craſſi [33]) amiſſo et ipſe [34]) Pacoro [35]) infra [36]) Ventidium dejectus [37]) Oriens objecerit [38])?
At [39]) Germani Carbone et Caſſio et Scauro [40]) Aurelio et
Servilio Caepione [41]), Marco quoque Manlio [42]) fuſis [43]) vel
captis, quinque ſimul conſulares [44]) exercitus populo romano [45]), Varum [46]) tresque [47]) cum eo legiones etiam [48]) cae-

---

30) P *Arſacis*, cet., Rb *niſaris*. Rf *uiſariſ*, F *ceſariſ*.

31) Rf *germaniorum*.

32) P *nobiſ quā*, cet.; M *nō quā*.

33) Rf *graſſi*, ceteri *craſſi*.

34) P *amiſſo et ip̃o : et ip̃e pacoro*, N *et ipſo, et | ipſe p.*, Rad *et ip̃o et ip̃e P.*, Rc *& ip̃o & ip̃e p.*, 𝔅[1] *ī ĩpo | t lpſe P.*, 𝔓 *ĩ ip̃o z lpſe P.*, S *amiſſo in ip̃o et ipſe pachoro*, V *et ipſe et ipſe*, MH *et ip̃e pacoro*, Rf *et ip̃e p.*, Rb *et ipſe p.*, FT *et ipſo p*, 𝔅[2] *z ipſo p.*, ℜ[3] *ipſo*, 𝔅[1,2,3]𝔐[1]𝔏[1,2,3]ℜ[2]ℭ𝔅[1] *& ipſo & ipſe p.*, 𝔅[3]ℭ𝔅[5] *amiſſo & ipſe p.*

35) PRacN *pacoro*, cet.; S *pachoro*, Rd *pacaro*, Rf *paconio*, Rb *pacoio*.

36) RbfF *mafra* (Rb in marg. *pacoro ī aſia p vertidiū*), P *īfra*, cet.

37) P *de-|iectuſ*, Rb *dᵉrectus* (in marg. *direptuſ*), RfS *derectuſ*, F *directuſ*.

38) P *obiecerit*, cet.; M *abiecerit*, ℜ[1,2] *obiecerūt*, V *objecerunt*; R *obiecit*.

39) S *ᵃᵗet* (manu ſecunda).

40) P *Scauro*, c. cet., 𝔅[1] *Stauro*, N *Cauro*.

41) P *cepione*, c. cet. (Ra *cepiõe*), N *Coepione*.

42) P *Marco q°q3 Manlio*, Ra *Marcoq̊3 ꝉ lq Mālio*, 𝔓 *Marcoq3 Manlio*, Rd *Marcoq3 Malio*, K *Marco quoq3 Malio*, RM𝔅𝔬𝔅[1,2,3]𝔐[1]𝔏[1,2,3]ℜ[2]ℭ𝔅[1,2,3]ℭℜ[3]𝔅[5] *M. quoq; Manlio*, 𝔅[2] *Marco q°q3 Manlio*, ℜ[1,2] *Marco quo3 Mallio*, RbF *Marcoq; Manilio*, Rf *Marcoq3 Manilio*, L *M.que Manilio*, W *M. q°que Manilio*, N *M. Manilio*, Rc *Mıq° Mālio*, H *Marcoque*.

43) Rbf *confuſis*, W *fuſis fuſis*, P *fuſiſ*, cet.

44) F *cōſulariſ*, Ra *conſulāiſ*, RRbcfFHKMNW𝔅𝔬𝔅[1,2,3]ℜ[1,2]𝔐[1]𝔏[1,2,3]ℜ[2]𝔅[1,2]𝔓𝔅[1,2,3]ℜ[3] *conſulariſ*, Rd *conſulares*, 𝔅[3]ℭ𝔅[5] *conſulareis*.

45) P *popło roⁱ.* (ſed prius *popłi roⁱ*), S *populi ro.*, L *p. Ro*, M *P.O.P.R.*, 𝔅[1,2,3]𝔐[1]𝔓 *po ro*, Rb𝔅[1] *po.ro.*, ℭ *po:ro:*, 𝔅[2] *po.Ró.*, ℜ[2]𝔏[1,3]𝔅[1]𝔅[5] *PO.RO*, 𝔖 *Populo Romano*, ℜ[1,2]RacdFKN *populi romani*, R *Pⁱ Rⁱ*.

46) M *ſuarū*, S *Varrum*.

47) P *triſq3*, Kℜ[1,2]𝔓 *triſq3*, 𝔅[1] *triſq3*, 𝔅[1,2,3]𝔏[1,2,3]ℜ[2]𝔐[2]ℭ𝔅[1,2,3]𝔖ℜ[3]𝔅[5] cet. *treſq3*.

48) P *eť*, M *et iam*, 𝔅[1] *z*.

fari [49]) abstulerunt. nec impune: Cajus Marius in Italia, divus [50]) Iulius in Gallia [51]), Drusus ac [52]) Nero [53]) et Germanicus in suis eos sedibus [54]) perculerunt [55]). Mox ingentes [56]) Caji caesaris minae [57]) in ludibrium versae. Inde [58]) otium [59]); donec occasione [60]) discordiae [61]) nostrae et civilium armorum expugnatis legionum [62]) hibernis, etiam [63]) Gallias [64]) affectavere, ac rursus pulsi, inde [65]) proximis temporibus *triumphati* [66]) *magis quam victi sunt.*

XXXVIII.

Nunc de [1]) *Suevis* [2]) dicendum est [3]), quorum non una ut *Chattorum* [4]) *Tenctorumve* [5]) gens: majorem enim Germaniae

---

49) RacdN *Caesaris,* ceteri *Cæsari, Cẹsari, Cesari.*

50) Rf *dius.*

51) S *gallus in julius in gallia.*

52) Rb deest *ac.*

53) Rf *ac uero,* F *nero,* P *Nero,* cet.

54) Œ *eo sedibus, eos sedibus,* cet.

55) P *absperculerũt* (sed deleta syllaba *abs*), K *ptulerũt,* S *pertulerunt,* ceteri *perculerunt.*

56) Rc desunt verba *C. Caesaris* usque *discordiae nostrae.*

57) Rf *manae,* P *minẹ,* cet.

58) S *tum* (in marg. *inde*), N *inotium,* P *inde ociũ,* cet.

59) P *inde ociũ,* N *inotium.*

60) M *actione,* P *occasione.*

61) Rf *discordia nostrae,* P *discordiẹ nrẽ,* cet.

62) H *legionum,* P *legionũ,* cet.
      (nibus)

63) P *eẽ,* Rbf *et,* 𝕭¹ *v.*

64) M *gallicis,* P *gallias,* cet.

65) P *rursus inde pulsi ĩ ,primis,* Ra *rursus pulsi inde proxĩs,* R *nã,*   (l' nã)
Rbdf H *nam,* N *pulsi, nam,* S *Nã proximis,* Rc *ac & expulsi rursus ĩ|de proximis;* ceteri *rursus pulsi inde pr.*

66) Rc *triumfat,* P *tlumphati,* cet.

XXXVIII.

1) Œ *ac,* P *et,* cet.

2) P *Sueuis,* atque ita ceteri omnes *Sueuis, sueuis, sueuis, Sueuis*
(Rc *sue uis,* Rf *Sueuijs,* V *suis*).
      (sueuis)

3) K deest *est,* P *ẽ,* cet.

4) PKWNRRabcdf cet. *chattorũ,* 𝕽²𝕭¹·²·³𝕷³𝕽³𝕭⁵ *Cattorum,* 𝕭²𝕴 *Catthorum.* — Vide XXIX, 6. cet.

5) P *Tencterorũ ue,* N *Tenctrorúmue,* K𝕽¹·²·³𝕸𝕽¹𝕭¹·²·³𝕷³𝕽²𝕭⁵ *Tencte-*

partem [6]) obtinent [7]), propriis [8]) adhuc nationibus nominibusque [9]) discreti [10]), quanquam [11]) in commune [12]) *Suevi* [13]) vocentur. Infigne gentis obliquare [14]) crinem [15]) nodoque [16]) fubftringere. fic *Suevi* a [17]) ceteris Germanis, fic *Suevorum* ingenui [18]) a fervis feparantur [19]). in aliis [20]) gentibus feu cognatione [21]) aliqua *Suevorum* [22]), feu [23]), quod [24]) faepe accidit, imitatione [25]), rarum [26]) et intra juventae [27]) spatium: apud *Suevos* usque ad canitiem horrentem capillum retro fequuuntur [28]), ac faepe [29]) in ipfo folo [30]) vertice religant [31]); prin-

---

rorum ue, 𝔓 *Tenctero*♃ *ve*, 𝔚² *Thenectero*♃*ve*, Rf *Tentetorum uegenſ*, Rb *tenteco*♃ *ue* (in marg. uÌ *tentero*♃), T *Tencaterorumve*, F *tenterorūue*, S *teoterorumue* (in marg. *tencterorum*). — Vide XXXII, 7. 8.

6) RbfF *partem germanie*.

7) P *optine͂t*, F *obtine͂t*, R *optinent*, RfM *obtinet*.

8) Rb *ne proprijſ*.

9) P *natoĩbuſ noĩbuſq*3, N *nationibus, nominibuſq*3, Rb *nobiſq;*, Rf *nobiſq*3, F *nominibuſq*3; M *naciōb, omĩb,.*

10) M *diſtricti*, P *difcrcti*, cet.

11) P *quā͡ u|s in coͥe*, K *quā͂ in coͥmune*, RbfF *qᵃ in*, Rf *q̃3 in*, Ɛ² *q̊₃q̃3 in coͥe*, cet.

12) P *coͥe*, Ɛ² *coͥe*. — S *uniuerſi* (pro ī *coͥe* f. *in commune*).

13) P *fueui* c. cet. omnibus (*Sueui, fueui*).

14) P *obliquarͤ*, Ɛ² *obliq̃re*, H *obligarc*, 𝔚¹ cet. *obliquare*.

15) P *crineͤ*, Ɛ² *crīnem*, 𝔚²𝔑¹˙²𝔐¹ *crimen*, W deeſt *crinem*.

16) M *modoq*3, P *nodoq*3, cet.

17) P *fueui'a*, Ra𝔚¹ *Sueuia*, M *fueui aceteris*, Rc *fueui a cȩ|teris*, Rb *fueui a cȩteris*, Rf *fueui acœteriſ*, N *fue-|ui ácaeteris*, cet.

18) S *ingenui* (nobiles), R *genui*.

19) P *fepaͤtur*, V *feparatur*, Rbf *feparant'*, 𝔚¹ *feparantͤ*, cet.

20) Rbf *altis* (Rb in marg. cᶜ *alijs*), P *aliiſ*, cet.; N *lnalijs*.

21) P *cognatoͥe*, M *coͤgcione*, Rb *cognationum aliqua*, Rf *feu cogᵃ|tio mutatione* (ex *imitatione*, omiffis *ne aliqua Suevorum feu quod faepe accidit*).

22) P *fueuorū*, quod deeſt Rb.

23) Rb *feu quod rarum* (omiffis *faepe accidit imitatione*; cf. n. 21).

24) S *quibus* (fuprafcripto *quod*).

25) *mutatione:* vide n. 21.

26) Rb (in marg.) *rerum*, H *eorum* (in marg. *rarum*): vide n. 23.

27) R *vivente* (iu), P *iuueͤtȩ*, Rf *iuueͤte*, cet.

28) PRaK *fequūtur*, RbF *feqñtur*, RfL *fequentur*, Rc *fequenteͤ*, M *feqũu²*, RdNVT𝔅o𝔚² *fecuntur*.

cipes et ornatiorem [32]) habent [33]). ea cura formae [34]), fed innoxiae [35]): neque enim ut ament amenturve, in altitudinem [36])
quandam et [37]) terrorem [38]) adituri bella compti, ut [39]) hostium
oculis [40]), ornantur [41]).

XXXIX.

Vetuftiffimos [1]) fe [2]) nobiliffimosque *Suerorum Semnones* [3])

---

29) L *iæfe ac* X.

30) P ī *ipſo uertice* (folo), S *in ipſo, vertice* (folo), Rc ī *iꝑo folo uertice*, Ra
ī *ipſo*
in folo, RRbdfFHTKLWB[1]Bo cet. *in ipſo folo uertice*, M *in iꝑo vertice*,
Rc *in iꝑa uertice*, B[1]P *ſepe folo in vertice*.

31) PRdKR[1·2] *religatur*, Ra *religat͞*, G *religāt*, HMPB[3]R[3]B[5] *religant*, S ʳᵉ*ligant*, RRcNVWB[1·2·3]R[1]R[2]C[2·3]B[2]B[1] *ligant*, C[2] *ligāt*, B[2]
in marg. Alias religāt, RbfF *ne legant* (Rb *in marg.* cᵉ *relegant*) — R
ligant principes.

32) PRaB[1] cet. *ornatiorē*, FHMN *ornatorem*, Rbf *hornatorem*, V *hor-
natiorem*, K *hornatiorē*, ceteri *ornatiorem*, R[1] *ornatiorem*.

33) H *habet*, C[2]P *hñt*.

34) PB[1] *formę*, S *forte* (ᵐ), RbfF *fortune*.

35) PRdMWC[1·2]B[2]PG *innoxie*, R *innoxię*, B[1] *inoxię*, Ra *ĩnoxie*,
B[3] *innoxię*, B[2] *inoxiæ*, R[1·2]R[1]R[2]C[3]B[1·2] *innoxiæ*, N *innoxiae*. — RbfF
inopie (Rb *in marg.* cᵉ *fed nec obſtat ceterif cura inopię* ˣˡᵉ), S *inopie*, V
inopiae (*in marg. at innoxiae*). — De Mureti, Acidalii, Oberlini, Walchii, Ruperti *innoxia* vide Ann. literar. Ieneaſ. 1818, col. 276.

36) P *in altitudi-|nē;* Rbf *maltitudinem* (Rb *in marg. in altitudinem*),
F *ualitudinem* (in marg. X fignum correcturae).

37) H *ût*.

38) Rf *terorum*, P *terrorē*, cet.

39) Rb in marg. *compti fed ut*.

40) W *oculi*, P *oculif*, cet.

41) P *ornātur* (ᵃʳᵐ), N *ornantur* (ᵃʳᵐᵃⁿᵗᵘʳ), S *armantur*, V *armantur* (ᵒʳⁿᵃⁿᵗ) (in marg. aĩr
ornantur), TWB[1·2·3]R[1]R[2]C[1·2]B[2]B[1·2·3]C[3]GB[5] *ornantur*, Rd *ornantum*,
RabfFB[1]P *armantur*, R *armantor*, M *armant[2]*,. K *a'mentur* (ᵃ), R[1·2] *ar-
mētur*, B *armentur*.

XXXIX.

1) RcM *Vetuſtiſſimo fe*, Rb *uetuſtiſſimofq;*, Rf *ueſtutiſſimofq͞3*, N
Vetuſtiſſinos nob.

2) FN deeſt *fe*, S *vetuſtiſſimos* (ᶠᵉ) *nobil.* (*fe a manu fecunda fuprafcr.*).

3) P *femnonef*, S *femⁿ'onef*, N *femones*, Ra *femonef* (ˢᵉᵐⁿᵒⁿᵉˢ), RcKMR[1·2]B[1]P *ī Sen͞onef*

memorant ⁴). fides antiquitatis religione ⁵) firmatur. Stato ⁶) tempore in filvam ⁷) auguriis ⁸) patrum ⁹) et prifca formidine facram ¹⁰) omnes ¹¹) ejusdem ¹²) fanguinis populi legationibus coeunt ¹³) caefoque ¹⁴) publice homine ¹⁵) celebrant ¹⁶) barbari ritus horrenda ¹⁷) primordia. Eft et alia luco reverentia: nemo nifi ¹⁸) vinculo ligatus ingreditur ut minor et poteftatem ¹⁹) numinis ²⁰) prae ²¹) fe ferens. fi forte prolapfus ²²)

---

femones, Rd𝔐¹𝔅³𝔏¹·²𝔅² *Senones*, VHT𝔑³ *Se|nones*, 𝔅¹·²𝔅o𝔑²𝔈𝔈³𝔅¹·²·³ 𝔈𝔅⁵ *Semnones*, Rbf *Semnone* (Rb in mrg. c° uł *femnonef*). Vide n. 34.

4) P𝔅¹ *memorāt*, cet., Rd *momorant*, M *memorant'*.

5) P *antiqtatif religo͂e*, H *antiquitatīs religione*, 𝔅¹ *relligiōe*.

6) PRacdLH𝔑¹·²·³𝔅¹𝔓𝔅³𝔈𝔅⁵ *ftato*, RbfFMTVW𝔅¹·²·³𝔅o𝔐𝔑¹𝔑²𝔏¹·² 𝔅³𝔈𝔅¹·² *ftatuto*, S *Eftivo* (in marg. *alii ftato*).

7) L *filvis*.

8) RcN *augurij*.

9) P *patriū* (fed deleto *i*), Ra𝔅¹𝔓 *patriū*, RdFMV𝔑¹·² *patrium*, RRbfN *patruum* (Rbf in marg. uł *patrium*).

10) P *facrā*, N *facrum*, S *facrarum*, KMV𝔅¹ *facrū*, RabcdfF *facrum*, 𝔑¹·² *facrum*.

11) P *omēf*, W *omēs*, M *omīs*, 𝔅¹ *oīs*, H *oīs* (in marg. *noīs*), N ĭ*nonūs* ĭ *noīf* ĭ *numinif* *omnis*, Ra *omnef*, RRbf *nominis*, F *nomine*, Rd *numinis:*, S *noimbusque* (in marg. *oēs*), 𝔅¹𝔐¹ *Omnis*, 𝔑¹·² cet. *omnes*. — Vide n. 20.

12) P *ei9dcm fanguīf*, RabdfFHM *eiufdemq3*, K𝔑¹·² *eiufdem-|q3*, 𝔅¹ *eiufdēq3*.

13) PK𝔑¹·²𝔅¹ *coeūt*, 𝔓 *coēuţ*, 𝔖 *coēunt*, HN𝔅³𝔑³𝔅⁵ cet. *coeunt*, Rcf *coheunt*, W𝔏² *coherent*, TV *coherent*, 𝔅¹·²𝔐¹𝔏¹𝔑² *coherent*, 𝔅o𝔅³𝔏³ 𝔅¹·² *cohærent* (𝔅² in marg. lege *coeunt*).

14) P *cefoq3*, RbF *Cefofq3* (Rb in marg. uł *cefo*), Rf *Cafofq3*, 𝔅¹ *Cefoq;*, cet.

15) P *hō͂e*, Rbf *honore*, 𝔏² *hoīc*, cet.

16) Ra *celebant*, RcP *celebrāt*, N *caelebrant;* cet.

17) K𝔑¹·² *horrentia*, P *horrēda*, cet.

18) P *nĭ uĭculo*, Rbf *enĭ uinculo*, F *enim*.

19) P *poteftatē*.

20) P *numīf*, 𝔅¹ *numīs*, Rbf *numeris* (F *numinis*, ut ceteri. — Conf. not. 11.

21) Rbf *proferens*, F *pre fe ferenf*, P p̄ *fe ferēf*, cet., S *prae fe ferens*.

22) P *plapfuf*, ceteri *prolapfus*, 𝔓 *plapfus*, fed 𝔈𝔅²·³𝔅⁵ *prælapfus*; Rb *folummodo lapfus*.

eſt [23]), attolli et inſurgere [24]) haud licitum: per humum [25]) evolvuntur [26]). Eoque omnis ſuperſtitio reſpicit, tanquam inde [27]) initia gentis, ibi regnator [28]) omnium deus, cetera ſubjecta [29]) atque parentia [30]). Adjicit [31]) auctoritatem [32]) fortuna [33]) *Semnonum* [34]). centum pagi iis [35]) habitantur [36]), magnoque corpore [37]) efficitur [38]), ut ſe *Suevorum* [39]) caput credant.

XL.

Contra *Langobardos* [1]) paucitas nobilitat [2]); plurimis ac va-

---

23) P𝔅[1] p *lapſuſ ē*, RabcdfFHKNS *eſt*, M *eſca attolli*, 𝔅[1·2·3]𝔐[1]ℒ[1·2·3]ℜ[2]𝔈𝔅[2]𝔅[1] *deeſt eſt*.

24) Rb *et ſurgere*.

25) P p *humū*, K *humū*, cet.; 𝔅[3] *humanum*.

26) S *volvuntur*, 𝔅[1] *euoluont'*.

27) R *in inicia*, P *in initia*, cet.

28) P *regnator|õum*, cet., N *regnatorum omnium*.

29) P *ſubiecta*, cet., V *ſubicita*, M ſpatium vacuum pro voce praebet.

30) P *a͜tq3 parētia*, ceteri *parentia*.

31) P *adiicit*, H *adijcit*, 𝔅[2·3]𝔈ℜ[3]𝔅[5] *adijcit*, ℒ[3] *Adiicit*, Kℜ[1·2] *adicit*, RTWV *adducit* (V in marg. aĩr *adjicit*), 𝔅o𝔅[1·2·3]𝔐[1]ℒ[1·2]ℜ[2]𝔈𝔅[2] *adducit*, S *aditur*.

32) Pℜ[1·2]𝔅[2]ℒ[3]𝔅[2]𝔅[5] *auctoritatē*, ℜ[3] *authoritatem*, Ra *aūctem*, S *aut* (in marg. *aūctem*). W𝔈 *auctorem*, 𝔅[1·2·3]𝔐[1]ℜ[2] *auctorē*, 𝔅[1] *autorē*, ℒ[1] *authorē*, ℒ[2] *authorem*.

33) L *forma*.

l' ſennonũ

34) P *ſe^mnonũ*, Ra *Semonū*, Kℜ[1·2]𝔅[1]𝔶 *Semonū*, RdF *Sennonum*, RbcM𝔅[3]𝔈𝔅[4] *Semnonum*, 𝔅[2] *Se|mnonum*, ℜ[2]𝔅[1]ℒ[3] *Semnonū*, 𝔈 *Semnouũ*, M *ſemnouũ*, Rſ *ſemnouum*, L *ſermonum*. — Vide n. 3.

35) Rb *plagis* (in marg. c^e *pagiſ*), P *pagiſ*, 𝔅[1] cet.

36) P *hĭtantᶌ̃*, RRbcdfHKLMNTW *habitantur* (Rſ *ahbibantur*), Ra 𝔅o𝔅[1·2·3]ℜ[1·2·3]𝔐[1]ℒ[1·2]ℜ[2]𝔈𝔅[2]𝔅[2] *habitant^u*, Rc𝔅[2] *habitãtur*, 𝔅[3]𝔈𝔅[5]S *habitatur*, 𝔅[1]𝔶 *hĭtant̃*.

37) P *corpore*, Ra *corpore* (temp), Rc *corpore* (l' tempore), cet., R *ſpore*, V *tempore* (in mrg. aĩr *corpore*), H *tempore* (in mrg. alii: *corpore numero*), Rd *tempore*.

38) P *officitᶌ̃*, Rſ *effiiuitur*, ℒ[2] *efficiſ*, M *efficiũt*.

39) P *ſueuorũ*, ceteri omnes *ſueuorum*, *Sueuorum*, *Sueuoƶ*.

XL.

1) P *lȫgobardoſ* (in marg. *Longobardi*), RbcſFNV *longobardoſ* (Rb in marg. c^e *Lombardiſ eſt*), TW𝔅[1·3]𝔅o𝔐[1]ℒ[1·2]𝔅[2] *longobardis*, 𝔅[2]𝔅[1]𝔶𝔈

lentiſſimis[3]) nationibus cincti[4]) non per obſequium, ſed proeliis et[5]) periclitando tuti[6]) ſunt. *Reudigni*[7]) deinde[8]) et
Aviones[9]) et *Anglii*[10]) et *Varini*[11]) et *Eudoſes*[12]) et *Suar-*
dones[13]) et *Vithones*[14]) fluminibus aut[15]) ſilvis muniuntur[16]).

---

lögobardis, ℜ²𝔈³ *Lǎgobardis*, 𝔅¹·²·³𝔖ℜ³𝔅⁵ *Langobardis*, S *la^{n}rgobardos*,
H *La^{n}rgobardos* (n manu ſecunda), ℜ¹·² *Largobardos*, RadK *largobardos*,
M *larg a bardos*.

2) P *paucitaſ, nobilitaſ*, RabcdFKLTW𝔅¹·²ℭ𝔜𝔅²ℜ³ *paucitas : nobi-*
litas., paucitas nobilitas, 𝔅¹ *paucitas, nobilitas*, V *nobilitaſ* (omiſſa *pau-*
citaſ), Rb in marg. c^{e} *paucitas ſed nobilitas*, ℜ¹𝔏²·³𝔅³𝔅²ℜ²𝔅¹·³𝔖𝔅⁵
paucitas nobilitasq3, 𝔏¹ *paucis nobilitasq3*, S *^{citas}paucu nobilitas*, 𝔅³ in margine *Aliàs pauca nobilitas*; Lℜ¹·² praebent *nobilitas*, attamen *Longo-*
bardos, P *lö^{i}gobardoſ*, libri impreſſi cum TW *Longobardis* (*nobilitas*),
Rb in marg. c^{es}*Lombardis eſt*; NR *longobardos paucitas nobilitat*.

3) Rf *plurimuſ ac ualentiſſimuſ*.

4) Rb *cincti* (in marg. uł *cinctiſ*), W *cinctiꝰ*, M *cincta*, P *cincti*,
c. ceteris.

5) PHK𝔏¹𝔅¹ *uc*, 𝔏² *et*, c. cet.

6) Rf *tutti*.

7) P *^{R}Veuſdigni*, Ra *Veuſdigni*, RdKℜ¹·² *Veudigni*, Rc *Reudigi*, Rbf
N𝔅¹ cet. *Reudigni*, S *^{V}Rendigni*.

8) S *demum*, P *deïn*, cet.

9) *^{V}Anioneſ* (in marg. *Auioneſ*), ceteri omnes *auiones*.

10) P *anglii*, R𝔅¹ *Anglij*, RabcdFHMSTW𝔅o𝔅¹·²·³𝔏¹·²ℜ¹·²·³ℭ𝔅²
𝔜𝔅¹·² *Anglii*, 𝔅³𝔖𝔅⁵ *Angli*, N *angij*, Rf *angclij*.

11) P *Varini*, RabdFN cet. *Varini*, Rf deeſt vox; Rc &|ꝰ*armi*,
M *uarmi*.

12) PRabcdFNK cet. *Eudoſeſ*, S *^{V}endoſeſ*.

13) P *Suarineſ*, S *^{donec}ſuarincſ ſeu ſuardones*, RRacKNℜ¹·² *Suarincſ*, Rdf
deeſt vox, 𝔅¹𝔜 *ſuarmeſ*, M *ſmarineſ*, RbfFH𝔅¹·²ℜ¹𝔏¹·²·³ℜ²ℭ𝔅²𝔅¹·²·³
𝔖ℜ³𝔅⁵ *Suardones*, 𝔅³ *Suardöes*.

14) P *Nurtoneſ*, RbfF *huitones*, V *nuit^{h}ones*, RacKN *nuithones*, Rd
nuit^{i}ones, M *inuthones*, HS *Vuithones*, W *^{s}Nuithones* (S ab alia manu);
libri impreſſi omnes *Nuithones*, 𝔅¹𝔜 *Nuithomeſ*.

15) S *^{aut}et*.

16) P *muniũtur*, cet., F *minuuntur*.

Nec quidquam notabile [17]) in fingulis, nifi quod [18]) in [19]) commune *Nerthum* [20]), id eft [21]) Terram matrem colunt, eamque [22]) intervenire rebus hominum, invehi [23]) populis [24]) arbitrantur. Eft [25]) in infula oceani caftum [26]) nemus [27]) dicatumque [28]) in eo [29]) vehiculum vefte [30]) contectum: attingere uni [31]) facerdoti conceffum [32]). Is adeffe penetrali deam intelligit vectamque [33]) bubus [34]) feminis multa cum [35]) veneratione

---

17) 𝕸¹ *u otabile.*

18) P *nifi* q̄d̄, cet., K *q̣'*, 𝕭¹ *q̣.*

19) Rf deeft *in* (*nifi quod cōmūnę*).

20) P *in cõe neithū*, Ra *Neitkū*, Rc *neᵘ,thum*, M *cõmũe | necthum*, Rd *Neɔthum*, R *nerthum*, K *cõmune Derthum*, F *in cõmune . Nerthũ*, ℭ *ɔmune .| Nerthum*, L *in cõe nertum*, Rf *ī cōmūnę* || *Ne hertum*, Rb *Nehertum*, H *nerthum* (*h* manu recentiore), VW *herthum*, 𝕭³ *Herthum*, ℭ *Hertum*, 𝕭o𝕭¹·²𝕸¹𝕽¹·²·³𝕭¹·²𝖄ℭℭ³ *Nerthum*, 𝕭³ℰ¹·²𝕽³ *Nerthũ*, 𝕭² in margine *Herthũ*. — S *nifi quod mammenerthũ*, in margine *ĭ cõe* et tamen *mammenerthum .,. terram matrem colunt.*

21) P *id eft terrā*, 𝕭¹ *id ē̃ terrā*, RHN𝕭¹·²·³𝕸¹ℰ¹·²ℭ *i.terram*, 𝕽²𝕭²𝖄ℰ³𝕭²·³ℭ𝕽³ *id eft.*

22) P *eāq*3, RbfF *eaq;* (Rb in marg *cᵉ eamq:*).

23) S *invehere.*

24) PRa cet. *populif*, Rbf *populof*, FRd *populuf*, RcN *propriis.*

25) M *et*, P *Eft*, cet.

26) P *caftũ*, cet., N *caftrum*, 𝕭² *Caftrũ* (in marg. *Alias Caftũ*), 𝕽³ *caftrum* (in marg. *Alt caftũ*), RRc *caftrum;* M *caftrũ*, ceteri *Caftũ*, *Caftum;* Huttenius 1507. 1538 *caftrum, nemus.*

27) 𝕽¹·² *nemus nemus* (repetitum).

28) P *dicatūq*3, cet.; 𝕭² *dicatum* (omiffo *que*).

29) PRRabcdFHKMNSTVW𝕭o𝕭¹·²·³𝕽¹·²ℰ¹·²·³𝕽²𝕭¹·²𝖄𝕭¹·² *in ea*, 𝕭³ℭ𝕭⁵ *e o.*

30) PRabcdf𝕽² *uefte*, 𝕭³ℰ¹·²·³𝕽²𝕭²𝖄𝕭¹·²·³𝕭⁵ *vefte*, ℭ *veftę*, R *ueftę*, V𝕭o𝕭²𝕸¹ *ueftæ*, ℭN *Veftae.*

31) P *attingeȓ u-|ni*, cet.; M𝕭¹·³𝕽¹·²𝕽²ℰ¹·²·³𝕭²𝖄ℭ *vni.*

32) S *conmiffum* ᶜᵉ *feu concefsum.*

33) P *uectāq*3 (primitus *ue tāq*3 fuiffe videtur), 𝕭¹ *vectāqᵒ*, Rb *uehectamq*3 . *q*3, Rf *uehectamq*3, H *victamque* (*i* mutat. in *e*).

34) P *bubuf*, cet., Rb *bŭbuf*, 𝕸¹𝕭³ℰ¹·²𝕽³ℭ𝕭²𝕭¹ *bobus*, H *duobus bubus.*

35) P *cũ*, cet., KTW𝕭o𝕭¹·²·³ deeft *cum.*

profequitur [36]). Laeti [37]) tunc [38]) dies, fefta loca, quaecunque [39]) adventu [40]) hofpitioque dignatur. non [41]) bella ineunt, non arma sumunt, claufum [42]) omne ferrum; pax et quies tunc tantum [43]) nota [44]), tunc [45]) tantum amata [46]), donec idem [47]) facerdos fatiatam [48]) converfatione mortalium [49]) deam [50]) templo reddat [51]). Mox vehiculum et [52]) veftes et, fi credere velis, numen [53]) ipfum [54]) fecreto lacu abluitur. fervi [55]) miniftrant, quos [56]) ftatim idem lacus [57]) haurit. arcanus [58]) hinc [59]) terror fanctaque ignorantia [60]), quid fit [61]) illud quod [62]) tantum [63]) perituri [46]) vident.

---

36) M deeft *profequitur* usque *adventu.*

37) S *laeti diti.*

38) P *tŭc,* cet.; Rf defunt verba *Laeti tunc.*

39) P *quęcŭq3,* ℜ¹·² *quēcŭq3,* K *quencŭq3 aduentŭ,* Rf *quantŭq3.*

40) P *aduētu,* ℜ¹·² *ad-|uētu,* K *aduentŭ.*

41) P *nō bella,* Rb *Nam.*

42) S in textu defunt verba *claufum* usque *amata,* quae vero in margine leguntur.

43) 𝔚¹ *tŭc tm* (vide n. 45).

44) Rf *uota.*

45) P *tŭc | tantŭ,* H *tŭc tātū,* ℜ¹·²𝔚¹𝔜 *tŭc tm* (vide n. 42), Ra *tunc tantŭ,* Rbdf𝔚²·³𝔖ℜ³𝔚⁵ *tunc tantum* (ℜ³ in marg. *itē*), N *tunc tm nota tm a-|mata,* RcKTVW𝔐¹ *Item tantum,* 𝔚¹·² *Itē tātū,* Bo𝔚³𝔏¹·²𝔈 ℜ²𝔚² *Itē tm.*

46) RbfFM *armata* (Rb in marg. *amata*), Rd *anata,* ceteri *amata.*

47) R deeft *idem.*

48) P *fatiată,* cet., W *faciatam,* V *faciata,* RbfF *facratam,* S *facratam,* R *faciatum.*

49) P *mortaliñ,* cet; deeft M.

50) S *deum.*

51) P *reddat,* cet., V *reddant.*

52) 𝔏¹·² deeft *et.*

53) P *nom,* ceteri *numen.*

54) P *ipm,* cet.; 𝔏¹·² *ipfe.*

55) K *Sueui,* P *ferui,* cet.

56) S *equos* (deleta *e* initiali).

57) H *lucus,* P *lacus,* cet; 𝔚¹ *lacus | idem.*

58) Rbf *Archanuf.*

59) P *hīc,* 𝔏³ *hīc,* 𝔈 *hic,* M *huic.* — Vide XLIV, 2.

60) P *ignorātia,* cet.

61) 𝔐¹𝔚³𝔏¹·²ℜ²𝔚¹ *fi* (pro *fit*).

XLI.

Et [1]) haec quidem pars *Suevorum* [2]) in fecretiora Germaniae porrigitur [3]). Propior [4]), ut quomodo [5]) paulo ante Rhenum, fic nunc Danubium [6]) fequar [7]), *Hermundurorum* [8]) civitas fida Romanis; eoque folis [9]) Germanorum non in [10]) ripa
commercium [11]), fed penitus atque in fplendidiffima *Raetiae* [12])
provinciae [13]) colonia [14]). Paffim fine [15]) cuftode [16]) trans-

62) P *q̄d fit* | *illud qd̄*, RadHKMNℜ[1.2.3]𝔜𝔅[2.3]ℭ𝔅[1] *illud;* RbfFST
W𝔅[1.2.3]𝔐[1]𝔏[1.2.3]ℜ[2]ℭ𝔅[1] *id quod*, Rc *id q̱.*

63) N *tm̃*, P𝔅[1] *tantũ*, cet.

64) P *pituri*, RbfM *parituri* (Rb in marg. c[e] *perituri*), 𝔏[1] *pituri*, 𝔏[2]
pe-|*ríturi*, FN *perituri*, cet.; S *peri_cia.*
^{turi}

XLI.

1) S *fed*[et].

2) P *pars* | *uerborũ*, S *pars u'borum*, MRa *verborũ*, Rc *uerboru;*|,
RbdfFHKNSVW *uerborum*, ℜ[1.2]ℭ *verborum*, 𝔅[a] *verboʀ*, 𝔅[1] *vbo♃*, omif-
fum in 𝔅[3]𝔐[1]𝔏[1]ℜ[2]𝔅[2]𝔅[1], H *verborum* (deleto *verborum* et fuprafcripto
Sueuorum manu pofteriore), W in marg. alia manu *Suiuorũ*, Rb in marg.
c[e] *fueuo♃*, 𝔏[3]𝔅[1]𝔜 *Sueuo♃*, 𝔅[2.3]ℜ[3]ℭ𝔅[3] *Sueuorum*, T *nervorum*, R *Va-
rino♃.* — Conf. *Pars Suevorum* in cap. IX, et *fermonum* (pro *femnonum*)
cap. XXXIX.

3) P *porrigit⸜*, 𝔅[1] *porrigit̃*, cet., Rf *poríg̊itur*, N *porrigere.* —
S rubro fuprafcript. 3[a] *ps opers.*

4) P *‚ppior*, ℜ[1.2] *‚ppior*, 𝔅[1] *‚ppi|or*, cet., H *propior* (deleto *r* manu
pofteriore), RbfMN *proprior* (Rb in marg. ut *‚ppior*, 𝔏[1] deeft *Propior*,
T *propero;* R *propius eft ut.*

5) P *quom°*, 𝔅[2] *quõ*, M *cõmodo*, 𝔅[1] *quoquo mõ.*

6) P *danubium*, cet., V *Danubium* (in marg. *Danuuium*), R *Da-
‘nuuium*, Rbc *danuuium*, Ra *Danuviũ*, Rf *dannuuium.* — Vide I, 5. cet.

7) R *fequar..*

8) P *Hermũduroru͂* (in marg. *Hermãduri*), RaKℜ[1.2] *Hermũduroru͂*, M
Hermũdurorum, 𝔅[1] *Hermunduro♃*, RdN *Hermundurorum*, c. cet.; ℜ[3]
Hermũduorum, 𝔐[1]𝔅[3] *Hermunduorum*, L *Hermundorum*, RbfF *Hermun-
dororum*, Rc *Hermõ|durorum.* — Vide n. 25. et XLII, 2.

9) P *folif*, cet.; Rb *folis* (in marg. c[e] *foli*), T *eaque fola*, 𝔅[1] *foli*,
𝔜 *fole*, 𝔏[1.2] *eosque folis.*

10) RbfF deeft *in*, P *nõ in*, cet.

11) Rb in marg. *comertiũ tenent fed*, P *cõmerciũ*, c. cet.

12) L *Rhenae*, P *rhetię*, H *recie*, 𝔅[1] *Retie*, Rb *retię*, RfN *retiae*,
R *Retiue*, cet. — Vide I, 2.

13) Rf *pronuntiae*, P *‚puĩcię*, cet.

14) K ante *Colonia* punctum pofuit.

eunt [17]); et [18]) quum [19]) ceteris gentibus arma [20]) modo ca-
ftraque noftra ostendamus [21]), his [22]) domos villasque [23]) pa-
tefecimus [24]) non concupifcentibus. In *Hermunduris* [25]) *Albis* [26]) oritur, flumen [27]) inclitum et notum [28]) olim; nunc
tantum auditur.

XLII.

Iuxta [1]) *Hermunduros* [2]) *Narifci* [3]) ac [4]) deinde [5]) *Marcomani* [6]) et *Quadi* [7]) agunt. praecipua *Marcomanorum* [8]) glo-

15) P *paffim fine* = RRabdfFKLM𝕽[1]·𝕽[1·2]𝔜; *paffim et fine* Rc (&)
HNTSV𝔚[1·2·3]ℰ[1·2] (ι) 𝔚[2]; *paffim fuis* L.

16) S *cuftodea*.

17) S *tranfierint*. (eunt)

18) ℰ[1·2] *ut*.

19) 𝔚[1] ι *t ū c ceteris*.

20) ℭ *arua*; P *arma*, cet.; Rb in marg. c[e] *gentibuf m̐ arma*.

21) Ra *o͂ndamuf*, P *oftēdam9*, cet.; Rc n[a]*ra offedamus*, T *commen-
damus*.

22) S *hijs*.

23) N *uilafq3*, 𝔚[1] *vilafq3*.

24) S𝔚[1]𝔜 *patefacimus*.

25) P *hermūduris*, RaM *hermūduris*, Rc *h'mū|duris*, N *her-|mum-duris*
(ita media in linea), RdK *hermunduris*, RbfF *hermundoris;* libri impreffi
omnes *Hermunduris, Hermūduris* (ℰ[1·2]). — Vide XLI, 8.

26) P *albif* atque fic omnes *albis, Albis*.

27) M *fulmen*, P *flum̃*, cet.

28) T *novum*, P *notũ*, cet.; S *flumeu ignotum olim*.

XLII.

1) P *Iufta*, uti femper (et *mifti*).

2) P *her-|mūduros*, K *her-|mūduros*, M *hermūduros*, RadN *hermundu-
ros*, Rc *h'mum-|duros*, RbfF *hermundoros*, libri impreffi *hermūduros*
(ℰ[1·2]𝔚[1]) *hermunduros*. — Vide XLI, 8. 25.

3) P *Narifti* (in marg. *Narifci*), RRabfN *narifti*, Ra *Narifti*, Rc
marifti, RdFHKW cet. *Narifci*, S *norifci*. — Vide not. 13.

4) MT *et*, P *ac*, c. cet.

5) M *et inde*, P *ac dein̄*, cet.

6) P *Marcomãni* (deleto tractu fuper *a*), RadHKNT *marcomani*, Rc
ma[u]comani, Rf in *arcocmani*, RbF *marcoemani*, M *marco|niã*, 𝔚[1·2·3]ℭ
Marconiani, W *Marchioniani*, libri impreffi (etiam 𝔚[3]) *Marcomani*, ℰ[2]
Marcomãni, 𝕽[3] *Marcomanni*, ℰ[1] *Marcomani* (poftea *Marcomãnorũ*), 𝔚[1]
Marco-|mani. — Vide n. 8. 18. XLIII, 7.

7) P *Quadi*, c. cet., Rc *quali*.

8) P *marcomãorũ*, NRa *Marcomanorum*, Rc *Marcomanorũ*, Rbf𝔚[1]

ria viresque, atque ipsa etiam [9]) sedes [10]), pulsis olim *Bojis* [11]), virtute parta [12]): nec *Narisci* [13]) *Quadive* [14]) degenerant. Eaque Germaniae velut frons [15]) est, quatenus Danubio [16]) peragitur [17]). *Marcomanis* [18]) *Quadisque* [19]) usque [20]) ad nostram memoriam reges manserunt [21]) ex gente ipsorum, nobile [22]) *Marobodui* [23]) et *Tudri* [24]) genus; jam et [25]) externos [26]) patiuntur. sed [27]) vis et potentia regibus ex auctori-

---

Marcomano ♃, M *marco|morũ*, Rd *maarcomonorum*, W *Marconianorum* (*ni mutatis in m*), 𝕭[1·2] *Marconianorum*, 𝕷[1·2] *Marcomãno* ♃, 𝕽[3] *Marcomannorum*. — Vide n. 6. 18.

9) *atq3 et̃|ipsa*, H *atq3 et̃ ipsa; ceteri ipsa etiam.*

10) P *sedes*, cet., 𝕮 *sedes* (deleto *s*), N *sede*, S *sides*^(sede) (cf. XXXVII, 8).

11) P *boiis*, HST *boiis*, M *boijs*, 𝕷[2]𝕭[3]𝕾𝕭[5] *Boijs*, RabcfFHKNVW *boif*, RRd𝕭o𝕭[1·2·3]𝕽[1·2·3]𝔐[1]𝕽[2]𝕭[1·2]𝖄𝕮𝕭[1·2] *Bois*.

12) PRa *parata*, M *parca*, Rbcdf *parta*, N *pta*.

13) P *naristi*, RRacNS𝕭[1]𝖄 *Naristi*, RbdfFKM cet. *narisci*. — Vide not. 3.

14) P *quadi ue*, N *qua|di ue*, M *quadi nc*; ceteri omnes *Quadiue, Quadi ue*. — Vide n. 19. XLIII, 8.

15) S *germanic universaliter finis.*

16) PFLM𝕽[1·2] cet. *danubio*, Rabc *danuuio*, Rf *dannuuio*. — Vide I, 5.

17) P *pagitͬ*, RaM𝕷[2] *pagit'*, Rf𝕭[2]𝕽[1·2] *pagitur*, RRbcdFBKLNSTW 𝕭[1] *peragitur*, H *pagit[2]* (deleto *a* manu posteriore), 𝔐[1]𝕽[2]𝕭[2]𝕭[3]𝕭[1·2·3]𝕭[5] *pergitur*, 𝕭[1]𝖄 *porrigitur*, 𝕭[2] in marg. script. *prætexitur*, 𝕾 *pretexitur*.

18) P *Marcomanis* (eraso tractu — super *a* secunda), cet., Rc *Marcomanis*, 𝕷[1·2] *Marcomãnis*, 𝕭[1]𝕮 *Marconianis*. — Vide n. 6.

19) P *qua-disq3*, RabdfN *quadisq3*, cet. exceptis Rc *quadis ue*, VW 𝕭[1·2·3]𝔐[1]𝕽[2]𝕷[1·2·3]𝕮𝕭[1·2·3]𝕾𝕽[3]𝕭[5] *Quadisue, Quadisue*. — Vide n. 7. 14. XLIII, 19.

20) RbfF deest *usq3.*

21) M *mãser̃*, 𝕭[1] *mãsere*, Rabdf *mansere*, cet.; H𝕷[2] *mãserũt*, NRc *manserunt.*

22) F *nobili*, P *nobile*, cet.

23) PRdHKMV cet. *Marobodui*, Ra *Marabodui*, N *Mar-bodui|*, 𝕷[1] *Marobod|ni*, 𝕷[2] *Marobodni*, Rc *Marobodtui*, F *Marobodetui*, S *Maroboduituni*,^(dui) Rbf *Marchodemi.*

24) PRabcFMNV cet. *Tudri*, H *Tvdri*, Rf *tueri*, RdK𝕽[1·2] *Trudi.*

25) P *et̃.*

26) M *externus*, P *ex-|ternos*, cet.

27) S *si*^(sed), 𝕭[1] *S3.*

tate [28]) romana.   Raro armis noftris, faepius [29]) pecunia juvan-
tur [30]); nec minus valent [31]).

XLIII.

Retro [1]) *Marfigni* [2]), *Gothini* [3]) *Ofi* [4]), *Buri* [5]) terga [6])
Marcomanorum [7]) *Quadorumque* [8]) claudunt. e quibus *Marfigni* [9]) et *Buri* [10]) fermone cultuque [11]) *Suevos* [12]) referunt.

---

28) P *ex auc̄te*, Rbf *et ante* (Rb in marg. *ante arma romana ex fe-
quentibus armis*), M *ex auc̄cte*, H *ex auc̄te*, F *ex auctoritate*, Ɛ² *autho-
ritate*, cet.

29) P *fępi9*, cet., M *fępe*.

30) P *tuuātur*, Rbf *priuantur*, Ꝑ *iuuant,*.

31) P *ualēt*, RbfF *ualenti* (Rb in marg. *cᵉ ualent*), T *nec manus
valet.*

XLIII.

1) P. *Retro* (deleto puncto antecedente), T *Retro* (antecedente com-
mate), RSℜ¹·² *Retro* (antecedente puncto), Ꝑ . c| *Retro*, K . *nec minus
valent retro.*, N *iuuantur : nec minus valent retro Marfigni.*

2) P *Marfigni*, cet., RbfF *marfigini.* — Vide n. 9.

3) P *Gotini*, ℜ¹·²𝔅¹·²Ꝑ *Gotini*, alii *Gothini*, M *gothim.* — Vide
n. 13. 22.

4. 5) P *Ofi. | buri* (in mrg. *Ofi. | Buri*), S *ofi|buri* (in mrg. *fiburi*), ^{al.}
ut ofi Burj
H *Ofi Buri* (in mrg. *Siburi*), N *Ofi,buri*, K *Ofi . buri .*, R *Ofi,buri*, Ra
Ofi,Buri, Rbf *ofi buri|*, Rd *ofi Buri*, 𝔅¹·²Ꝑ *Ofi Buri*, FM *Ofiburi*, Rc
Ofi,Burii, 𝔐¹Ɛ² *Ofi : Burii*, 𝔅³Ɛ¹·² *Ofi : Burij*, 𝔅¹·²·³Ɛ³ℜ³𝕾𝔅⁵
Ofi,Burij, ℜ² *Ofii Burii :*, ℭ *Burij* folum (in mrg. fcript. *Ofij*). — Vide
n. 10. 14.

6) M *tra*, P *terga*, cet.

7) P *marcomanorū* (erafa linea fuper *a* fecund.), Ra𝔅¹ *Marcoma-
norū*, RcN *marchomanorū*, R *Marchomanorum*, Ɛ¹·² *marchomānorum*,
Rbf *Marcomannorum*, 𝔅³ *marchomāo4*, ℭ *marconianorum.* — Vide
XLII, 6.

8) P *quadorūq3*, Ra *quadorūq3*, cet., V *Quadrorumque*, R *Quodo-
rumq3.* — Vide XLII, 14. 19.

9) P *marfigni*, cet. — Vide n. 2.

10) P *et buri*, c. cet., V *Burii* (in marg. al *Siburii*), 𝔅²ℜ¹·²𝔐¹Ɛ¹·²
ℜ²ℭ *Burii.* — Vide n. 4. 5.

11) R *cultuue.*

12) P *fueuof*, cum ceteris omnibus.

Gothinos [13]) gallica, *Ofos* [14]) pannonica [15]) lingua coarguit non
effe Germanos, et [16]) quod tributa patiuntur. partem [17]) tributorum *Sarmatae* [18]), partem *Quadi* [19]) ut [20]) alienigenis [21])
imponunt. *Gothini* [22]), quo magis pudeat, et [23]) ferrum effodiunt [24]). Omnesque [25]) hi [26]) populi pauca [27]) campeftrium,
ceterum faltus et vertices montium jugumque [28]) infederunt [29]).
dirimit [30]) enim fcinditque *Sueviam* [31]) continuum [32]) montium [33]) jugum, ultra quod plurimae gentes agunt: ex quibus
latiffime patet *Lygiorum* [34]) nomen, in plures civitates diffufum [35]). valentiffimas nominaffe [36]) fufficiet [37]), *Harios* [38]),

---

13) P *gotinof*, c. cet., 𝔚[1]𝔜 **Gotinof** (antea *Gotini*), S *Gottinos*, 𝔏[3]
Gothĭos, ceteri *Gothinos*, W *Gothin*. — Vide n. 3. 22.

14) P *.gallica . ofof*, c. cet. omn. — Vide n. 4. 5.

15) Rf *pannonia*, 𝔚[1] *Pānonia*.

16) Rf deeft *et*.

17) S *partĭm*.

18) P *farmatę*, cet, W *Sarmathae*, c. aliis, K *fermatae*. — Vide I.

19) P *quadi*, ficque omnes.

20) RbfF *quadi aut*.

21) RbfF *emigenis* (Rb in marg. uĭ *emigeni*), M *alienis*.

22) PRadKS *gotini*, RRbcfFMN *Cotini* (Rb in marg. uĭ *Gotini*), ceteri *Gotini* (𝔚[1]), *Gothini*. — Vide n. 3. 13.

23) RbfF deeft *et*, M *ut*, P *et*, 𝔚[1] *z*, cet.

24) PK *effodiūt*, cet., Rf *effundunt*.

25) 𝔑[1·2] *Om̄'q3*, K𝔚[2]𝔐[1] *oëfq3*, 𝔚[1] *Oëfq3*, 𝔅[1] *omuefq;*, cet.

26) S *ihi*.

27) V *paucam*, P *pauca*, cet.

28) A *jugaque*, P *iugūq3*, cet.

29) Rf *infiderunt*, P *infederũt*, cet.

30) Rf deeft *dirimit*.

31) P *fueuiã*, Rb *fueu*ₐ*ᶦam*, RbF *fueuam*, ceteri *fueuiam*, *Sucuĭã*, cet.

32) Rb *contin*ₐ*ᵘum*, Rf *continũ*.

33) T𝔏[1·2] deeft *montiũ*.

34) P *legiorũ*ᶦ, (in mrg. *Ligij*), Ra *Legiorũ*, N *legiorum*ᶦ*ʸ (in mrg.
vegij*), S *legiorum* (al. *vegio*♃), R *Vegiorum*, K *legiorũ*, RdVW *legiorum*ᶦ*ᵘᵉ,
Rc *leugio*♃, Rbf *lignorum* (Rb in mrg. c*ᵉ Ligio*♃), F *ligiorum*,
libri impreffi 𝔅[1·2·3]𝔑[1·2]𝔐[1]𝔏[1·2]𝔅[1·2]𝔜𝔈 *Legiorum* (𝔈 fuprafeript. *ligiorum et ligij eft popul*9 *hungarie*), 𝔑[2]𝔅[1·2·3]𝔏[3]𝔈𝔑[3]𝔅[5] *Lygiorum*. — Vide
n. 62.

35) Definit hic K.

36) P *noïaffe*, cet, S *noĭaᶠᶦᵉ*, Rb *mominaffe* (in marg. c*ᵉ nominaffe*).

Helvetonas [39]), *Manimos* [40]), *Helisios* [41]), *Nahanarvalos* [42]).
Apud *Nahanarvalos* [43]) antiquae religionis [44]) lucus oftenditur.
praefidet facerdos muliebri ornatu: fed deos interpretatione romana [45]) Caftorem Pollucemque memorant [46]): ea [47]) vis numini [48]), nomen *Alcis* [49]). nulla fimulacra, nullum peregrinae [50])
fuperftitionis [51]) veftigium; ut fratres tamen, ut juvenes vene-

---

37) S *fufficient.*

38) P *hariô*, RRabcdfFHMNSℜ[1.2]ℬ[1]Ỳ *harios*, ceteri *Arios.* —
Vide n. 52.

39) P *helueconaf* (quafi *heluetonaf*), Ra *Heluetonaf*, Mℜ[1.2] *heluetonas*,
R *Heluetoras*, ℬ[1]Ỳ *Heluetionaf*, RbfFVᷠoᷠ[1.2.3]ℳ[1]℘[1.2.3]ℬ[2]ℭᷠ[1.2.3]ℜ[3]ℳ
ᷠ[5] *helueconas*, Rc *eluheconas*, N *heuec^h onas*, Rd *Heluecbonas*, S *helueconas.*
— Vide n. 41.

40) P *manimof*, RacdNV cet. *manimof*, RbfFSℜ[1.2] *mammof*, M
mamnus, ℬ[1]Ỳ *manumos*, W *Manimos*, H *Lanimos.*

41) P *elifiof*, W *Elyfios*, FMSℜ[1.2] *kelifios*, RRbcfNℬ[1]Ỳ *helyfios*,
† *halifionaf*
A *Helyfiof*, Rd *alifiofnaf* (e fequenti *n a h a n a r v a l o s*), H *Helifios* (in
marg. *haliofuae*). — Vide n. 39.

42. 43) P *naharualof* (utrimque), Ra *Nahanarualof* et *Naharualos*,
Rc *naha|narualos* et *nac h a r u a l o s*, M *nahanar|uales* et *nabarnalos*, N *na-
c h a n a r u a l o s* et *na|charualos*, RbfF *nabanarualof* (utrimque), T *nahanar-
valos* (utr.), V *naharualos* et *Naharualof*, Rd *naharu o l o s* (utr.) WHᷠ[1.2.3]
ℜ[1.2]ℳ[1]ᷠ[1.2]Ỳ *Nahanarvalos. Apud Naharualos*, Rℭ[1.2] *Nahanarualos*
(utr.), ℜ[2]ℭ[3]ℳᷠ[1.2.3]™ℜ[3]ℭ[5] *Naharualos*, S *naharvernalos. apud nahar-*
vernalos.

44) RRbcdfNℜ[1.2]ᷠ[1]Ỳ *regionis*, M *regioĭs* (Rb in marg. *cᵙ u b i an-*
tiquȩ religionis), RaP *religioĭf*, cet.

45) ℜ[1.2] *romañ|*, P *romana*, cet.

46) P *noĭat memorat* (fic); ℭ[2] *memorat*, ᷠ[1] *memorāt*, cet. *memorant.*

47) Rf *eaf uif*, P *ea uif*, M *eauis*, ℜ[1.2] *ea vis*, pro quo V *ejus* (in
marg. aĭr *Ea uis*), Wᷠ[1.2.3]ℳ[1]ℭ[1.2.3]ℜ[2]ℳᷠ[1.2.3]™ℜ[3]ℭ[5] *Eius* (numinis),
ᷠ[1]Ỳ *ei numini nomē.*

48) P *numini*, cet., VW *numinif* cum libris impreffis, except. ℜ[1.2]
ᷠ[1] *numini*, T *ejus nominis numcn.*

49) P *al eif*, ceteri *alcis*, *Alcis*, RdM *Altis* (in Rd *ci* in *alcis* correct.).

50) P *peregrine*, cet.

51) S *fufpicionis*, P *fupftitioĭs*, cet.

rantur. Ceterum *Harii* [52]) fuper vires, quibus enumeratos paulo ante populos antecedunt, truces [53]), infitae [54]) feritati [55]) arte ac tempore [56]) lenocinantur: nigra fcuta, tincta corpora, atras [57]) ad proelia [58]) noctes legunt, ipfaque formidine atque umbra feralis [59]) exercitus terrorem inferunt; nullo [60]) hoftium fufti-nente novum ac velut infernum afpectum: nam primi in omni-bus proeliis oculi vincuntur [61]). Trans *Lygios* [62]) *Gothones* [63]) regnantur [64]), paulo jam adductius [65]) quam ceterae Germano-rum gentes, nondum [66]) tamen fupra libertatem. Protinus [67]) deinde ab oceano [68]) *Rugii* [69]) et *Lemovii* [70]); omniumque [71])

---

52) P *alii*, RabcdfFHN *alii*, R𝔅[1] *alij*, T *alii* (in marg. *arii*), W *alii*^(r) (manu altera), S ^(alii)*arii*, M *alijs*, 𝔅o𝔅[1.2]ℜ[1.2]ℭ *alii*, Vℜ[2]𝔏[1.2.3]𝔐[1]𝔅[3]𝔅[1.2.3]𝔖ℜ[3]𝔅[5] *Arii, arii*. — Vide n. 38.

53) P *trucif* (deleto ſ), ceteri *trucif* (Rf *crucis*), exceptis ℜ[2]𝔅[1.2.3]𝔏[3]𝔖ℜ[3]𝔅[5] *truces*.

54) S *infita*ᵉ.

55) M *feritate*, VS *feritate*^(i), P *feritati*, cet., RbfFH *feritatif*.

56) P *tp²e*, Rf *īpe*, Rb *ipfe* (in marg. *ipfa*), F *tempore*, cet.

57) R *corpora aclas*.

58) P𝔅[1] *p̄lia*, Radf *prelia*, Rb *praelia*, cet., N *proelium*, R *praelium*, Rc *preliis*.

59) V *fertis*, P *feralif*, cet.

60) S *nec* ^(nullo)*in*.

61) P *uīcũſ*, cet.; ℜ[1.2] *iuncuntur*.

62) PRbdfFL *ligiof*, 𝔅[1] *ligios*, RdHM𝔅[2]𝔓 *Tranfligios*, S *lugios*^(ligyos), R RacN𝔅[1.2.3]ℜ[1.2.3]𝔏[1.2.3]ℜ[2]ℭ𝔅[1.2.3]𝔖𝔅[5] *Lygios*. — Vide n. 34.

63) PRRacdMW *gothonef*, V *Gothonis*, RbfFLN *gothones*, libri impreffi *Gothones, gothones*.

64) PRſ𝔅[2]𝔅[1.2]𝔓𝔏[2] *regnāt*, RbfHLMTWAB𝔅o𝔅[1.3]ℜ[1.2.3]𝔐[1]𝔏[1.3]ℜ[2]ℭ 𝔅[1.2] *regnant*, 𝔅[3] *regnants*, 𝔖𝔅[5] *regnantur*, RRacdNS *regnãtˮ*.

65) P *adductiuf*, cet., Rf *adductus*, 𝔅[5] *addictus*, 𝔅[3]𝔖 *addictius*, ℜ[3] cet. *adductius*.

66) P *nōdū*, Ra𝔅[1] *nondū*, Rb *non dũ*, Rf *non dum*, N *dum* (omiffo *non*), V *nundum*.

67) ^(ii) P *ptin9*, cet., Ra *Protenuf*, ℜ[1.2] *protenus*.

68) Rcd *ecceano*, al. — Vide I, 11. XLIV, 4.

69) P *rugii* (in marg. *Rugij*) atque ita omnes (𝔅[1]𝔓 *Rugij*); ex-cepto Rf *uigij*.

70) P *lemonij*^(v) (in marg. *Lemonii*), RfFHMSTV𝔅[2]ℜ[1.2]ℭ *Lemonii*, RRabcdN𝔅o𝔅[1.3]𝔐[1]ℜ[2]𝔏[1.2.3]𝔅[1.2]𝔓𝔅[1.2.3]𝔖ℜ[2]𝔅[5] *Lemouij*.

harum gentium infigne rotunda [72]) fcuta, breves gladii et erga reges obfequium.

XLIV.

Suionum [1]) hinc [2]) civitates, ipfo [3]) in oceano [4]), praeter viros armaque classibus valent. forma navium [5]) eo differt [6]), quod utrinque [7]) prora paratam [8]) femper [9]) appulfui [10]) frontem [11]) agit, nec velis miniftrantur [12]), nec [13]) remos [14]) in ordine [15]) lateribus adjungunt [16]): folutum, ut in quibusdam fluminum, et mutabile, ut res pofcit [17]), hinc vel illinc [18])

---

71) M *oïcumq3*, P *oïumq3*, 𝔚[1] *oïmq3*.

72) M *rutunda*, P *rotūda*, cet.

XLIV.

1) P *Suionū*, 𝔚[1] *Suionū*, RRcdN cet. *Suionum*, Ra𝔑[3] *Svionum*, M *Sui onn̄*, Rf *Sui|nonum*, S *Svinonum*, Rb *Sui|uorum* (e manu recentiore), F *Sueuonū*. — Vide XLV, 2.

2) M *huic*, P *hīc*, cet. — Vide XL, 59.

3) P *ip̄ę*, Rad𝔚[1] *ip̄e*, 𝔑[1.2] *ip̄ę*, V𝔚[1] *ipfę*, AFHW *ipfe*, 𝔚[2] cet. *ipfæ*, T *ipfe* mut. in o, Rc *ipo*, RfMS *ip̄o* (e), RbLN *ipfo*.

4) P *oceanū* (no), M *oceanū*, RbfFLS *oc(c)eanum*, 𝔑[1.2] *oceanum*, HW *occeano*, RacdM𝔚[1] cet. *oceano*. — Vide I, 10.

5) P *nauiū*, cet., M *nauis*.

6) Rf *differet*

7) P *utrīq3*, H *vtrīq3*, 𝔚[1] *vtrinq3*, TW cet. *utrinque*, ℓ[2] *vtrūq3*, M *vtrumq3*, S *utriufque*.

8) P *pa-|ratā*, 𝔚[2]ℓ[3]𝕾 *paratā*, 𝔚[1]𝔐[1] *patā*, M𝔚[3]𝔜 *patam*, RbcdefF N𝔑[1.2.3]ℓ[1.2]𝔑[2]𝕮𝔚[1.2.3]𝔚[5] *paratam* (Rb in marg. c[e] *parata*).

9) P *femp*, RbfF *afper* (Rb in marg. c[e] *parata afpera appulfum forte*) ex *paratā*.

10) P *appulfui*, cet., RbfF *appulfum*, 𝕮 *appulfu*, 𝔚[3]𝔑[2]𝔚[1]ℓ[3] *apulfui*.

11) PRad𝔚[1.2]𝔐[1]𝔑[1.2]ℓ[1.2] *fronte*, 𝔑[2]𝔚[2]𝕮𝔚[1.2.3]𝕾𝔚[5] *frontem*, ℓ[3] *frō-tem*, RRc *fronte*, Rf in marg. *forte*.

12) P *mīftrā-|tur*, MS *mīftrantur*, Rc𝔑[1.2] *miniftrātur*, ℓ[1.2.3]𝔚[1]𝔜 *miniftrant̄*, RRabdfFNW𝔚[1.2.3]𝔐[1]𝔑[2]𝔚[2]𝕮𝔚[1.2.3]𝔑[3]𝕮𝔚[5] *miniftrantur*.

13) ℓ[1.2] deeft *nec*.

14) N *remis*, cet. *remof* cum P.

15) 𝔚[1] *ordine3|*.

16) W deeft *adiungunt*.

17) 𝔚[1]𝔜 *refpofcit*.

18) P *hīc uel illīc*, cet., N *illhinc*, 𝔑[1.2] *hinc vel hinc*, Rb *hinc et illinc*, M *huic et illinc*.

remigium. Eſt apud illos et opibus honos [19]), eoque unus imperitat, nullis [20]) jam exceptionibus [21]), non [22]) precario [23]) juro parendi [24]). Nec arma, ut apud ceteros Germanos, in [25]) promiſcuo [26]), ſed clauſa ſub cuſtode et quidem [27]) ſervo: quia [28]) ſubitos [29]) hoſtium incurſus [30]) prohibet oceanus, otioſa [31]) porro armatorum manus facile laſciviunt. enimvero neque nobilem neque ingenuum [32]), ne [33]) libertinum quidem armis praeponere regia utilitas eſt.

XLV.

Trans [1]) *Suionas* [2]) aliud [3]) mare, pigrum ac [4]) prope [5]) immotum [6]): quo cingi cludique [7]) terrarum orbem [8]) hinc [9])

19) P *honoſ*, cet. — Vide VI, 38. XIII, 22. XX, 25. XXIX, 12.

20) Rf *nulluſ*, P *nulliſ*, cet.

21) H *exceptionibus* (exemptionibus) (manu ſecunda), P *exceptiõibꝗ*, cet.

22) P *nō*, cet., RcN *nec*, S *niſi*.

23) P *p̄cario*, M *preterio*, ℜ[1.2] *præcario*, ceteri *precario*.

24) Rbf *pauendi* (Rb in marg. *parendi*).

25) P *ī ⸲pmiſcuo*, 𝔓 *ī*, ℜ[1.2.3]𝔅[2.3]𝕾𝔅[5] *in* (in), W *ne promiſcuo*, TV𝕰 *neque*, 𝔅[1]𝔐[1] *neꝗ;*, 𝔅[2.3]𝕷[1.2.3]ℜ[2]𝔅[2]𝔅[1] *neq3*.

26) Pℜ[3] *⸲pmiſcuo*, R *promiſco*, N *inpromiſco*.

27) 𝔅[1] *⁊ qd'*.

28) 𝔅[1] *qꝛ*.

29) S *ſubitŏs*.

30) P *incurſuſ*, cet. (𝕰 *incurſas*), RbfF *curſus* ſolummodo (Rb in marg. *cᵉ incurſus*), S *excurſus*.

31) P *ocioſa*, c. cet. omn. *ocioſa* (RRadf), *otioſa* (RbN), *occioſa* (Rc cet.), *otioſae* (AB).

32) P *īgenuū*, cet., Rf *ingenium*, 𝔅[2] *ingenum*.

33) RbfF *neq3*, 𝕷[1.2] *nec*, P *ne*, cet.

XLV.

1) P *Trãſ*, cet., F *Terraſ*.

2) P *Suioneſ*, Rbf *ſuiuonas* (Rb in marg. *cᵉ ſueuonaſ*), F *Terraſ ſuiuonaſ*, M *Tranſſuiones*, W *Suⁱonas*, S *ſinonas* (in marg. *al tñſuionas*), ceteri *Suionas*, 𝔅[2]𝔐[1] *ſuiones*. — Vide XLIV, 1.

3) P *aliud*, cet., Rb in marg. *abluit aliud mare*.

4) F *&*, P *ac*, cet.

5) P *⸲ppe*, RfFV *proprie*.

6) P *īnotū̃* (im), cet., V *remotum*.

7) P *cludiq3*, RadHℜ[1.2]𝔅[3]𝕾𝔅[5] *cludiq;*, RRbfN cet. *claudiq3* (𝕰 *claudiiq3*). — Vide not. 69.

fides, quod extremus 10) cadentis 11) jam folis fulgor in ortus 12) edurat 13), adeo clarus ut fidera 14) hebetet 15). fonum infuper [emergentis] 16) audiri, formasque 17) deorum 18) et radios capitis afpici 19) perfuafio adjicit 20). Illuc usque 21), et 22) fama vera, tantum natura 23). Ergo jam dextro 24) *fuevici* 25) maris litore *Aeftiorum* 26) gentes alluuntur 27), qui-

---

8) Rb in marg. cᵉ *orbem contigit : hinc.*

9) PN𝔏ᵃ *hic,* 𝔈 *hic,* ceteri *hinc.*

10) 𝔑¹·² *extrani9,* P *extrem9,* cet.

11) P *cadētif,* 𝔅¹𝔜 *cadētis,* 𝔏ᵃ *cadētꝫ,* RacdMNTW𝔅²·³𝔏¹·³𝔑²𝔈𝔅¹·²·³ 𝔖𝔑³𝔅⁵ *cadentis,* 𝔑¹·² *catientis,* RbfF *calens* (Rb in marg. cᵉ *extremuf cadens*). I. Voffius e vett. libris „*extremum radens ... adeo clare.*"

12. 13) P ī *ortum* | *edurat,* Ra *in ortū edurat,* RbfM *in ortu fedurat,* HS *in ortu fe durat,* RcdN𝔅¹·²𝔑¹·²𝔏¹·²𝔅¹ *in ortus. edurat,* 𝔏³ *ort9 edurat,* F *in ortu|durat.*

14) 𝔏¹·² *fidere,* P *fidera,* cet.

15) P *hebetet,* N *hebetet,* Ra ʰ*ebetet,* Rcf *hebet&,* H *ebetet et,* Rb *bebeth* (in marg. cᵉ *hebetet*), S *habet* || *fonum* [*ebetet et*], M *habet et,* Rd *habitet,* 𝔏ᵃ𝔅 *habet,* W *hebetet* (ex *haberet* mutatum); ceteri *hebetet.*

16) P *emergētif,* RabdFHMNT𝔑¹·²·³𝔅¹𝔜𝔅²·³𝔈𝔅⁵ *emergentis,* S *emergente,* Rf *emergens;* deeft ipfa vox in RcKSVW𝔅²𝔅²𝔏¹·².

17) P *formafq3,* RabdfFHSW𝔑¹·²𝔅¹𝔜𝔅²·³𝔈𝔅⁵ *formafque,* RbfF *fortunafq3* (Rb in marg. *formafq3*), RRcNTV𝔅o𝔅¹·²·³𝔐¹𝔑²𝔅²𝔈𝔅¹𝔏³ *formas* (omiffo *que*).

18) Rbf *eo*♃, F *corū,* S ᵈ*eorum,* P *dcorū,* cet.; Rb in marg. cᵉ *formafq3 equo*♃.

19) Rf *afpicis,* P *afpici,* cet.

20) PF *adiicit,* S𝔅¹ *adijcit,* ceteri *adiicit, adijcit,* Rf *aducit.* — Vide fupra XXXIX, 31. XXVII, 7.

21) Rf deeft *usque.*

22) P *et,* cet. *et, &,* ꝛ (𝔏¹·²𝔅𝔜); Rf *illuc ut,* RbF *ut* (et „Voffii vetus cod.").

23) P *tantū n̄a,* M *tm̄ natura,* Rb (in marg.) cᵉ *tam ẽe n̄a.* Libri impreffi jungunt *vera tantum natura.*

24) P *dextro,* cet., R𝔅¹ *dextero.*

Sueuici: • „ Ī *fuevici* uꝝ *fueuici*
25) P *fʳeuici* (in marg. *fuionici*), Ra *Sæuici,* N *fae-|uici,* Rc *faeuici,* 𝔑¹·² *Sæuici,* M *feuici,* 𝔅¹𝔜 *Seuici,* RbdfF *Sueuicj,* cet. *Sueuici, fueuici.*

26) P *eftiorū* [*eñu*] (in mrg. *Eflui*), M *eftiorū,* RbfH *eftiorum,* S *Aeftiorum* [*Eftiorum*], RRedFLN *Aeftiorum,* Ra *Aeftiorū,* 𝔅¹𝔜 *Aeftio*♃, 𝔑¹·²𝔅³𝔈𝔅⁵ *Aeftyorum,* V *eftuorum,* 𝔅o𝔅¹·³𝔐¹𝔑² *efluorum,* 𝔑²𝔅¹·²𝔏³ *Efluorum,* T *efflu-*

bus [28]) ritus habitusque *Sueorum* [29]), lingua britannicae [30]) propior [31]).   Matrem [32]) deum [33]) venerantur. infigne [34]) fuperftitionis formas [35]) aprorum geftant [36]): id pro armis omniumque [37]) tutela [38]) fecurum deae [39]) cultorem etiam [40]) inter . hoftes [41]) praeftat.   Rarus ferri, frequens fuftium ufus. Frumenta ceterosque fructus patientius quam pro folita Germanorum inertia laborant, fed et mare fcrutantur, ac foli omnium fuccinum [42]), quod [43]) ipfi [44]) *glefum* [45]) vocant, inter vada atque in ipfo [46]) litore legunt. nec quae [47]) natura [48]) quaeve [49]) ratio [50]) gignat [51]), ut barbaris, quaefitam compertumve.

---

orum, $\mathfrak{B}^2\mathfrak{L}^2$ *effluo*$\mathfrak{u}$, $\mathfrak{C}$ *e fluorum*, $\mathfrak{L}^1$ *ef florum*, $\mathfrak{H}$ *effluorum* (*e* ex *o* mutat.), in marg. *efflij ... at Hiluonu* (manu fecunda).

27) P *abluutur*, Ra *abluuntur*, RdH *adluuntur*, Rc *adluut*$\mathfrak{u}$, M *adlunutur*, S *adbluuntur*, $\mathfrak{B}^1\mathfrak{y}$ *adluut'*, $\mathfrak{R}^{1 \cdot 2}$ *ad|luuntur*, $\mathfrak{M}^1\mathfrak{B}^2$ *alluutur*, $\mathfrak{L}^{1 \cdot 2}\mathfrak{B}^1\mathfrak{L}^3$ *alluunt'*, NRRabf$\mathfrak{B}^{1 \cdot 2 \cdot 3}\mathfrak{R}^2\mathfrak{C}\mathfrak{B}^{2 \cdot 3}\mathfrak{B}^3$ cet. *alluuntur*.

28) $\mathfrak{R}^{1 \cdot 2}$ *buibus*, P *qbuf*, cet.

29) P$\mathfrak{B}^1$ *fueuo*$\mathfrak{u}$, ficque omnes *fueorum, Sueuorum*.

30) R *Brittannicae*, et cetera.

31) P *ppior*, $\mathfrak{R}^{1 \cdot 2}\mathfrak{B}^1$ *ppior*, $\mathfrak{B}^{1 \cdot 2}\mathfrak{M}^1$ cet. *propior*, Rbf M$\mathfrak{B}^2\mathfrak{R}^2$ *proprior*. — Vide fupra XXX, 44.

32) $\mathfrak{B}^2$ *Martem deum*, $\mathfrak{B}^1\mathfrak{y}$ *Marte de|um*.

33) P *deu*, cet. *deam*, $\mathfrak{M}^1\mathfrak{R}^2\mathfrak{B}^1$ *deum*, $\mathfrak{L}^1$ *Matre| deum*, $\mathfrak{L}^2$ *Matre deū*.

34) RbfF *infignem*, P *infigne*, cet.

35) RbfF *formam*, P *formaf*, cet.

36) Rf *gefcant*, P *geftät*, cet.

37) P *oiumq3*, Ra *omiuzq3*, Rc *omnuūq3*, Rd *omdumq3*, RNVW$\mathfrak{B}^{1 \cdot 2 \cdot 3}\mathfrak{M}^1\mathfrak{C}$ *omniúmq3, omniumque*, $\mathfrak{R}^{1 \cdot 2}\mathfrak{R}^2\mathfrak{L}^1$ *omniuq3*, $\mathfrak{L}^1\mathfrak{B}^1$ *oimq3*, T *omnique*, RbfF *omnium quiq3* (Rb in marg. *quæq3 inter tela*).

38) Rb *tela* (in marg. *quæque inter tela*), ceteri omnes cum P *tutela*.

39) Rb *dcæq3*, P *dee*, ceteri *deae* (Rf), *dee*.

40) P *et*.

41) P *hoftis*, $\mathfrak{R}^{1 \cdot 2}$ *oftis*, ceteri *hoftes*.

42) Ra *Sucinū*, RRbcfN *fucinum*, alii.

43) S *quibs*.

44) P *ipfi*, $\mathfrak{B}^{1 \cdot 2}$ *ipfe*.

45) P *glefu*, cet., $\mathfrak{B}^1$ *Glefū*, $\mathfrak{C}$ *Gle|fu3*, $\mathfrak{B}^2\mathfrak{R}^2$ *Gleffum*, $\mathfrak{B}^1\mathfrak{B}^3$ *Glefum*. — Plin. H. N. XXXVII, 2.

46) S *ppio*.

47) P *nec que*, $\mathfrak{B}^2$ *nec que*, cet., H *neq3*.

48) S *quent quevo*, P *que nā q̄ ue*, cet.

49) P *que nā q̄ ue ratio*, RbfF$\mathfrak{B}^1\mathfrak{L}^{1 \cdot 2 \cdot 3}\mathfrak{C}$ *que ue*, $\mathfrak{L}^1$ *queue*, $\mathfrak{C}$ *que ue*, $\mathfrak{B}^1\mathfrak{y}$ *q̄ ue*, $\mathfrak{B}^2\mathfrak{B}^{1 \cdot 2 \cdot 3}\mathfrak{C}\mathfrak{B}^3$ *quae ue*, $\mathfrak{R}^{1 \cdot 2}$ *que vero ratio*.

diu [52]) quin etiam [53]) inter cetera ejectamenta [54]) maris jacebat [55]), donec luxuria noftra dedit nomen [56]), ipfis in nullo [57]) ufu: rude [58]) legitur, informe perfertur [59]), pretiumque mirantes accipiunt [60]). Succum [61]) tamen arborum effe [62]) intelligas, quia terrena quaedam atque etiam [63]) volucria animalia plerumque [64]) interlucent [65]), quae implicata [66]) humore [67]) mox durefcente [68]) materia cluduntur [69]). Fecundiora [70]) igitur [71]) nemora lucosque [72]), ficut [73]) Orientis fecretis, ubi tura balfamaque [74]) fudantur [75]), ita Occidentis infulis terris-

---

50) P *ratio*, $\mathfrak{R}^{1\cdot 2}$ *quæ vero ratio*.

51) RbfF *non gignit* (Rb in maag. c^e *quę nũ gignat*), P *gignat*, RabdfF$\mathfrak{R}^{1\cdot 2}\mathfrak{Y}\mathfrak{B}^{3}\mathfrak{SB}^{5}$ *gignat*, RRcHNTVW$\mathfrak{B}^{2\cdot 3}\mathfrak{L}^{1\cdot 2\cdot 3}\mathfrak{R}^{2}\mathfrak{M}^{2}\mathfrak{CB}^{1\cdot 2}$ *gignit*.

52) P . *diu*, T$\mathfrak{B}^{1\cdot 2}\mathfrak{M}^{1}\mathfrak{L}^{2}$ *diu*., W *diu . q*.

53) S *diu q̄ñqꝫ*, W *q*., $\mathfrak{B}^{1}$ *qnetiã*.

54) S *eructamenta*.
   (*electamenta*)

55) Rb *maris iaciebat* (in marg. c^e *mare*), ceteri cum P *iacebat*.

56) Rb in marg. *dedit illi nom̃*.

57) P ī *nullo*, cet., W$\mathfrak{B}^{3}$ *in ullo*, $\mathfrak{B}^{1}$ *in vllo*.

58) P *ufu . rude*, $\mathfrak{B}^{3}\mathfrak{M}^{1}\mathfrak{L}^{1\cdot 2}$ *vfu . rude*, $\mathfrak{R}^{1\cdot 2}$ *vfu Rude*, $\mathfrak{R}^{3}$ *vfu , rude*, T *ufu, rude*, cet.

59) P$\mathfrak{R}^{1\cdot 2}$ *pfertur*, S *profertur* (cum „cod. Groslot."), $\mathfrak{B}^{1}\mathfrak{L}^{2}$ *pfert*ᵘ, W *prefertur*.

60) Rf defunt verba *mirantes accipiunt*.

61) Ra *Sucum*.

62) H deeft *effe*, P *e*ˢˢ*e*, cet.

63) P *et*.

64) RbfF *plerigꝫ* (Rb in marg. c^e *plerũqꝫ*), P$\mathfrak{L}^{2}$ *plerũqꝫ*, NVW *plerunqꝫ*, $\mathfrak{B}^{1\cdot 2\cdot 3}\mathfrak{M}^{1}\mathfrak{R}^{1\cdot 2}$ *plerunqꝫ*, R *plerunque*, cet.

65) W *interlucet*.

66) P *implicata*, cet., W *implacata* (a mutat. in i); Longolius annotavit (unde?) „*implicita al. implicata*."

67) W *humorę* (deleta e).

68) M *in durefcente*.

69) P *cludũtur*, cet., HT *claudunt*. — Vide not. 7.

70) P *fecũdiora*, $\mathfrak{B}^{1\cdot 2}\mathfrak{L}^{2}\mathfrak{Y}$ *fecundiora*, cet., $\mathfrak{L}^{1}$ *facundiora*, $\mathfrak{R}^{1\cdot 2\cdot 3}\mathfrak{M}^{1}\mathfrak{B}^{3}\mathfrak{R}^{2}\mathfrak{CB}^{1\cdot 2\cdot 3}\mathfrak{L}^{3}\mathfrak{SB}^{5}$ *foccundiora*.

71) S$\mathfrak{R}^{1\cdot 2}$ *ergo*, P *igr̃*, $\mathfrak{B}^{1}$ *igit*, cet.

72) Rf *locufqꝫ*, Rb in marg. *Lucofqꝫ hñt*, P *lucofqꝫ*, cet.

73) Rf deeft *ficut*.

74) S *balfama quoque*.

75) P *fudãt*, F *fudant*, M *fudant*, Rf *fubdantur*, $\mathfrak{L}^{2}\mathfrak{B}^{1}$ *fudant*, cet.

que ineſſe crediderim [76]), quae [77]) vicini ſolis [78]) radiis [79]) expreſſa atque liquentia [80]) in proximum mare labuntur, ac vi [81]) tempeſtatum in adverſa litora exundant [82]). Si naturam ſuccini [83]) admoto igne [84]) tentes, in modum taedae accenditur alitque [85]) flammam [86]) pinguem [87]) et [88]) olentem; mox ut in picem reſinamve [89]) lenteſcit.

Suionibus [90]) *Sitonum* [91]) gentes [92]) continuantur [93]). cetera ſimiles [94]) uno differunt [95]), quod femina dominatur [96]):

---

76) RbſF *credendum,* P *crediderim,* cet.

77) P *q̃,* RbF *q̃ᵃ* (Rb in marg. cᵉ *qae*), Rf *quam,* ℓ²B¹ *q̃.*

78) S *folius.*

79) P *radiuſ,* RabcdFR¹·²B¹ℜ *radius* (Rb in marg. cᵉ *radiiſ*), ℓ² *radijs,* c. cet.

80) P *liquē|tia,* R¹·²ℜℓ¹B² *liquētia,* RabcdfFNB²ℭR³B⁵ *liquentia,* ℓ² *liqñ|tia,* R³ *liquātia,* TVWB¹·²B¹ℓ² *liquantia.*

81) P *uí,* cet., M *in,* Rf *in tempeſtatum.*

82) PB¹ *exundāt,* RabdfFM cet. *exundant* (ℜ *exundāt,* Wℭ *exundat*), Rc *exudant,* N *exſudant.* — Cf. not. 75.

83) B *ſuccin admoto,* B² *ſuccinadmoto,* S *ſucc³* (ſuccín:), W *ſuccine,* RRaN *ſucini.*

84) PR¹·²B¹·²ℜ *igni,* ceteri *igne.*

85) S *illicq³* (alit).

86) V *flamma,* P *flamā̆,* cet.

87) B¹ *piguem.*

88) ℓ¹ *deeſt et* (ineſt in ℓ² c. cet.).

89) P *reſinā̆ ue,* RacF *reſinā̆ue,* Rf *reſmamue,* Rdf *reſinam ue,* Rb B²·²ℭR² *reſinamue,* B¹ *reſinam ve,* ℜ *reſinamve,* R¹·² *reſinaniue,* N *raſinā̆mue* (ve), R *raſinamve,* H *reſinamque,* V *teſinamque,* B¹ *reſinā́mq³,* ℓ¹·²ℭ *reſinā̆q³,* R¹ *raſinamq³,* W *raſinamque* (a mutata in e), B¹·² *raſcinamq³,* ℜR¹ *raſcinā̆mq³,* B² *raſtinamq³,* RcN *raſinamue.*

90) P *Suionibuſ,* Rb *Suienibus* (in marg. cᵉ *Sueouonib9*), Ra *Siuionibuſ,* F *Siuonibɔ,* M *Smommbus,* cet. *Suionibus.*

91) P *ſithonū* (in marg. *Sithones*), ceteri omnes *Sitonum.*

92) P *genſ* (teſ), Ra *gens,* B¹ℜ *gens continuatur,* ceteri omnes *gentes.*

93) P *cōtinuāt',* Ra *continuatur,* B² *continuant',* ℓ² *continuant',* cet.

94) P *ſimileſ* (in marg. *ſiľ's*), S *ſimiles eſſe.*

95) P *differūt,* Ra *differunt,* cet., M *differūt',* Rc *differuntᵃ,* RRbſF MN *differuntur* (Rb in marg. cᵉ *differūt*).

96) P *dñātur,* B¹ *dñatur,* cet.

in tantum non modo a libertate, fed etiam [97]) a fervitute degenerant [98]). Hic [99]) *Sueviae* [100]) finis [101]).

XLVI.

Peucinorum [1]) *Venetorumque* [2]) et *Fennorum* [3]) nationes
Germanis an *Sarmatis* adfcribam dubito, quanquam *Peucini* [4]),
quos [5]) quidam *Baftarnas* [6]) vocant, fermone, cultu, fede [7]) ac
domiciliis [8]) ut Germani agunt. Sordes omnium [9]) ac torpor [10])

------

97) P *ef*, 𝔅[1] *z*.

     ńerant
98) P *degn'atur*, RacN𝔅[1] *degenerät*, RfF *degenerat*, Rb *degenerant*,
𝔈[2] *degenerant*, cet.

99) P *hi*, F *hi*, cet. *Hic*. Gryphius *hinc*.

     l' fueuę, fueuae
100) P *fueuię*, Ra *Sueuię*, N *fueuiae*, Rb *Sueuię*, RcdF *fueuie*, Rf
fu-|euie, M *fútiue* (f. *futuie*). Ceteri *Sueuię*, *Sueuie* (𝔅[1]), *Sueuiœ*, *fucuiœ*,
R *Sue uae*.

101) Ṗ *finef*, cet., H𝔈[2.3]ℜ[2]𝔅[1.2]𝔅[1.2.3]𝔈ℜ[3]𝔅[5] *finis*. — W (ex fequenti capitulo finit *fines Peucinorum* :

XLVI.

  curo   l' curo   peucurorum
1) P *Peucinorū* (in marg. *Peucini*), Ra *Peucinorum*, N *Peucinorum*,
 cin   al. peucinor.
H *Peucurorum*, R *Peucuorum*, Rc *Peucinorum*, Rd *Peutinorum*, S *Prutinorum*,
RfFL *Prucinorum*, Rb *Prucinno*𝔄, ceteri *peucinorum*, *peucinorū*, *Peuci-*
*noru*3, *Peucino*𝔄 (𝔅[1]). — Vide not. 4. 18.

2) P *uenetorūq*3 (in marg. *Veneti*), M *venetorūq*3, RodF *uenetorum-*
que, Rf *uenethoruzq*3, Rb *uenetho*𝔄*q*3, RaH *Venethorūq*3, S *venet*h*orumque*,
N *uenethorúmq*3, Rc *uenetorūq*, Rd *venetorumq*3, R *Venetor.*, ceteri *uene-*
*torumq*3, *venetorumq*3, *Venetorūq*3, 𝔅[3]𝔈𝔅[5] *Venedorumq*3. — Vide n. 16.

3) P *fennorū*, RadHNTℜ[1.2.3]𝔈[3]𝔅[1]𝔐𝔅[1.3]𝔈𝔅[5] *Feñorū*, *Fennorum*,
M *fennorū*, L *Senorum*, W𝔅[1.2]𝔐[1]ℜ[2]𝔈[1.2]𝔅[2]𝔈𝔅[2] *femiorum* (in W correct. in nn), RbfF *fefinorum* (Rb in marg. ut *fenno*𝔄), Rc *fomnorū* (in
marg. *l fofinorū*). — Vide not. 19. 31.

              peucini
4) PRacdN *peucini*, M *pencini*, S *prutini*, F *prucini*, Rbf *prugini*,
ceteri *Peucini* (𝔈 *Peuini*). — Vide not. 1. 18.

5) P *q°f*, Rbf *qirof quidam*, 𝔅[1] *q°s*.

6) P *baftarnaf*, cet., Rb *bafternes*, W𝔅[1.2]𝔈 *baftranas*.

7) P *fede*, cet., Rf *fedef*.

8) P *domiciliif*, cet., Rf *domicilif*; Rc defunt verba poft *domiciliis*
usque *Sarmatis* funt (ita: *domiciliis* † † † *funt i plauftro*). — Vide n. 27.

9) ℜ[1.2] *omniumque*, P *oium*, 𝔅[1] *oīm*, cet.

10) M *actor proprocerum*, P *ac torpor procerū*, cet.

procerum; connubiis mixtis [11]) nonnihil [12]) in *Sarmatarum* [13]) habitum [14]) foedantur [15]). *Veneti* [16]) multum ex moribus traxerunt: nam quidquid [17]) inter *Peucinos* [18]) *Fennosque* [19]) silvarum ac montium erigitur, latrociniis pererrant [20]). Hi [21]) tamen inter Germanos potius referuntur [22]), quia et domos fingunt [23]) et scuta gestant et peditum usu [24]) ac pernicitate gaudent; quae omnia diversa [25]) *Sarmatis* [26]) sunt [27]), in plaustro [28]) equoque [29]) viventibus [30]). *Fennis* [31]) mira feritas, foeda paupertas: non arma, non equi, non penates; victui herba, vestitui [32]) pelles, cubile humus. solae [33]) in sagittis [34]) spes,

---

11) P *mistos*, W *mistis*, B¹ *mistis*, ℰ² *mistis*, cet.; RabdfFHMSVℜ¹·² B¹𝔜 *mistos, mixtos.*

12) R *non nisi.*

13) RfW *Sarmatharum*, al.

14) P *hītū,* cet. *habitum.*

15) P *fedant',* cet. *fedantur,* R *fedantur,* B¹ℜ¹·² *foedāt',* M *fedant'.*

16) P *ueneti,* ceteri *veneti,* RaNB¹𝔜 *Venethi,* S *uenethii,* B²𝔖B⁵ *Venedi.* — Vide not. 2.

17) P *qcqd inter,* B¹ *quidqd īter,* F *qui î-|ter.*

18) P *peucinos,* FM *pencinos,* Rb *pencinnos* (in marg. cᵉ qd̄ inter *prucinnos*), Rf *petu-|mos,* ℜ¹·²B³B *paucinos,* S *prutinos,* ceteri *peucinos, Peucinos.* — Vide n. 1. 4.

19) PRdMB¹ *fennosq3,* RbfF *sennosq3,* N *foennósq3,* Ra *Feñosq3,* ceteri *fennosq3, fēnosq3,* ℰ¹·²ℜ² *femiosq3.* — Vide not. 3. 31.

20) Rb *per erant,* Rf *perant.*

21) P *hi tam,* ℰ² *Hi tñ,* B¹ *hi tñ,* ℰ¹ *Hic t.,* Rf *Ni tñ,* W *deest hi.*

22) P *referūtur,* RRabf *referuntur,* cet., Rd *referūt,* N *referunt.*

23) P *figūt* (quasi *sīgūt*), KTB² *figunt,* ceteri *fingunt.* — Vide supra XLV, 82.

24) P *peditū* (primitus scriptum erat *pecudum*), Ra *pecudū,* B¹ *pecudū,* RbdfN cet. *peditū, peditum.*

25) P *diuersa,* cet, ℰ *diuerso.*

26) W *Sarmathis,* et cetera.

27) Vide n. 8.

28) Rbf *palustro,* P *plaustro,* cet.

29) P *eq°q3,* M *equo* ♃.

30) P *suuētibȝ.*

31) P *Fennis,* RRabfFM cet. *Fennis,* N *Foennis,* Rc *Toᶜnis,* Rd *fercinis.* — Vide not. 3. 19.

32) Rb *uestitui|q;,* P *uestitui,* cet.

quas inopia ferri offibus afperant ³⁵). idemque venatus viros
pariter ac ³⁶) feminas alit: paffim ³⁷) enim comitantur ³⁸) partemque ³⁸) praedae petunt. Nec aliud infantibus ³⁹) ferarum ⁴⁰)
imbriumque ⁴¹) fuffugium, quam ut in aliquo ramorum nexu
contegantur ⁴²). huc ⁴³) redeunt ⁴⁴) juvenes, hoc ⁴⁵) fenum
receptaculum. Sed ⁴⁶) beatius arbitrantur quam ingemere agris,
inlaborare ⁴⁷) domibus ⁴⁸), fuas alienasque fortunas fpe metu-
que verfare. fecuri adverfus homines, fecuri ⁴⁹) adverfus deos,
rem difficillimam ⁵⁰) affecuti funt, ut ⁵¹) illis ⁵²) ne voto ⁵³)
quidem opus effet ⁵⁴).

Cetera jam fabulofa: *Hellufios.* ⁵⁵) et *Oxionas* ⁵⁶) ora ⁵⁷)

---

33) P *folç*, RRabcfFMNW𝔅¹ cet. *folç, fole;* RdSTℜ¹·²·⁰𝔏³𝔅²·³ℭ
Sola, ℜ²𝔅¹· *Solæ.*

34) Rb *fagiptif,* R? *fopiptif,* F *fagistis,* P *fa-|gittif,* cet.

35) P *afpãt,* RRacdf *afperant,* Rb *exafperant.*

36) TW𝔅¹𝔏³ cet. *et,* P *ac,* cet.

37) Rf *paffum,* P *paffim,* cet.

38) P *comitãt²,* cet.; M *comitat'.*

39) M omifit *partemque* usque *infantibus.*

40) M *feraru̅.*

41) Pℜ¹·² *imbriu̅q3,* RdN *imbriumq3,* 𝔓𝔅¹ *himbriu̅q3,* Rc𝔅¹ *hym-
briu̅q3,* R *hymbriumque,* RRaK𝔅¹·²·³𝔏¹·²·³𝔅²ℭ𝔅²·³ℭℜ³𝔅⁵ *hymbriumq3,*
T *ymbriumque,* Rf *hymbrum,* Rb *hy̅|brium* (omiffo *que*).

42) 𝔅⁵ *contegatut,* P *ategãtu,* cet.

43) P *huc,* cet, ℜ¹·² *Nunc.*

44) V *redunt,* P *re-|deu̅t,* cet.

45) P *hŏc.*

46) Rb in marg. *Sed hoc beatius;* ceteri omnes *Sed folum;* 𝔅³ℭ
𝔅⁵ *Id.*

47) P *ilaborare,* H *inlaborare,* R *in laborare,* W c. cet. *illaborare,*
𝔏² *elaborare.*

48) N *damibus,* P *domibz,* cet.

49) Verba *fecuri aducrfuf deof. Rem difficile affecuti* fubrafa funt in
P; libri impreffi omnes fejungunt *deos. Rem five deos, rem.*

50) P *difficilē,* Ra𝔅¹ *difficilem,* RRbcdfN *difficillimam.*

51) W *ut ex in* mutatum.

52) 𝔅¹𝔏¹·² *in illis,* ut W mutavit *ut ex in.*

53) M *noto,* P *uoto,* cet.

54) P *eˢˢet,* Raf𝔏¹ *eēt,* Rc *eẽt,* RRbdN cet. *effet,* 𝔅³ℭ𝔅⁵ *fit.*

55) P *hellufiof,* c. ceteris, RbfF *Ellufios.*
     l'etionaf   l etionaf
56) P *oxionaf,* Ra *Oxionaf,* R *Etionas,* Rd *etionas,* RcSV *exionas,* Rbf
FN cet. *oxionaf,* M *oxianas.*

hominum vultusque [58]), corpora [59]) atque artus ferarum [60]) gerere [61]). quod [62]) ego ut incompertum in medium [63]) relinquam.

---

57) $\mathfrak{R}^{1\cdot2}$ *h ora hominum*, P *ora*, cet.

58) Rab *uoltuſq3*, Rf *uolt9q3*, S *voltusque*, $\mathfrak{W}^1$ *vol-|tuſq3*, $\mathfrak{P}$ *voltusq;*, ceteri cum P *uultuſq3* (Rc *ultuſq;*).

59) PRbfFM$\mathfrak{P}$ (deeſt *et*) *vultuſq3 . corpora*, $\mathfrak{W}^2$ *vultuſq3 : corpora*, $\mathfrak{W}^3$$\mathfrak{S}$$\mathfrak{W}^5$ *vultusq3, corpora;* ceteri *et corpora*.

60) $\mathfrak{R}^{1\cdot2}$ *terarum*, P *feraru͂*, cet.

61) M *gereſe*, P *geꝛeꝛe*.

62) S *que*, ceteri omnes *quod* (P *q̄d*).

63) S *mediům* (o manu ſecunda).

II.
Geschichte der Germania
und ihrer Handschriften.

1. Historia augusta. Agricola. Dialogus.

1.

Wenn nach den erſten und heftigſten Stürmen der germaniſchen Völkerwanderung, um die Mitte des ſechſten Jahrhunderts der Ge=ſchichtſchreiber der in Folge jener Erſchütterungen in Italien mäch=tig gewordenen Gothen — <u>Jornandes</u> oder Jordanus gleich im Eingange ſeines ohne Zweifel in Italien geſchriebenen Werkes de rebus oder actis Getarum cp. 2. den Tacitus als Annalium ſcriptor aufführt, ſo gibt dieß noch eben ſo wenig Zeugniß von einem damaligen Bekannt=, ja Vorhandenſein ſeiner Germania ab, als die oft angeführte Stelle des etwas früheren Vopiscus, wonach der Kaiſer Tacitus, welcher ſich, wie noch im fünften Jahr=hunderte (um 476) der galliſche Präfect Polemius [1]), des berühm=ten Geſchichtſchreibers als ſeines Verwandten und Vorfahren rühmte, deſſelben Werke in allen Archiven und Bibliotheken des Reiches aufzuſtellen und jährlich zehen Male abzuſchreiben befahl [2]); welche Verordnung vielmehr kund zu geben ſcheint, daß ſchon da=mals die Werke des edelſten und ernſteſten Römers vergeßen zu

---

[1]) *Sidonius Apollinaris* Epiſt. IV, 14. (an Polemius): Cornelius Tacitus, unus e majoribus tuis.

[2]) Vopiscus, der auch in Aurelian's Leben cp. 2. und Probus cp. 2. neben Livius, Salluſtius, Trogus den Tacitus preiſt, ſagt im Tacitus 11.: Cornelium Tacitam ſcriptorem hiſtoriae Auguſtae, quod parentem ſuum eundem diceret, in omnibus bibliothecis collocari juſſit Tacitus imperator et ne lectorum incuria deperiret, librum per annos ſingulos decies deſcribi publicitus in civicis [cunctis? es ſteht evicis] archivis juſſit et in bibliothecis poni.

werben und unterzugehen drohten [1]). Daß aber bis auf uns keine
einzige ganz alte und vollständige Handschrift aller Werke des Tacitus gelangte, lag wohl zum Theil auch in dem Umstande, daß
der eben genannte, mit dem Schriftsteller gleichnamige Kaiser schon
nach sechs Monaten (im J. 275/6 n. Chr.) starb, jene Verordnung
also während seiner kurzen Herrschaft höchstens einmal zur Ausfüh-
rung gekommen sein mag.

Wenn aber damals und später mehrere so urtheilten, wie
schon im zweitdritten Jahrhunderte der gewiß einwirksame Tertullian, so trugen auch wohl die Christen, wie in vielen ähnlichen
Fällen, ihr nicht geringes Schuldtheil. Indem jener nämlich das
Christenthum gegen die Beschuldigung der Heiden vertheidigt, daß
man den Christengott mit einem Eselskopfe abbilde, und die Vermuthung ausspricht, daß dieses durch den Zusammenhang des Chri-
stenthumes mit dem Judenthume lediglich aus der Behauptung des
Tacitus über das Eselsbildniß des jüdischen Jehovah entsprungen
sein müße (während Jener in diesem Falle wohl nur die allgemeine
öffentliche Meinung wiedergab), schilt er ihn, weil er doch ander-
weitig selber gestehe, daß Pompejus, als er in das Allerheiligste zu
Jerusalem gedrungen, gar kein Ebenbild Gottes darin gefunden
habe, als illum mendacium loquacissimum [2]).

---

[1]) Die Vitae des Suetonius, der Scriptores historiae augustae, das
Breviarum des Eutropius 2c. waren, als Abrégés, Résumés, Mémoires,
Chroniques scandaleuses den verderbten Geschlechtern und der erschlafften
Zeit der philosophischen Kaiser 2c. vielleicht willkommener und bequemer, als der
sittenstrenge und schweigsam=beredte Tacitus.

[2]) Orosius nennt ihn adulator; Budäus sogar omnium scriptorum
sceleratissimum. — Des Tertullian Stelle (Apologet. adv. gentes 16.)
lautet: Somniastis caput asininum esse deum nostrum. Hanc Cornelius
Tacitus suspicionem ejusmodi inseruit. Is enim in quinta Histo-
riarum suarum bellum Iudaicum exorsus ab origine gentis, etiam de
ipsa tam origine quam de nomine et religione gentis quae voluit argu-
mentatus, Iudaeos refert Aegypto expeditos sive ut putavit extorres va-
stis Arabiae in locis aquarum egentissimis, cum siti macerarentur, ona-
gris, qui forte de pastu potum petituri aestimabantur, indicibus fontis
usos ob eam gratiam consimilis bestiae superficiem consecrasse [Hist.
V, 3. 4.: effigiem animalis]. Atque ita inde praesumtum opinor, nos
quoque ut religionis Iudaicae propinquos, eidem simulacro imitari. At
enim idem Cornelius Tacitus, sane ille mendacium loquacissimus in
eadem Historia [V, 9.] refert Cn. Pompejum cum Hierusalem cepis-

Wie aber die von Tertullian gemeinten beiden Stellen nur den Historien des Tacitus, obenein den uns gebliebenen Büchern derselben angehören, so dürfte auch die vorher bezeichnete Stelle des Vopiscus nur diese größeren Werke des Tacitus (Historien und Annalen) betreffen, die er, wie alle auf uns gekommenen Handschriften derselben (und eigentlich erscheinen die kleineren Werke nie damit verbunden), als Eins betrachtet. Wenigstens bezeichnet er in jener Stelle den Tacitus nur als scriptor historiae augustae, und ein solches librum habe der Kaiser Tacitus abschreiben und aufstellen laßen.

Aus solchem Gesammtwerke kommen denn auch bei den alten Schriftstellern öfter Stellen in Anwendung. Ein Scholiast zum Juvenal V, 108. führt, ohne Tacitus zu nennen, Worte aus Annal. XV, 62. an [1]), sagt zu Juv. II, 99. Horum (Vitellius und Otho) bellum scripsit Cornelius d. i. in den Hist. I und II, zu Juv. XIV, 101. aber gleichfalls von Moses cujus Cornelius etiam Tacitus meminit, d. i. wieder in den Histor. V, 3.

Im viertfünften Jahrhunderte entnimmt Sulpicius Severus in seiner Historia sacra fast wörtlich aus Ann. XV, 37. und ganz wörtlich aus XV, 40. 44., was er von Nero sagt.

Im fünften Jahrhunderte aber führt Sidonius Apollinaris von Lyon in einem Briefe an den schon genannten Präfecten Polemius fast wörtlich einen Ausspruch des Claudius Civilis an, welchen Tacitus in seinen Hist. V, 26. aufbewahrt hat [2]).

Im selben Jahrhunderte kennt und nennt der Spanier Orosius fleißig die Historien (in unserm Sinne). In seiner eigenen

---

set, proptereaque templum adiffe fpeculandis Iudaicae religionis arcanis, nullum illic reperiffe fimulacrum et utique fi id colebatur, nufquam magis quam in facrario fuo exhiberetur, eo magis quia nec verebatur extraneos arbitros, quamquam vana cultura. Solis enim facerdotibus adire licitum et confpectus ceterorum velo oppaffo interdicebatur.

[1]) Die Stellen in Brotier's Tacitus I, LIX.

[2]) *Sidonius Apollinaris* Epift. I, 14: C. Tacitus, unus e majoribus tuis, Ulpianorum temporum conful fub verbis cujuspiam Germanici ducis in Hiftoria fua retulit dicens „Cum Vefpafiano mihi vetus amicitia et dum privatus effet, amici vocabamur." Tacitus Hift. V, 26. fagt: Erga Vefpafianum vetus mihi obfervantiä et cum privatus effet, amici vocabamur.

Hiſtoria (I, 5.) entnimmt er bei der Schilderung der Pentapolis [1]) unter namentlicher Anführung des Tacitus wörtlich aus Hiſt. V, 7.; eben ſo Hiſt. I, 10., wo er die Plagen Ägyptens schildert [2]), aus Tacitus Hiſt. V, 3. Bei der Schilderung von der Gefangen-führung der Juden beruft er ſich zu den Worten DC millia Iudaeorum eo Iudaico bello interfecti auf Cornelius und Suetonius, hier aber hat Tacitus (Hiſt. V, 13.) multitudinem obſeſſorum omnis aetatis, virile ac muliebre ſexus, ſexcenta millia fuiſſe accepimus; von Getödteten ſpricht dagegen auch nicht Suetonius, ſondern Euſebius.

2.

Derſelbe Oroſius aber bietet noch zwei Stellen dar, welche uns über die fünf allein erhaltenen Bücher der Hiſtorien hinaus zu gehen nöthigen.

In ſeinem VII. Buche 3. ſagt Jener vom 48. Jahre des Auguſtus: Deinde, ut verbis Cornelii Taciti loquar, „ſene Auguſto Ianus patefactus, dum apud extremos terrarum terminos novae gentes ſaepe ex uſu, aliquando cum damno quaeruntur, uſque ad Veſpaſiani duravit imperium [3])“, und nach dem jüdiſchen Kriege wiederholt derſelbe (VII, 9.): Continuo omnibus bellis ac tumultibus domi forisque compreſſis pacem totius orbis pronuntiaverunt [Titus ac Veſpaſianus] et Ianum geminum obſeratis cohiberi clauſtris ſexto [4]) demum ipſi poſt urbem conditam consecrarunt [5]).

In den uns erhaltenen Büchern der Hiſtorien und Annalen des Tacitus wird nur einmal (Ann. II, 49.) des Janustempels kurz erwähnt. Jene Worte können nur im VI. (oder VII.) Buche der Hiſtorien geſtanden haben; wir müßten denn annehmen, daß die erſte jener beiden Stellen über den Janustempel, wo er dabei

---

[1]) Inter alios etiam Cornelius Tacitus refert, qui ſic ait „Haud procul inde campi ... perdidiſſe“ und „ego ſicut inclitas ... corrumpi reor.“

[2]) „Plurimi autores conſentiunt ... pepuliſſent.“

[3]) Quae verba — ſagt Ruperti I, xvi — ab hiſtorica veritate aliena ſunt et fortaſſe non accurate deſcripta ab Oroſio aut librariis.

[4]) Alii ſextum.

[5]) Brotier ſagt in ſeinen Supplem. Hiſtor. V, 52. kurz Tum ſilentibus bellis clauſus eſt Ianus.

von Auguſtus redet, in der ausführlichen Darſtellung von deſſen
Leben geſtanden habe, das er, weil die Annalen eigentlich erſt mit
des Auguſtus Tode beginnen, im dritten Buche der Annalen zu
ſchreiben verſpricht [1]), in welchem vielleicht auch die Geſchichte der
Teutoburger Schlacht erzählt ward, die Ann. I, 61. nur kurz be=
rührt werden konnte.

Im ſelben ſiebenten Buche ſeiner Hiſtoria (VII, 10.) erzählt
Oroſius vom Kriege des Domitianus gegen die Germanen
und gegen die Daker (im Jahre 70 n. Chr.), von welchem Ta=
citus in ſeinen Hiſtorien III, 40. nur im Allgemeinen ſagt, daß
Deutſchland durch Schlaffheit der Heerführer, ſo wie durch den
Aufſtand der Legionen aufgeregt und Rom ſelbſt damals in die
größte Gefahr gerathen ſei. Eben ſo ſeien, weil die römiſche Be=
ſatzung aus Möſien hätte weggezogen werden müßen, die Daker
ſchwierig und aufrühriſch geworden und hätten die Standlager
des römiſchen Heeres an beiden Ufern der Donau angegriffen und
zerſtört. Nach dieſen Worten verſpricht Tacitus, daß er dieſen
Krieg (zunächſt den deutſchen), der ſich länger hinausgeſchoben habe,
zu ſeiner Zeit und an ſeinem Orte bald ausführlicher erzählen
wolle [2]).

---

[1]) Ann. III, 24.: Ut valida D. Auguſto in rempublicam fortuna,
ita domi inprofpera fuit, ob impudicitiam filiae ac neptis, quas urbe de-
pulit, adulterosque earum morte aut fuga punivit. nam culpam inter viros ac feminas vulgatam, gravi nomine Caeſarum religionum ac viola-
tae majeſtatis appellando, clementiam majorum fuasque ipfe leges egre-
diebatur. Sed aliorum exitus, fimul cetera illius aeftatis memorabo, fi effectis, in quae tetendi, plures ad curas vitam de-
duxero. — Tacitus hatte auch, wie Cäſar und Andere, Facetias geſchrie=
ben, wie wenigſtens der Grammatiker Fulgentius Planciades (De anti-
quarum vocum interpretatione. Mailand, 1487 mit ſeiner Auslegung des
Birgil und ſeiner Mythologie gedruckt) im 6. Jhb. ſagt (doch fehlt im Cod.
Lugd. und Exc. der Name Cornelius, und Barth Adverſar. XIII, 11. will
ſtatt Tacitus Catius leſen nach Cicero ep. ad fam. XV, 16. Quintil. I. Or.
XI, 123. Horat. Sat. II, 4, 1.).

[2]) Hiſt. III, 46.: Turbata per eosdem dies Germania et focordia
ducum et feditione legionum. Externa vi, perfidia fociali prope adflicta
romana res. Id bellum cum caufis et eventibus (etenim longius
provectum eft) mox memorabimus. Mota et Dacorum gens, numquam fida, tunc fine metu, abducto e Moefia exercitu. Sed prima rerum quieti fpeculabantur. ubi flagrare Italiam bello, cuncta invicem

In den uns erhaltenen 5 Büchern der Historien kommt davon weiter nichts vor. Eben so wenig in den Annalen: diese, denen jetzt noch Buch VII — X (die Zeit des Caligula und die ersten Regierungsjahre des Claudius oder die Jahre 38 — 46 nach Chr. Geb.) abgehen [1]), reichen, indem sie die Regierung des Tiberius, die letzten Jahre des Claudius, auch einen Theil von Nero's Leben gewähren, nur bis zum Jahre 67. [2])

Die uns gebliebenen Historien beginnen mit dem Jahre 69 und gehen, fast nur ein Jahr umfaßend, bloß bis 71 n. Chr. Im letzten (V.) Buche erzählt Tacitus theilweise noch den Beginn von der Belagerung Jerusalem's durch Titus, der er jene bekannte Sittenschilderung der Juden vorausschickt, so wie, glücklicher Weise vollständig erhalten, den Krieg gegen Claudius Civilis am Niederrhein [3]). So ausführlich wie er diesen und die Kämpfe des Arminius gegen Germanicus beschreibt [4]), würde er auch wohl jene späteren Kriege in Deutschland (und Dacien), dem beigebrachten Versprechen getreu, umständlich dargestellt haben; wobei wir nicht unbemerkt laßen können, daß es doch immer die Kämpfe der Deutschen zu sein scheinen, denen er vorzugsweise Aufmerksamkeit schenkt.

Daß aber Tacitus die Historien so gut wie die Annalen wirklich bis zum Lebensschluße Domitian's vollendet habe, geht aus

---

hoftilia accepere, expugnatis cohortium alarumque hibernis utraque Danubii ripa potiebantur. Iamque caftra legionum exfcindere parabant, ni Mucianus fextam legionem oppofuiffet, Cremonenfis victoriae gnarus ac ne externa moles utrimque ingrueret, fi Dacus Germanusque diverfi irripuiffent. Adfuit, ut faepe alias, Fortuna populi romani, quae Mucianum viresque orientis illuc tulit et quod Cremonae interim transegimus.

[1]) In diesen verlorenen Büchern muß unter Anderm gestanden haben, was Tacitus Ann. I, 58. von Arminius Sohne am rechten Orte erzählen zu wollen zusagt (in tempore memorabo).

[2]) Multa et libro huic (Ann. XVI) et Neronianae hiftoriae deeffe clarum. Duo anni dicendi fuperfunt, in quibus de adventu Tiridatis, de conjuratione Viniciana, de motu Vindicis aliaque digna, quae a magno antea tradita legeremus, fi fatis ita vifum fuiffet: *Lipfius.*

[3]) Hift. IV, 12.: Id bellum, quibus caufis ortum, quanto externarum fociarumque gentium motu flagraverit, altius expendam. — Hift. IV, 12—30. 54—85. V, 14—26.

[4]) Annal. I, 55—68. II, 9—88.

ben Worten der später geschriebenen Annalen (XI, 11.) hervor
utriusque principis rationes praetermitto satis narratas libris,
quibus res imperatoris Domitiani compofui; während
er im Eingange der Hiſtorien (ſehr fein) ſagt, daß wenn ihm das
Leben bliebe, er die Herrſchaft des Nerva und Trajan als den er-
quicklicheren Schluß ſeinem Alter vorbehalte [1]).

Daß endlich, wie oben ſchon angedeutet ward, alle dieſe Bücher der Annalen und Hiſtorien als ein Corpus oder Volumen triginta librorum [2]) vereint etwa hundert Jahre nach dem Kaiſer
Tacitus noch vorhanden waren, bezeugt die bekannte Stelle des
heiligen Hieronymus [3]) in ſeinem Commentare zum Propheten
Zacharias (14), wo er von der Zerſtörung Jeruſalems ſagt Haec
omnia pleniſſime Ioſephus, qui Iudaicam ſcripfit hiſtoriam, et
multo majora, quam legimus in prophetis, eos ſuſtinuiſſe comme-
moravit. Cornelius quoque Tacitus, qui poſt Auguſtum
ufque ad mortem Domitiani vitas Caeſarum triginta vo-
luminibus (d. i. 16 der Annalen und 14 der Hiſtorien) exaravit
u. ſ. w. [4]).

<hr>

.[1]) Hiſt. I, 1.: Quod ſi vita fuppeditet, principatum D. Nervae et
imperium Trajani, uberiorem fecurioremque materiam fenectuti
fepofui: rara temporum felicitate, ubi fentire quae velis et
quae fentias dicere licet.

[2]) Liber nannte die Sammlung oben auch Vopiscus (Tacit. 11.). — Die
Handſchriften des Tacitus ſondern bekanntlich auch durchaus nicht die Annalen
von den Hiſtorien: die einzig alte Florentiner Handſchrift mit langobardiſcher
Schrift (Plut. LXVIII, 2.) hat zum zweiten Buche der Hiſtorien Cornelii
Taciti liber octavus decimus explicit: incipit nonus decimus; im Cod.
Harlei. Bodl. Jer. ſteht zum britten Buche der Hiſtorien Cornelii Taciti
actorum diurnalium hiſtoriae Auguſtae liber XVIIII. explicit: incipit
vicefimus feliciter; im Cod. Bod., ganz wie im Florentiner, zum 4. Buche
der Hiſtorien Corn. Taciti liber XX. explicit: incipit XXI. Eben ſo wird
zu Annales oder Hiſtoriae in den erſten Drucken geſetzt Actionum diurnalium ab exceſſu Auguſti libri fedocim qui fuperfunt, d. i. die 5 erſten
und 6 letzten Bücher der Annalen und die 5 erſten der Hiſtorien. Hiſtoria
augufta, wie im Cod. Harlei. Bodl. Ier., ſagt aber ſchon Vopiscus Tacit. 11.: Cornelium Tacitum fcriptorem hiſtoriae auguſtae.

[3]) In den Jahren 331 — 420 nach Chriſtus.

[4]) Eben ſo heißt es im Mſ. Reg. zu Paris (Pap. 15. Jhb.) C. Cornelii Taciti Hiſtorici illuſtris XXX librorum, quos aedidit, fragmenta
incipiunt. — Vgl. übrigens A. Gellius N. A. V, 18. und Niebuhr über den

3.

Blicken wir hienach nochmals auf die beiden Stellen des
Orofius im fünften Jahrhundert zurück, so scheint er in der
zweiten, die den unglücklichen Feldzug des Domitian gegen die
Deutschen und Daker (im J. 70) schildert, wirklich einige Worte
des Tacitus, den er ja namentlich anführt, genau wiederzugeben:
Bellum adverfus Germanos et Dacos per legatos geffit, pari rei
publicae pernicie, cum et in urbe ipfe fenatum populumque la-
niaret et foris male circumactum exercitum, affidue hoftes caede
conficerent.

Schon diefer Eingang klingt taciteisch genug [1], wonach Orofius fortfährt: Nam quanta fuerint Diurpanei Dacorum regis
cum Fufco duce proelia, quantaeque Romanorum clades, longo
textu volverem, nifi Cornelius Tacitus, qui hanc hiftoriam
diligentiffime context, „de reticendo captivorum numero et Sal-
luftium Crifpum et alios auctores quam plurimos fanxiffe et inde
fe ipfum potiffimum elegiffe" dixiffet.

Schon allein die Nennung vom Namen des bakischen Königs
dürfte außer Zweifel laßen, daß diefe Worte nicht etwa aus dem
Caffius Dio entnommen feien, der diefe Kämpfe als unter De-
kebalus, dem Nachfolger des Duras ($\Delta o \acute{v} \varrho \alpha \varsigma$), vorgefallen erzählt; weshalb auch die Ausleger unter Zuziehung des Namens
$\Delta \varepsilon \varkappa \varepsilon \beta \acute{\varepsilon} \lambda \iota o \varsigma$ bei Suidas [2] in diefem nur einen $\Delta \alpha \varkappa \varepsilon$-$\beta \varepsilon \lambda o \varsigma$ d. i.
einen Dakenkönig haben erblicken wollen [3]. Dio nennt übrigens
den Fufcus hier nicht, fondern fpäter unter Trajan, welcher das
von Jenem verloren gegangene Signum wieder gefunden habe [4].

____

Unterfchied zwifchen Annalen und Hiftorien (Rhein. Mufeum für Philologie II,
2, 284—294 ꝛc.).

[1] Vgl. Hift. I, 1.: **Dignitatem noftram a Vefpafiano inchoatam, a
Tito auctam, a Domitiano longius provectam non abnuerim, fed in-
corruptam fidem profeffus, nec amore quisquam et fine odio dicen-
dus eft.**

[2] **Sub voce** _ἐξυβρίζοντα._

[3] Sollte dann **D(i)ur-paneus, Dor-paneus** auch zu $\Delta o v \varrho$-$\alpha \varsigma$ in gleichem Verhältniffe ftehen und ein pan hervorfpringen? oder gar ein **Thaúrpaneis**
zum **thiudaneis**?? — Brotier Supplem. z. Tacitus (IV, 456—458.) trägt
Dio's Worte (vgl. _Petr. Patricii_ excerpta legat. 15. martial. VI, 76.)
gradezu auf **Diurpaneus** über. Eben fo ftellt Maskow I, 139. Dekebe-
lius gleich **Dorpaneus.**

[4] Dio LXVIII, p. 1126. **R.:** _τότε σημεῖον, τὸ ἐπὶ τοῦ Φούσκου ἁλὸν,_

Diurpaneus wird sonst nirgends weiter im Alterthume, so weit es uns erschloßen ist, genannt. Wenn dieses nun deſſen ungeachtet bei einem Schriftsteller des späteren sechsten Jahrhunderts und zwar in größerer Ausführlichkeit als bei Orosius stattfindet, so bleibt uns übrig anzunehmen, daß dieses unmittelbar aus der auch jenem zu Gebote gestandenen Quelle, dem Tacitus, geschehen sei, der, wie wir oben (S. 141.) sahen, diese Dakerkämpfe genauer erzählen wollte und ohne Zweifel (da er bis zu Domitians Ende schrieb) erzählt hat.

Der oben genannte Schriftsteller ist wieder Jornandes (ſ. oben S. 137.), der uns diese Kämpfe, in welchen Deutsche und Daker ohnedieß sich so nahe berührten, deshalb aufbewahrt hat, weil er bekanntlich schon, wie viele Spätere die Namen Daci und Dani (selbst bis nach England hinüber) gleichstellten, durch den Vorgang älterer Geschichtschreiber geleitet [1] Gothi und Getae für Eins hielt. So erzählt er denn, übrigens ohne Bezug auf Tacitus, doch wie gesagt nicht wörtlich nach Orosius [2]), den er sonst nicht verschmäht [3]): Gothis [4] Dorpaneus principatum agebat [5]), quando bello commiſſo Gothi Romanis devictis Op-

---

εὖϱε. — Tacitus nennt den Cornelius Fuscus in den uns erhaltenen Büchern der Historien nur kurz procurator Pannoniae (II, 86. III, 4. 42. IV, 4.), claſſis praefectus (III, 12. und III, 66). Eben so Suetonius (Domitian. 6.): praefectus cohortium praetorianorum; Eutropius (VII, 23.): praefectus praetorio. Martial Epigramm. VI, 76. widmete ihm ein Epitaphium.

[1]) Schon im 3. Jhb. finden wir jene Gleichstellung der Getae und Gothi bei Spartianus (Antonin. Caracalla 10.; Antonin. Geta 6.), Procopius (B. goth. I, 24. B. Vandal. I, 2.), u. ſ. w., die Jak. Grimm am 5. März 1846 in einem Vortrage vor der K. Akademie zu Berlin erneut vertreten hat.

[2]) Man sieht wohl, wie aus des Suetonius Oppius (al. Appius) Sabinus, den auch Eutropius (Breviar. V, 23.) Oppius nennt, in des Jornandes Texten Poppens werden konnte (ſ. folg. S., Anmerk. 1). Es folgt sich Agrippa, Oppius. Suetonius sagt (Domitian.) Primam (expeditionem) Oppio Sabino conſulari oppreſſo, ſecundam Cornelio Fuſco praefecto cohortium praetorianorum, cui belli ſummam commiſerat. Eutropius sagt A Dacis Oppius Sabinus conſularis et Cornelius Fuſcus praefectus praetorio cum magnis exercitibus occiſi ſunt.

[3]) Er beginnt sein Werk gleich wörtlich aus diesem (I, 2).

[4]) Cod. Monac.: Gothis autem.

[5]) Cod. Mon. gerebat.

pii [1]) Sabini capite abfciffo multa caftella et civitates inva-
dentes de parte imperatoris publice depraedarunt: qua neceffitate
fuorum Domitianus cum omni virtute fua in [2]) Illyricum pro-
peravit et totius pene reipublicae militibus ductore Fufco
praelato cum electiffimis viris amnem Danubium [3]) confectis [4])
navibus ad inftar pontis transmeare coegit fuper exercitum Dor-
panei. Tum Gothi haud fegnes reperti arma capeffunt primo-
que armati [5]) conflictu mox Romanos devincunt, Fufcoque
duce exftincto divitias de caftris militum defpoliant [6]) magna
(que) potiti per loca victoria.

Nach diefen letzten durch que angereihten Worten folgen —
fonderbar genug — mit dem Vorigen gar nicht zufammenhangende
Worte und Dinge, die füglich ein folgendes Capitel, das aber in
den Ausgaben erft nach ihnen anhebt, eröffnen follten. Mit jenem
Capitel nämlich verläßt Jornandes endlich die genannte etymolo=
gifche Gleichung der getifch=gothifchen Ereigniffe und gibt nun=
mehr aus alten Gefchichten und Gedichten feines eigenen Volfes [7])
einheimifche Stammbäume und Sagen über Herkunft der Gothen
von den Göttern und aus dem Norden [8]), wozu jene an obige
Stelle unmittelbar und ziemlich ungefchickt angereihten Worte vor=
trefflich einleiten: Iam proceres fuos, quafi quorum [9]) fortuna
vincebant, non puros homines, fed femideos i. e. anfes [10]) vo-
cavere [11]). quorum genealogiam ut paucis percurram u. f. w.

---

[1]) Cod. Mon. Oppii Sauicini, al. Poppaei Sabini.

[2]) Cod. Mon. fehlt in.

[3]) Cod. Mon. Danubii.

[4]) Cod. Mon. confertis.

[5]) Cod. Mon. fehlt armati.

[6]) Cod. Mon. fpoliant.

[7]) Ipfis fuis fabulis (cp. XIV).

[8]) In den fpäteren Erzählungen, wo er Vieles wieder eben fo aus heimi=
fchen Sagen mittheilt, z. B. von Ermanarich, Sarus und Ammius (f. B.
Grimm's Deutfche Heldenfage S. 1—4.), fügt er Anderes wieder aus Sym=
machus (cp. XV), Dionyfius (XIX) und Ablavius (XXIII) ein.

[9]) Cod. Mon. quoꝗ, al. qui.

[10]) Goth. Anfeis, altn. æfir (von ás), altf. agf. és (von ós), ahd. eanf
(von ans, neben ás), davon gothifch n. pr. Anfila und viele Zufammenfetzun=
gen: f. Grimm's Mythologie S. 22. und Grammatik II, 447; dazu Maß=
mann Der Egfterftein in Weftfalen. Weimar, 1846. S. 33. 34.

[11]) Cod. Mon. vocaverunt.

Dieſer Übergang gewiſſermaßen zu den Göttern war vielleicht durch nichts als den zufälligen Wortanklang in jenem älteren (taciteiſchen) Terte hervorgerufen, dem wir mehr als wahrſcheinlich bei einem Schriftſteller des neunten Jahrhundertes wieder zu begegnen glauben, welcher uns überraſchend nochmals die Erzählung vom Diurpaneus und zwar, wie ſchon dieſe Schreibung des Namens bei ihm beweiſet, nicht erſt aus Jornandes, ſondern unter gleicher namentlicher Beziehung auf Tacitus, und wörtlich wie Droſius wiedergibt.

Es iſt dieſes der Fulbaer Mönch Frekulf (ſpäter Biſchof von Liſieur in Frankreich): dieſer wiederholt, wie geſagt, die betreffende Stelle des Droſius (ob aus ihm?) ganz und wörtlich [1]) und fügt ihr auch dieſelben (desſelben?) Schlußworte über Domitian, die vielleicht auch ſchon taciteiſch ſind [2]), hinzu: Domitianus tam pravissima elatus jactantia sub nomine superatorum hostium de exstinctis legionibus triumphavit idemque effrenatus superbia, qua se deum coli vellet, persecutionem in Christianos agi secundus a Nerone imperavit. Das eben hervorgehobene se deum, das nicht erſt nach dem Kloſter des 9. Jhh. zu ſchmecken braucht, konnte Jornandes ſehr leicht zu ſeinem semiDeos führen.

Frekulf bietet uns aber, wenn auch nicht wörtlich, doch wiederum unter Nennung des Tacitus, auch die andere Stelle vom Janustempel, die wir oben, gleichfalls unter namentlichem Bezuge auf Tacitus, bei Droſius geleſen haben. Da nämlich, wo Frekulf nach Eutropius des Gordianus Aufbruch zum parthiſchen Kriege erzählt, vor welchem er den Janustempel geöffnet habe [3]), ſagt er: quas (portas) utrum post Vespasianum et Titum aliquis

---

[1]) Von Bellum adversus G. et D. bis zu elegisse dixisset.

[2]) Sie erinnern in Etwas ſchon an die Worte des Tacitus in ſeinem Agricola, wo von Domitian (cp. XXXIX) geſagt wird Derisui fuisse nuper falsum e Germania triumphum, eraptis per commercia, quorum habitus et crines in captivorum speciem formarentur; ſo wie cp. IV.: Tot exercitus in Moesia Daciaque et Germania Pannoniaque temeritate aut per ignaviam ducum amissi, tot militares viri cum tot cohortibus expugnati et capti.

[3]) *Frecalphi* Chronicon II, 3, 3: Gordianus admodum puer in orientem ad bellum Parthicum profecturus, sicut Eutropius scribit, Iani portas aperuit u. ſ. w.

clauserit, neminem scripsisse memini, cum tamen eas ab ipso Vespasiano apertas Cornelius Tacitus prodat.

4.

Die so eben geschehene Nennung des Agricola, so wie des Jornandes veranlaßt hier nochmals auf des Letztgenannten im Eingange (S. 137.) angezogene Stelle zurückzublicken, in welcher er den Tacitus Annalium scriptor nennt.

Auch er (Jornandes) hat fleißig aus dem Orosius entnommen, mit dessen Nennung und wörtlicher Benützung er sogar sein Werk von vorn herein eröffnet, indem er einen kurzen Überblick der Erde vorausschickend mit Jenes Worten sagt: Majores nostri, ut refert Orosius, totius terrae circulum oceani limbo circumseptum triquetrum statuere ejusque tres partes Asiam Europam et Asiam vocaverunt [1]), de quo tripartito orbis spatio innumerabiles pene scriptores existunt.

Jene Nennung des Tacitus als Annalium scriptor kommt bei der Beschreibung von Britannien vor. Hier aber hat Jornandes durchaus das Leben des Agrikola vor Augen gehabt, dem wir somit im sechsten Jahrhunderte unter bestimmter Beziehung auf Tacitus als seinen unbezweifelten Verfaßer begegnen.

Jornandes hat aber bei dieser Gelegenheit auch noch aus anderen Schriftstellern, auf die ihn jedoch grade des Tacitus Darstellung erst führte, und zwar so sonderbar componiert, daß es schon wegen der oben (S. 145.) ausgesprochenen Vermuthung, er habe dort wörtlich auch aus Tacitus entnommen, bei dieser Gelegenheit der Mühe werth sein dürfte, der Schilderung und ihrer Zergliederung näher nach zugehen.

Schon Tacitus sagt im X. Capitel des Agrikola Britanniae situm populosque multis scriptoribus memoratos und nennt davon, wo er die auffallende Gestalt des Eilandes bespricht, namentlich den Livius [2]); wo er aber von den Orkaden redet, erwähnt er auch Thule. — Den Livius führt Jornandes Hptst. 2,

---

[1]) Orosius I, 3: Majores nostri orbem totius terrae oceani limbo circumseptum triquadrum (so auch Cod. Mon. Iornandis) statuere ejusque tres partes Asiam, Europam et Africam vocaverunt.

[2]) Agricola X: Formam totius Britanniae *Livius* veterum, *Fabius Rusticus* recentium eloquentissimi auctores oblongae scutulae vel bipenni assimilavere. — Den Fabius nennt Jornandes H. 29.

die ultima Thule aber aus Birgilius (als Mantuanus) Georg. I, 30. am Schluße des Hptst. 1 an [1]). Andere Stellen oder Berse des Birgil bringt er Hptst. 5. 6 bei; des Horaz auri sacra fames sucht er Hptst. 26 in seinen Text und bezieht sich, wie auf Josephus (H. 4), Dionysius, Cyprian (19), so auch gern auf Lucan (5), Trogus Pompejus (6. 10), Julius Cäsar (1), Strabo (2), Dio (2. 9. 10), Ptolemäus (3), Priscus (34. 35. 42. 49 rc.), während er in seinen anderen Werken (de rebus Romanorum oder de regnorum ac temporum successione) den Florus, den er (wie den Sextus Rufus, Eutropius, Hieronymus) wörtlich benützt, nicht nennt [2]).

Des Tacitus Schilderung von Britannien gab dem Jornandes aber besonders Gelegenheit und Anleitung, die übrigen Schriftsteller, welche davon geschrieben haben, nachzuschlagen und aus ihnen seine Mosaik zu ergänzen [3]).

Wenn er sagt Habet [4]) et aliam (insulam Oceanus) Menaviam nec non Orcadas numero triginta tres [5]) quamvis non omnes excultas, so hat er jenen Namen Menavia [6]) und die

---

[1]) Birgilius Georg. I, 30. — Drosius fügt nach den in Anmerk. 1. flg. S. angeführten Worten A tergo ... incoluntur auch hinzu Deinde insula Tile, quae per infinitum a ceteris separata circium versus medio sita oceano vix paucis nota habetur.

[2]) Er nimmt aus Florus I, 1—21. II, 1—2. IV, etwas. Vgl. den Anfang:

Florus.	Iornandes.
Primus ille et urbis et imperii	Nam primus ille et urbis et imperii
conditor Romulus fuit Marte	conditor Romulus fuit a Marte,
. . . .	ut ipsorum verbis loquar,
genitus et Rhea Sylvia rc.	genitus et Rhea Sylvia.

Sieh *D. G. Molleri* (Ioh. Er. Metzger) De Iornande. Altdorf, 1690. 4°.; Sybel De fontibus libri Iornandis de origine actuque Getarum. Berlin, 1838. 8.; Freudensprung De Iornande sive Iordane. München, 1837. 8.

[3]) Dieß hatte zum Theil du Buat in den Abhandlungen der churpfälz. Akademie der W. Bd. I. schon nachgewiesen. Beßer Sybel.

[4]) Cod. Mon. Habetq3.

[5]) Cod. Ambros. et Monac. Die Ausgaben triginta quatuor.

[6]) Cod. Ambros. Evaniam, Cod. Mon. euaniam (aliam geht vorher), Cod. Garet. Mevaniam (d. i. Menaniam st. Menauiam). Den italischen Schreibern mochte die umbrische Stadt Mevania (jetzt Bevagna) bei Columella, Plinius u. s. w. vorschweben.

Zahl der Orkaden aus Orosius ¹): es ist dieses das Eiland Men-avia (al. Monabia, Monapia, Monoeda) oder Mona, wie Tacitus (Agric. 14. 18, Ann. 14, 29), Plinius (H. N. 4, 10), Cäsar (Bell. Gall. 5, 13) dasselbe, ohne es näher zu schildern, nennen ²).

Nachdem Jornandes nun weiter, durch des Tacitus Worte (Agric. 12) Coelum crebris imbribus ac nebulis foedum ³) veranlaßt, doch unter Nennung des Strabo ³), von der Nebelhaftigkeit Britanniens gesprochen, so daß sol negetur aspectui ³), setzt er unmittelbar hinzu noctemque ⁴) clariorem in ⁵) extrema ejus parte minimamque *Cornelius* ⁶) etiam annalium scriptor enarrat, metallis plurimis copiosam, herbis frequentem et his feraciorem omnibus, quae pecora magis quam

---

¹) Orosius: Huic (Britanniae) etiam Menavia insula proxima est et ipsa spatio non parva. Vorher A tergo autem, unde oceano infinito patet, Orcadas insulas habet, quarum viginti desertae sunt, tredecim incoluntur. — Orosius mochte seine Zahl aus Solinus haben [Plinius N. H. IV, 30. hat wie Marcian 5. vierzig, Ptolemäus wie Pomponius Mela 3, 6. dreißig], welcher sagt Orcades ab Hebridibus porro absunt septem dierum totidemque noctium cursu numero tres vacant homine, wo nach Isidor (Orcades insulae oceani ultra Britanniam positae numero triginta tres, quarum viginti desertae sunt, tredecim coluntur) offenbar Lücke ist, die durch jenes sinnlose vacant bezeichnet ward und in Jornandes Worten quamvis non omnes excultae isidorisch-orosisch ergänzt durchblickt und Solinus sinnloses homine auf homines bei Jornandes hindeutet.

²) Ptolemäus hat Mona, Monarima.

³) Jornandes: Refert autem Strabo Graecorum nobilis scriptor tantas illam exhalare nebulas, madefacta hume [oceani Cod. Mon.] crebris oceani excursibus, ut subtectus sol per illum pene totum foediorem qui serenus est diem negetur aspectui. Strabo IV. sagt (S. las wohl auch lateinisch) Aer apud eos imbribus magis est quam nivibus obnoxius ac sereno etiam coelo caligo quaedam multum temporis obtinet, ita ut toto die non ultra tres aut quatuor quae sunt circa meridiem horas conspici sol possit. Die eine der von Jornandes benutzten Stellen des Priscus, die uns zugänglich ist, vom Attila (cp. 43.), übersetzt derselbe wörtlich (Ἀττηλας μετὰ τὸ τὴν Ἰταλίαν ἀνδραποδίδασθαι etc.).

⁴) Cod. Mon. noctem etiam.

⁵) In fehlt in den Ausgaben.

⁶) Strabo II. sagt (aus Hipparchus) von Britannien nur In Celtica totis noctibus aestivis solem lucere et ambire ab ortu in occasum.

homines alant [1]). Labi vero per eam et [2] multa quam maxima relabique flumina gemmas margaritasque volventia [3]).

Hier ist wahrlich bunt gemischt! — Jene Worte noctemque clariorem in extrema ejus parte minimamque entnimmt er aus Tacitus Agricola (12), wo es heißt Dierum spatia ultra nostri orbis mensuram, et nox clara et extrema Britanniae parte brevis [4]), ut finem atque initium lucis exiguo discrimine internoscas. Quod si nubes non officiant, adspici per noctem solis fulgorem nec occidere et exsurgere, sed transire adfirmant. Eben so entsprechen die (bei Jornandes) unmittelbar folgenden Worte metallis plurimis copiosam den Worten des Tacitus Fert Britannia aurum et argentum et alia metalla, pretium victoriae.

---

[1]) Cod. Mon. que ... alant, al. quod ... alat. Sieh Pomponius Mela (S. 152.).

[2]) Cod. Mon. fehlt et.

[3]) Schon die diesem ganzen Satze vorausgehenden Worte hatte Jornandes aus Tacitus Agricola 10, wo dieser auch der Orkaden wie der Thule erwähnt hatte:

Tacitus.	*Iornandes.*
Sed mare pigrum et grave remigantibus perhibent ne ventis quidem perinde attolli. credo quod rariores terrae montesque caufa ac materia tempeftatum et profunda moles continuo maris tardius impellitur ... unum addiderim, nusquam latius dominari mare.	Mari tardo circumflun, quod nec remis facile impellentibus cedat, nec ventorum flatibus intumefcat. credo quia remotae longius terrae caufas motibus (aus Pomp. Mela?) negant, quippe illuc latius quam usquam aequor extenditur.

[4]) Jornandes, durch extrema veranlaßt, bildete aus des Tacitus brevis [vielleicht auch aus Strabo's totis noctibus aeftivis folem lucere] sich minimam, womit zugleich die Lesart des Cod. Garet. „in extrema ejus parte memma quam" zusammenfällt, welche Hugo Grotius und Muratori (Scr. rer. Italic. I, 192.) festhielten und selbst Döberlein (Tacit. I, 450.) noch behauptet, und worin Camden (Britann. p. 153.) den Theil von Cornwallis sah, der jetzt Menea heißt (warum nicht den Theil Schottlands, den Jonas bei Mabillon fec. II, 8. Momonia d. i. Munfter nennt?). Garetius fügt hinzu alias Miniaque und der Cod. Monac. list wirklich (110b) Nocte etiam clariorē ī extrema pte . mini-|amq3 . corneliuf quoq3 a . fcr. enarrat. Man sieht, wie miniaq3 und memma quam aus minimāq3 entstehen konnte.

Aber schon die folgenden Worte des Jornandes herbis frequentem et his feraciorem omnibus, quae pecora magis quam homines alant, flocht derselbe aus Pomponius Mela 3, 6: plura ingens fecunda, verum iis quae pecora quam homines benignius alant ein, dessen gleich nachfolgende Worte mit den nächsten bei Tacitus gut übereinstimmen, so daß Jornandes diese aus beiden zusammensetzte; was wir hier übersichtlich machen [1]), wobei die Worte in ihrer unmittelbaren ursprünglichen Folge stehen:

Tac. Agric. 12.	*Pompon. Mela* III, 6.	*Iornand.* 2.
Fert Britannia aurum et argentum et alia metalla, pretium victoriae.	(Fert unten.)	metallis plurimis copiosam
	plura ingens fecunda, verum iis,	herbis frequentem et his feraciorem omnibus
	quae pecora quam homines benignius alant.	quae pecora magis quam homines alant.
(mit Einflechtung einer Stelle aus Hptst. 10: multum fluminum huc atque illuc ferri.)	Fert nemora, saltus ac per grandia flumina alternis motibus (s. Anm. 3. v. S.). retro fluentia et quaedam	labi vero per eam et multa quam maxima relabique flumina
Gignit et oceanus margarita, sed subfusca et liventia.	gemmas margaritasque generantia.	gemmas margaritasque volventia.

---

[1]) Eine ähnliche Verflechtung und Umstellung aus Ammian zeigt Jornandes über die Hunnen, ohne Jenen zu nennen, wie vorher Orosius und Priscus:

Ammian. Marcell. 31, 2.	*Iornand.* 24.
Ubi quoniam ab ipsis nascendi primitiis infantum ferro sulcantur genae, ut pilorum vigor tempestivus emergens, corrugatis cicatricibus hebetetur, senescunt imberbes absque ulla venustate spadonibus similes. compactis omnes firmisque membris et opimis	Quorum animi fiduciam torvus prodit aspectus, qui etiam in pignora sua primo die nata desaeviunt. Nam maribus ferro genas secant, ut antequam lactis nutrimenta percipiant, vulneris cogantur subire tolerantiam. Hinc imberbes senescunt ac sine venustate ephebi sunt, quia facies ferro sulcata tempestivam pilorum gratiam per cicatrices assumit. Exigui quidem forma, sed

Nach biesen Worten setzt Jornanbes umstellend bloß wieber Hptst. 11 (mit Einflechtung einer Stelle aus Hptst. 10) bes Agricola ein, wobei ihm Drosius (ober sonst wer) nicht mehr bienen konnte.

Tac. Agricola 11.

Habitus corporum varii atque ex eo argumenta. namque rutilae Caledoniam habitantium comae, magni artus Germanicam originem adfeverant. Silurum colorati vultus et torti plerumque crines et posita contra Hispania, Iberos veteres trajeciffe easque fedes occupaffe, fidem faciunt. proximi Gallia et similes sunt. (10: Britannia in occidentem Hispaniae obtenditur, Gallis in meridiem inspicitur.)

Iornand. 2.

Sylorum colorati vultus tortoque [1] plerique crine et nigro nascuntur. Caledoniam vero incolentibus rutilae comae, corpora magna, sed fluida, Gallis sive Hispania ut quibus qui obtenduntur obsimiles [2]). Unde conjectavere nonnulli, quod ex [3]) his accolas [4]) continua [5]) vocatos [6]) acceperit.

Das nun Folgenbe entnahm Jornanbes eingeständlich aus Cassius Dio (unb Xiphilinus): Inculti aeque omnes populi regesque populorum, .cunctos tamen in Caledoniorum [7]) Meata-

---

cervicibus, prodigiosae formae et pandi ut bipedes existimas bestias. qua causa ad. pedeftres accommodati sunt pugnas, vero equis prope affixi.. etiisdem confidentes funguntur muneribus confuetis.

argutis motibus expediti et ad equitandum promtiffimi fcapulis latis et ad arcus fagittasque parati firmis cervicibus et in fuperbia femper erecti. Hi vero fub hominum figura vivunt bellaina faevitia.

Aus Pomponius Mela entnimmt Jornanbes auch 5. (Tanais nunquam Scythico durescit algore aus Mela I, 19.), 5. Schluß (ad cujus oftia insula est in fronte Achillis nomine aus Mela II, 7.), 12. (Ifter Nilo tantum minor aus Mela II, 1.).

1) Cod. Mon. fehlt que.

2) Cod. Mon. adtunduntur similes; Cod. Garet. qui Gallis five Hifpania quibusque attenduntur. Tacitus hat (Agric. 10.) Britannia in Occidentem Hifpaniae obtenditur, Gallis in meridiem inspicitur.

3) Cod. Mon. ea ex.

4) Cod. Mon. accolis.

5) Cod. Mon. contigius (contignis?).

6) Cod. Mon. nocabulū.

7) Die Ausgaben Caledoniarum.

rumque [1]) nomine [2]) concefſiffe auctor eft Dio, celeberrimus fcriptor annalium.

Die hienach folgenden Worte Virgeas habitant cafas, communia tecta cum pecore, filvaeque illis faepe funt domus — rühren wieder aus Strabo IV. her; die aber hierauf folgenden wieder aus Pomponius Mela:

Pompon. Mela III, 6.	*Iornand.* 2.
Incertum ob decorem an quid aliud ultro corpora infecti [3]). Caufas ad bella contrahunt ac fe frequenter viciffim infeftant, maxima imperitandi cupidine ftudioque ea prolatandi, quae poffident. Dimicant non equitatu modo aut pedite, verum et bigis et curribus, gallice armati covinos vocant, quorum falcatis axibus utuntur	Ob decorem nefcio an aliam [4]) ob rem ferro pingunt corpora. Bellum inter fe aut imperii cupidine aut amplificandi, quae poffident, faepius gerunt non tantum equitatu vel pedite, verum etiam bigis curribusque falcatis, quos (more vulgari) [5]) effedas [6]) vocant.

5.

Nach diefem Blicke auf die Vita Agricolae [7]) liegt nahe, nach der wahrfcheinlich erften fchriftftellerifchen Arbeit des Tacitus, dem

---

[1]) Caffius Dio LXXVII (R. II, 866.): Britannorum duae funt nationes ampliffimae Caledonii et Maeatae (Καληδόνιοι καὶ Μαιάται) in haecque et aliorum quoque nomina concefferunt. Die gewöhnlichen Ausgaben bei Jornandes haben, durch jenes obige Memma (S. 151.) veranlaßt, Memmatarum. Cod. Garet. hat Caledoniorum metallum concefiffe; Cod. Monac. richtig Meatar̃.

[2]) Cod. Garet. nominandi, Cod. Mon. Meata̅r|q3 concefſoq3 nomina div auctor . e̅.

[3]) Cäfar B. G. V, 14.: omnes fe Britanni vitro inficiunt.

[4]) Codd. ceteri: an etiam ob rem.

[5]) Codd. Ambros. et Mon. fetzen zu more vulgari.

[6]) Effedarii bei Cäfar (B. G. IV, 24.) und Strabo. — Cod. Mon. hat effeda.

[7]) Agricola hat fehr viel Wendungen mit der Germania gemein: z. B. immenfum et enorme fpatium (10); ceterum Britanniam qui mortales initio coluerint, indigenae an advecti, ut inter barbaros, parum compertum (11); in univerfum tamen aeftimanti (11); credo quod ... unum addiderim (10); ego facile crediderim (22); credibile eft ... accepimus (12); prout cuique ingenium erat (37); quod eft difficillimum (4), quod difficillimum fuerit (15); quod eft rariffimum (9); fortiffimi cujusque (33), audaciffimi cujusque (33), recentiffimus quis-

Dialogus de oratoribus zu fragen, von dem sich bis jetzt zehen Handschriften herausgestellt haben [1]).

Bekanntlich ward derselbe zum Theil dem Quinctilian [2]), zum Theil dem Plinius [3]) zugeschrieben, aus dessen Briefen (IX, 10.) grade der Hauptbeweis für des Tacitus Autorschaft entnommen wird [4]). Im fünfzehnten Jahrhunderte, welches den Dialogus mit der Germania erst entdeckte, zweifelte Niemand an dem taciteischen Ursprunge: dafür spricht das vereinte Vorkommen des Dialogus nicht nur mit jener (der Germania: in Codd. **RRaRcRdPNW**), sondern auch mit den Annalen und Historien (in **NRbW**), wobei des Tacitus Name stets bestimmt genannt wird [5]).

Gegen Ende desselben Jahrhunderts aber beruft sich der Grammatiker Pomponius Sabinus oder Julius Pomponius

---

que (31), promptissimus quisque (13), optimus quisque (41); in pedite robur (12); ignavi et imbelles (15); tertius expeditionum annus novas gentes aperuit (22); incognitas ad id tempus insulas (12), ignotas ad id tempus gentes (24); patiens frugum (12); sed noscere proviaciam, nosci exercitai, discere a peritis, sequi optimos, nihil apparere in jactationem, nihil ob formidinem recusare simulque laxius et intentius agere (5) u. s. w.

[1]) Codd. Vatic. 3429 (d. i. ed. princeps, wo Germania fehlt, von des oben genannten Pomponius Lätus Hand) und 4498 (**R**) enthalten auch den Agricola (**R** auch den Dialogus). Sieh E. Kämmerer De indole ac pretio codd. mscr. Taciti Agricolae. Vratislav. 1842. 8.

[2]) Ruperti I, lxx—lxxi und Fr. A. Eckstein Proleg. in Taciti qui vulgo fertur Dialogum de oratoribus (in M. Schmidt Ad scholae latinae Gymnasii Halensis Examen sollemne. Halle, 1835. gr. 4°.) S. 30. 39 2c., so wie die früheren Abhandlungen von Gerh. Wefer De autoribus quibus dialogus de oratoribus adscribitur. Helmstädt, 1805. 4°., und Kloßmann Prolog. in dialogum de oratoribus claris, qui Tacito vulgo adscribitur. Breslau, 1819. 1833.

[3]) *Iost Immanuel Kramarcsik De C. Caecilio Plinio minore Dialogi de oratoribus autore* (Heiligenstadt, 1841. 22 S. 4°.) nach Rasse, Hesse, Wittich; auch Froscher; Ruperti I, lxxii und Karl Beck (praef. ad Statii ad Calpurn. Pison. poemation. S. xii). — Cod. Vatic. 4498 (**R**) enthält (46[b] — 63[a]) abgesondert von Tacitus Dialogus und Suetonius de grammaticis et rhetoribus noch Plinius de viris illustribus (sieh oben S. 13.).

[4]) Eckstein a. a. O. S. 62 2c.

[5]) Eben so in den ersten Drucken: 1469 (**B**[1]). 1474 (**B**[1]). 1475 (**B**[1]). 1479 (**B**[3]). 1512 (**B**[4]). 1515 (**R**[2]) u. s. w.

Lätus oder Fortunatus, eigentlich Sanseverinus [1]) auf den
Dialogus als auf Tacitus Werk, mit den Worten: Cornelius Tacitus appellat scripta Maecenatis calamiſtros, wel=
ches eben im Dialogus (26) geschieht, wo Tacitus jenen Aus=
druck grade in derselben Wortverbindung gebraucht: malim hercule
C. Gracchi impetum aut L. Craſſi maturitatem, quam calamiſtros Maecenatis aut tinnitus Gallionis.

2. Germania.

6.

Aber es wird Zeit, zur Germania vorzuschreiten, die wir bei
dem bisherigen Zeugenverhöre noch kein Mal genannt fanden; viel=
mehr hatten wir Grund, selbst bei der Angabe des Vopiscus von
dem Befehle des Kaisers Tacitus (oben S. 137.) schon zu vermu=
then, daß mit dem dabei genannten libro des scriptoris hiſtoriae
auguſtae nur die vereinten Annalen und Hiſtorien gemeint sein
möchten, gleich der beſtimmten Angabe des h. Hieronymus von
den vitis Caesarum poſt Auguſtum uſque ad mortem Domitiani
(oben S. 139.).

In beiden Fällen war freilich, wie schon gesagt, auch kein An=
laß, zugleich der kleineren Schriften des Tacitus, am wenigsten
der Germania, zu erwähnen, die allen Südländern doppelt fern
lag. Des h. Hieronymus Anführung bezieht sich auch überdieß ganz
besonders auf den jüdischen Krieg.

Aber wie, wenn das faſt gänzliche Schweigen der früheren
Zeiten über den „libellus aureus“ doch darauf deuten sollte,
daß derselbe nur ein Theil, ein Ab= oder Ausschnitt jener größeren
Geschichtsbücher gewesen sei?

---

[1]) Sanseverini aus Neapel, daher sich Sabinus s. Picentinus nen=
nend, Lehrer des Sabellus und Peutinger, Freund Pius II.; zu Rom im
Krankenhause siebenzigjährig sterbend 1498. [Sieh Eckstein a. a. O. S. 64.,
Ruperti I, LXIV, Orelli Dialog. Zürich, 1830, S. LXV nach *Chr. Saxii*
Onomaſticon literar. II, 491. und *Tiraboſchi* Storia della letteratura ital.
Mailand, 1824. VIII, 962 ꝛc.]. Er gab den Salluſt, Quintilian, Virgil ꝛc.
heraus, schrieb Alterthümer Roms (De magiſtratibus sacerdotisque Romae.
Leyden, 1561.) und schrieb z. B. den Agricola des Tacitus (Cod. Vatic.
3429) mit eigener Hand ab.

Glücklicher Weise werden wir dieser so natürlich sich wieder aufdrängenden Frage, der eine Menge andere folgen [1]), wenigstens für den nächsten Zweck dieser Untersuchung durch die an sich erfreuliche Thatsache wieder überhoben, daß das Büchelchen im fünften Jahrhunderte unter dem Namen des Tacitus gekannt war.

Wir dürfen in dieser Beziehung nochmals auf Jornandes zurückblicken, der nach der oben (S. 152. 153.) ausgehobenen Schilderung von Britannien auf Skand(inav)ien übergeht und von diesem vermeinten Eilande unter bestimmtem Bezuge auf Ptolemäus sagt cp. 3: De hoc enim in secundo sui operis libro Claudius Ptolemaeus meminit dicens, Est in oceano aretoo salo posita insula magna nomine Scanzia [2]).

Da des Ptolemäus Worte, auf welche Jornandes sich bezieht, diese Wendung des Lateins gar nicht bedingen [3]), so wird gestattet sein, an die Worte des Tacitus (G. 41.) Est in insula Oceani nemus um so mehr zu denken, als schon in einer vorhergehenden Stelle dem Jornandes Worte der Germania vorgeschwebt zu haben scheinen.

Wenn J. nämlich von Britannien sagt Britannia insula, quam diu siquidem armis inaccessa, romanis Iulius Caesar proeliis [4]) ad gloriam tantum quaesitis aperuit, so wird man durch die vorher nachgewiesene Mosaikbildnerei [5]) des Jornandes wohl berechtigt, an die Worte grade des ersten Hauptstückes der Germa=

---

[1]) Wie erklärte sich aber sein Herausnehmen? Freilich stammen alle unsre Annalen= und Historien=Handschriften aus Einer und derselben nur (in Florenz). Aber warum würde sie daraus weggeblieben sein? Oder — hatte sie Tacitus überhaupt erst für sein Werk bestimmt und vorgearbeitet?

[2]) Cod. Ambros. et Monac. Scandza (Zeuß Die Deutschen S. 157.).

[3]) Ἀπ' ἀνατολῶν δὲ τῆς Χερσονήσου (Κιμβρικῆς) τέσσαρες αἱ καλούμεναι Σκανδίαι, τρεῖς μὲν μικράς ... μία δὲ μεγίστη καὶ ἀνατολικωτάτη κατὰ τὰς ἐκβολὰς τοῦ Οὐϊστούλα ποταμοῦ ... καλεῖται δὲ ἰδίως καὶ αὐτὴ Σκανδία.

[4]) Cod. Ambros. hat Iulius centum proeliis: es stand also Iulius C. Proeliis.

[5]) Er sagt selber nonnulla ex historiis graecis ac latinis addidi convenientia, initium finemque et plura in medio mea dictatione permiscens. In seiner regum romanorum series beginnt er gleich wörtlich mit Florus und beutet ihn weiter ungenannt aus.

nia ¹) zu denken: Cetera Oceanus ambit, latus finus et infularum immenfa fpatia complectens, nuper cognitis quibusdam gentibus ac regibus, quos bellum aperuit. Rhenus raeticarum al-
pium inaccesso ac praecipiti vertice ortus u. f. w.

Aber ein viel beßeres Zeugniß für die Germania reicht uns
des Jornandes Gewährs- und Vormann Kaffioborus, deßen
verlorenes Geschichtswerk über die Gothen jener zwar nicht eigentlich auszog, aber doch vor Augen hatte ²), dar, indem wir aus
einer in Jenes Briefen erhaltenen Stelle erkennen, daß die Germania um das Jahr 526 in Italien und zwar als das Werk des
Tacitus noch wohl bekannt war.

Kaffiodor ³) hat uns nämlich die Antwort des Königs Theo-
borich an die Äfyer aufbewahrt, welche ihm in Erinnerung ein-
ftiger guter Nachbarschaft feiner Gothen an der öftlichften Oftfee-
küfte Bernftein nach Italien verehrt hatten. In diefer feiner Antwort nun läßt Kaffiodor den Dietrich von Bern mehr oder minder
mit des Tacitus eigenen Worten fagen: Hoc (fuccinum) quondam ⁴) Cornelio ⁵) fcribente legitur in interioribus infulis

---

¹) Und nicht an Agrikola 10. (apertum mare) oder P. Mela (III, 6.:
aperit).

²) Zu feinem Werke de rebus geticis oder de origine actuque geticae
gentis hatte er durch des Kaffiobors difpenfator Gefälligkeit das Senatoris
duodecim volumina de origine actuque Getarum auf drei Tage zur Ein-
ficht vor fich (ad triduanam lectionem libros ipfos relegi), fo daß er diefel-
ben mehr dem Sinne nach wiedergab (quorum quamvis verba non recolo,
fenfus tamen et res actas credo me integro tenere).

³) *Cassiodor.* Variae epiftolae V, 2.

⁴) Es fteht quadam, was aber fchon Brotier I, 68 (nicht erft [illegible])
in quondam verwandelt wißen wollte.

⁵) Auch Jornandes fagte (oben S. 150.) bloß Cornelius etiam annalium fcriptor; ähnlich wie Luther (Wider Hans-Wurft. Wittenb. 1541)
fagt „Es ift [das Trinken] ein böfes altes Herkommen in Deutfchland, wie der
Römer Cornelius fchreibt, hat zugenommen und nimmt noch zu", während
Agrikola ihn 1529 (Dreyhundert Gemeiner Sprichwörter) vollftändig nennt
„Der Deutfch trew vnd glauben, beftand vnd werheit, welche tugent der Deut-
fchen auch der Walen als Cornelius Tacitus zugefchrieben vnd gehörnt
haben". Später natürlich mehr, z. B. Schöttel „Der treffliche Römer Cornelius Tacitus, ein Mann, der die Spize der Klugheit ausgefchliffen hat,
fo wol in feinen Annalibus als vornemlich in einem eigenen Büchlein die Sitten unfrer Vorfahren, zwar kürzlich, doch aufs fleißigfte befchrieben".

Oceani ex arboris succo defluens, unde et succinum dicitur,
paulatim solis ardore coalescere. — Man vergleiche damit Tacitus Worte G. 45.: Succinum .... in ipso littore legunt .... rude
legitur .... succum arborum esse intelligens .... occidentis
insulis terrisque inesse crediderim, quae vicini solis radiis ex-
pressu atque liquentia ... mox ut in picem resinamve len-
tescit [1].

Kassiodor kannte auch den übrigen Tacitus. Er sagt (XVIII,
31.) von Vortiger scuto impositus more gentis, sicherlich aus Tacitus Histor. IV, 15.: (Brinno) impositus scuto, more gentis.

7.

Wir rücken in das lichtende achte und neunte Jahrhundert,
die Jahrhunderte der Franken und Angelsachsen, Karls und Aelfreds,
vor. Da erlaubt vielleicht eine Stelle Beda's, um das Jahr 731
eine Kenntniß der Germania in England vorauszusetzen; in welcher Stelle Beda von den bei Tacitus genannten Angeln und
Friesen, Rugiern und Bruktern, aber auch von des Ptolemäus Sachsen und des Jornandes Dänen, so wie von Hunnen spricht [2].

König Aelfred übersetzte in der zweiten Hälfte des neunten
Jahrhunderts außer vielem Andren auch den Orosius ins Angel-
sächsische und flocht eine Beschreibung Deutschlands oder der großen
Germania seiner Zeit ein, wobei er jedoch, obschon er in seinem
Boethius z. B. den Ptolemäus namhaft macht, den Tacitus
gar nicht zu kennen scheint.

[1] Wie anders des Plinius (H. N. XXXVII, 2) Worte: Pytheas Gut-
tonibus Germaniae genti accoli aestuarium oceani affirmat, Mentonomon
nomine, spatio stadiorum sex millium, ab hoc diei navigatione abesse
insulam Abalum; illuc vero fluctibus advehi [succinum] et esse
concreti maris purgamentum, incolas pro ligno uti eo proximisque
centonis vendere; und des Diodorus Siculus V.: A regione Scythiae
supra Galliam in Oceano insula jacet, quam Basileam vocitant, in hanc
succinum large a fluctibus exspuitur, alias nunquam in orbe terrarum se exhibens .... Succinum in insula, cujus jam facta mentio est,
colligitur et ab incolis in adversum trajicitur continentem, per quam
porro in haec usque loca transfertur.

[2] Quarum [gentium] in Germania [Egberht] plurimas noverat esse
nationes, e quibus Angli vel Saxones, qui nunc Britanniam incolunt,
genus et originem duxisse noscuntur. Sunt autem Frefones, Rugini,
Dani, Hunni (Aelfred's Hüne), antiqui Saxones, Bructuarii.

Auch Paulus Diaconus schon, in Italien wohl bewandert und seit 774 mit Alcwin an Karls des Großen Hofe lebend, im Jahre 799 aber auf Monte Kassino sterbend, erwähnt des Tacitus und seiner Germania nicht, steht vielmehr in Betreff seiner Langobarden mit jenem in geradem Widerspruche, während er, wo er von Skandia spricht, des Plinius gedenkt [1]).

Dagegen stoßen wir im selben neunten Jahrhundert bei zweien Fuldaer Klostergeistlichen auf eine desto bestimmtere Kenntniß und Benützung der Germania in Deutschland selbst, wenn auch ohne Nennung ihres Verfaßers. Es sind das die beiden Verfaßer der Translatio S. Alexandri [2]), Rudolf, der im Jahre 863 diese begann, und Meginhart, der, als jener am 8. März 865 starb, das Werk fortsetzte [3]). Sie entnehmen in jenem Werke, wo sie der Sachsen Sitten schildern wollen, fast die ganzen Hauptstücke 4. 9. 10. 11. der Germania, mit sehr geringen Abänderungen [4]), wobei eine Anzahl der in jenen Abschnitten auch jetzt noch auffallenderen Lesarten schon damals entgegentreten [5]).

Ludwig Troß hat in seiner Ausgabe der Germania [6]) die zwei schon oben (S. 147.) besprochenen Stellen bei Frekulf, der im selben Jahrhundert und im selben Fulda lebte, als besondre Zeugnisse für Tacitus in diesem Jahrhunderte geltend gemacht; allein wir haben uns gestehen müssen, daß er dieselben nur fast ganz wörtlich aus dem früheren Orosius herüber genommen.

Eine ähnliche unbewußte Herübernahme haben wahrscheinlich

---

[1]) Paulus Diaconus Hist. Langobard. I, 2.: Ut Plinius Secundus in libris, quos de natura rerum compofuit (H. N. IV, 13). — Tacitus nennt Skandinavia oder Skandia, da wo er dazu Anlaß gehabt hätte (G. 45.), namentlich gar nicht. Frebegar (Hist. Franc. epit. cp. 65.) verschiebt das Land schon merkwürdig Langobardi exientes de Schatanovia, quae est inter Danubium et mare Oceanum, cum uxoribus et liberis Danubium transmeant.

[2]) Pertz Monumenta Germaniae historica II, 675.

[3]) Vgl. Pertz a. a. O. II, 673. I, 338. 339.

[4]) Abgedruckt am Schluße dieser Abhandlung, wie hinter Gerlach's Germania S. 81 — 82.

[5]) Aufpicatiffimum (11) adfimilare (9) fortuito (10) fed etiam apud proceres (10) und die Interpunction idem pene omnibus.

[6]) 1841. S. xiv — xvi.

Rudolf und Meginharb geübt [1]), was aber in diesem Falle für die Sache selbst fast gleich bleibt.

Am Ende des zehenten Jahrhunderts sagt der Bischof Hariger von Laubes in seinen Gesta pontificum Tungrensium Trajectensium et Leodiensium (cp. 7.) von der Stadt Tongern: Haec est Octavia ob honorem Octaviani Augusti vel matris ejus, sororis Iulii Caesaris, qui primus Gallias subegit imperio et fertur Germania fuisse nominata, welche Stelle doch wohl nur aus der Germania des Tacitus (cp. 2) genommen sein kann: Ceterum Germaniae vocabulum recens et nuper additum, quoniam qui primi Rhenum transgressi Gallos expulerint ac nunc Tungri, tunc Germani vocati sunt [2]).

Im folgenden eilften Jahrhundert finden wir bei Abam von Bremen im 5. Buche seiner Kirchengeschichte ganz dieselben Abschnitte aus der Germania wieder, welche wir so eben im 9. Jhh. bei jenen beiden Fulbaer Mönchen verwendet oder verwebt sahen. Daß dieses nicht aus dem Tacitus selbst wieder geschah, geht deutlich aus der Wiedergabe ganz derselben Abschnitte (4. 9. 10. 11), ganz derselben Textabänderungen, so wie aus, wenn auch nur theilweiser Aufnahme des Abschnittes aus Eginharb's Leben Karls des Großen (cp. 7) hervor, welchen Meginharb an jene aus Tacitus entnommenen Hauptstücke über der Sachsen Verhalten gegen die Franken ausführlich anschloß. Aus den willkürlichen weiteren Umstellungen des taciteisch-meginharbischen Textes [3]), mehr noch aus dem Vermeinen Abam's von Bremen, daß jene Abschnitte aus einem Werke Einharb's oder Eginharb's herrührten, den der namenähnliche Meginharb [4]), wie wir oben sahen, allerdings benutzte, geht aber weiter sattsam hervor, daß auch er,

---

[1]) Grimm Mythologie S. 61.

[2]) Nachweisung von Professor M. Haupt (Zeitschr. f. D. Altth. V, 1.).

[3]) Sicut in tanto numero hominum, Meginharb tanquam (aus Tacitus quanquam) in tanto hominum numero u. s. w.

[4]) Waitz (Pertz Arch. VI, 772) meint MEginharb aus M(agister) Eginhart entstanden. Vielleicht Verwechselung zwischen Einhardi und Ekhardi ober weil unter Eginharb's Werken (f. *Teulet* Einhardi Omnia quae asservantur. Paris, Renouard. 1846) auch eine Translatio (S. Marcellini et Petri) vorkommt. — über Abam's von Br. Quellen vgl. auch Waitz in den Götting. Anz. 1834. n. 105. (zu J. Asmussen De fontibus Adami Brem. commentatio. Kiel, 1834. 4°.).

der sonst des Cicero und Virgil gedenkt, von Tacitus und seiner Germania keine Kunde, kein Bewußtsein mehr gehabt habe.

Dasselbe gilt vom zwölften und dreizehenten Jahrhundert. In jenem begegnen wir den eben zweimal besprochenen Abschnitten der Germania in der gleichen meginhardischen Folge nebst Anknüpfung aus Eginhard [1]), zugleich aber mit Abschnitten aus den nach Meginhard's Zeit [2]) hinzugekommenen Annalen Wibukind's von Corvey, der um das J. 1000 jene bis 937 fortführte, bei Eckehard, Mönch von Bamberg, später Bischof von Aurich, in seinem Chronicon Uraugiense, das derselbe bis zum J. 1106 aus älteren Werken, bis 1125 aus eigenen Erlebnissen niederschrieb, Burkhard von Auersberg aber bis 1225 fortsetzte [3]), welche Fortsetzung auf Peutinger's Anregung 1515 Joh. Müller [4]) in Augsburg als Chronicon abbatis Urspergensis herausgab [5]).

Im dreizehenten Jahrhundert aber erhalten wir von diesem Eckehardischen oder vielmehr nun wohl Burkhardischen (Urspergensischen) Textgewebe eine genau folgende deutsche Uebersetzung in der Chronik des Ecko von Repgau. Mehreren Handschriften dieser ältesten deutschen Chronik [6]) nämlich ist ein Abschnitt van den Sassen, wô se here tô lande komen sin beigefügt, wörtlich entsprechend jenem de origine Saxonum, welcher sich in Eckehard's und Burkhard's Chronicon Uraugio-Urspergense genau so aus jenen taciteisch-meginhardischen, eginhardischen und widuchindischen Abschnitten zusammengesetzt findet.

---

[1]) Den Eckehard auch sonst über Karl den Gr. ausführlich und mit Nennung seines Namens (De cujus nativitate atque infantia vel pueritia [Eginh. 4] dicit actuum ejus scriptor Eginhardus) wiedergibt: Hptst. 5—6. 7. 8. 9 (kurz). 10. 11. 12. 13 (Einflechtung von terra Hunorum aus Mon. S. Gall. 2, 1). 14—21. 22. 25. 22. 24. 27. 28. 26 (Einschaltung aus Mon. S. Gall. 1, 5, 7). 31.

[2]) Meginhard lebte noch um 870.

[3]) Und bis 1229 durch Konrad von Liechtenau, der 1240 starb.

[4]) Als Druckherr. Eigentlicher Bearbeiter war Ioannes Fonsifeca (Grashow?).

[5]) Wiederholt 1609. Straßburg als *Conradi a Lichtenau* Urspergensis coenobii abbatis chronicon etc. (bis 1229). Eckehard's Werk gab neuerdings Waitz in Pertz's Monument. G. h. B. VI. in vortrefflicher Bearbeitung.

[6]) Cod. Goth. membr., Cod. Argentor. membr., Cod. Pommersfeld. chart.

Daß Eckehard (und somit Ecko) den ganzen Abschnitt nicht aus Adam von Bremen entnommen, geht daraus hervor, daß Letzterer, wie schon angeführt worden ist, das aus Eginhard 7. bei Meginhard aufgenommene Stück nur zu kleinem Theile enthält. Eckehard gieng vielmehr unmittelbar wieder an Meginhard, aus dessen Translatio S. Alexandri (cp. 4. 5.) er auch den Schluß jenes seines Abschnittes de origine Saxonum über Widukind, Wigbert, Waltbert und die Schenkung der Gebeine des h. Alexander, des Sohnes des h. Felicitas, und ihre Verpflanzung nach Wigaldingohûsen (Wilde(s)hûsen, Wildeshausen) im Jahre 851 (oder 855) herübernahm [1]. Diese Ausgestaltung des eckehardischen Textes finden wir in den Handschriften der Repgauischen Chronik [2] in ihrem ganzen Umfange übersetzt [3]. —

Wenn auf dem hier verfolgten Wege eine Anzahl Capitel von Tacitus Germania bis in's dreizehente Jahrhundert (sogar in deutscher Übersetzung) hinübererben, so ist dieß doch nur uneigentlich und nicht unmittelbar, nicht mit Bewußtsein über den Verfasser und nicht in Betreff des ganzen Werkes der Fall; und wären wir somit auf das zehente und neunte Jahrhundert in Betreff des taciteischen Räthselbuches zurückgeworfen. Von da an sonach, wie über so Vieles, was die Kunde der alten Welt betrifft, ein langes und tiefes Schweigen über dieses uns so wichtige, theure Buch, das in Deutschland fortan verscholl, in Italien sogar ganz verloren gieng.

8.

Wenn im zwölften Jahrhunderte Johannes von Salis-

---

[1] Zugleich Beweis, daß dieß nicht, wie Adam von Bremen meinte, von Eginhard rühre (s. oben S. 161: Anmerk. 4), der 844 schon starb.

[2] Daß der Abschnitt allen Handschriften des Werkes, obgleich ausgeschieden, aus dem Texte selbst, zugehörte, geht aus der Überschrift (We willen nû scriven van den Saffen, wé se here tô lande komen sin), noch mehr aus der Schlußbezeichnung hervor, wo die Worte Eckehard's (oder „Burkhards") über Widukind in's Kürzere gezogen werden, weil schon bei Karl dem Großen von ihm die Rede gewesen sei (alse hir vore gescreuen is bi koning Karles tiden). Den Abschnitt besonders auszuscheiden, lag aber nahe, da Eckehard selbst in einer Umarbeitung seiner Weltchronik für Kaiser Heinrich V. (bis 1125) die Abschnitte über Alexander, die Franken, Gothen und Sachsen (de origine Saxonum) als ein besonderes Buch ausgeschieben hatte (Pertz Archiv VII, 469—509).

[3] Das Ganze mit genauerer Nachweisung im Einzelnen — im Anhange.

bury [1]), in Frankreich und Italien gebildet, den Tacitus neben andren Geschichtsschreibern (Trogus Pompejus, Josephus, Egesippus, Suetonius, Curtius, Livius u. f. w.) aufführt [2]), so ist dieses schon viel zu allgemein, um es auf etwas Andres als auf die Annalen und Historien beziehen zu dürfen; und es ist die Frage, ob auch selbst diese im eilften, zwölften Jahrhunderte noch abgeschrieben worden sind, denn die einzige Handschrift, in welcher sie (und zwar zerstückelt nur!) auf uns vererbte, gehört dem zehenten Jahrhundert an.

Es ist Thatsache, daß die bis zum Jahre 1512 allein bekannten 11 — 16 Bücher der Annalen und 1 — 5 der Historien (also 11 Bücher von ursprünglich dreißig!) nur in der einen Handschrift noch auf Erden vorhanden waren, die Nicolaus Nicolus von Florenz, von dem wir sogleich mehr zu sagen haben werden, nachdem sie ihm Franz Poggius wahrscheinlich aus Deutschland heimgebracht, mit andren Handschriften der Bibliothek St. Marco zu Florenz vermachte [3]). Aus dieser Handschrift des zehenten Jahrhunderts floßen alle weiteren Abschriften [4]), die das fünfzehente Jahrhundert nicht überschreiten [5]).

Aber auch von den 1512 aus Corvey nach Rom gelangten 5 oder 6 ersten Büchern der Annalen, die bis dahin durch

---

[1]) Geboren um 1110, starb er 1182.

[2]) *Ioannis Salisburiensis* Polycraticum s. de nugis curialium et vestigium philofophorum VIII, 18.

[3]) Plut. LXVIII, cod. II. „Convent. S. Marci ordinis praedicatorum de hereditate Nicolai Nicoli Florentini viri doctiffimi.“

[4]) Wie J. Gronovius schon richtig vermuthete.

[5]) Die zu Genua geschriebenen Vatic. 1958 (a. 1449), Colleg. Iesu. Oxford. (a. 1458), Bodlei. (a. 1463), der Harloi. (a. 1452); der Guelferb. Gud. 118 aus Ferrara (a. 1461), die Vaticc. 1863. 1864. 2965, die Pariss. regius, Corbinelli et Coll. Iesu; der Farnesianus zu Neapel (f. vorn S. 5.), der Budensis aus Florenz, der Vindobon. (Sambuci). — Zwar sagt Wissowa (Spec. I, 6), daß nicht alle Handschriften aus der Florentiner gefloßen, doch Spec. III, 13 (1832) „ex eodem autem, quo reliqui codices omnes, fonte vetusto fluxisse etiam Vindobonensem docent cum gloffae in textum illatae, quae in omnibus manufcriptis reperiuntur, tum transpofitiones eaedem hic atque in reliquis libris obviae. Walther's (I, XXI) und Ruperti's Urtheil f. bei Leßtrem I, CIV — CV. Man füge hinzu W. Pfißner's Bemerkungen und Beweise in Bergk's und Cäsar's Zeitschrift für Alterthumskunde. Caffel, Fischer. 1844. II, 4. S. 300. 309.

alle Jahrhunderte verborgen gelegen, ist nur die eine Handschrift und gleichfalls des zehenten Jahrhunderts noch vorhanden! [1])

So sollte der größte aller römischen Geschichtschreiber, den Franciscus Irenäus Germaniae conditorem nennt [2]), fast von der Erde verschwinden! Während die wirren Zeiten der s. g. Völkerwanderung die alte klassische Bildung, wie wir schon an dem vorgeschilderten Beispiele eingestehen müßen, nicht etwa untergehen ließen, die neuen Barbaren vielmehr deren Träger wurden, wucherten und kümmerten die später nachfolgenden, mehrfach ruhiger sich entwickelnden Jahrhunderte, in welchen neben rührend fortblühender Volks= und Ritterdichtung in der Muttersprache, allmälig fast alle gelehrte Bildung von dem im Abendlande inzwischen zur Herrschaft gelangten Christen= und Kirchenthume aufgenommen und in sehr enge theologisch=dogmatische Grenzen gebannt ward, mit jenen vererbten Schätzen je länger je ärmlicher fort und die herübergeretteten Codices der alten Welt, selbst noch im zehenten und eilften Jahrhundert wieder abgeschrieben, vermoderten nachher fast ungelesen, ungekannt.

Als der Türke endlich im Jahre 1453 in Italien erneuten und erhöhten Eifer für dessen herrliches Alterthum anfachte [3]), da mußte das classische Welschland, um seine besten Classiker wieder zu erhalten, sich (wie wir sehen werden) zum Mutterlande der lange genug verachteten Barbaren wenden, die, während durch sie die römische Herrschaft an ihrer Quelle zerstört ward, nicht unterlaßen hatten, die Zeugen alter römischer Größe und griechischer Bildung in ihre hercynischen Wälder heimzutragen und herüberzuretten. Erst jene sonst gepriesenen späteren, kirchlich ausgebildeten Jahrhunderte hatten — nicht den edlen Rost, sondern ihren Staub darüber gelegt [4]). Der genannte Jornandes und Andre sind nicht

---

[1]) Sieh S. 33, 15. Vgl. Lipsius zu Annal. II, 9; *Fabricii* Bibl. lat. ed. Ern. II, 392; *Henr. Norisii* Cenotaph. Pisan. pg. 462; B. Davanzati zum Tac. S 39; Beroald's Vorrede.

[2]) *Francisci Irenaei* Germaniae exegesis. Hagenau, 1518. I, 2.

[3]) Die edlen Bemühungen Petrarka's, Barlaam's, Boccaccio's und besonders des Johannes von Ravenna (des Lehrers von Poggius, Sicco Polentonus, Leonhardus Aretinus, Berginius Guarinus) und Andrer giengen voraus und gleichzeitig.

[4]) Vgl. L. Ranke Deutsche Gesch. im Zeitalter der Reformation. 2te

die schlechtesten Zeugen schnell angeeigneter Sprach= und Geistes=
bildung auf Seiten jener Barbaren [1]). Wenn auch die weiter
oben (S. 158.) aus Cassiodor beigebrachte Beziehung auf des Ta=
citus Germania in Theodorich's des Großen Antwortschreiben an
die Ästhen nicht grade beweist, daß Jener selbst, so weise und wür=
dig er herrschte [2]), die Alten gelesen, so war doch seine Tochter
Amalaswintha, nach demselben Cassiodor, wie wegen ihres Re=
dereichthumes (ubertas) in ihrer Muttersprache berühmt, so auch in
attischer Sprache wahrhaft beredt, in römischer prächtig [3]); und
der westgothische Theodorich hatte in seiner Jugend den Birgil
und andre Classiker gelesen [4]).

Auch der Frankenschriftsteller Gregorius von Tours [5]) im
sechsten, Fredegar im siebenten, und im selben Jahrhundert der
angelsächsische Beda Venerabilis, im achten Bonifacius, im acht=
neunten Theganus, Aimoin im zehnten ꝛc. sind in ihrer Rede=
und Darstellungsweise nicht zu verachten, und Karl's des Großen
Zeit und Kreiß ist wahrlich nicht verarmt an Liebe zur classischen
Bildung zu nennen; im Gegentheil sagt der Monachus Engolism.
zum Jahre 787: ante ipsum dominum (Carolum) in Gallia nullum fuerat studium liberalium artium! [6]) Namen wie Liubger,

---

Aufl. 1842. I, 279. Vgl. auch *Frid. Krameri Narratio* de humanitatis
studiorum, quinto et sexto decimo seculo in Germania origine et indole.
Meißen, Kleinlicht; 1843. 4⁰.

[1]) Was Solchen (auch Venantius Fortunatus z. B.) an unklassischen,
rhythmischen Verstößen ꝛc. vorgeworfen werden kann, gehört dem allgemeinen
Bildungszuschnitt ihrer Zeit d. h. auch den Lateinern der lingua rustica romana. Auch wollten die meisten dieser Männer keine bloßen Stylnachahmer
(der große Irrthum späterer Zeiten!) werden; sondern wollten, namentlich die
Geschichtschreiber, die Sachen in Wahrheit darstellen. Der Fluch der fremden
Sprache drückt ihre Darstellung außerdem noch genug.

[2]) Er verbot bekanntlich die gothischen Knaben in die römische Schule zu
schicken, damit sie den Muth nicht verlernten. — Über die Schulen zu Theodorich's Zeit s. Nachweisungen in Gräße Literärgeschichte des M. Alters II
2, 820.

[3]) Cassiodor Variae XI, 1.

[4]) Sidonius Apollinaris Carm. VIII, 495.

[5]) Löbell Gregor von Tours und seine Zeit.

[6]) Dasselbe gilt von Italien zu jener Zeit. Siehe Giesebrecht De
literarum studio apud Italos primis medii aevi saeculis. Berlin, 1845.
4⁰. S. 506. ꝛc.

Alcwin, Rhabanus Maurus, Theodulf, Paulus Diaconus, Sidonius Apollinaris, Notker [1] zc. haben guten
Klang; Eginhard aber, der sich in seiner Vorrede zu Karl's Le-
bensbeschreibung auf Cicero's Tuscul. III. beruft, ahmte mit Vorliebe und Glück den Suetonius nach [2].

Die Ottonen sind bekanntlich griechischer Bildung, besonders freilich der Baukunst hold gewesen. Hedwig, die Tochter
des schwäbischen Herzogs Burkhard, als Verlobte des griechischen
Kaisers Constantin früh durch griechische Eunuchen im Griechischen
unterrichtet, schenkte dem jüngeren Burkhard einen Horaz [3].

Regino, Gerbert, Widukind von Corvey, Froumund
von Tegernsee im zehnten, Dietmar von Merseburg, Herman-
nus Contractus, Lambert von Aschaffenburg oder vielmehr Hersfeld, Adam von Bremen, Sigebert von Gemblais, Hroswitha
von Gandersheim im eilften, Eckehard von Bamberg oder Au-
rach, Otto von Freisingen, Helmold, Saxo Grammaticus im
Norden, Wiobald von Corvey im zwölften Jahrhundert wird
man immer gern lesen. Aber selbst Otto von Freisingen, der
außer Augustinus, Orosius, Eusebius, wie den noch späteren Jornandes zc., auch Horaz, Trogus, Pompejus, Justinus, Varro kennt
und nennt, weiß doch, wie alle die Genannten, nichts mehr von
Tacitus.

Denn wenn er und das Chronicon Urspergense in einer an
sich merkwürdigen, in gutem, sicher von Italien ausgegangenen

---

[1] Notker's Verdeutschungen von *Martian. Capellae de nuptiis Mer-
curii et philologiae* (Cod. S. Galli 872) und *Boethii de Consolatione phi-
losophiae* (Cod. S. Gall. 825) zeugen von tüchtiger Kenntniß der römischen
Sprache und Literatur.

[2] Selbst in Stellen, aus deren sprachkünstlerischer Treue wir sonst an seiner geschichtlichen Wahrhaftigkeit zweifeln könnten, z. B. in den Stellen über
Karl's Erziehung seiner Töchter cp. 19. vgl. mit Sueton Aug. 64. Die übrigen
Nachahmungen s. unter Pertz's Ausgabe. Vgl. Kasp. Barth Adversar. I,
22, 6. S. 1687 (Frkf. 1624. fol.), Just Schneegans *De latinitate Egin-
harti.* (Jena, 1759), Ideler Leben und Wandel Karl's des Gr. beschrieben
von Eginhard (Hamb. 1839). 8. — Ähnlich entnahm Radevit (*de rebus
gestis Friderici*) den Vergleich Welf's und Heinrichs des Löwen (H, 38) buch-
stäblich aus dem Vergleiche zwischen Cato und Cäsar in Sallust's Catilina
57. und eben so II, 76 eine Stelle aus Sidonius Apollinaris (von Theodorich II) auf Friedrich II.

[3] Eckehard Iun. *De casibus S. Galli.*

Latein geschriebenen Einschaltung über eine vermeintlich bei Augsburg ergangene große Schlacht gegen die Römer, welche sich schon in mehreren verschiedenartigen Handschriften des 12. 13. Jhd. zu Wien, München, Stuttgard als (Velleji) excerpta ex gallica historia findet [1]), durch den dort angeführten tribunus Verres an Varus und die Teutoburger Schlacht erinnert wird, so hat namentlich jene Auersberger Chronik diese Wendung, wie oben Jornandes (S. 148. ꝛc.), nur wörtlich aus Orosius entnommen, der seinerseits wohl aus Suetonius umbildete [2]).

[1]) Grimm Mythologie S. 269—273; S. E. Metzger über die Sage von einer Schlacht zw. den Römern und Sueven bei Augsburg. Augsb. 1838. 4°. Dem Chronicon Urspergense (Augsb. 1515) schreiben die Geschichte von der Augsburger Schlacht, die seiner Quelle, dem Ekkehard. Uraug. fehlt, nach *Iacobus Nauclerus, Conrad Peutinger, Henricus Bebelius, Picus, Hutten* (Panegyr.), *Laurentius* (Monum. Romanorum in Thuringia. Gotha, 1704. 4°. S. 7). Besser schon 1540 Joh. Cuspinian (Opus de Caesaribus et Imperatoribus Romanis): Miror, unde irrepserit inanis haec fabula de Variana clade, cum apud Bructeros inter Amisiam et Luppiam omnes in Teutoburgiensi saltu cladis haec evenerit u. s. w. und 1559 Melanchthon (*Philippi Melanthonis* epigrammatum libri tres collecti ab Hildebrando Gruthusio Vfflensiensi. Wittenberg, Crato. 1460. 8. Widmung an die Grafen Bernhard und Hermann Simon von Lippe) Mirabiliter et collegit et protegit Ecclesiam Deus, cum Arminius in illis ipsis campis, qui nunc vestri et ornati sunt ecclesiis, doctrina et aedificiis, delevit tres legiones Romanis. etc. Eben so Piberit Lippische Chronik. Rinteln 1627. S. 158. 525. und Schaten 1692 Annal. Paderb. S. 634.

[2]) *Sueton.* Octav. 16: Sub id fere tempus Q. Varius cum tribus legionibus in Germania periit. — *Orosius* (Hist. adv. paganos VI, 21) Sub eodem vero tempore Quintilius cum tribus legionibus a Germanis rebellantibus mira superbia atque avaritia in subjectos agens (aus Bellejus II, 117?) funditus deletus est. — Chronicon Ursperg. Propter hunc Verrem tradunt Augustenses hanc caedem fuisse eandem, quam sub Augusto factam quidam describunt, sed Varum illum nominant his verbis „ea tempestate Varus, romano more, superbe et avare erga subditos se gerens a Germanis deletus est. Otto von Freisingen (Chron. III, 4) daraus Tradunt Augustenses hanc caedem ibi factam ostenduntque in argumentum collem ex offibus mortuorum compactum, quem in vulgari Perleich eo quod legio ibi perierit, usque hodie vocant vicumque ex nomine Vari appellatum monstrant. Die Worte aber Marobodum Suevorum regem callide circumvenit entnahm das Chronic. Ursperg. wörtlich aus Eutropius VII, 6.

So blieb es mit Tacitus und in's Besondere mit der Ger=
mania bis zum funfzehenten Jahrhundert.

9.

Als um das Jahr 1470 nicht lange nach dem Eindringen der
auch in Deutschland eben erst erfundenen Buchdruckerkunst nach
Italien, in der Benetianischen Editio princeps (der f. g. Spirensis:
S. 23, 1.) des Tacitus Historien und bis dahin bekannten Bücher
der Annalen zum ersten Male gedruckt erschienen, war außer dem
Dialogus auch die Germania hinzugefügt worden, die von da ab
durch alle nächsten Ausgaben [1]) als libellus aureus begrüßt und
wiedergegeben ward. Agrikola's Leben fehlte noch und kam erst
1497 zu Venedig (bei Philipp Pinci) besonders heraus.

Als aber im Jahre 1515 Philipp Beroald der Jüngere [2]) die
kurz vorher fast wunderbar aufgefundenen 5 oder 6 ersten Bücher
der Annalen unter Leo's X Auspicien zu Rom herausgab [3]), wur=
den Agricola, Dialogus und Germania nach der inzwischen zu
Venedig 1497 herausgekommenen Ausgabe des Puteolanus (S. 27,8.)
wieder hinzugefügt, so daß nunmehr Alles vereint war, was ein
allzuzögerndes und doch gnädiges Geschick uns von den Werken des
edelsten unsrer Gegner aufgespart hatte.

Der eben berührte Fund des 1 — 5 (6) Buches der An=
nalen war auf deutschem Grund und Boden, unfern des hei=
ligen Schlachtfeldes vor sich gegangen, auf welchem einst auch die
Nachkämpfe für deutsche Freiheit ausgekämpft wurden, die grade
in jenen Büchern (und sonst nirgends) geschildert werden.

Deutschland also ist es ganz in's Besondre, welches von die=
sem Funde, wie von der Germania desselben Verfaßers den
größten Gewinn zog. Aber es ist auch wieder Deutschland, wel=

---

[1]) Venedig 1470 (1469? 68?), Bologna 1472 (mit Diodorus Siculus; wie=
derholt 1476), Nürnberg 1473 (2 besondre Drucke), Rom 1474 (Gensberg),
Mailand 1475 (mit dem übrigen Tacitus), Venedig 1497 (m. d. übr. T., ver=
beßert 1512 durch Rivius), Leipzig 1502 (durch Wolfg. Monac.), 1509 (durch
Melchior Lotters), Nürnberg 1509 (Conrad Celtes; schon 1497. Wien?), Paris
1511 (mit Berosus), Wien 1515 (durch Babianus) u. f. w.

[2]) Der ältere Beroald (auch Philipp), 1483 zu Bologna geboren und
als Lehrer daselbst 1504 gestorben, schrieb Anmerkungen zum Suetonius 2c.

[3]) Im selben Jahre erschien die Germania besonders zu „Vienne Pan-
nonie" bei *Ledonardus Alantson* (von C. Celtes). Eben so ward sie 1517 in
Mailand, 1519 in Basel bei Joh. Frobenius durch Beatus Rhenanus wiederholt.

ches nicht nur jene lang verborgen gebliebenen ersten Bücher der
Annalen, sondern, wie wir weiter sehen werden, auch die Germania, ja, wie wir sahen (S. 164.), überhaupt alle Werke des Tacitus der Welt gerettet hat. —

Woher aber tauchte um 1470 in jener Editio princeps
mit den bis dahin bekannten Büchern der Annalen und Historien
mit Einem Male die Germania auf? Aus welcher und
wie alter Handschrift ward dieselbe damals veröffentlicht? —

Walther sagt in seiner Ausgabe des Tacitus (I, XXIV.) in
Betreff der Germania wie des damit abgedruckten Dialogus:
multo emendatior codicis contextus est in libro de Germania et in Dialogo de oratoribus et a priore scriptore ita diversus, ut alia prorsus editio esse videatur. Mehrere der, jener
Princeps rasch gefolgten Ausgaben, z. B. die beiden besonderen
Nürnberger von »1473« ($N^{1 \cdot 2}$), die erste Leipziger von 1502
(L^1), die erste Wiener von »1509« (W^1) können, wie wir aus
ihren Texten erkennen, wieder nicht aus jener (der Spirensis) gefloßen
sein, sondern müßen nach ihren selbständigen Lesungen, besonnenen
Satzunterscheidungen, so wie eigenthümlichen Abkürzungen oder
Auflösungen, welche auf die Schriftbeschaffenheit ihrer älteren Vorlage schließen laßen, unmittelbar aus einer Handschrift und zwar
der aus jener Editio princeps oder dem Schreiber ihres Textes
vorgelegenen hervorgegangen sein. ·

Alle bis jetzt bekannt gewordenen 18 oder 17 Handschriften
der Germania, wenn auch zum Theil auf Pergament geschrieben
(**FNWPRRbRc**), gehen über das fünfzehente Jahrhundert, ja höchst wahrscheinlich sämmtlich über das Jahr 1460
nicht hinaus [1]). Die Papierhandschrift **Rf** rührt vom Jahre
1466 her, die Pergamenthandschrift **V** ist 1464 zu Bologna geschrieben, die Papierhandschrift **S** enthält am Schluße Nomina
pontificum et imperatorum grade nur bis zum Jahre 1460 ge-

---

[1]) Die saubre Pergament-Handschrift **N** (Farnesianna), augenscheinlich
im 15. Jhd. geschrieben, schließt ihre Überschrift mit den Worten lege foli-
citer. Dieselbe Formel (die zwar auch in zweien Livius-Handschriften vorkommt, welche Joh. Aretin 1412 für Cosmus von Medicis abschrieb) erscheint
gleichfalls in einem Livius, der (auch in der Laurentiana zu Florenz aufbewahrt), im Jahre 1463 zu Rom (in palatio apostolico) für den Arzt Pius
des II, Socinus de Benzis abgeschrieben ward.

führt, in welchem Jahre die beste der Handschriften (**P**)
geschrieben ward, die uns sogleich näher beschäftigen wird, wie
sie oder vielmehr das erste Erscheinen der Germania in der
dem Pontanus für jene seine Abschrift **P**, durch Enoch von Ascoli
kurz vor 1460 (nuper adinventos in lucem, ad nos retulit:
S. 10.) wahrscheinlich aus Deutschland nach Rom gebrachten
alten Handschrift (vetustate consumta: oben S. 13.) damals die
Gemüther erhöht für den Tacitus in Bewegung gesetzt zu haben scheint, indem nicht nur jene (die Germania), sondern auch
die, bis dahin bekannten, Annalen und Historien seit 1460 grade
fleißig abgeschrieben wurden [1]).

Nur die Pergament-Handschriften **NBbW** [2]) geben uns
die Germania in Verbindung mit den damals bekannten Annalen und Historien (in **Bb** mit diesen allein), in **RRa**
RcRdNW mit dem Dialogus (in **Rd** mit ihm allein),
in **R** zugleich mit dem Agricola; in **V** bloß mit Suetonius
de viris illustribus, mit diesem (und dem Dialogus) auch in
RaRcN (in letztrem zugleich mit den Annalen und Historien) [3]) und **P**, das auch den Dialogus enthält [4]).

Das mehrfache Vorkommen der Germania und des Dialogus
mit dem genannten Werke des Suetonius (D—G—S in **P**,
G—S—D in **Ra**, S—D—G in **Rc**; in **V** bloß G—S)

---

[1]) Der Cod. Bodleianus zu Oxford bestimmt im Jahre 1463, wie
der Pergament-Codex zu Wolfenbüttel (n. 118. Gud.) im Jahre 1461 zu Ferrara ver- und gekauft ward. — Der Harleiensis zu Oxford soll 1452, der
vom Colleg. Iesu daselbst 1458 zu Genua, ja der Vatic. 1958. schon 1449
ebendaselbst geschrieben worden sein, was die obige Rechnung nicht irrt,
da die wahrscheinliche Quelle aller dieser Abschriften schon vor 1436 nach
Italien gekommen war, wie weiter oben nachgewiesen werden wird.

[2]) Man kann dazu auch **Rd** (Papier) rechnen, in so fern n. 2965 (Germania) in n. 2964 (Annalen und Historien) inne liegt.

[3]) In **Rc** zugleich das Leben des Horaz, wahrscheinlich wohl das dem
Suetonius zugeschriebene Bruchstück.

[4]) Allein erscheint die Germania in Cod. **HKLMS**(T).(**AB**?) **FRc**
Rf; eben so in den Drucken von 1472 (**Bo**). 1473 (**R**[1,2]). 1474 (**R**[1]).
1476 (**B**[2]). 1502 (**L**[1]). 1509 (**L**[2]**CRB**[1]). 1511 (**P**). 1515 (**RB**[2]). 1519
(**B**[1]**L**[3]). 1529 (**R**[3]). 1538. 1557 (**RBi**). 15... (**S**). — Verbunden mit den
übrigen Werken des Tacitus (der Agricola erschien „1482" allein in Puteolan's Panegyrici) 1469 (**B**[1]). 1475 (**R**[1]). 1497 (**B**[3]). 1512 (**B**[4]). 1515
(**R**[2]). 1517 (**R**[2]). 1519 (**B**[2]). 1527 (**P**). 1533 (**B**[4]). 1534 (**B**[5]).

deutet schon auf Eine gemeinsame Quelle oder Vorlage, eben so gut wie das Vorkommen der Bezüge zwischen Franz Aretin und Pius II in **F** und **Rf**; nicht minder der Reden desselben Pabstes in **V**: diese aber so wie die Verse auf Pabst Nicolaus V [1]) in **Rf** stellen uns sehr bestimmt in die Zeit, welche bei näherer Würdigung von **P** (1460) sich für die Geschichte der Germania so sehr geltend machen wird.

10.

Die kurz zuvor (S. 170.) angezogene Pergament=Handschrift der Germania, welche jetzt zu Venedig aufbewahrt wird (**V**), ward, wie dort (und S. 20.) gesagt, im Jahre 1464 zu Bologna abgeschrieben [2]). Eben daselbst erschien wenige Jahre darnach, so wie nach dem ersten Drucke der Germania in der Spirensis (1469. 1470), im Jahre 1472 ein zweiter Abdruck derselben in Verbindung mit der lateinischen Übersetzung des Diodorus Siculus vom gelehrten Florentiner Franciscus Poggius, durch dessen Namen uns nunmehr die überraschendsten Einblicke in die fernere Geschichte des Libellus aureus Taciteus [3]) gewährt werden. —

Der florentinische Edelmann Nicolaus Nicolus [4]), selbst gründlich gelehrt und Gelehrsamkeit wie ihre tüchtigsten Bekenner edel unterstützend, sein Haus, seinen Bücherschatz zum steten Zusammenfluß ihnen öffnend [5]) und damit derselbe auch nach seinem, 1436 erfolgten Tode ihnen noch diene, jene seine Handschriften=schätze [6]) zu Jedermann's öffentlichem Gebrauche vermachend [7]),

---

[1]) Pabst Nicolaus V, 1447 zum Pabst erhoben, stirbt 1455 zu Rom; Pius II, 1458 gewählt, stirbt 1464 zu Ancona.

[2]) Besaß vielleicht der Erzbischof Bessarion (geboren zu Trapezunt 1395, seit 1438 in Italien), der gelehrte Statthalter von Bologna, der 1472 starb und seine Bibliothek auch an St. Marco zu Venedig vermachte, die fragliche Handschrift der Germania und des Suetonius (und Dialogus)? Einen Annalen= und Historien=Codex besaß er, der im J. 1453 zu Bologna geschrieben war (jetzt n. 387. zu Venedig).

[3]) Auch hier Tacitinus?? Sieh Wissowa (Passow) und Eckstein.

[4]) Auch Nicoli und Nicolai.

[5]) Cujus domus commune doctissimorum diversorium erat — sagt Franz Poggius in seinem Dialogus de felicitate principum (*Poggii* Opp. Basel, 1538. S. 394.).

[6]) Der Zeitgenoße Bartholomäus Faccius, von dem oben weiter die Rede sein wird, sagt in seinem Liber de viris illustribus S. 11. von ihm: Graecae et latinae linguae omnisque antiquitatis studiosus .... librorum

hatte bei seinem glühenden Eifer für Wiederbelebung der Wißen=
schaften so wie für Herbeischaffung von alten Handschriften und
Schriftstellern sein Augenmerk namentlich auch auf den ernsten,
edlen Tacitus gerichtet und gieng der Ergänzung oder eigentlich
der Wiedergewinnung desselben überhaupt auch über die Grenzen
seines Vaterlandes nach.

Zu diesem Zwecke veranlaßte er vorzüglich den genannten
Franciscus Poggius [1] nach Deutschland zu reisen [2] und
hier in den Klosterkirchen fleißig herumzusuchen. Schon im Jahre
1414 unternahm dieser daher (mit Bartholomäus de Monte Poli=
tiano) diese Reise über Konstanz, wo er zum Concilium, doch nur
ad libros exquirendos missus gelangte [3], und kehrte mit Schätzen
reich beladen heim; denn er brachte acht Reden des Cicero und
dessen Bücher de Finibus und de Legibus, den ganzen Quinti=
lian [4], den Columella und Lucretius (zum Theil und zur Ergän=

---

quoque exornandorum inventor, operum Ciceronis et aliorum illustrium
auctorum diligentissimus inquisitor. Librorum magnam copiam tam
graecorum quam latinorum cujuscunque artis et doctrinae comparavit.
Nihil tamen latine aut graece scripsit, scriptis veterum contentus. Mo-
riens bibliothecae, quae erat in Marci Evangelistae templo, quam Cosmus Medices effecerat, libros suos, ut mortuus etiam viventibus prodes-
set, dedicavit.

[7] 800 Handschriften — ein ungeheurer Schatz in damaliger Zeit und für
den Einzelnen!

[1] Poggius, 1380 zu Terranuova im Florentinischen geboren, in Flo=
renz selbst, wohin er 1453 als Kanzler zog, in seinem 79. Lebensjahre 1459
sterbend.

[2] Wie schon Petrarca im J. 1335 zu gleichem Zwecke gethan, um sei=
nen Vorrath an klassischen Handschriften zu vermehren, selbst bis Cöln u. s. w.
kam. — Auch König Robert von Neapel, von Jenem angeregt, ließ durch
Bernhard Barlaam in Griechenland, durch Paul von Perugia in Italien alten
Handschriften nachgehen. Eben so Galeazzo Visconti, der Herzog von
Mailand, und Coluccio Salutati, der Kanzler von Florenz, der wie Nico=
laus Nicoli allein eine Sammlung von 600 Handschriften zusammenbrachte.

[3] Sieh des Poggius Leben vor des Recanatas Ausgabe seiner Histo=
ria Florentina (Venedig, 1715. 4°.). Im Jahre 1418 gieng Poggius zu
gleichen Zwecken nach England (Ebdf. S. 13.).

[4] Diesen fand er in turri zu St. Gallen und schrieb ihn mit eigener
Hand ganz ab: Haec mea manu transcripsi et quidem velociter, ut ea
mitterem ad Leonardum Aretinum et Nicolaum Florentinum sagt er in
einer Epistola ad Guarinum Veronensem vom 16. Dezb. 1419 (Fabricii
Bibl. latina ed. Ernesti II, 262. 259. und Recanat. a. a. O.). — Leon=

zung), den Tertullian, Asconius Pedianus, Ammianus, Marcellinus, Valerius Flaccus (Argonautica), Silius Italicus, Manilius Astronomus, L. Septimius, Probus Grammaticus, Eutychius, Caper, Frontinus (de aquae ductibus) u. s. w. nach Italien zurück [1], wo die Mehrzahl der Genannten fast gänzlich verschwunden war.

Poggius selbst spricht sich über seine Reise und Ausbeute in seinem Dialogus de Felicitate principum [2], den er unter Eugen dem Vierten [3] als zwischen ihm und Carolus Aretinus, Cosmus von Medicis und Nicolaus Nicolus, in des Letzteren Bibliothek geführt, niederschrieb [4], also aus: Suscepit hic (me intuens) olim [5] diligentiam et laborem peragrandae Alamanniae, librorum perquirendorum gratia, qui in ergastulis apud eos reclusi detinentur in tenebris carcere coeco, qua in re multum profuit latinis musis ejus industria. Nam octo Ciceronis orationes, integrum Quintilianum, Columellam, qui antea detruncati et deformes apud nos erant, et item Lucretii partem pluresque alios latinae linguae autores praeclaros restituit nobis pluraque [6] ex diris carceribus, quibus inviti obsoletique opprimuntur, eruisset (sunt enim multis vinculis et foedo carcere abstrusi),

---

hard Aretin besaß einen alten guten Quintilian, über den er an Poggius (Epist. lib. 4.) schrieb: Quintilianus tuus laboriosissime emendatur. permulta sunt enim in nostro vetusto codice, qnae addenda tuo videantur. Dieß ist wohl derselbe schöne Quintilian des eilften Jahrhunderts (186 Bl. fol.) in der Laurentiana zu Florenz (Plut. XLVI, VII; Bandini II, 382).

[1] Ammianus Marcellinus, die prima Decas Livii und unum volumen orationum Tullii kam, wie wir sehen werden, erst nach der Reise in Poggi's Hände.

[2] Pabst Nicolaus V. veranlaßte ihn einen ähnlichen Dialogus de infelicitate principum zu schreiben, worin ihn Poggius noch als Thomas Sarzanensis (Thomas Garzanus oder Lucanus) begrüßt.

[3] Also zwischen 1431 — 1447.

[4] *Poggii* Opera (Basel, 1538.) S. 394.

[5] D. i. 1414.

[6] Am Vollständigsten zählt Franciscus Barbarus in einem Briefe an Poggius (bei Recanatus a. a. O.) dessen Ausbeute auf: Tu Tertullianum, tu M. Fabium Quintilianum, tu Q. Asconium Paedianum, tu Lucretium, Silium Italicum, Probum Grammaticum, tu complures alios Bartholomaeo Comaeo collega tuo adjutore vel fato functos vel longo (ut ajunt) postliminio in Latium deduxisti.

nifi fortunae defuiffent. Haec cum ab eo fuiffent in lucem edita, cumque uberior et quafi certa fpes propofita effet ampliora inveniendi, nunquam poftea aut princeps aut pontifex vel minimum operae aut auxilii adhibuit ad liberandos praeclariffimos illos viros ex erguftulis barbarorum.

Poggius gefällt fich, wie es den Anfchein hat, in der Erin=nerung oder Ausmahlung diefer Gefängniffe feiner Landsleute oder Vorfahren. So finfter aber konute es doch in einem Lande nicht ausfehen, das fchon im vierzehnten Jahrhunderte, wo in Italien eben einzelne Leuchten wie Petrarca erglüht waren, die freien Hochfchulen zu Prag, Wien, Heidelberg, Cöln, Erfurt gegründet hatte und im funfzehenten fchnell neun — Leipzig, Würzburg, Roftock, Löwen, Mecheln, Bafel, Greifswalde, Tübingen, Mainz — hinzuthat.

Das Morgenroth lichterer Tage war auch hier bereits ange=brochen: fchon waren faft gleichzeitig die Männer geboren, welche fortan den Reigen der Aufklärung und Bildung führen follten: Johann Weffel, Rudolf Lange, Johann v. Dalberg, Rudolf Agri=cola, Alexander Hegius, Jacob Wimpheling, Konrad Celtes, Jo=hann Reuchlin, Defiderius Erasmus u. f. w., und die Wiederher=ftellung der Wißenfchaften am Ende reicher, tiefer und vollftändiger bewirkten, als je Italien fich rühmen konnte und kann. Mit Recht fagt daher auch Gerhard Boß [1]), indem er jene von Poggius wiedergefundenen Claffiker (unter ihnen auch grade den Tacitus) theilweife namhaft macht, Nec folus Tacitus, verum etiam Quin-tilianus, Afconius, Silius Italicus, Argonautica Val. Flacci, Cice-ronis libri de finibus et legibus in Germania a Poggio reperti Germanis debentur.

11.

Die vorher gehörte Klage des Poggius: nifi fortunae defecif-fent und nunquam poftea aut princeps aut pontifex vel mini-mum operae aut auxilii adhibuit — ift der fchlagendfte Beweis, daß damals auch in Italien die edlen Eiferer für beßere Bildung vereinzelt und ununterftützt ftanden. Der pontifex ift Pabft Eu=gen IV [2]). Erft deffen Nachfolger Nicolaus V. war wieder auf

[1]) *Gerhardi Vossii* Hiftoria latin. III, 5. S. 533.
[2]) Poggius Gönner Nicolaus Nicoli ftarb bereits 1436, Eugen 1447.

ähnliche Spürreisen für seine Vaticana bedacht, der er mit großen Opfern auf solchen Wegen an die 3000 Handschriften zuführte.

Die von Poggius in jenem Berichte ausgesprochene uberior et quasi certa spes ampliora inveniendi galt ohne Zweifel vor= zugsweise unserm Tacitus, an welchen ihn Nicolaus Nicoli auch nach jenen Reisen, die 1414 — 1419 währten, wiederholt er= innerte, indem er wohl wußte, daß Poggius in Deutschland die geeignetsten Verbindungen angeknüpft hatte und unterhielt. Höchst unterrichtend sind in dieser Beziehung die uns zugänglichen Briefe, welche Poggius über diese Verhältnisse und Verhandlun= gen an Nicolus von Rom aus nach Florenz schreibt 1), bei denen wir nun um so mehr stehen bleiben, als ihre Aufschlüße über die kleineren Schriften des Tacitus, zusammengehalten mit den eigenthümlichen Kennzeichen der Pontanischen Handschrift zu Leyden (**P**) Eine und dieselbe Grundhandschrift für sämmtliche uns zugekommenen Abschriften der Germania zu Tage zu legen geeignet sein dürften.

Im November des Jahres 1425, also wenige Jahre nach jener anknüpfenden Reise selbst, schreibt Poggius von Rom aus an Ni= colus 2) zum ersten Male ziemlich geheimnißvoll über den mög= lichen, ja wahrscheinlichen Fund eines Tacitus, d. h. wohl vor= zugsweise einer den bis dahin gewonnenen Schatz (B. 11 — 16 der A., 1 — 4 der H.) ergänzenden Handschrift: Quidam monachus, amicus meus, ex quodam monasterio Germaniae, qui olim nobis recessit, ad me misit litteras, quas nundius quartus accepi, per quas scribit se reperisse aliqua volumina de nostris .... Inter ea volumina est Iulius Frontinus 3) et aliqua opera Cornelii Taciti nobis ignota. videbis repertorium.

Nachdem der Winter vorübergegangen, schreibt Poggius, neu gemahnt und nach Deutschland mahnend, im Jahre 1426 an Ni= colus zurück: Ex Germania responsum est mihi litteras illas

---

1) *Fr. Poggii* Epistolae durch Thomas de Tonnes: 1832. I, 8. Äl= tere Sammlungen und Ausgaben sind bekannt.

2) *Fr. Poggii* Epistol. S. 168.

3) Dieser kam vorher schon (S. 174 oben) unter den von Poggius aus Deutsch= land heimgebrachten Handschriften vor und befindet sich, bezeichnend, mit der Germania, Dialogus, Suetonius (und Agricola) auch in Handschrift **B**.

eſſe redditas. Spero igitur me habiturum propediem litteras a monacho et tum tecum omnia communicabo. ¹)

Über dieſen internationalen Kloſterbruder, den er ſelbſt dem florentiniſchen Freunde nicht nennen zu wollen ſcheint oder Urſache haben mochte, ſchreibt Poggius im October beſſelben Jahres ²) nicht minder geheimnißvoll, doch über den Aufbewahrungsort des ſehnlichſt gewärtigten Tacitus ſo wie über ſeine darauf bezügliche Verhandlung etwas mehr herausgehend, zugleich in ſeiner Art ziemlich derb an ſeinen mäceniſchen Freund: De libris Germanis nil dicam amplius niſi me non dormire more tuo, ſed vigilare. Quod ſi quidam, prout ſpero, fidem ſervarit, liber ad nos veniet vel vi vel gratis. Quin etiam dedi operam, ut habeam inventarium cujusdam vetuſtiſſimi monaſterii in Germania, ubi eſt ingens librorum copia; ſed ne tu me moleſtes iſta tua dicacitate, nil amplius ſcies.

Nicolus mochte den Poggius außer immer erneutem Drän= gen ³) auch mit dem Verdachte beläſtigen, daß er ihm die Sachlage aus beſonderen Gründen oder Abſichten verheimliche; weshalb Pog= gius im Sommer des nächſten Jahres ⁴) endlich noch etwas näher mit der Sprache herausrückt, indem er ſagt: Dixeram Cosmo noſtro quemadmodum ſcribis, monachum illum *Hersfeldenſem* dixiſſe, cuidam se attuliſſe inventarium, ſicut ei ſcripſeram, plurium voluminum ſecundum notam meam. poſtmodum cum ſumma cura quaererem hunc hominem, venit ad me afferens inventarium plenum verbis, re vacuum. Vir ille bonus, expers ſtudiorum noſtrorum, quidquid reperit ignotum ſibi, id et apud nos incognitum putavit, itaque referſit illud libris quos habemus, qui ſunt iidem de quibus alias cognoviſti. Mitto autem ad te nunc partem inventarii ſui, in quo deſcribitur volumen illud *Cornelii Taciti* et aliorum,

---

¹) *Fr. Poggii* Epiſt. S. 175.
²) *Fr. Poggii* Epiſt. S. 187.
³) Poggius ſagt einmal: multosque e Germanorum Gallorumque (St. Gallen??) ergaſtulis mea diligentia eripui, atque in lucem extuli, Nicolai ſenſu, impulſu, exhortatione et pene *verborum moleſtia*, eſſe Italiae litteris reſtitutos.
⁴) Juni 1427 (Epiſtol. S. 207.).

quibus caremus, qui cum fint *res quaedam parvulae*, non fatis magno fint aeftimandae.

Wohl nicht mit Unrecht wird aus diefen Worten geschloßen, daß, wie wir oben S. 176. schon behaupteten, Poggius und Nicolus mehr auf die Annalen (und Hiftorien) oder ihre Ergänzung, auf ein größeres Volumen Taciteum gehofft hatten; daher der erftere auch fortfährt Decidi ex maxima fpe, quam conceperam, ex verbis fuis: ea exiftit caufa, propterquam non magnopere curavi hoc ad te fcribere, nam fi quid egrégium fuiffet, dignum Minerva noftra [1]), non folum fcripfiffem, fed ipfe advolaffem ut fignificarem.

Wir erfahren aber zugleich einen näher liegenden Grund der Verzögerung des klöfterlichen Unterhändlers oder Unterschlägers: Hic monachus, der für fein Klofter nach Rom gekommen fein mochte, eget pecunia: ingreffus fum fermonem fubveniendi fibi, dummodo Ammianus Marcellinus, prima decas Titi Livii et unum volumen orationum Tulli ex iis, qui funt apud nos communes, et nonnulla alia opera, quae quamvis ea habemus, tamen non funt negligenda [2]), dentur mihi pro his pecuniis. Peto autem illa referri eorum periculo usque ad Nurimbergam [3]). Haec tracto. nefcio quid concludem, *nomina* tamen a me fcies poftea. Miror quod fcribis te fuspicari, me occultare opera, quae continentur in inventario, ne vulgentur. Qui hoc tibi venit in mentem, qui me a teneris unguiculis nofti?

Ungeachtet der in diefem Berichte eingänglich geäußerten Zufage hatte indeß Poggius das Inventarium beizuschließen — vergeßen. Nicolus erinnerte ihn umgehends daran, verftärkte aber aus jenem Vergeßen auch feinen Verdacht, den Poggius in dem zuvor gelefenen Briefe mit Un= oder Wehmuth von fich gewiefen hatte und nun im felben Monate (Juni 1427) fogleich noch ein=

---

[1]) Lag die Germania dem Florentiner nicht nahe? — Anders Pontanus im Jahre 1460, der fie eifrig abfchrieb, anders die erften welfchen Drucke (Bo B[1] B[2] B[3]), welche die Germania als aureum libellum bezeichneten.

[2]) Aber die Germania?

[3]) Hier erfcheint auch alsbald nach der Ed. princeps (1469) und Bo (1472) im Jahre 1473 die Germania befonders in felbftändigen Drucken (R[1]).

mal mit ben Worten abwehrt [1]): Optime suspicaris me cum ob-
fignarem litteras oblitum effe illius inventarii, cujus mentio-
nem feceram in litteris: nunc illud ad te mitto. Id autem male
accipis, quia cum procurem ut habeamus decadem Livii
et reliqua volumina, de quibus ad te fcripfi, putes me omittere hoc volumen, quo maxime indigemus.

Diefe letzten Worte klingen auffallenb anbers, als bie wegwer=
fenben kurz zuvor über bie res parvulae jenes Voluminis, non fatis magno aeftimandae; indeß mochte Nicolus eben immer noch
glauben, baß Poggius ihm ben wahren Inhalt jenes voluminis
C. Taciti (aliorumque) eigentlich vorenthalte. Diefer fährt aber
fort: Id quidem inprimis eft, quod volo. Quin mandavi ifti
monacho, ut vel ipfe fecum deferret, nam credit fe rediturum
brevi, vel per alium monachum curaret deferendum. alios [2])
juffi portari Nurimbergam, hunc vero Romam proficifci
recta via, et ipfe fe facturum recepit.

An biefen Bericht knüpft Poggius eine Bemerkung über bie
knickrige Behanblung eines anbren eblen Zwifchenträgers von
Hanbfchriften von Seiten ber römifchen Kurie [3]), ber ihm fogar
von einer Hanbfchrift ber Bella Germaniae bes älteren Pli=
nius [4]) gefprochen hatte, was um fo weniger eine Täufchung
gewefen fein mochte, als Poggius ben Gemeinten als einfichtig unb
zuverläßig rühmt [5]) unb auch noch im fiebenzehenten Jahrhunbert
jene wichtigen 20 Bücher bes Plinius in Augsburg unb Dort=
munb gefehen fein wollen [6]). Poggius aber fagt von ber römi=

---

[1]) *Poggii* Epiftol. S. 211.

[2]) Als zu fchwer wahrfcheinlich unb nicht fo begehrlich grabe erwartet.

[3]) Man erinnere fich feiner Klagen über Eugen IV. (oben S. 175.)

[4]) *Poggii* Epiftol. S. 207. 208.

[5]) Doctus et, ut videtur, minime verbofus aut fallax.

[6]) Fürft von Fürftenberg (Monum. Paderborn.) fagt, nachbem er bie
weiter oben (S. 175.) fchon mitgetheilten Worte bes Gerharb Boß über Pog=
gius Funbe in Deutfchlanb angeführt: Quibus utinam aliquando Plinii XX.
volumina de bellis germanis accedant, quae Conr. Gesnerus Auguftae Vindelicorum, alii Tremoniae in Weftphalia apud Ca-
sparum Swarzium patricium Tremonienfem exftitiffe tradiderunt.
Das wäre ein glücklicherer Funb für Bernharb Thierfch als feine Wehm=
beiträge, wenn er ba bes älteren Plinius Werk fänbe, wo einft G. E. Gie=
rig „Leben, moralifchen Character unb fchriftftellerifchen Werth bes jüngeren
Plinius" (Dortmunb, 1796) fchilberte.

ſchen Kurie: Nicolaus Treverenſis ita tractatur, ut et pudeat et poeniteat ad Curiam veniſſe. nil enim obtinuit a Pontifice, ut iratus et nobis et libris recedat. Ita ferunt tempora. tamen rogabitur, ut ſaltem rempublicam reſtituat Italiae. Ego ſolus volui mittere aliquem in Germaniam, qui curaret libros huc afferri; ſed nolunt qui nolle poſſunt et deberent velle. —

12.

Von Florenz aus mochte die Anklage gegen des Poggius wirk= liches Säumen oder vermeintes Verheimlichen immer ſtärker ge= worden ſein: er ſchreibt nämlich im October deſſelben Jahres [1] faſt trotzig, vielleicht aber auch im Einverſtändniſſe mit Nicolus, an dieſen: *Cornelium Tacitum,* cum venerit, obſervabo penes me occulte. Scio enim omnem illam cantilenam et unde exierit et per quem et quis eum ſibi vendicet; ſed nil dubites: non exibit a me *ne verbo quidem.* Ja es ſcheint faſt, als habe Poggius wirklich bereits etwas in Händen gehabt oder doch ganz nahe gewärtigt, da er um dieſelbe Zeit eine andre Handſchrift des Tacitus von Nicolus geliehen verlangt [2]): Miſiſti mihi librum Se-necae et Cornelii Taciti, quod eſt mihi gratum. at is [3]) eſt litteris longobardicis et majori ex parte caducis; quod ſi ſciſſem, liberaſſem te eo labore. legi olim quendam apud vos ma-nere litteris antiquis: neſcio Coluciine eſſet an alterius. [3]) Iſtum cupio habere, vel alium qui legi poſſit. nam difficile erit repe-rire ſcriptorem, qui hunc codicem recte legat.

Poggius hatte dem zu Folge jenen Codex bald nach Florenz zurückgeſchickt, wie er im folgenden Jahre [4]) bemerkt: Dedi Bar-tholomeo de Bardis Decadem Livii et *Cornelium Tacitum,* ut illos ad te mittat. in two *Cornelio* deficiunt plures char-tae variis in locis et in Decade integra columella u. ſ. w.

Die hier wiederholt genannte prima Decas Livii [5]) aus dem

---

[1]) *Poggii* Epiſtol. S. 212.

[2]) *Poggii* Epiſtol. S. 213.

[3]) Daß dieſes i s ſich auf den Tacitus, nicht den Seneca beziehe, geht aus dem folgenden Verlaufe hervor.

[4]) *Poggii* Epiſtol. S. 216. (a. 1428).

[5]) Dieſe alſo war wirklich inzwiſchen in Poggius Hände gelangt. Tacitus noch nicht? — Oder iſt oben der erſte Corn. Tacitus zu unterſcheiden von Suo Cornelio? Doch ſieh im Texte das Folgende.

11. Jhb. stammend und auch den Columella nebst Varro enthal=
tend [1]), wird noch heute in der Laurentiana [2]) als Erbe von
Nicolaus Nicoli [3]) aufbewahrt; nicht minder, wie wir oben S. 164.
schon sahen, jener gleichalte Tacitus [4]), der, mit langobardischer
Schrift geschrieben, wie Bandini sagt — wirklich multis in locis
evanidus sein soll [5]), dieselbe Handschrift, deren Lesarten Victorius
im Jahre 1522 seinem Abbrucke der Beroaldischen Ausgabe von
1515 hinzufügte [6]) und die auch wohl Gerhard Voß in den
oben (S. 175.) angeführten Worten (Nec solus Tacitus, verum
etiam .... in Germania a Poggio reperti) meinte [7]).

Von dem neuen Volumen C. Taciti aber wollte immer noch
nichts Gewisses verlauten: Cornelius Tacitus, schreibt Poggius
im September desselben Jahres 1428, silet inter Germanos neque quicquam exinde novi recepi de ejus operibus. [8]) End=
lich aber, im Februar des folgenden Jahres meldet er an Nicolus,
daß der Hersfelder Mönch selber nach Rom gekommen sei,
aber leider (wenn es wahr ist) ohne den ersehnten Codex!
Monachus *Hersfeldensis* venit absque libro multumque
est a me increpatus ob eam causam. Asseveravit se cito rediturum (nam litigat nomine monasterii) et portaturum librum.
Rogavit me multa. dixi me nil facturum, nisi librum haberemus. ideo spero et illum nos habituros, quia eget favore
nostro.

Aber grade von nun an schweigt Poggius in seinen Brie=

---

[1]) Die übrigen Livius=Handschriften zu Florenz stammen alle nur vom 15.
Jhb. (Bandini II, 696. 838. 831. 833. 834. 836).

[2]) *Plut.* LXIII, cod. XIX.

[3]) Nach *Victorii* Castigationes ad Ciceron. S. 160.

[4]) *Plut.* LXVIII, cod. II.

[5]) Besonders in Buch XIV. XV. sind einige blaße Seiten, doch mit Hülfe
eines andren Textes noch zu lesen.

[6]) Sieh oben S. 34.

[7]) Eigen sagt freilich Poggius oben: at is est litteris longobardicis et
majori ex parte caducis; quod si scissem ... Die langobardischen Buch=
staben waren ihm nur nicht recht wegen des scriptor, qui hunc codicem
recte legat; und die Unvollständigkeit des Codex oder des Poggius Nichtwißen
dieses Umstandes erklärt sich leicht, wenn man annimmt, daß er die dem Nicoli
heimgebrachten Handschriften nicht alle angesehen oder ihren Zustand vergeßen.

[8]) *Poggii Epistol.* S. 218.

fen gänzlich über die lange fortgepflegte Angelegenheit, — sei es
daß er (oder Nicolus) oder ein gefürchteter Andrer („qui eum sibi
vendicet") das Volumen C. Taciti et aliorum (so gut wie die
prima decas Livii) wirklich erlangte, sei es daß das Mönchlein,
der vir bonus, qui eget pecunia et favore nicht wiederkam, das
Spiel nicht weiter wagte oder gestorben war.

Nicolaus Nicoli stirbt bereits im Jahre 1436, Poggius, der
ihm die Grabrede hielt [1]), aber erst im Jahre 1459 und grabe
im folgenden Jahre schon taucht, und ohne Zweifel in Rom,
wirklich eine alte Handschrift der Germania sammt Dialo=
gus, so wie mit Suetonius de viris illustribus (vielleicht auch mit
Andrem noch), also ganz wie Poggius das Volumen Cornelii Ta=
citi et aliorum, enthaltend res quasdam parvulas, namentlich alia
opera Taciti nobis ignota in dem Inventarium des Hersfelder
Mönches schilderte, auf; so daß man unwillkürlich zu dem Schluße
eilen könnte, daß Poggius die bewußte, so lange unterhandelte
Handschrift bereits besessen und bis zu seinem Lebensende (man
gedenke seiner Worte observabo penes me occulto und non exibit a me ne verbo quidem) verheimlicht habe. Andre Umstände
und Thatsachen aber, die mit jener endlichen wirklichen Erscheinung
der Germania (wie des Dialogus und Suetonius) im März
des Jahres 1460 an den Tag kommen, sprechen Poggius wohl
frei, denn einmal heißen (s. S. 10.) jene Schriften nuper
(wahrscheinlich übrigens auch in Deutschland) adinventi und als
ihr Finder oder Heimführer wird namentlich Enoch von Ascoli
genannt. Dagegen berechtigen uns jene Umstände, grade das von
Poggius gemeinte Volumen C. Taciti et aliorum für Eine und
dieselbe (Hersfeldische?) Handschrift mit der zu halten, welche 1460
Pontanus vor sich liegen hatte, von der wir deßhalb nunmehr
nach Schilderung derselben auf S. 7 — 13. näher zu handeln haben.

3. Ihre Grundhandschrift.
13.

Wir sahen oben (S. 10.), daß die in Leyden jetzt aufbe=
wahrte, dem im Jahre 1715 daselbst verstorbenen Professor Peri=

---

[1]) Die bei Martene (Veterum Scriptor. et monument. III, 727—
736.) abgedruckt ist.

zonius einst gehörige Handschrift der Germania, des Dialogus und des Suetonius (de viris illustribus) von des gelehrten und hochgestellten Jovianus Pontanus eigener Hand im genannten Jahre 1460, wahrscheinlich zu Rom, aus einer alten Handschrift abgeschrieben wurde, die kurz vorher (nuper) Enoch Asculanus aufgefunden und nach Italien, nach Rom gebracht hatte.

Zweimal finden wir des Jovianus Pontanus Namen eingetragen: vorn vor dem Dialogus (oben S. 10.) und zu einer Randbemerkung zum Anfange des Suetonius, wo er Iov. PONTANUS . VMBER | EXCRIPSIT: ∾ unterschreibt und hier wie dort aussagt, daß er die Handschrift abgeschrieben habe, durch welche, im Texte wie in den fleißigen Randbemerkungen (rothen und schwarzen) Eine und dieselbe, saubre und gesunde Hand läuft, welche sich wesentlich von der gewöhnlichen welschen Hand des fünfzehenten Jahrhunderts unterscheidet, und wohl den oft abgeschriebenen alten Handschriften nachgebildet ward.

Daß wir es aber in dieser Leydener Handschrift wirklich mit des Pontanus Hand zu thun haben, belegen einige andre Handschriften der K. Bibliothek zu München, welche desselben Pontanus Randanmerkungen und Namens-Inschriften darbieten [1]).

---

[1]) Es sind dieß 1) Cod. latin. n. 802. membr. 8°. (Cod. Victorin. n. 123.), der bezeichnend die Argonautica des von Poggius wohl auch in Deutschland aufgefundenen *C. Valerii Flacci Selini Balbi*, von italienischer Hand im J. 1461 abgeschrieben enthält und am Schluße (Bl. 105ᵃ) ganz von der Hand des Leydener Codex die rothgeschriebene Inschrift oder Unterschrift trägt: Emit Florentie Iovianuſ .·. und darunter schwarz (durchstrichen) Millo . cccc . Ixl.; vorn auf dem Innendeckel aber wieder roth Eſt Ioniani Po(ntani überklebt), so wie auf der Kehrseite des ersten leeren Pergamentblattes von derselben Hand die aufmerksame Belesenheit beurkundende Bemerkung Auctor ē Plutarchus | Teſtudineſ cv̄ ſerpentem | vorauerunt origanum | edere.

2) Cod. lat. 822. membr. 8° (gleichfalls ein Cod. Victorinus. n. 162), enthaltend *Andreae Floci Florentini De Romanorum magiſtratibus ac ſacerdotiis*, gleichfalls in ächt italienischen Schriftzügen des 15. Jhb. mit einer Menge Randbemerkungen wiederum ganz von der Hand unsers Leydener Codex, auf dem leeren Blatte 81. aber von derselben Hand die Worte Eſt *Iouiani Pontani*. Florētię Mᵒ CCCC LXVIIIᵒ, auf dem leeren Vorderblatte endlich eine zwölfzeilige Bemerkung über den Verfaßer Andr. Floeus mit der Unterschrift *Io. Pontanuſ*, in welchen Zeilen sich die feste Hand des Leydener Codex am Sichersten wiederspiegelt. — Sieh die Nachbildungen Taf. III, 7ᵃ — 9ᵈ.

3) Cod. lat. 234. membr. gr. fol., enthaltend *Alphrageni* de principiis coeleſt. actuum, abermals mit vielen Randbemerkungen zum Texte, aus

Auf dem leeren erſten Blatte (Kehrſeite) der Leydener Hand=
ſchrift hatte Pontanus den Enoch Ascolanus oder von
Ascoli als den Auffinder und Heimbringer derſelben bezeichnet:
hos libelloſ ... nuper adinuėtoſ et in lucė relatoſ ab Enoc Aſcu-
lano. Man könnte ſich hier leicht an den oben S. 181. ꝛc. geltend
gemachten Umſtand erinnern, daß Poggius, der ſo lange heimlich
wegen eines Tacitus aus Deutſchland unterhandelt, dann plötz=
lich davon abbricht, als habe er den erſehnten Schatz ſtill gehoben
und geborgen, und daß faſt unmittelbar nach ſeinem 1459 erfolgten
Tode — im März 1460 eine ſolche Handſchrift zu Tage kommt,
und könnte hierauf grade jenes nuper adinventos beziehen wol=
len, ſo daß in lucem relatos auf die Verheimlichung in des Pog=
gius (früher des Nicolus?) Handen Licht würfe; indeß erſehen wir
aus einer, ſchon S. 12. vorbeſprochenen längeren Randbemerkung
des Pontanus zum Suetonius, daß jene von ihm gebrauchten
Worte nuper adinuentos et in lucem relatos auf die dort ge=
nannte Reiſe des Enoch von Ascoli in Frankreich und Deutſch=
land bezogen werden müße, ſo daß in lucem relatos daßelbe
bedeute wie ad nos in jenen Randworten, die ſo heißen: C. Sue-
toni⁹ ſc'pſit de viriſ illuſtribuſ. cuius exemplū ſecutuſ hierony-
muſ ipſe q°q₃ libellū de ſc'ptoribuſ chriſtianiſ edidit ¹). Nup
etiā Bartholomeuſ faciuſ familiariſ n̄r ²) de uiriſ illuſtribuſ
t'piſ ſui, libros compoſuit ³) q̄ ne hoſ .Suetonii illuſtreſ uiroſ

---

genſcheinlich von Pontanus Hand, was obenein die Bemerkung auf dem oberen
Rande des erſten Blattes beſtätigt: Ioannis Widmeſtadij. *Ioannis.* | *Iouiani*
Pontani manu adnotata ſunt | quae in marginibus leguntur. ‖

¹) **De viris illuſtribus literarum.** Sieh **Bähr** Die chriſtlichen Dich=
ter und Geſchichtſchreiber Roms. Karlsruh, 1836. 8°. S. 116.

²) Zu des **Facius** Syntagma de hominis excellentia (Cod. Vatic.
3562) ſchrieb Poggius die Vorrede. Poggius und Pontanus haben ſich
ſicher gekannt.

³) **Bartholomäus Facius**, geboren zu Spezzia im Genueſiſchen, ſagt
in ſeinem oben gemeinten Buche de viris illuſtribus (herausgegeben durch
Laurentius Mebus zu Florenz 1745. 4°.) nichts von Enoch von Ascoli,
nichts von Sicco Polentonus (von welchem weiter oben), wohl aber
von Jovianus Pontanus ſelber (S. 6.), Franz Poggius (S. 7.), Ni=
colaus Nicolus (S. 11.) — In jener ſuetoniſchen Nachahmungsweiſe (durch
Hieronymus; Facius und andre Gleichzeitige) gab 1684 noch Joh. Tröſter
einen „Päbſtlichen Suetonius, das iſt kurzgefaßte Zeit=Beſchreibung aller Röm.
Biſchöffe und Päbſte‟ (o. O.) heraus.

uidere poſſet morſ immatūra effecit. paulo eɪm pᵗ ei⁹ mortē
in lucē redieꝛ̃ cū multoſ āoſ deſiderati a doctiſ hōibuſ e͞ent.
Tꝑibƺ eɪm Nicol . q̄nti . pōtificiſ . max! Enoc Aſculan⁹ in
Galliam et inde in Germaɪam ,pſectuſ cōqrēdorū librorū grā,
hoſ quāquā mendoſoſ et impſc̄oſ ad noſ retulit.

Sicher ſind die letzten Worte ſo zu verſtehen, daß Enoch, von
Nicolauß V zum Handſchriftenerwerbe nach Frankreich und Deutſchland geſchickt, die Handſchrift ünd zwar zum Mindeſten in der
Verbindung ihrer drei Beſtandtheile (hos libellos), wie dieſe jetzt
vor unß liegen, aus Deutſchland mit heimgebracht habe und
zwar kurz nach des B. Facius Tode.

Pabſt Nicolauß V ſtarb im Jahr 1455, weßhalb ihn Pontanuß in einer Randbemerkung zur Germania (Hptſt. 46) im J.
1460 ſchon divus Nicolaus nennt, in welcher Anmerkung er aber
zugleich des Ferdinandus rex gebenkt, der dieß erſt im Jahre 1458
warb ¹), ſo daß da er von dem dort beſprochenen litthauiſchen
Herrn cum ad Ferdinandum regem et inde ... ad divum Nicolaum ſe contuliſſet ſagt, hier mit der Bezeichnung König offenbar
vorgreift, was aber um ſo mehr dafür ſpricht, daß jene ganze Bemerkung ²) wie die ganze Handſchrift nach 1458, beſtimmter im
Jahre 1460 niedergeſchrieben ward. Bartholomäuß Faciuß aber
ſtarb im J. 1457 und bald nach ſeinem Tode (paulo poſt ejus
mortem) kam Suetoniuß und ohne Zweifel der übrige, taciteiſche,
Inhalt der Handſchrift ³) an's Licht oder nach Italien, nach Rom;

---

¹) Und im Jahre 1494 ſtarb.

²) Tacituß ſpricht G. 46. von den Sarmaten und Finnen; dazu ſetzt Pon-
tanuß: hoc idem confirmavit | alexander ſoltan.,. | dn̄ſ lituanie
cum | ad ferd . regē et iñ | barū ad dī . Nicol ſe contuliſſ& dixᵗqƺ
| haud ,pcul lituaniā | e͠t hoc gen⁹ hoꝛum | quoſ diuiniglioudi | i . ſil-
ueſtreſ hꝛ̃eſ | appellant. Im Lettiſch-Litthauiſchen heißt zwar dewina Leute,
aber gluds Mergel; dagegen im Böhmiſchen iſt diwi wild, diwina Wildheit,
diwi muz̃ wilber Mann, ſiud aber und hlud Leute, hlūdowina lüderliches
Volk. Pontanuß hatte mit ſcharfem Ohre den dem Italiener wohl geläufigen
Ton des ſlawiſchen l mit nachfolgendem i herausgehört und darum glindi geſchrieben.

³) Es iſt nicht anzunehmen, daß Pontanuß die drei Theile des Ganzen
aus verſchiedenen Handſchriften erſt zuſammenſtellte; das hos libellos
auf dem leeren Vorblatte (Kehrſeite) des Ganzen — deutet auch auf das
Ganze, und alle übrigen Umſtände ſtimmen zu.

vielleicht noch vor des Poggius Tode (1459), der ja so wesent=
lich zur Wiedergewinnung der Jahrhundertelang verlorenen beige=
tragen, ja vielleicht, nachdem er selber (s. oben S. 181.) durch sei=
nen monachus Hersfeldenses früher nicht zum erwünschten Ziele
gelangte, dem Enoch von Ascoli, als dieser endlich wieder durch
einen Wißenschaft liebenden Pabst nach seinen Reisen in der
Türkei auch nach Frankreich und Deutschland gieng, Wink und
Weisung nach dem monasterium in saltibus Germaniæ (oben
S. 177.) nach Hersfeld (S. 176.) gegeben hatte, um endlich
wenigstens die res quasdam parvulas (S. 178.) oder das
Volumen, quo maxime indigemus (S. 179.), gegeben hatte. Er
hatte die Heißersehnten (multos annos desiderati a doctis hominibus) seit 1428 nicht vergeßen; hätte er doch selber gern Jemand
nach Deutschland geschickt (S. 180.). — Wenn Poggius im
Jahre 1427 von der Witterung und Jagd eines Dritten nach
jenem Volumen C. Taciti et aliorum spricht (oben S. 180.)
und daß er deßhalb, sobald er denselben erlangt habe, ihn ver=
stecken werde (S. 180.), so kann er damit am Wenigsten den
Pontanus gemeint haben, der erst 1426 geboren worden war.
Wenn aber dieser von Enoch von Ascoli sagt, ad nos retulit, so
kann er nicht sich damit gemeint haben, da Enoch für den Pabst
und deßen eben erst und wesentlich durch ihn begründete Vati=
kana reiste und weil sonst Pontanus eben 1460 die Handschrift
nicht so emsig abgeschrieben haben würde. Wenn aber Fr. Philel=
phus in dem S. 11. angeführten Briefe schon im Jahre 1456
sagt, daß Enoch Dacien (d. i. Dänemark) und die Insel Can=
davia nördlich von Deutschland besucht habe, so schließt das
die Heimführungsfrist für die Germania des Tacitus x. nach
Italien zwischen 1458 und 1460, März gar nicht aus; indem
Enoch entweder zweimal die Reise gemacht oder ähnlich wie Pog=
gius (s. oben S. 176.) mehrere Jahre auf derselben zugebracht ha=
ben kann; ja er muß sogar, da Pabst Nicolaus V ihn aussandte,
schon vor 1455 nach dem Norden gegangen sein. Sicherlich aber
kam dann er und jenes Volumen erst nach des Pabstes Tode
nach Italien zurück und dieses vielleicht deßhalb nicht mehr in die
Vaticana, wenn schon doch nach Rom und nicht nach Neapel, da
alsdann dieselbe schwerlich von Pontanus selber abgeschrieben wor=

ben sein würde. Auch gewann die Handschrift Perizonius oder
irgend wer vor ihm dort in Rom.

14.

Die Handschrift kam aber bereits verletzt nach Italien, satis
mendosi (S. 10.) — mendosi et imperfecti (S. 185.), im
Dialogus um sex pagellas vetustate consumtas (deerant in
exemplari), im Sueton hinten um undecim Rhetores verkürzt
(amplius repertum non est adhuc). So bemerkt Pontanus hier,
wie dort, genau, fügt aber zum Eingange des Suetonius über jene
Schlußverstümmelung eine sonderbare Nachricht und schwere Be=
schuldigung gegen den Kanzler Sicco Polentonus von Pa=
dua [1]), einen sonst ausgezeichneten Schüler des berühmten Johan=
nes von Ravenna.

Noch bei Lebzeiten des Mannes [2]) beschuldigt ihn, freilich
nur am Rande jenes Buches — der aber in Worten auch sonst
beißende Pontanus, von dem selber erzählt ward, daß er einige
Schriften des Cicero, die er auf Monte Cassino gefunden, für die
seinigen ausgegeben habe — des Frevels gräulichster Schriftsteller=
Eitelkeit oder =Eifersucht, daß er nämlich den ferneren (jetzt fehlen=
den) Abschnitt des suetonischen Werkes, der von den Rednern und
Dichtern gehandelt, in's Feuer geworfen habe, weil er — selbst ein
wortreiches und schwatzhaftes Werk de illustribus scriptoribus latinae linguae geschrieben, in welches er Vieles von Andren, somit
auch wohl von Suetonius aufgenommen; obschon dabei nicht ab=
zusehen, warum er alsdann nicht auch den ersten Theil (de grammaticis), mithin das ganze suetonische Werk vernichtete.

Jene merkwürdige Randanmerkung des Pontanus heißt aber
wörtlich: Cui (Enoch Asculano) sic hñda est grã ut male
ꝑprecandū est Sicconio polētono patauino, q cū eam partem
que est de oratoribus ac poetis inuenisset, ita suppssit ut ne un-
quã in luce uenire posset. quã ego cū patauij pꝗrerē, tandē repi,
eã ab illo fuisse cõbustam. ipumqꝫ arrogantia ac temeritate im-
pulsñ, d uitis illustriū scriptorū loquacissime pariter et ineptissime
scripsisse.

---

[1]) Sicco Polentonus ward 1414 Staatskanzler zu Padua, wo er zu=
vor Notar gewesen und 1413 für das dort gefundene vermeinte Grabmal des
Livius geeifert hatte, dessen Epitaphium bei Bandini II, 691, I. besprochen ist.

[2]) Polentonus starb erst um 1463.

Dieſes letztre Urtheil über den Mann und ſeine Arbeiten klingt leidenſchaftlich, als hätte es der Neid oder Stolz eines Philologen ſpäterer Zeit gefällt, obgleich auch Pontanus ſelbſt ſchon verrufen war; zugleich aber klingt die thatſächliche Bemerkung ſo zuverſicht= lich (P. war ja ſelbſt nach Pádua gegangen, dem unglaublichen Verluſte wo möglich vorzubeugen), daß man jene Äußerungsweiſe wohl eher dem wißenſchaftlichen Unmuthe über ſolche Barbarei zu= ſchreiben darf.

Wenn aber dem ſo iſt, wenn Polentonus ſo eitel und unſin= nig handelte, ſo ſind wir faſt anzunehmen genöthigt, daß, da dem von Pontanus gebrauchten alten Suetonius hinten wirklich jene 11. rhetores (und die Dichter) fehlen, deren Blättern vielleicht jene im Dialogus abgehenden oder ausgefallenen sex pagellae als Vor= derblätter eines und beßſelben Quaternio entſprachen, die ganze von Pontanus abgeſchriebene alte Handſchrift vollſtändig oder un= verletzt noch — zuvor in des Polentonus Händen geweſen ſein müße. Vielleicht war die Handſchrift, einſt mehr noch umfaßend (volumen C. Taciti et aliorum — nicht nur des Suetonius allein) in Oberitalien, vielleicht auch in Deutſchland ſchon, ehe ſie in jenem Haupttrümmer nach Rom gelangte, bereits zerſtückelt, zerſtreut und umgetrieben worden, ſo daß Pontanus mit Recht von Polentonus ſagen konnte cum eam partem, quae eſt de ora= toribus ac poetis, inveniſſet.

Des Polentonus Werk, in 18 Büchern (ad Polydorum filium) liegt noch ungedruckt in den Bibliotheken umher [1]): aus ihrer Einſicht würde ſich theils ergeben, ob des Pontanus ſtrenges Ur= theil von der Werthloſigkeit des Mach= und Miſchwerkes begründet ſei, von welcher Moſaik= oder Muſivarbeit auch Paolo Cor=

---

[1]) Eine Handſchrift liegt zu Florenz (Mſcr. Riccardin. Bandini II, 831. vgl. II, 711. V, wo hinter dem Paulus Diaconus ein Zeugniß aus dem VII Buche des Polentonus eingeſchrieben ſteht). Dieſe Handſchrift umfaßt nur 7 Bücher. Eine andre beſaß Hans Dietrich von Schönberg im Meißner Lande, welche 1733 Kapp in Leipzig herausgeben wollte (*Ioh. Erh. Kapp* Diſſ. de Xiccone Polentono. Leipz. 1733. 8°.). Sie ward nach England verkauft (Bibliotheca ſelectiſſima ſ. Catalogus omnis generis librorum. Amſterd. 1740. II, 584.). Andre liegen zu Rom, Mailand und Pádua ſelbſt (Muratori Scr. rer. ital. X. zu Muſſati Opp.). Sieh Fr. Ritſchl Parerga zum Plautus und Terent. Leipz. Weidmann 1845. I, 609 (aus dem Rhein. Mu= ſeum f. Philologie II, 615).

tefe ¹) ſchon urtheilte Illud certe moleſtum eſt, dum alienis verbis ſententiisque ſcripta infarcit et explet ſua, ex quo naſcitur maxime vitioſum ſcribendi genus, quum modo lenis et candidus, modo durus et aſper appareat, et ſic in toto genere tanquam in unum agrum plura inter ſe inimiciſſima ſparſa ſemina; theils wie weit Polentonus in ber hier mit Recht gerügten Miſchung fremder Beſtandtheile und Urtheile gegangen ſei. Zur Beurtheilung dieſes Verhältniſſes dürften theils die fünf uns bei Pontanus und in den übrigen gleichzeitigen Abſchriften des Suetonius gebliebenen ober geretteten Rhetores, theils auch die demſelben Verfaßer von jeher zugeſchriebenen Bruchſtücke über Horaz ²), Virgil, Terenz, Juvenal, Perſius, Lucanus ꝛc. dienen ³), wenn anders Polentonus dieſe kannte und dieſe im dritten Theile des ſuetoniſchen Werkes vorkamen.

Das Urtheil übrigens, welches Polentonus im VI. Buche ſeines Sammelwerkes über Tacitus ausſpricht, wie es Bandini mittheilte ⁴), beweiſt daß, als es um ober vor 1450 niedergeſchrieben warb ⁵), man in Italien von dem von Poggius, Nicolus und Andren ſehnlichſt erwarteten Tacitus (nebſt Suetonius) wenigſtens Germania und Dialogus noch nicht, in Betreff der Annalen und Hiſtorien aber natürlich nur von dem bis dahin (und bis 1512) Bekannten ⁶) gewußt habe; Polentonus ſagt daher: Librorum ejus numerum affirmare ſatis certe non audeo. Fragmenta quidem libri undecimi et reliquos deinceps ad vigeſimum primum vidi ⁶), in quis vita Claudii et qui fuerunt poſtea Cae-

---

¹) P. Corteſe De hominib. doct. S. 16. (Tiraboſchi Storia della letteratura italica. VI, 7, 108.).

²) Das vor dem Suetonius in Rc (oben S. 16.) vorkommende? Das bekannte gab E. Richter beſonders heraus (In Q. Horatii Flacci vitam a C. Suetonio Tranquillo deſcriptam. Zwickau, 1830. 4°.).

³) Den Ausgaben von Burmann, Wolf ꝛc. zugegeben.

⁴) Bandini Catalog. Laurentian.

⁵) Die Schönbergiſche Handſchrift (ſ. vorher Anmk.) war 1452 zu Rom geſchrieben. Damals konnte Polentonus alſo vom erſt 1459 : 60 auftauchenden Suetonius nichts aufnehmen; hätte er aber auch die dem Pontanus ſpäter vorgelegene Handſchrift, deren Schluß er doch zerſtört haben ſoll (ſ. oben S. 187.), in Händen gehabt, ſo hätte er doch vom Tacitus Germania und Dialogus aufführen können.

⁶) Das ſelbſt erſt kürzlich in des Nicolus Handſchrift (ſ. oben S. 164.) aufgekommen war und Polentonus in Florenz geſehen haben mochte. Er rech-

fares ad Vefpafianum usque ornate ut dixi ac copiofe orna-
vit. *Reliquos* vero effe *neque in terra Italica*, neque
in orbe ufquam audio, quod quemadmodum pleraque alia
egregia et clara volumina operis magna pars aut penitus deleta fit aut ita ullo quoque in angulo abdita [1]) lateat,
quod iftud effe cognitum a nemine habeatur.

Des Suetonius Werk kannte man aus Bezeichnungen und
Andeutungen und waren daher, wie Pontanus fagt, multos annos
defiderati a doctis hominibus libri. Des Tacitus Germania und
Dialogus [2]) dagegen waren bis zum Jahre 1460 (oder 1458,
1457) vollkommen unbekannt, ja kaum geahnt gewefen:
inter ea volumina (des Hersfeldischen Inventar's), hatte Poggius
1425 gefagt, eft Iulius Frontinus et *aliqua opera* Cornelii
Taciti *nobis ignota* [3]) und 1427 volumen illud Cornelii
Taciti et aliorum, quibus caremus.

Dem Poggius, der ohne Zweifel einen vollftändigen oder ver-
vollftändigenden Coder der eben erft gewonnenen [3]) Annalen und
Hiftorien erwartet hatte, waren diefe res quaedam parvulae zu
klein, zu unbedeutend — non fatis magno aeftimandae, obfchon er
jenen Band fpäter hoc volumen nennt, quo maxime caremus.
Defto freudiger begrüßte etwa dreißig Jahre nachher der viel be-
fchäftigte Pontanus diefe res parvulas, würdigte von den im
Coder vielleicht noch geftandenen Schriften der aliorum, quibus
Itali carebant [4]), grade Tacitus und Suetonius der Abfchrift

---

net (oben) deshalb auch noch von Buch 11 — 21. (d. h. Annalen 11 — 16, Hiftorien 1 — 5) und von Claudius bis Vefpafian, ohne die Lücken zu bezeich-
nen: Beweis, daß Polentonus eben erft vom neuen Funde gehört oder gefehen
hatte (vidi).

[1]) Und in welchem fernen Winkel und faft noch hundert Jahr! In hoc
coenobio primo monaftica disciplina in Saxonia floruit et poftmodum
plurimis in locis ejus patriae, quorum omnium Corbeia non immerito
caput et mater et quodammodo totius patriae decus ... habetur. (Dietmar von Merseburg.)

[2]) Auch die S. 155. mitgetheilte Beziehung des Pomponius Sabinus
auf den Dialogus als auf Tacitus Werk rührt erft vom Ende des 15. Jahrhunderts her.

[3]) Den Coder jener 11 — 21 Bücher hatte Poggius fchon vorher (1414
— 1419 reifte er) nach Florenz heimgebracht (f. oben S. 164.).

[4]) Vielleicht Frontinus (f. oben S. 176.), Rufus, Cenforinus, Seneca,
M. Junius Nypfus (f. oben S. 13.), Tacitus Agricola (f. oben

mit eigener fauberfter Hand. Aus folchem freudigen Eifer erklären
fich feine bei der rafch befchloßenen und vollführten Abfchrift den
Inhalt, die Latinität und einzelne ihm aufftoßende gefchichtliche
Thatfachen betreffenden Randbemerkungen: wie er bei'm Schreiben
des Dialogus vorn (weniger bei'm Suetonius hinten), fogleich die
vielen, zum Theil neu entgegentretenden Namen von Rednern zu
Rande brachte, fo fügte er zur Germania, als er z. B. auf die
„Voledũ fub diuo Vefpafiano" flieβ, aus feiner Belefenheit in
den auch noch nicht lange wiedergewonnenen Annalen und Hiftorien (des Tacitus) fogleich am Rande (Bl. 33ᵇ) hinzu: hec fiue
velida, fiue | veleda brta fuit pro fibilla, ut hic idem | auctor
in hiftorijs | fuis meminit: Tem|por̃ vitellij. et vef-|pafiani.‖z
und zum humor ex hordeo Bl. 38ᵇ: Ceruofę nom̃ | eft
hodię.

<h2 style="text-align:center">15.</h2>

Pontanus Abfchrift führt zuerft den Dialogus auf, mit
der S. 7. gegebenen Überfchrift und beftimmten Beziehung auf
Tacitus. Eben fo bei der folgenden Germania. Welche Über-
fchriften, unzweifelhaft feiner älteren Vorlage fchon angehörig, auf
ein Urtheil früherer Zeiten verweifen, um fo früher, je höher wir
jene Vorlage werden hinausfchieben dürfen.

Der Dialogus bricht mit Bl. 30ᵃ unten ab. Pontanus
ließ, während er den Suetonius, wenigftens das Inhalts= oder
Namenverzeichniß, auf Bl. 47ᵃ gleich dicht hinter den Schluß der
Germania ftellte, die Kehrfeite von Bl. 30 leer. — Der Suetonius bricht, wie wir fchon hörten, durch Verletzung der alten Vorlage, mit den Worten abstinuit fe cibo plötzlich ab: in jener (der
Urfchrift) gewiß unten mit der auslaufenden Seite, bei Pontanus,
der (wie wir fehen werden) das alte Maß feiner Vorlage nach
Seiten, Zeilen und Abkürzungen einzuhalten keine Nöthigung
hatte, mitten auf der Seite (Bl. 60ᵇ. Z. 7). Im Dialogus
aber bemerkt er auf Bl. 26ᵃ, wo nach den Worten cu ad uerof
iudicef uentũ (womit nach dem Vorgefagten in feiner älteren
Vorlage wahrfcheinlich eine Seite fchloß) die mit ihnen anhe-
bende achte Zeile der Seite in der Mitte abbricht und acht
übrige Zeilen Lücke läßt, am Rande ƌerãt ı exẽplari | fex pa-

---

S. 148.)? Doch ftand alsdann Suetonius, als Pontanus ihn vorliegen
hatte, hinten.

gelle ue-|tustate csupte. Es fehlten also zur Zeit der Abschrift schon sex pagelle (3 Blatt?) in seiner Vorlage (in exemplari): er sagt vetustate consumptae, während er den Verlust bei Sueto= nius bestimmt als einen gewaltsamen bezeichnet. Dem Abgange jener »drei (oder sechs?) Blätter« (sex pagellae) müssen, da der Schluß des Dialogus vollständig ist, aber nicht mehr viel umfaßt, in der alten Vorlage jedenfalls die hinteren Gegenblätter desselben Quaternio entsprochen haben [1]) und vielleicht folgten dem Dialogus dort (wie in **R**) andre, von Pontanus weggelaßene Stücke, worauf etwa die freigelaßene Kehrseite (30[b]) deutet, während bezeichnend ist, daß Germania und Suetonius, die Pontanus dicht hinter einander folgen ließ, auch in **Ra** (wo Dialogus hinten steht) und in **V** (wo D. fehlt) in derselben Folge beisammen bleiben [2]), **N** aber (nach den Annalen und Hi= storien) wie **P** ordnet (D. — G. — S.).

Die hier eben genommene Beziehung auf die genannten übri= gen Handschriften, in denen sich D. und S. mit der G. vereinigt finden, beruht auf der Thatsache, daß in allen diesen Handschrif= ten, eben so in den sonst noch aufgeführten bekannten Hand= schriften des Dialogus, in **NcRRaRV** [3]), sich ganz dieselbe innere Lücke befindet, und alle hier genannten und sonstigen (wenigen) Handschriften des Suetonius de v. ill. [4])

---

[1]) Zwischen den Lücken im Dialogus und Suetonius läßt sich wegen der zu großen Vordermaßen beider Stücke kein ähnliches Verhältniß annehmen, möge man nun den Dialogus nach oder unmittelbar vor dem S. sich denken (jenes in **RaRc**).

[2]) **R** und **Rc** ordnen G — D — G: letztre beide also doch sich folgend wie in **P**, während **RdNW** ordnen G — D.

[3]) Vgl. Ruperti I, CIX.

[4]) Casaubonus klagte 1611 über jenen Verlust am Suetonischen Werke, von Polentonus nichts wißend: Est vero dolendum, priorum seculorum homines ea fuisse rerum cognitu dignissimarum incuriositate, ut tam eruditum scriptum posteris conservare neglexerint, nisi quod haud ra= tione caret, ut qui meliores litteras penitus et ignorarent et contemtui haberent, eorum quoque memoriam vellent exstinctam, qui bene de lit= teris merendo nomen et famam sibi pepererant. Inde est quod quum librorum octo de Caesaribus passim in omnibus bibliothecis scripta manu exemplaria reperiantur, horum tamen libellorum ne vesti= ginm quidem ullum in librariis vel locupletissimis appa= ret. Nos in regia nusquam illos offendimus. Die K. Bibliothek zu

sämmtlich mit denselben Worten (abſtinuit ſe cibo) abbre=
chen. Eben ſo alle Drucke [1]). Im Dialogus 35. fehlt bekannt=
lich der Schluß von der Rede des Meſſala, ſo wie der Anfang von
der des Maternus (oder beßer des Secundus oder beider), worin
das Urtheil über jene erſtere enthalten ſein mußte [2]). Dem Sue=
tonius gehen, wie das den Handſchriften vorausgeſtellte Namen=
verzeichniß der Grammatici und Rhetores beweiſt und Pontanus
auch am Schluße beſtimmt bemerkt hat (Amplius repertum non
eſt adhuc. defunt rhetores undecim) wenigſtens noch eilf
Redner ab. Dieſe ſelbe Lücke bezeichnet **N** mit den Worten
vacat in exemplari, jene im Dialogus multum deficit in
exemplaribus que reperiuntur; daſſelbe faſt ſagt daſelbſt **R**: hic
multum deficit. Schulting und Schurzfleiſch hielten die Lücke
für klein [3]), Lipſius, Heumann, Erneſti, Crome ꝛc. dagegen für
groß: die Mitte hielt Eckſtein [4]); durch Pontanus erfahren wir,
daß ſex pagellae ſeiner älteren Vorlage abgiengen, was **Re**

Paris beſitzt aber jetzt die zwei Handſchriften des Werkes (die des Paul Peta=
vius und die des Petrus Pithöus), welche Caſaubonus ſelber benutzte. Eine
andre Hdſchr. beſaß Voſſius. Eine (unvollſtändige) Pergament=Handſchrift
liegt in Florenz (*Plut.* LXXXIX, cod. VIII, 1. nach den vitae Caeſarum
S. 121.), abbrechend mit cp. 18 (hic initio). Alle aber vom funfzehn=
ten Jahrhundert.

[1]) Sieh L. Hain Repertorium n. 15131—15134; dazu die des Achilles
Statius 1565 (wiederholt: Paris, 1567), die Antwerpener 1574. 8° (Plantin),
die des Caſaubonus 1610 (1688 ꝛc.), des Grävius 1691, Burmann 1736 (II,
353), Fr. A. Wolf 1802 u. ſ. w. — Den älteſten Ausgaben des Suetonius
von Phil. Beroaldus, Bologna 1493, Venedig 1496. 1500 ꝛc. fehlt das Bü=
chelchen de viris illuſtribus.

[2]) Eine zweite Lücke in cp. 40 (vor den Worten non de otioſa), die
zuerſt Heumann bemerkte und N. Becker (in Seebode's Archiv f. Philologie II,
1, 71. und Orelli's Ausgabe 1830. S. 95—98.) näher nachwies, indem cp.
40. Secundus ſprechen muß, der ſonſt nach cp. 16. fehlen würde, während
Maternus cp. 42. die ganze Streitrede ſchließt — iſt in keiner Handſchrift
angedeutet, muß alſo ſchon in der älteren Vorlage unbemerkt geblieben ſein, in
der auch ſchon das cp. 17. allen fehlende decembris („VII. iduſ occiſuſ")
gefehlt haben muß.

[3]) Acta literaria, S. 184; Woltmann (V, VI—XII) erkannte dieſelbe
nicht.

[4]) Eckſtein Prolegomena in Taciti q. v. f. dialog. de orator. Halle,
1830. 4°. S. 29.

überraschend fast mit benselben Worten hic desunt sex pagellae bestätigt.

Diese erwähnte Übereinstimmung, wie die bisher geschilderte zwiefache, deutet zu entschieden auf Eine und dieselbe Grundhandschrift hin, aus welcher Germania, Dialogus, Suetonius in allen vorhandenen Abschriften des fünfzehenten Jahrhunderts (höchst wahrscheinlich alle erst nach dem Jahre 1460, in welchem Pontanus dieselbe zuerst abschrieb: S. 10. 170.) stammen.

16.

Diese, der äußeren Beschaffenheit der Handschriften entnommenen Thatsachen werden noch anschaulicher durch die innere Übereinstimmung in Betreff ihres Textes, seiner Lesarten und Fehler bestätigt, wie solche nicht durch äußere Fahrläßigkeiten und Träumereien der Abschreiber, sondern vorzugsweise durch die misverstandenen Schriftzüge und Abkürzungen einer älteren Vorlage entstehen, wobei sich um so überzeugender ergiebt, daß keine der vorhandenen Handschriften, auch nicht die ältesten Drucke ($R^{1 \cdot 2} L^1 W^1$ 2c.) ihre Lesungen etwa erst aus des Pontanus Abschrift, sondern fast alle unmittelbar aus der gemeinsamen Grundhandschrift entnahmen, obschon **RbfF** in ihren Irrthümern auffallend unter einander übereinstimmen, doch nicht mit **P**, welche letztere wir nunmehr zum Behufe jenes Beweises und weiterer Folgerungen wegen ihrer ausgezeichnet saubren Schrift, gewissenhaften Genauigkeit und besonnenen Selbstberichtigung noch näher zu prüfen haben.

Daß es in sämmtlichen Handschriften der Germania 2c. an einer Menge, jeder besonders eigenen, Unachtsamkeiten ihrer Schreiber nicht fehle, läßt sich von vorn herein denken. Außer den stets vorhandenen Buchstabenversehen finden wir nicht nur Verwechselungen wie robur und rubor (13; im Dialog. 21. rŭbŏr), fusi und fosi (36), fulmen und flumen (41), domum und modum (25), plagis statt pagis (6), alibi aus abili statt habili (6), consiliis für conciliis (6. 8), conuiuiis statt conuiciis (22), sondern klösterliche Träumereien wie alumni st. alieni (32), sanctitatis st. ciuitatis (80) und noch schlimmer poetarum und pretorum st. pecorũ (21), ciuium st. auium (10), castrum st. castum (40), lignorum st. ligiorum (42), metallo st. Metello (27), Alpheo st. alveo (32), veste st. Vestę (40), matrem st. martem (9. 45), caſeo ſt. caeſo, cęſo (30); beroſna metra am Rande, bero | ſuo metre im Texte (S. 13).

Aber dieſer Art Fehler gehören jeder Handſchrift vereinzelt an, pflanzten ſich nicht fort und trugen ſich nicht über. Nur **RbfF** ſtehen, wie ſchon geſagt, in ihren Verleſungen näher zu einander und bilden eine Art Familie (S. 3. 15. 18). Man vergleiche nur magno, magnum ſtatt Manno, –um (2); totungri, titungri ſtatt tc̄ tungri (2); eſt uider' **B**[1], uide **M**, eſt ualere **Rb**, uidere ualere **Rf** (5). Nur **Ra** ſtimmt mitunter näher und genauer zu **P** (wie im Dialogus **N**): beide leſen corpore l' tempore (39), pecudũ ſt. peditũ (46), Vlerahos, **M** Vltrochos ſt. Vltra hos (30. Abb. II, 66); ja ſie theilen die Verſetzung der Worte Liberti .... argumentum ſunt vom Schluße des 25. an den des 26. Hauptſtückes, während Pontanus (39[a]) den Satz durch die Bemerkung (auf 38[b]) hoc loco potius wieder dort hinaufholt, zugleich (mit **Rf**!) die Worte ingenuos ut ſuper wegläßt. An einigen Stellen gehen auch einige andre mit **P**: ſo cp. 42. alii ſt. arii, 40. reudigni — veudigni, wo **P** Veuſdigni hat (Abb. II, 10).

Sonſt geht **P** ſeinen eigenen Weg: Pontanus zeigt ſeine ſelbſtändigen Lesfehler, die Jene nicht kennen und wiedergeben. Er lieſt und läßt einmal ruhig ſtehen nomen ſt. numen (Abb. II, 67), ſchreibt ſupplicia ſt. des am Rande ſtehenden flagitia (12), rcipiē-tibuſ ſt. incipientis (18), doch mit **S** u. **P**, wo aber **L**[2] in·inci-piēts den Mittelweg weiſt. Er giebt pⁱncępſ ſt. principes (12), aliqua gens ſt. alia (21), ſitum ſt. ſinum (27, wo **M** ſinum zeigt), im Dialogus vaticinii ſt. Vatinii (11), incredulitatiſ ſt. –as (6). Ja er ganz allein hat aduerſarn rerū (36), gens[tes] (45. Abb. II, 68); eben ſo quū urgētibus iā impii ſatis nil iā (33) [1]. Pontanus bietet auch in cp. 2. nach aſciburgium nominatumque (2) keine Lücke, wie mehrere der übrigen Handſchriften aus Misverſtand, der einige auch das bekannte acriniprion aus *ΑΣΚΙΠΥΡΓΙΟΝ* (S. 50—51. Abb. II, 156—161) einfügen hieß. — Auch im Dialogus lieſt P. ganz allein fingitur ∧ nō ſolũ [videturq3] (18) oder erroribuſ et uirideſ teneri ſtatim et rudiſ animi (29), wo die übrigen bloß

---

[1] Vgl. Ann. 16, 15: ingenti corporis robore corporis armorum-que ſcientia.

rudiſ haben. Dagegen lieſt er im Dial. auch ganz allein das ſin-
nige vacuos et adoleſcentes ſt. des allgemeinen iuuenes (7).

17.

Ungeachtet jener herüber und hinüber ſchwankenden Abweichungen gewähren aber dennoch ſämmtliche uns bisher bekannt
gewordenen Handſchriften der Germania ꝛc. eine ſolche Menge
übereinſtimmender Lesarten, daß ſie nothwendig aus Einer
und derſelben Quelle mit Pontanus geſchöpft haben müßen.

Im Dialogus 5. leſen alle apud eos, wo Lipſius vos verlangte; ebenſo 13. antiquis eo credo, wo atque id eo credo ver-
muthet wird. Ferner zeigt **P** im Dial. 12. in den Worten nec
ullus | aut gloria mor .... aut anguſtior honos eine Lücke, die am
Rande durch ne aut illd' clamor' ergänzt wird, während die andren Handſchriften daraus mos oder more machen, alle aber dadurch die Verderbniß der Stelle beurkunden.

In der Germania 28. leſen alle circa, **P** cïtra, alle 40
Aviones, **P** Anïones, am Rande Auiones; alle aber theilen auch
dieſelben altüberkommenen Fehler: 13 lieſt **P** Cüm, die übrigen
Tum cum, ſelbſt tum eum und **M** gar tum en tum; alle, auch
P, leſen 45 ſoliſ radiuſ (Abb. II, 5); alle 37 amiſſo et ipō et
ipē pacoro [1]); 40. nec caſtum nemuſ in ea; 40. paucitaſ nobilitaſ [2]); 15. mira diverſitate; 12. pro modo poenarū equorum
pecorumque [3]); 39. ſermonem ſtatt Senonum; 46. pars verborum (Abb. II, 152) ſt. Suevorum, ungeachtet dieſes ſchon vorhergieng. Zugleich bewegen ſich ſämmtliche Handſchriften der Germania eben ſo bezeichnend durchaus und überall nur zwiſchen den vom
ſorgſamen Pontanus durch vel oder ł gekennzeichneten Doppellesarten ſchwieriger Stellen: ſo 26. zwiſchen labore ł laborare,
30. romane ł ratione (diſciplinę: Abb. II, 64), 28. diuiſas ł
diverſas (Abb. II, 63), 38. ornātur und armātur (Abb. II, 90),
in ipſo vertice und in ipſo ſolo vertice (Abb. II, 153), 8. Auri-

---

[1]) Vgl. Dialog. 7 qui nō ᵃᵖ⁄ₗ illuſtres et in urbe nō ſolum apud ....

[2]) Vgl. Ann. 13, 3. intempeſtatem ſeveritatem, Ann. 1, 1. donaria
militaria, A. 1, 15. cratibus et vimentibus, H. 2, 43. gladibus et ſecu-
ribus.

[3]) Ähnlich 9. peregrinorū ſacro (**Rc**), 28. ſummus auctor diuus
(**RaP**), 39. regnator omnium, Dial. 41. oratorū horū.

niā ł Albriniā (Abb. II, 17), 47. Oxionaſ ł etionāſ (Abb. II, 18) u. ſ. w.

18.

Es ist schon S. 9. hervorgehoben worden, daß Pontanus mit schöner, fester, gleich sauber und gleich sorgfältig durchgeführter Hand sein exemplar oder seine libros abgeschrieben habe; eben so S. 9. daß er äußerst aufmerksam entweder sogleich durch Aus- streichen oder Unterpungieren oder auch durch Merkzeichen und spätere Änderung mit blaßerer Dinte Schreib- oder Leseversehen gebeßert habe, so daß wenige stehen blieben wie partes ſt. pares [1]. Er verbeßerte sich sogleich in indulꝭerit (23), induꞈerit (Dial. 6), effulꝭit (D. 20), Vlixeſ, obelixi; im Dial. 3. �911emiſit, 12. nůmꝭſ, 7. proprium, uocat, noᷤ, modo, 8. ereptū. Wenn **P** Germ. 20. pectora statt pecora schrieb, so strich er das t sogleich wieder aus; er schrieb diſciplicēt und strich ci aus; er schrieb ſonuiſ und strich ſ obenein durch. Er beßerte ferner pſſäſ (10), ſůſi, lī—|mine, ĕmi- ſit, nŏbileſ (8), mŏtuo (1), ut, rura, ſuę (8), ſerūt et ſerarū, Ga- leriū (Dial. 5), moribuſ (Dial. 36), quantâ (Dial. 38); marmo- reŏ (Suet. 9), mirătur (Suet. 11), aſtiburgiū (S. 5), dŏcentiū; ac — atque — et. u. ſ. w.

Er ergänzt Auslaßungen von Buchstaben und Silben: poᷣo, terᷣaſ, corᷣumpere et corrūpi; coᴧgimᵍ, seceᴧſſet; von Wörtern flexuᴧoccidētem, ſiue ⁄ univerſū, ſed ⁄ ipſum (Dial.), ıſıgneſ ᴧoſtibuſ, faſtidiūt & oderūt, libertateque, maxime ⁄ claruit, quaſ uobiſ, non ᴧilluſtreſ, recōditaſ tā uariaſ reſ, ı ipſo uertice, ſtatı erm ᴧ qoqȝ, dolo ᴧ pemptorū, de qbuſ ᴧ poſſit u. ſ. w.

Pontanus schrieb rasch und trug während des Schreibens am völlig neuen Texte wohl öfter Flexionen, Ausgänge im Sinne, die er dann alsbald beim Fortrücken der Augen und der Arbeit nicht bestätigt fand: er änderte drum sogleich multos (Dial. 26), natoȷbuſ

---

[1] Ähnl. Ann. 3, 26. mortem ſt. morem, oder umgekehrt S. 10. morali ſt. mortali, dagegen wieder 25. pectoris ſt. pecoris.

(4), qui magis in qui major (20), generibuſ [iu] (Dial. 19), diſcer̄
auſ dicer̄, et [atq3] (Suet. 15. Dial. 11), et in ex, poſt ſe in poſſe.
Er ſchrieb oro̊ibus (Dial. 41), unterſtrich und ließ defeſſionib, fol-
gen; er löſte auf fortitudiniſ und änderte for-|mi|diniſ. Manche
dieſer Art Fehler des Vorſchreitens und Zurückbleibens, des zugleich
Leſens und Schreibens erklären ſich aus dem augenblicklichen Mis-
deuten von vorgelegenen Abkürzungen, deren Sinn erſt aus
dem weiter erkannten Zuſammenhange ſich ergab. Auch dieſe Art
Verſehen beßerte P. meiſt ſogleich, und nur wenige blieben ſtehen:
ſo im Dialog. conſuetudinore; dagegen wurde verbeßert cōtēnde-
bat in contemnebat (2), natoībuſ [aū] (4), pot ate [eſt] (39); fortitū|mi|di-
niſ [or] (6); pecudum (46); iſtū [vnū] ; eben ſo das vielfältigſte Ändern von
id, iſtud ꝛc. in illud u. ſ. w. gleichmäßig in Germania, Dialogus und Suetonius. Im Dialogus ferner ꝓo [nomina], wo die übrigen
omnia haben; arbitrum in arbitrium (5) wie miniſtris in miniſteriis (S. 25); im Suetonius diſcipl'is — am Rande diſcipliſſ;
eben ſo generibuſ [iu], tectū, oro̊buſ in detētionibuſ, ait in ſcribit.
Hieher gehören die ſchon beigebrachten, von Allen getheilten, Dop-
pelsarten laborare [ɫ labor] (26), romane [ɫ ratione] (30), Auriniā [ɫ Albriniā] (8), Oxionaſ [ɫ etionaſ] (47);
auch ioci [ɫ loci] (22).

19.

So achtſam und gewiſſenhaft Pontanus bei dieſem Verfah-
ren erſcheint, ſo ſchreitet er dabei doch nicht, wie S. 191. ſchon
bemerkt wurde, wie ein neuerer diplomatiſch= oder buchſtabenge-
nauer Abſchreiber zeichen=, zeilen= und ſeitentreu vor und behielt am
Wenigſten die Abkürzungen ſeiner alten Vorlage ängſtlich bei; ſondern hat dieſelben zwar, wo ſie ihm in der Hand lagen, beibehal-
ten, in größerem Maße jedoch dieſelben wohl in die ihm gewohnte
Schreibung ſeines Jahrhunderts verwandelt.

So ſchreibt er bald pariter und ſimpliciter, bald ſimpɫr; für
tantum beliebig tū und tm̄; im Texte quā, am Rande q̄3; im
Texte quāquā [u u], am Rande q3q3, im Texte qd. meli9, am Rande q^d
meli9; im Texte pinde, am Rande pīde (5). Nur aus älteren Ab-

kürzungen sind die Abweichungen von quando und quo (Ann. 1,
57. 3, 71), quando und quā̃ (Dial. 39), quin und quando und
quoniam (qñ), qua cūq₃ und quādocūq₃, quodcunque, quemcunque (Dial. 6); quatenus — quando te nunc (Dial. 5); qui und
quoniam (q̃m), quod und quidem (qd': 6. 24), que für quoque
(Ann. 12, 35. 4, 42. 74. 6, 39 ꝛc.), hodie | q°q₃ für hodieque (Dial.
34), equorumq̨ — equorum quoq₃ (G. 10), $\overset{quo}{comin^9}$ erklärlich.

Pontanus hielt nicht an den Buchstaben seiner Vorlage: er
verwechselte das ältere u mit n und schrieb es mit v; daher seine
$\overset{n}{aravifci}$ (33), $\overset{n}{Revdigni}$ (40), $\overset{v}{angrinarioſ}$ (33), $\overset{v}{anioneſ}$ (40, am
Rande $\overset{v}{auioneſ}$), Iſtaenoneſ (2), gabrinioſ (2).   Daraus erklärt
sich auch niniviciis (12) statt inimicis; daraus tuiſtonem über triſtonem, wo er v für r nahm.   Wo i und u oder u und i zusam-
menſtießen, wählte er sich ein Unterſcheidungsmittel und schrieb
uictoreſ, uitia, placuit, captiuú (10); doch auch potui, luitur, iuſſi.
Manche irrthümliche Lesart erklärt sich aus dem urſprünglichen
Mangel solcher Unterscheidung: so steht im Dial. iiiſ d. h. ius soll
zu uis werden; ſiĩt soll ſũt werden; ſi uere; in Abb. II, 1 — 4.
findet man die viel verlesenen iuctaſ, iucti, ut iuſſi, und verbeßert
malint in maluit.   Vgl. Abb. II, 70. iuueĩor, II, 5. ſoliſ radiuſ.

Die oben geltend gemachte Nichtängſtlichkeit im Einhalten der
Zeilen und Seiten seiner alten Handschrift, das bei jenem Auflö-
sungs- und erneutem Abkürzungsverfahren gar nicht möglich blieb,
führte denn auch die bereits S. 12. 13. und S. 191. beigebrachte
Unterbrechung im Dialogus von nur acht Zeilen herbei, während
doch deerant in exemplari ſex pagellae; eben so dadurch den
Abbruch des ganzen Dialogus mitten auf der Seite (Bl. 30ᵃ),
während die ältere Handschrift ohne Zweifel bis unten hinabreichte.
Gleichermaßen schließt bei **P** der Suetonius schon mit der siebenten Zeile der Seite (47ᵃ), während derselbe urſprünglich gewiß
gleichfalls die Seite unten schloß, so daß nur deshalb Pontanus
sagen konnte: amplius repertum non eſt adhuc.

20.

Die ältere Handschrift muß Abkürzungen enthalten haben, welche leicht misverſtanden werden konnten oder doppel- und
mehrdeutig waren.   So lesen Pontanus und die Andren p̄ciu und

premium (24), memoref unb m� (36); cōſcios unb conſocios
(10); coeūtiū unb coetium (11); latrociniis, latᵒciniis unb lo-
viniis (35); nominis unb nomen (42); conſſ, coñs, co͞ſ unb comes (37); fequuntur, fequantur unb fequitur (38), habitant unb
habitantur (39), nutriuntur unb mirantur, miramur (20); afficiat
unb afficimur (5), pertractētur unb pertractemur (11); hebet, hebetet, habitet, ebetet (5); hebent mira diuerfitate unb habent miraᵐ
diverſitateᵐ **P** (15), nemo nⁱ uinculo unb enꞇ uinculo (39), ur-
bcm unb uerber̃ (18), uberibus unb verberibus (20), urgētib⁹ unb
vergentibus (37); propriis unb populis (40); perituri unb peritia
(41), preſtant unb prebent (26), igni unb igitur (27), ja felbft nⁱ
qꝺ unb nichilqꝫ (29), in hẹc unb nihil (20).

Hier kann nur die Vergegenwärtigung ober Veranſchaulichung
älterer Abkürzungsweiſe bie Räthſel löfen. Schon bie oben ange=
führte Verſchreibung potate (39) weiſt auf potāte; eben ſo läßt
ſich detracla neben detecta (22) nur aus d'tcta ober d't'cta er=
klären. Zwiſchen conſſ. unb comes (37) liegt bas auch aufgeführte
co͞s; für in hẹc corpora (**P**) unb nihil (**Rb**) liegt burch in h,'
(**Rf**) bas nih' nahe; zwiſchen ni qꝺ unb nichilqꝫ (**F**) muß
ein nⁱqꝫ als nⁱqꝫ geleſen angenommen werben; zwiſchen pcia unb
premium (24) muß pīum, p̃iū̃ gelegen haben, zwiſchen preſtant
unb prebent nicht nur p̃ſtāt, ſondern pūt ober ꞔp̃t; zwiſchen urbem unb uerberare (uerber̃ **P**) vermittelt nur ein uˢber̃ ober
u'beᴹ; zwiſchen uberib⁹ unb verberibus (20) ein ubib⁹; zwiſchen
urgētibus unb uergentibus (37) unb ꞇ ꞇgentibˢ nur ein u'gētibˢ.

Einige bieſer Abkürzungen erſcheinen gewaltſam unb boch
müßen wir baran. Wie erklärt ſich ſonſt omnium igitur mannorum ſtatt omnium ger manorum (27) in **Rbf**? nur aus oꞇu
g' mano'ū̃. Eben ſo igitur unb igni (27) aus ig͞i; ober ſacrā nominis, noĩs, nomine — mointusque (39)! nur aus ſacrāoĩs.
Eben ſo läßt Naciorb⁹ om̃ib⁹ (**Rb**), nohisqꝫ (**R**) neben natoꞇ-
buſ noꞇbusqꝫ (**P**) in 38. an ber Grunbform nicht zweifeln; eben
ſo wenig bei omnibus unb muneribus (13), wo ſelbſt muꞟbuſ noch
nicht genug erklärt, wenn man nicht zugleich bie Schriftzüge
in's Auge faßt.

Zwiſchen femel unb ſimul (18) ein ſ'ml' ober ſmꞷ anzuneh=
men, wirb ſich Keiner weigern; eben ſo kann zwiſchen femper

und aſper (44) oder ſemper und ſuper (31) ein ſemᵖ oder ſēᵖ nicht genug vermitteln, ſondern nur ſp̄ oder ſ̃p' oder ſp'; zwiſchen tranſ und terraſ (**F**) muß ein t'raſ oder tr̄aſ gelegen haben. Honore und homine (39) erklärt ſich nicht einmal aus hoī̃e, ſondern nur aus dem ſtrengeren oder knapperen ho̅e, ho'e, wie das ſchon mehr angeführte romane ꞏꞏ̅ı̅ ꞏratione (30) ganz allein aus dem wirklich in **Rc** und **R²** erhaltenen ro̅e, das zugleich beweiſt, daß jene beiden aus der urſprünglichen Quelle ſelbſt geſchöpft haben müßen, überdieß ein Beiſpiel von der Art iſt, wie die in den verſchiedenen Handſchriften der Germania vertheilten Abkürzungen die wahrſcheinliche der urſprünglichen Handſchrift in ſich forttragen und an die Hand geben können.

<h2 style="text-align:center">21.</h2>

Dem eben geltend gemachten ro̅e entſprechen die neben einander erſcheinenden rationis und ro̅is (30), deren letztres auch zwiſchen romanis und roboris (33) in **S** angenommen werden muß. Der Dialogus bietet ro̅em (33). Dem ro̅e (ratione), ho̅e (homine), no̅e (nomine) ꞏc. entſpricht gänzlich co̅e (27. 41: Abb. II, 53. 54.) für commune nerthum, wofür **M** mamme nerthum vielleicht aus in ꝋmune (einer Zwiſchenhandſchrift?) las. Es erſcheint aber auch coīs, coı̅buſ, wie auch na̅, na̅m d. i. natura(m). — Der bunte Wechſel von oſtēdamuſ, offéndamuſ, commendamuſ (41) erklärt ſich nur aus oñdamuſ (ꝋñdamuſ) in **Ra**, wie ſich denn auch oñder̄, oñderem̄, oñdit (Abb. II, 40. 41) geſchrieben findet. — Zwiſchen profugio und preſidio (Dial. 5) muß ein ꞇpſ̃io — ꞇpſ̃io liegen, zwiſchen anguſtia ereptum und anguſtia (e) parentum (Dial. 8) ein e p̃tu̅; zwiſchen ſocietate und ſolicite (Dial. 5) ein ſocite; zwiſchen pace und publice ein pc̆e. Zwiſchen tempore und ipſe (41) liegt ipſ̃e in **Rf**, woraus ſich tp̃e (Abb. II, 52) ergiebt, wie auch tp̃rum (Abb. II, 49), tp̃abit (II, 50) und tp̃oris (Dial. 26. neben teporis, torporis) vorkommt. — Umgekehrt fordert corpora in **Rd** und pectora in **P**, peccora in **Rc** (20) ein cp'a, das als pc'a vorgeſchwebt haben mag. — Pedita neben pecudu̅ in **Ra** und zuerſt auch in **P** (46: Abb. II, 66) nöthigt pu̅m anzuſetzen. — Colono und comunione (23) nöthigt zu co̅ne; animum und amare (20) in S zu aĩu, wie aĩantr͞ (29), aĩaduꝛ͛ (7), aĩ (30), aıo (29). — Zwiſchen coniacto und cuncto (6: Abb. II, 61), ſelbſt cõuicto in **N** liegt cu͞cto oder co͞cto. — Argumentu͞ und augmenta (25) fordert ar^{tn̄} in **N** und **R** zum Vermittler. — Minimeqs und mimeqs (2) verlangen mĩmeqs. — Ex auctoritate und et ante (42) erklärt ſich nur aus ex|aute, wie au͞taſ (12). — Generoſior, gratioſior, gratior (20) fordern gr͞ſior. Eben ſo ſtehen inſtituta und iuſtitia (27); lucrum, ludicrum und iudicium (23), iudicium und initium (10), initia, uitia und intra (31), cõnenta und conſulata (37, wie Dial. 12. conſulatus u. coetus), mente und manente (29), feculiſ und fecudiſ, ſedis (36), virgineſ und iuueneſ (18): alle dieſe fordern die gedrängteſten Abkürzungen inſta — iuſta, lucum — iuc͞ium, iſium; ĩtia — u͞tia; cõtu͞ — coñtu͞; m͞te, ſeclis, u͞eſ — iu͞eſ.

Eben ſo ſteht inimicis — inimicitiis (22), vermittelt durch inimrciis. Nicht minder ſententiarum gentem (generum) — finitimarum gentium (15) d. i. etwa ſñtiaꝫ͠ gn͞u. Eben ſo ut iu͞gēdiſ affinitatibus und inimicis deum gentis affinitatibus (22). Ferner aduerſara rerum — aduerſariis (36), pares et equi (36), totungri, titungri — tc͞|tu͞gri (2). Noch mehr aber der Schrift- und Leſartenwechſel zwiſchen impante, impante, ıperante, imparante, imperitāte und inſpirate (7), welche ĩpa͞te vorausſetzen, ſo wie ſignatqs und ſignificatqs (28) ein ſig^u t, vgl. ſignatione und ſignificatione (Dial. 18); ſtato und ſtatuto (39) ein ſta͞to oder ſtato͞; auſpicatiſſimi und auſpicandiſſimi, auſpicandi ſummum (11) etwa ein auſpica͞mi; pectoru͞, pectoꝲ und peccatorum (8) ein peco͞u. Eben ſo collati und collocati (28), collationibus und collocationibus (29), affectione und affectatione (5. 28), libertate͞ und liberalitatem (34. Dial. 12), imbellibus und imbecillibus (31), inbecilles und ıbelles (13), utilitatc und uilitate (5), facilitatem und facultatem (26. 4), facultas, facilitaſ und felicitas (21), die durch die vorkommenden ſil'itudine (28), ſil'tudo, ſil'eſ durchblicken. Ganz hieher gehören ferner dignitatem und dignationem (13. 26), excitatio und exercitatio (23, vgl. Ann. 3, 26. coercitationibus), eſtimāti, extimati und exiſtimati (6), arboribus und arbitoribus

(11), fufpiciones unb fuperftitiones (47), poffeffionis unb paffionis (28), regionis unb religionis (40), occafiones unb actiones (30. 37), cognatio unb cogitatio (19. 22. 12), formaf unb fortunaf (45), formam unb fortunam (30. Dial. 38), formę, forte͂, fortune (38), fortitudinif unb fortiffimif (7), fortitudinif unb formidinif (6), conterminata unb certamina (36) verſtänbigt burch cotermata in **K**², oterminata **K**¹, cötermina in **P**, alfo wohl ot'mīa ober ct'mīa; fuppliciēs unb fufcipiens ſtatt fufpiciens (10). Jn ben Annalen majoribus unb moribus (2, 2), vgl. conditionabundus (1, 17). Jm Dialogus folicitate unb folicite; profugio unb p͂fidio (Dial. 5), abfolute unb obfute, informibus unb formicibus; neceffitates, neceffitudines unb nationes (5), caufarn unb curaru͂ (Dial. 37); arbitru͂ unb arbitrium (5), miniftris unb minifteriis (25); no͂e unb nomina (36); intereffe unb Orelli'8 inferere (33); cora͂ neben Orelli'8 coronam; ereptu͂ unb parentu͂ (erflärt aus anguftiae p͂tu͂), liberaliter debet unb libare (31), parata unb parta, pta, parca (42), apparate unb appropera inquit (27), confuetudinere unb confumere (16) aus ofu͂e; comitibus unb ciuibus (37). Ferner in ber Germania impedire, impedite, in pedite (30) aus ꞇ pede; ruitat⁹ unb inuitus (7); inclinatas unb inclinas (8), penates unb penas (25), impatientes unb impatiens (8); armorum unb armatorum (18. **M** armoru͡), barbarum unb barbarorum (28. **M** barboru͡); ꞇcipiētibuf in **PSY** neben incipientis (18), vermittelt burch incipie͂ts in **K**²; accipiēdis, accipientibus unb accipiens (11) aus accipie͂s; reco͂ciliandis, reco͂cilia͂dis unb reconciliātis (22), uocatif — uoca͂t (Dial.); agendis, agēdis, augendis unb agentis (22); agendis unb agis (11); emergente, emergētif unb emergen͂s (45: Abb. II, 84); educationis unb educationibus (22), in **K**¹ educacoꞇbus; jucu͂nditatif — jucunditas (6); civitas unb civitatif (13); antiquę focietatif unb **K**¹·² antiqᵃ focietas (29); princepf unb principef (11); mutatis, mutatus, mutatibus (25); legionum unb legionibus (37), nationu͂ unb nationibus (4). Die hier ju Grunbe liegenben Abfürzungen wurben jum Theil fehr verfchieben gebeutet, herüber unb hinüber: fuffu-

giū, ſuffugiunt, ſuffungunt, ſuffungere (16); negligenter, negligentius, negligentia (16); utiliter, utilitate
(20); uarie, uariare, uarietate (6), modo — mox, nōe
— nomina u. ſ. w.

22.

Nach dieſer Muſterung drängt ſich die Frage auf, ob die dem
Pontanus vorgelegene Handſchrift eine Minuskel= oder Majus=
kel= oder Unzialſchrift dargeboten habe?

Für letztere ſprechen Verwechſelungen wie Gallorum und
Callo♃ (29), Craſſi und Graſſi (37), cratē und gratem
(12), delegate und delicate (15), uagantur und vocentur
(36), locant und ligant, longant (16); Galerium und Sa-
leiū (Dial. 5), ligurguſ (Dial. 25), amniſ, annis, annus
(27), ſinus und ſimus (29), ſemoneſ und ſenones (29),
batami und batanii, bataui (39). Auch der Wechſel von E und
I könnte geltend gemacht werden in delicate — delegate (15),
liniamenta (16), meſſilia (6), principes — principis
(14), ſarmate — ſarmati (17), armate (13), uiro — nero
(14), tres — tris (2. 11), compluris (8); oder von E und T
in Vlerahos (30).

Dazu ſtimmen aber ſchon nicht dicere — ducere (25. 43),
radiuſ (45), annuſ (27), effuſis (1), adverſis (2); noch we=
niger triſtonem — tuiſtonem (2), während neruli — heruli, nubii — hubii, hemetes — nemetes (28), hunc —
nunc (27), hec — nec (13), nerthum (27) zwiſchen inne lägen.
Deſto mehr aber weiſen zur Minuskel hinüber die durch eine
Menge von Beiſpielen belegten Verwechſelungen der i — u (íu, ui),
n — m, nu — mi, ín — ní, t — i, t — l, l — i, t — c, t — e,
e — c, c — o; ſ — ſ u. ſ. w.

Hier eine Anzahl Beiſpiele: 1) adiicit — adducit (39. 46);
iunctos — uinctos (16. Abb. III, 1. 2), iuncūt — uīcut (42),
coniunctibuſ — conuictibus (21), iure — uere (Dial. 25), iuriū
— uiriū, uiritim (15), indicatur, iudicatur — uīdicauit (12),
a uictore — aiutore (2), uidenſ — iudenſ (58), uita — iura (17),
igraius — ignauis (31), uibrant — inbrant (6), uiq₃ bello inq₃,
— ui belloq₃ — in belloq₃ (14), ui caleſcat — incaleſcat (22),
uitiiſ — viniſ — intus (23); huic — hinc (44), malint, maluit —
mauult (35), ₑpuīcię — pronuntiae (41), inſcitia — iuſticia (16),

iuſtitia — inſtituta (27), finire, ſinuere — ſunere (4), linitur —
— luitur (21), impune — impium (21), non ni noſtra morĕ
(28), in hec, in h' — nihil (20), ninivitis — inimicis (22); fer=
ner uiſaris — niſaris (37: ceſaris, arſacis), uero — nero (38),
ſueuoſ — ſaenos (2), diuotam — diu notam (5), manuum —
mannum (2), aduectam — adnectam (9), narrare — uariare (9),
nota — uota (47), notum — uotum (10), ſena — ſeua (24:
ſeria), lauti — lanti (22), auguſto — anguſto (6), quadine —
quadiue (42), alterine (6), incundios (36. 37), inuenior (24), inuenta, iuuenta, iumenta (11. 22), admonere (19), uinĕda neben
uiuĕdŭ (28); uiuere, vincere, vincire (7); unde — nude, nudant
(37); laſtune, laſtinia — laſciuie (24); gambriuios — gambrunos
(2); chancorum (36), Suenos (9. 52), pentinos (45), pencinis (46),
batani (29. 32. 39), uatanis (29), treneri (28), marobodni (42);
baneben wieber teucteri (32), uotabiles (40), oruatiorem (38), in-
belibus (31). Verbeßernd chamaniſ (33) neben chamaůi; araůiſci
(28. 33), angrinarioſ (33. 34. 43), lemonici (43), aniones (40),
gabrinioſ (2), rendigni (40), Iſtaenoneſ (2), ingaenones (2), na-
riſci — uariſci (42), noniani (Dial. 23) u. ſ. w. Hieher gehören
ferner intra, initia — uiti a (31), iuſticia — inſcitia (27); nuithones — inuthones (40); muniuntur — minuuntur (40), nulla —
ı ulla (10); inuitati — inmutati, non mutati (21), inmolata —
inuiolata, inuolata (81), in ore — in more (Dial. 12); nurus —
mirus (18); albrimam (8); inicere — mirere (24), mire — inire
(6), ineunt — meunt (15), inuenerint — meruerint (28), infra
— maſra, ɪaſia (37), petumos — peutinos (45), centim — centini, centeni (6), cratem mergens — crate inmergens (12), deiñ
— demum (40), ĭnarcentia (36), inarcomani (42), reſinaniue —
reſmamae (45), ſragmeas (24), mammoſ (42), gothim (43);
hercmio (30), hercimam (28); hurnis (9) ſt. humis d. i. hūmis,
humanis.

2) Cŭ — Tŭ (13), lacus — latus (33), artus — arcus (30),
arte — arce (32), habet ſt. hunc d. i. hſ ſt. hc̄ (11), totungri
ſt. tc̄ tungri (2), ſit — ſic (32), at — ac (2), collit — tollit
(10), perculerat — pertulerat (37), notiuum — nociuum (31),
laſciue — laſtune (24), raſcinam — raſtinam (45), peccora —

pectora (20; pectoris — pecoris 25), fciuem — ftiuem d. i. ftruem
(27), fcutum — ftutis (3), abfcuta — abftuta, aftuta (22),
b(l)andicum, bardicum — barditum (3), parca — parta, parata
(42), corpore — tempore (39), fatiatum — facratum (50), afti-
burgiu (2), narifci (42), cherufti (36), arauifti (28), tuiftonem
(2), thafuarii (33), chauti (35), catti — cacti (29), mactiacorum
(29), Altis (42), pentinos (45), uacauis (29), hertinius (30), hel-
uetonum (43); vielleicht auch Iftaeuones (2).

3) Vltrahos — Vltrochos — Vlerahos (30).

4) Eoq₃ — cohiq₃, coireq₃ (11), eleufcorum — cherufcorum
(36), alcif — aleif (42), teneteri (32), caueo4 — caucorum (35),
cuncos — cuneos (6; cunnum 7).

5) Altis — aliis (38), ioci — loci (22), iudicium — ludi-
cru̅, lucrum (24), eftionu̅ — efluoru̅ (45); ei — et (2. 21).

6) Tempore — ĩpe, ipfe (41), utreq₃ — uireq₃ (33), cura
— citra, circa (28), iactu — tactu (24), nec tñ — nec inde (5);
cognationes — cogitationes (22).

23.

Fragen wir aber nun weiter, aus welcher Minuskel Pontanus abschrieb, so drängt sich uns zunächst besonders ein Buchstabe
auf: das von ihm gebrauchte ſ. Auffallender Weise nämlich be-
dient sich Pontanus in der Abschrift der alten Texte sowohl in
Dialogus und Germania, als im Suetonius eines langgeschwänzten
ſ, dessen er sonst weder in den Randbemerkungen dieser noch der
drei S. 183. besprochenen, auf Tafel I in Proben abgebildeten drei
Münchener Handschriften gebrauchte, während er auch hier sein dort
angewendetes langes Schluß ſ, ſ zeigt. Nur einmal läuft ihm in
der rothen Randbemerkung zum Anfange des Suetonius (S. 189. 190.)
das lange ſ mit unter, wie umgekehrt in den Text zweimal
ftruem rogi (27) und Agri (Bl. 38, 2).

Dieses ſ fand Pontanus ohne Zweifel vor und es frägt sich
nur, welcher Schriftart etwa des zehenten Jahrhunderts daßelbe
angehört habe.

Es zeigt Verwechselungen und darum Ähnlichkeiten mit
1) n: blandicum — barditum (7), nelegant — relegant (38),
minatur (28), memorat — nominant (3); feria — fena, feua
(24), igraius — ignauos (31), Sapino — Papirio (37), Lar-

gobardos (41), exercĕt — exĕnent, exĕment (29), irritaĳiones — incitationes (18).

2) p: frīs oribus — fratris opibus (A. 14, 28).

3) h: honm (hominum? omnium?) — ro͞um (romanum?): A. 1,59.

4) t: uita — iura (17), mereri — meteri (44), penaťium (15), copiarum — copiatum (A. 2, 38), parentia (39), emendare emendate (Dial. 40), Isrenones — Isteuones (2); martiacorum (29); Satti — Satri (Suet. 16).

5) l: alii — arii (42).

6) i: neiťhum (Abb. II, 7), nurtones (Abb. II, 8), narrare — uariare (6), rugii — uigii (43), libaniᵛʳᵇᵃⁿ⁹ (Dial.), satiatum — sacratum (40).

7) c: arsacis — uisaris, nisaris (37), inicere — mirere (24), rura — cura (31), sciuem — stiuem, struem (27), wo aber vielleicht st'ue͂ stand, woburch sich auch wohl diu'saf und diu'saf (26) erklärt.

8) v: triͭstonē (2), veusďigni (Abb. II, 10), gnarum — gNavum (Ann. 1, 5).

24.

Dürften die letzten Buchstaben ein Naheliegen der Minuskel-buchstaben v und r vermuthen laßen, eben ein solch Minuskel-r auch in crudeli st. cerul(e)i (4), irati — nati (5), so weisen die Verwechselungen von r und p, r und n, r und h doch mehr auf ein nach unten (und oben) geschweiftes p, wie es das Angelsäch-sische und Langobarbische, theilweise auch das Fränkische aufweist; also mehr ƥ, ƥ, ƥ, ƥ, wie es die auf Taf. III. mitgetheilten mero-vingischen (III, 3), angelsächsischen (III, 1ᵃᵇᶜ), und langobarbischen (III, 6ᵃ⁻ˡ) Schriftproben anschaulich machen. Des Pontanus r muß überdieß dem längeren ſ sehr nahe gelegen haben, da sich ge sere statt gerere (46), eben so inste r (selbst noster!) statt instes (6) findet und aus solchem r neben p sich auch wohl aduersa-rum rerum neben aduersar ĳs (d. i. adu'saruf) erklärt; vielleicht auch peregrinor u͞ racro statt peregrino sacro (28); ferner scemētorum neben nec reumtou͞ statt cementou͞ (26). Auch c(a)usarum und curarum (Dial. 37) gehört wohl hieher.

Diesen entspricht im Dialogus bei **P** incurato st. incusato der Anberen (26), arbitratu s ı tătŭ neben arbitratur in **R**[1] unb arbitror iter (32); eben so bei Allen sudibus (34), wo Orelli, Bötticher, Döberlein (3, 28) rudibus verlangen. Eben so ist in ben Anm. 6, 28. aliter esse soside statt alites Sesoside wohl nur aus solchem μ unb π erklärlich. Nicht minder Ann. 4, 28. praeparatur unb praeparatus.

Ein bem p nahe gelegenes ſ scheint in suppliciēs, suscipiens statt suspiciēs (S. 10) hervorzublicken; eben so in conteruntur unb cotemnuntur (cōtĕpnŭtſ ober ɔtēpntſ (29) [1]).

Das fragliche ſ aber muß einerseits auch bem f nahe gelegen haben, wie bas angelsächsische ſ: vgl. sortis — fortis (10), ıaſıa, naſra — infra (37), senorum — fennorum (46), sedante — sedante (46), transſiguntur — transſigitur (22), estiorum — esluorum (45); nicht minber proſ(ug)io uñb preſ(id)io (Dial. 5); anbrerseits bem j. (vgl. a boiſ, boijs statt ab oſis: 28.), wo anbre, gleich sehr erklärlich, aboſ s haben.

25.

Es liegt nahe, nach ben beiben Annalenhanbschriften zu Florenz, der mebiceischen (S. 164.) unb corveiischen (S. 164. 165.) hinüberzublicken. Beibe sinb in langobarbischer Schrift, etwa bes zehenten Jahrhunberts, geschrieben. Auch hier bieselben Erscheinungen in Betreff bes p unb ſ: bas schon genannte Beispiel inheſerantqs statt in(h)erantqs (Ann. 15, 4), eben so sedtulerat statt rettulerat (Ann. 1, 25), coram statt coſam (Ann. 2, 29) u. s. w.

Dem eben wieder angezogenen Falle mit eingeschobenem h gesellt sich vielleicht bas oben S. 207, 3. aufgeführte sacerdotium hominum (Ann. 1, 59) b. i. hoīum, wenn bieses für omru gelten bürfte: Seyffert wollte omissum lesen, Anbre pou b. i. romanŭ. Im Dialogus 37. ist in ore hoīum ohne Zweifel in omnium zu verwanbeln.

Der Buchstabe h tritt in sehr vielen (langobarbischen) Hanbschriften Italiens in auffallenbem Maße vor sämmtliche Selbstlaute: Abb. III, 4. abc. bietet uns schlagenbe Beispiele aus

---

[1] So hätte E. Troß's Vermuthung S. 30 coriis statt copiis zu leſen, auch graphische Begrünbung.

La Cava dar. Sie gewähren die Texte 4ᶜ: hubi hadonias hoc-
cifus eft; 4ᵃ. Et habuit duaf huxoref nomen huni hanna et no-
men | fecunde fenenna fuerantque fenennae filii hannae | autem
non herant liberi et hafcendebat uir ille de ciuitate fua ftatutif
diebuf hut adoraret et facrificaret domino; 4ᵇ. Pufilluf heram
inter fratref meof | et hadulefcentior in domo patrif mei. | pafce-
bam houef patrif mei. | manuf meae fecerunt horganum. et di-
giti mei habtauerunt pfaltrium.

Diefen Beifpielen ganz gleich gewährt der Dialogus huberior,
hubertas, exʰuberat, hiftrionef, ʰiftrione, doch am Rande Ift'onibus
und wo iftrionibus fteht, war erft ein h gefchrieben. Die Germania aber bietet harii neben arii, alii (42); neben onerant — honerant, honorant (30); oneribus — honeribus, honoribus (29);
hubertate (26) in $\mathcal{R}^{1\cdot2}$; ja felbft coheunt, coherent, cohaerent
neben coeunt (39); cohercendi, cohercere, coercer̃, coherendi (25);
inchoare, incohare (30); inchoatur, incohat' (7); cohiq₃, coireque
auf eoque (20). Hier erklärt fich auch das in Dialogus, Germania und Suetonius gleichmäßig oft erfcheinende hif ftatt is, iis
(vgl. hifdem — isdem: 10).

Umgekehrt weift der Dialogus abire ftatt habere (8); eben
fo die Germania abili (und felbft alibi!) ft. habili (6); exordeo
ft. ex hordeo (23), ortos ft. hortos (26); neben ofte und oftiu
2c. erfcheint wieder ʰofpes (21), ʰofpitif (21), ʰofpitii (21), ʰofpitiif (22), ʰortamra (7), inexʰaufta (11). —

Diefe felben h auch im Florentiner Codex: honeri (Ann. 14,
5), hoftia (A. 15, 42), homine (H. 3, 24), helulatn ft. ejulatu
(A. 16, 10), habitus ft. Avitus (A. 13, 56), inheferant ft. inerant
(A. 15, 4); im Corveyer Codex holitorium neben umida, umeros.

Andre Buchftabenverwechfelungen der Florentiner Handfchrift
find den oben (S. 204—206.) befprochenen und beigebrachten durchaus verwandt: fo lafciviam experti ftatt lafciviam inexperti (A.
16, 15); homine ft. nomine (H. 4, 15); ignata ft. ignara (A. 12,
11); temperare ft. temptare (A. 15, 42); virique ft. vtrique
(A. 4, 28); vifi ft. vt fi (A. 3, 28), ne cui ft. nec ut (H. 2,
48), et ft. ei (A. 3, 8. 4, 10. 14, 10 2c.) u. f. w.

26.

Eine bedeutende Anzahl Stellen unfrer pontanifchen Handfchrift

laßen ſich in ihren Fehlern kaum anders als aus langobardi=
ſchen Schriftzügen erklären. Vorzugsweiſe ſpielen hier das ganz
offene cc (d. i. a), und u, das ſich daran lehnende c, o, ſowie n
zu u, und vornehmlich das links ausgeſchweifte cτ (d. i. t) ihre
Rolle. Namentlich ſieht das letztere einem ct, ci gar ähnlich
oder giebt in ſeinem Vorderzuge auch einem c oder o oder mit
einem vorausgehenden c einem oo oder *a*, oder durch vorausge=
hendes cc einem *acτ* u. ſ. w. den Schein. Man vergleiche nur
Taf. III, 6 [a. b. c], die wir hier auflöſen: Galbanu lacrimuſ. i. fe-
rulę . naſcenſ in ſyria . multi me|topon uocant . eſt uero utiⅼliſ gal-
banuſ turiſ habenſ | coloreˉ . et granu abenſ ut faba. | — creſcere
facit. miſcet' . cataplaſmatib; . & cicatriceſ . medicat . — ſeparat .
tetore odoriſ . matriciſ reſoluit. Hier werden Verleſungen wie
feralis und fertilis (42), augurium — tugurium (A. 15, 50), aut
— ac, ut — ac (2), et — ac (Dial. 10), et — ut (Dial. 37) —
lectiſſima — laetiſſima (Dial. 23), laetiori — latiore (22), auic-
tore — aiutore (2), fata — facta (A. 4, 37), tenecteri, tenetri
(S. 32, 34), distracti — discreti (33) erklärlich.

In den Selbſtlauten wechſeln a und u: exequuntur — exequantur (25), uenaˉ — venu (5), animum — animam (11), re-
percuſſa̓ (3), pa^{cc} — publice (10), deparauerat (Dial. 38), manus
— munus (A. 4, 65), tam — tum (A. 15, 62), prodant (A. 1,
54), disceſſerant (A. 2, 57), clamitabant (A. 3, 54); a und o:
opertis — apertis (A. 2, 57), infeſtos — infeſtas (24), erga —
ergo (22), monet — manet (28), patientia — potentia (4), pedites — peditos (6), eques — equos (6); a und oc: vltrochos,
vlerahos — vltrahos (30); o und e: victorie — victorio (24),
quoq₃ — queq₃ (28); e und a: pomeria (26); a und i: ꝛplaca-
bileſ — implicabiles (21), incolitur — incolatur (3).

Zur Verwechſelung des a und u tritt in der Germania ue-
leduˉ (8), vielleicht auch nerthum (40); ferner puniuntur — opinamur (12), vielleicht auch ſeuici — ſueuici (45) aus ſaeuici in
NRc erklärlich. — Im Dialogus 16. lieſt **P** atque, die übrigen
haben aeq₃; 17. wechſeln ſie zwiſchen celium (Coelium) und alium;
vgl. oben auium — ciuium (10), artem — ciu͡(ita)tem (Dial.
31). Germ. 47. iſt oxionaſ ꝉ etionaſ nur aus einem dem x ſehr
nahe kommenden cc (vgl. z. B. Taf. III, 6 [s.]) zu erklären; and=

rer Art nec vos gegen Pontanus nam et vos (im Dial.) nur aus
aa; eben so uocat — notat (7); im Agrik. minutura des Dru=
des durch des Victorius minui cura. Vgl. at st. ac (A. 1, 2),
ac st. at (A. 1, 36), cum st. tum (A. 4, 10), vocis st. votis (A.
14, 8), cu — qui (Dial. 28), und oben S. 205. ꝛc. auch olim —
dum, uidere — ualere (5), umidior — umiclior, umilior (4), au
deli — cerulei (4), deof deumque — celumq₃ (10), editum —
celitum (2) gehören hieher.

Die Germania bot (oben S. 194.) ciuium st. auium (10), ge=
wiß wegen jener Ähnlichkeit des a mit ci, eben so gallicis — gallia
(37), alii — ci bosq₃ (7); artē — ciuitatē (Dial. 31); dña —
dicūt (D. 32); auch in quibusdam exclamatio und P ſicut
hif clam et exclamati (Dial. 26).

Weniger nah erscheinen a und n in torpeat — torpent (4),
infra, mafra, ıafia (37). Das oben wegen Ähnlichkeit des ſ und f
(nebſt t und l) geltend gemachte eſtiorum und eſluorum (45) zeigt
zugleich eine Verbindung von fl, die wir für fluriniam gegenüber
Auriniam (8) in Anspruch nehmen; ähnlich dem friginuf — hi=
ginuf; wohl auch in tui fidi (Dial. 23) st. aufidj. — Aber auch
Fälle wie in N chafudrii — chafuarii (33), fortuita — fortuna
(30), rhenae — rhetiae (41), fama — forma, infames — informes werden erklärlich.

Andre müßen im Ganzen erfaßt werden: so puniutur und
opinamur (S. 12.), uitia, initia, intra (31), citra — circa (28),
aūr — autem (7), diem haci (A. 6, 43) st. haut; und uacuof
ft. iuuenef (Dial. 21).

27.

Von erneuter Wichtigkeit erscheinen hiebei nochmals die Ab=
kürzungen. Zunächst drängen sich hier die zahllosen Verwechse=
lungen des ‚p, p, p̃, p' oder per, pro, pre, par, ꝛc. auf. Nicht
nur ptractentur — p'tractetur (11); ptā, patam, paratā (44); pta,
parta, parca, parata (42); sondern perua — parua (37), parua
— praua (24. 27. 37), prauitatibus — partibus (Dial. 28), fuper — fupra (25; vgl. inter — intra: 28); imperare — imparare
(8); feparent — feperent, fepēt (26), fepāret — feperet, feperat, fepet (28), feperate — fepate (28), feperatur — fepatur (9),
feperentur (28), feperant, feperantur (38), imperante — imparante (7), imperantur — imparantur (8), imperabat — imparant

(26), impares — inperes (25), repertam — repartam (3), ſper-
gent (10), peunda, piĕdum — pariendum (18); permiſſum — pre-
miſſum (10), perinde — proinde (5. 26. 33); pagitur — pergitur, porrigitur, pretexitur (42); pcipuū, pcipum, p̄cipam, prici-
pua, principium (19: es folgt principes); ‚ppe und propria (18),
‚ppe und proprie (45), ‚ppior, proprior, propero (41), ‚ppior —
propior (43), ‚ppior — proprior (30); probofus — probrofus (4),
‚pbrū — ‚probrium — probum (22); ‚prpia, propriam, propterea,
perpetuam (4), piudico — ‚ppiudicio (10); im Agrikola proprius
ſtatt propius (16), praevehebatur ſt. provehebatur (28. Cod. vatic. 4498); im Dialogus ‚pſequatur — perſequatur (35); in Hiſt.
1, 61. proprior — propiore. Vgl. temporantia — tĕpantia (23).
Hieher gehört auch e propium aus eprium (Dial.), prof(ug)io
und preſ(id)io (Dial. 5), ‚pbabat und parabat (Dial. 36).

Bei mehreren der hier zuſammengewürfelten Beiſpiele mag
bie bekannte obere Abkürzung des r (p', m') mit im Spiele ſein,
wie bei mercente (36), praua — parua (24. 37), partibus — pa-
tribus (H. 1, 59), partes — patris (H. 1, 52), obſchon hier auch
ſtarke Abkürzungen (pib⁹) zu Grunde liegen mögen, bie auch in
folgenden Fällen einwirken: dure — durae — durare (31), eſt
uide — uider' — uidere (5), labor' — laborare (26), uarie —
uariare — uarietate (6), uerber' — uerberar̃, uerberant (25)
unb gar urbem. Da hat man ein durē, uidē̃, laborⁿ, uariē,
u'be⌇ ober u'bē anzunehmen.

Dieſe Abkürzung von Infinitiven ober überhaupt von Flexionen am Enbe der Wörter hat vorzugsweiſe eine Menge Verwechſelungen hervorgerufen, bie wir hier vereinigt zur Anſchauung brin-
gen müßen. So ſchwanken bie Handſchriften zwiſchen ſuffungere
— ſuffungunt — ſuffugiunt — ſuffugium; zwiſchen inchoat —
incohāt, ıchoāt unb ıchoat' (30), degenerat — degenerāt — deg'-
natur (45), onerāt — oneratur (30), obſeruāt — obſeruat' (27),
aduehebant — aduehebant' (3), bıtāt — habitātur (39), ſudāt —
ſudant', ſubdantur (45), memorāt — memorant' (3), regnāt —
regnāt' (25. 29. 43), aggregant — aggregātur (13), referant —
referāt' (18), referat — referuntur (20. 46), diſtingat — diſtingn-
tur (6. 39), p'texnt — ptexatur unb pretereuntur (33), differat
— differat' (40), mem̃oratur — memorat (3), peterēt — petere-

tur (6), efficiunt — efficitur (39); explorāt — exploratur (10), obſeruāt — obſeruat' (27), religāt — religatur (38), imparant — imperatur (26).

Leichterer Irrthum [1]) liegt wohl zu Grunde in Fällen wie putat — putāt (10), reddat — reddant (40), ſacrificat — ſacrificāt (9), exercet — exercēt (24. 40), obtinet — obtinēt (38), implet — implent (35), adoleuerit — adoleuerīt (31), popoſcerit — popoſcerīt (21), durat — durāt, durants, durans (30); publicate — publicāte, publicante (29), habitatur — habitātur (39), imitet' — imitentur, imitet (16), cōſulet' — conſulentur (10), reddatque — reddantque (18), uocatur — vocantur (19), judicatur — judicantur (12), ſeparatur — ſepātur, ſeparant' (38), cōtinuatur — cōtinuāt', continuant (41), aſpernatur — aſpernāt' (11); miſcetur — miſceretur (11), obligētur — obligarentur (8). Beſtimmteres Abkürzungszeichen verrathen aber ſchon wieder agit — agitur (36), haurit — haurit^u (1), agri — agitur (26); noch mehr wieder celebrāt, celebrat^u, celebrat (2), cōponūt — componitur (6), ſinuetur, ſinatur — ſinant, conſuletur, conſulatur, conſulentur, conſultatur (10), ornantur — ornantum (18), adſignāt — aſſignaret (13), incidit — inciderit (11), objecerit — objecerāt (37), cuſtodirentur — cuſtodirent, cuſtodierunt (28), inuenerit, inuenit — inuenitur (19), judicat', judicantur — judicant, iudicauit, uīdicauit (12), parat — parauit (24), parāt — paravi (11); puniuntur — opinamur (12), nō nūauerī — numeramuſ (29). Noch bezeichnenber aber die Fälle wie māſerūt — manſere (42), proditur — prodere (8), accēdūt ārōs — accendere — accenſus animus (3), rareſcāt — rareſcere (31), porigitr — porigere (41), inicere, mirere — miretur (24), cōcederˀ — concederīt (21), inueni — inueniri (Dial. 5), tener', temere — tenent (10), cōcederˀ — concederit (21), defecer', defecer&, defecerit,

---

[1]) Hier ſpielt vielleicht reines Vergeßen ober Erlöſchen mit ein; daher auch wohl gabrinios — gambrinios (2), tecteros (32), ſaguis (28), reperta — repertā (3), inſula — inſulā (29), perunia — pecuniā (15), diſcordia — diſcordiā (32), fronte — frontem (44), reſponſa — reſponſam (8), Germania — Germaniam (28), in queſtū — queſtū (23), uinedum — uinēdum (28), exundant — exudant, exſudat (45); agunt — angunt Rf (6), novi ſt. nō vi (X. 14, 49), exeptis ſt. exēptis (X. 1, 23), incedebant ſt. incēdebant, hic — hinc (Dial. 11).

deficeret — deficere, deficerem, deficiem (21), obtendere — obtendit, obtendit', optēditur (35), exerceſ — exercere (10); credidere — credendum (45), interpretationi — interpretandi (2), interpretatur — int'pᵗatᴆē (10), appellatōeſ — appellatoreſ (5), pͦlatur, populatᵃ — populatio (16), paratur — apparatiſ (21), uocant — uocatis (Dial. 29), ornantur — ornantum (18).

Die verſchiedenſten Faßungen der hier zu Grunde liegenden und wirkſamen Abkürzungen in **P** ſind auf Tafel II, 87—149. geordnet zur Anſchauung gebracht worden [1]). Aus dem Vergleiche ſämmtlicher hier wechſelnden Zeichen (⌐, ', ᴢ, ϟ, ⌐, ⏢) ergiebt ſich ein großer Trieb, mit den Endſylben auch die abgekürzten Mittelſylben der Wörter in den dafür gebrauchten Zeichen zu verbinden. Ohne Zweifel miſchten ſich ſo die Abkürzungszeichen ' und ˉ in ſermonem und ſennonum (39), Suionum, Suinonum, Se'norum, Sueuorum (44) zu Suiōu; ſo verſchoben ſich ornant — onerant (onorant, honerant: 38) aus o'nāt, onā̃t. Daher erklären ſich ſeruitute — ſeueritate (25) aus ſuĩte, ſuĩte; ageruarios und angriuarios aus āg'uarios, āg̃uarios; conſuetudine — conſumere verlangt ein conſuͤe.

An jene Abkürzungszeichen am Schluße der Wörter reihet ſich die Verwechſelung der Abkürzung für s (' ᷓ) mit der für m (˜ ⌐), welche beide am beengten Zeilenſchluße einander ſehr ähnlich werden (ᔆ, ᔑ, ᔓ). Ohne Zweifel gehören hieher Fälle wie inuicē — inuiceſ — inuice (26), ſſulā — inſulas (29), pecuniā — pecunias (15), discordiā — discordias (32), inuiſn — inuiſus, inniſis (34), frontē — frontes (31), principes — principem (11), ſcenā̃ — ſcenaſ (Dial. 35), uirē̃ (Dial. 10), primus — primum (6), plurimuſ — plurimum (22. 35), magnuſ — magnum (34); ceſar aucˉtum (A. 11, 16) ſt. aucˉtus, augˉtus, auguſtus; nrˉm morē — noſtriſ more, noſtro more (16), ullā crebriorem und ullā̃ crebriorē; inſigne(s) ſuperſtitioniſ formas — inſignem ... formam (45), in ortū̃ edurat — in ortuſ (in ortu) ſedurat, in ortu durat (45). Daher vielleicht auch fractum — factuſ (3), legionn — legionibus (37), nationibus — nationum (4).

---

[1]) Im Dialogus ſchreibt **P** einmal agnoſcerˉ ac uelut cōiungeᵘ et copn'aꝑˉ.

28.

Legt man alle diese vielen und mannigfaltigen Abkürzungen, verbunden mit jenen Buchstabenähnlichkeiten der sich breit hinstreckenden langobardischen Schrift in die Wagschale, so sind Verlesungen und Auflösungen wie ratione ī romane (oben S. 198) sehr natürlich und erklärlich, und wir haben um so mehr Recht, solche ganz kurzen Zusammenziehungen wie rõe, nõe, hõe (S. 201.) aus den herüber und hinüber schwankenden Lesarten zu vermuthen, als die Handschriften eine Menge solcher gebrungenen Sylben wirklich in sich forttragen. Ihre Reihe ist reich und bunt: omēſq̣ꝫ, oɱſ, oĭſ, oĭum, oɪbuſ, oẽm, oĭo (omnino), hoĭſ, hoĭeſ, hoĭum, noĭa, noĭſ, noɪbꝰ, noĭatūqꝫ (3), nŭo, nŭſ (5), nuẽtᵘ, nŭantur, nŭoſior, nuĭs, numĭs, hŭmis (hurniſ: 9); auc̃tas, poſaſ (7), cādi (di: 10), captu — captiuũ (10), trb̃s (tributis 29), cpła, ppło, phĭe, ſcĭam, phĭam, phõruˇ, orˇo, orõem, orõis, roẽm, roĭs, rõe, cõe, coĭſ, coĭbuſ, puˇce — publice (10. 13), trĭbꝰ, p̃r, p̃rem, p̃ria, prõni, prõoruˇ, pātem (praeſentēm), ſpuˇ (ſpiritu), gn̄ra (genera — ingenia), hɪtam (8), hſˇ; noĭatūqꝫ, n̄ri, n̄roruˇ, urˇum, urˇa; nãˇ, nãˇm (natura —m), cãˇ, cãˇm, mg̃r, mg̃rum, mg̃ratibuſ, mḡratuˇ, magˇratuuˇ, mɪſterio, mĭſteriiſ (25), miſtrãˇtur (44); õderˇ, oñderemꝰ, oñdit; rādit; lrĭs, lˇra⁊, ſat q lr̃atum a lratore diſtingunt; heˇri, hādoſ, h̃t, hˇeat, hñdus; tp̃ẽe, t²pe, t²pabit; ipˇe, ipĭs, ĭporuˇ, ĭparuˇ, ĭas; aĭo, aĭoſ, aĭuſ, aĭuˇ (11), aɪaduʻto; arᵗᵘ̃ (argumentum: 25); tñ (tantum), tm̃ (tamen), tãˇ (tam); ap̃, añ (ante 6), uñ (unde u. unum 7); põˇ . rõˇᶦ (29), duˇmᵒ.

Alle diese strengen Abkürzungen stimmen trefflich zu den frühesten langobardischen Handschriften, in denen sie stehend sind, wie in den tironischen Noten. So noĭe (nomine), hoĭe (homine), nõe (natione), rõe (ratione), nãˇ (natura), nẽ (nature), ſrĭs (ſratris: A. 14, 28), oɪs, om̃es, om̃s, oiuˇ, hoĭu, oĭa (H. 5, 17), ſpẽ (ſpecie H. 1, 7). Aus triſti oñe (omine) wurde A. 15, 17. triſtione; aus pater orante (A. 4, 28.) perorante; aus nr̃a (noſtra) prouincia (A. 1, 58.) wurde vetere (aus geleſenem uˇra), livĭnejus (A. 14, 17) steht für lib(id)ine ejus. —

Die mediceiſche Annalenhandſchrift zu Florenz mit langobardiſcher Schrift des zehenten Jahrhunderts geſchrieben (S. 164.) endet bekanntlich mit einer Unterſchrift, die dem Codex früher, auch

noch in Pichena's Augen, ein Alter zuwies, das seine Schrift=
züge nie in Anspruch nehmen könnten und können. Das von uns
auf Taf. III, 6. k. leider nur nach dem Nouveau traité diplomat.
(III, 278. tab. 49.' II) wiedergegebene Facsimile gewährt die
Schlußworte Ego Salluftiuſ legi & emendaui Romę felix: Olibrio
& Probino tertium (bis?) conſul. in foro Martis controuerſias
declamans oratori endelechio Rurſuſ Conſtantinopoli recognoui
Ceſario et Attico conſul. [Orelli's Ausg. 1846. S. x — xi.]

Diese Conſul= oder Zeitangabe trifft auf die Jahre 395. 397
und man erkennt einfach, daß der spätere Schreiber den vorgefun=
denen Schluß seiner älteren Vorlage gedankenlos nachschrieb, viel=
leicht, weil er im zehenten Jahrhunderte schon eine zwischenliegende
Minuskelhandschrift vor Augen hatte, die bereits einer Uncial=
handschrift etwa des vierten Jahrhunderts entnommen war und
jenen Zeitangaben entnommen hatte.

<h2 style="text-align:center">29.</h2>

Ganz ähnlich nun haben wir uns schließlich das Verhältniß
der dem Pontanus vorgelegenen, in langobardischen Zügen geschrie=
benen Handschrift etwa des zehenten Jahrhunderts zu einer frühe=
ren Uncialvorschrift zu denken, der auch wohl die tris (2. 11),
pluriſ (3), cōpluriſ (8), conditorisque (2), trucis (43), honos (29),
vielleicht auch die avoncoli (20), volnera (7), voltus (30. 31. 46),
vinulentos (22) u. anheimfallen; so wie vielleicht nur aus solchem
angedeuteten Verhältnisse die S. 204. ꝛc. bereits geltend gemachten,
so wie andre Buchstabenverwechselungen sich erklären: nox — mox
(10), nodoq₃ — modoq₃ (38), amniſ — anniſ, annuſ (27), omniſ —
anniſ (29), tenere — temere (10), ſinuſ — ſimuſ (29), domi —
donis (A. 13, 42), die P u. die andren vielleicht schon vorfanden,
während ſagun (17), ſamen (23), muneri — numeri (5) vielleicht
jüngere Versehen genannt werden müßen; wie auch hermimoneſ
— hermⁱones Mißverständniß andeutet; eben so Semoneſ und ſe=
noneſ (34), das abgekürzt gewesen sein mag wie ſaniſ, ſamniſ
(37), ſoño, ſomno (22), dãna, autũni, colũnaſ, ꝛpotentia ꝛc.; eben
so dũmõ — dum noſtro, noſter (6). Bezeichnend ist hermum —
duri (41. 42) neben herma — duri, das mit diesem Trennungs=
zeichen mitten in der Zeile steht und in der alten Vorlage wohl in
der Mitte des Wortes abbrach.

Unzialhandschrift blickt vielleicht auch durch in elexit

(flexit), pro filio (proelio), eben fo in all e geris (alligeris), proce-
derit (prociderit: Agric. 4), fibi (five: A. 1, 36); ferner in fleret
(fieret), del ectis (dejectis); arguerat (A. 3, 72. wo Lipfius ar-
cuerat verlangt), auctum (ft. auguftus: A. 11, 16), efficie, acme,
calicula, Cethecio, Caetulios, Pagorium; agri (im Agricola), wo=
für Victorius acri verlangte. — Faftidii — faftigii (A. 3, 29) fällt
wohl auf nahe liegende Verwechfelung der Wörter (vgl. oben S.
198. 2c.), dagegen die von b und d in abducta (A. 1, 10), ad (A. 1,
19), adftitit (A. 2, 31), deditor (A. 3, 5), abfequenti, adolevit,
adfumpto 2c. vielleicht auf die bekannte Verwechfelung beider in
frühen Curfivfchriften und Urkunden hinweift, wovon ich in mei=
nem Libellus aurarius S. 58—59. ausführlicher gehandelt habe.

An nicht wenigen Stellen der langobardifchen Annalenhand=
fchriften zu Florenz blickt die verbundene fortlaufende Schrift
der Uncialhandfchriften klar aus den Verlefungen hervor: lega-
tione capud ft. legatio nec apud (H. 2, 45), ne cui ft. nec ut (H.
2, 48), veterrime primoribus ft. veterem e pr. (A. 3, 52), moles
et in profpere ft. fed inpropere des Rhenanus (A. 14, 65); in
aequos: & der Drucke ftatt des Victorius in aequo fed. Der Cor=
veyfche Cobex hat ftudiis fibi, Victorius lieft ibi; petita a dis ft.
petita dis (A. 15, 44), fruftra ablata fit ft. blandita (blata: H.
2, 4), malorum moribus ft. mala ru moribus (A. 15, 46), eorum
moreretur ft. eorum oriretur (A. 11, 23), congeriem marmorum
ft. armorum (Agric. 2), atrocitatem temporum ft. morum (A. 14,
44), animum infumpfiffe (A. 12, 47), facrificium imperata ft.
facrificii parata (A. 12, 47), vielleicht ffiī p̄ata; umgekehrt fententiam eorum ft. fententiam amicorum; discrimine actor —
discrimine ne actor (A. 14, 7), was an commune nehertum
(S. 8) erinnert.

Aus jener geltend gemachten ununterbrochenen Verbindung
der Buchftaben und Wörter, namentlich aber aus der babei ge=
wöhnlichen einfachen Schreibung zweier zufammenftoßender
gleicher Buchftaben, befonders zweier s find wohl Fälle allein er=
klärlich wie indigna fortis (ober fordes: A. 12, 59), inftitutu fimilis (A. 4, 63), in quo faxa (A. 15, 9); wogegen die Drucke oft
falfch verdoppeln quas filvas (A. 12, 13), duces fub impetrandi
(A. 4, 25), aliis fuper (Germ. 42). Zu jenen Fällen gehört viel=
leicht concefis, concifis (wie decifam 10) ftatt conceffis (9).

30.

Aus einer solchen Auslaßung [1]) eines von zweien zusammen=
stoßenden s erklärt sich nun ohne Zweifel auch die seltsame, allen
Handschriften der Germania gemeinsame sinnlose Lesung pars verborum (41: Abb. II, 152), an der auch Pontanus keinen Anstand
nahm, obgleich sueui schon vorhergieng. Sicher stand hier einst
PARSVEbORV̄, wobei überdieß dem b links oben ein eigenthüm=
licher Hakenzug beigegeben gewesen sein mag, welcher die Abkür=
zung eines r vermuthen ließ, v.ꞵboꞃv̄ (obgleich dann wohl v'borū),
oder ein B für R b. i. RB genommen wurde oder auch der Ab=
kürzungsstrich am Ende der Worte weit links vorgriff (etwa
PARSVEbOV̄. Das b oder B in Sueborum wird grade bei die=
sem Namen nicht befremden: Suebi ist wie Σουηβοι ganz geläu=
fig (z. B. Ann. 2, 27 Suebos), wie überhaupt b für v: habitus
statt Avitus (A. 13, 56), fibi für five (A. 1, 36), bibium st. Vi-
bium, bibacitati (Dial.), umgekehrt faravium (A. 2, 63), vi für
ubi (H. 3, 43), livīne st. libidine (A. 14, 17), danuvium (G. 1. 5).

Wie jener seltsame Fehler pars verborum (41) allen Hand=
schriften gemein ist, ähnlich dem fermonem — Senonum oder poenarum equorum pecorumque (12), paucitaf nobilitaf (40) u. f. w.
(f. S. 196.), so auch eine Menge anderartige Schwankungen des
Sinnes. Im Dialogus die Stellen (nach **P**): qd enīm q̄d nemo
nof aduocat (41), populi quᵒq₃ et .... (40), et acrior q̄ pugnaf
fibi ip̃e defūpferit (37), iúf (vis, vix: 32), de curiis (21: decur-
fis? dicturus?), eloquētia et tp̃orū̄ (27), fi cominᵍ (24), vide-
rimᵍ iꝑaquā̄ iudicio (21), qui nō ᴬᵖ̂ illuftres et in urbe nō̄ fo-
lum apud (9), nec ullus | aut gloria mor ... aut anguftior (21),
über welche letztre Stelle bereits S. 196. gesprochen wurde.

Ähnlicher Art ist die Stelle der Germania tāquā et ı aῑum
(20), wo die übrigen zwischen et ı, et ii in schwanken; nicht min=
der in urgentibus imperii fatis (33), wo quando urg. und quin
urg. gelesen wird, eben so nam ĭngenio (Dial. 6), in ȋꝛenfū,
ı ı|menfum, minime ufum inbrant (6), non ni noftra morē̄ (25)

---

[1]) Ein s überhaupt fehlt Germ. 42. fede, 32 maiore, 20. arbori, arbore, arboris, 13. par videtur, 29. par provincie, wo vielleicht p'ꞇ oder
paꞁꞇ stand.

graphisch zur Vergleichung kommen. Auch qd id gaudia (Dial. 7) in **PN**.

Andre Stellen, wo sämmtliche Handschriften ohne Schwankung übereinstimmen, sprechen um so mehr für die Einheit des Textes und zum Theil auch für die Sicherheit der Lesart. Dahin rechnen wir castum nemus in ea (40); nisi si patria sit (2), wo **P**, der sein nisi statt als ni, n¹ schreibt, n i, s i unterscheidet, wie **Rc** n¹si; ferner erump a t (1), aliis aliarum (3), nunc tungri, tunc g. (2); non multum venatibus, plus per otium (15); ei filium Mannum (2); apud plebes, apud proceros, apud sacerdotes (10. ohne sed), ut turb e placuit (11); pro modo penarum equorum (12); uoces illę (3), liburn e (**M** ‘liburna|e), assimulare (9), fortuito (10), exigere plagas (7), die Schreibung barditum (3), nerthum (18), wogegen A r nobae (1) schwankend bleibt, wie mox et (**P** es, **Ra** etiam) a se ipsis, tacti — tracti (36; vgl. fractu — factus 3, contracti — cotacti, detracta — detecta 22). In allen finden sich die Worte victus inter hospites comes (20), jam et pecuniam accipere docuimus (15), in allen fehlt convictus (14; wie 21), enim vor septimum (1). In allen steht aber auch galeę — cassis (6), in ea (40). Räthselhaft bleibt nationis n o men, n o n gentis (2), wo man versucht werden könnte, non für Wiederholung der Abkürzung no͞ für nomen zu halten. Schwankend bleibt genus e͞ tuisconem (2) bei **P**, wo est wohl nur aus genus t uistonem entstand, welcher Zusammenstoß Anderen zu sit ward. Jenes est fehlt 10: sortium consuetudo simplex, schwankt 24 idem (est), steht fest 25 impune est.

Übrigens blieb **P** nicht frei von Irrungen: affectatione (5) statt affectione (28 ist jenes richtig), varietate (6) statt variare, statim en i m a somno (22), urgentibus i a m imperii satis nil i a m (33), diversas st. divisas (28). Für die Anfügung des Satzes Liberti non ... argumntum sunt nach Hauptst. 26. mit **Ra** muß **P** einen Anlaß in der alten Handschrift vorgefunden haben, obgleich er die Worte selber lieber nach cp. 28. (in hoc loco potius) haben mochte.

Anhang.

(Tacitus bei Meginharb.)

De origine Saxonum.

Widukind.	Chronic. Uraug. Ursperg.	Chronic. Repgow.
	De origine Saxonum.	
Et primum quidem de origine ſtatuque gentis pauca expediam, folam pene famam fequens in hac parte, nimia vetuſtate omnem fere certitudinem ofcurante.		We willen nù ſcriven van den Saffen, wè ſe here tô lande komen ſin.
Nam fuper hac re varia opinio eſt, aliis arbitrantibus de Danis Nortmannisque originem duxiffe, aliis autem aeſtimantibus, ut ipfe adolefcentulus audivi quendam praedicantem, de Graecis, quia ipſi dicerent, Saxones reliquias fuiffe Macedonici exercitus, qui fecutus magnum Alexandrum, immatura morte ipſius per totum orbem fit difperfus.	Super origine gentis Saxonum varia opinio eſt ¹), aliis eſtimantibus de Danis Nortmannisque eos originem duxiffe, aliis vero, quibus et Graeci confentire dicuntur, eos reliquias fuiffe Macedonici exercitus, qui fecutus magnum Alexandrum, immatura ipfius morte per totum orbem fit difperfus.	Ettelike lùde wænen, dat ſe van den Denen unde van den Nortmannen quæmen. Ettelike lùde feggen, dat ſe ſin van Macedôniâ unde wæren gevolget deme grôten koninge Allexandro. van fime here ſin ſe komen. dat felve feggent ôc de Kreken. Dô Allexander ſtarf, dô tovôren ſe over alde werlt.
Caeterum gentem antiquam et nobilem fuiffe non ambigitur, de quibus et in concione Agrippae ad Iudaeos in Iofepho oratio contexitur et Lucano poetae fententia probatur.		
Meginhard (Adam Br.).		
Saxonum gens, ficut tradit antiquitas, ab Anglis Britanniae incolis egreffa per	Invenimus autem in fcriptis cujusdam, antiquitate tradente, quod ab	We vinden ôc gefcreven, dat ſe komen ſin van deme engelifchen Bri-

Oceanum navigans Germaniae litoribus ftudio et neceffitate quaerendarum fedium appulfa eft in loco, qui vocatur Hadulôha [2]),

eo tempore, quo Theodericus rex Francorum contra Irminfridum generem fuum, ducem Thuringorum dimicans terram eorum crudeliter ferro vaftavit et igni.

Et cum jam duobus proeliis ancipiti pugna incertaque victoria miferabili fuorum caede decertaffent, Thiotricus fpe vincendi fruftratus, mifit legatos ad Saxones, quorum dux erat Hadugoto [3])

Anglis Britanniae incolis fint egreffi et per Oceanum navigantes Germaniae litoribus ftudio et neceffitate quaerendarum fedium fint appulfi in loco, qui vocatur Hathuloga [3]),
eo tempore, quo Theodericus rex Francorum contra Irminfridum, ducem Thuringorum dimicans terram eorum crudeliter ferro vaftavit et igni.

tanntá und dat fe quæmen fegelende tô dûdifcheme lande over de få tô êner havene, de hêt hathuloga [3]), ùp dat fe ên lant vunden, dar fe inne befitten mohten.

4.

Statt diefer kurzen Zufammenfaßung des Kampfes fügt hier Eckeharb und Ecko aus Wibukinb 1, 3 2c. den langen Abfchnitt über den liftigen Kauf des Sachfen vom Thüringer und den darauf folgenden Kampf Irmenfribs und Irings gegen Dietrich bei Runiberg [4]) ein, welchen Meginharb nur kurz anbeutet [5]). Diefer Abfchnitt fchließt bei Wibukinb mit den Worten

---

[1]) Vor dem ganzen Abfchnitte fagt Chron. Uraug. Urfperg.: „Sed quia Carolorum ftirpe in regno Francorum deficiente regnum jam ad Saxones per Heinricum transfertur, genealogicam Carolorum caufa memoriae breviter depingamus, dehinc de origine gentis Saxonicae, cujus opinio varia eft, aliqua defcribamus ficque ad initium regni pertendamus.“

[2]) Cod. Caffin. (Leibniz Scr. rer. brunsv. I): Hathalen, Ausg. Bafel 1582: Hudelaum, Leibn. Text Hadolam; Repgau luthuloga. Kelewink de antiqua Saxonia (Leibniz III, 612, cp. 4) hat: in loco, qui Hadelou latine quidem fermone, nunc terra Hadelaria Bremenfis dioecefis dicitur, applicuerunt ad litus. Interroganti autem ab incolis, quo venirent, refponderunt de Saxo. — Wibukinb faßt den ganzen Satz kürzer zufammen Pro certo autem novimus, his regionibus navibus advectos et loco primum applicuiffe, qui usque hodie nuncupatur Hadolaun.

[3]) Bei Wibukinb, Eckeharb und Repgau Hatugato (Hathugât); Johann Roth S. 1649. Hag.

[4]) Chron. Uraug. Urfperg. Runiberch, Cod. Goth. (Repgow.) runiberg, Cod. Argenter. ramberch. Vgl.

Widukind.

mirari tamen non posfumus, in tantum famam praevaluiffe, ut Iringi nomine, quem ita vocitant, lacteus coeli circulus usque in praefens fit notatus.

(f. oben Meginharb, wo ber Sachfe fpricht)

(Widukind.)

Saxones autem bello peracto reverfi ad Theodoricum in caftra bene ab eo funt fuscepti fatisque laudati et praefenti terra in aeternam poffeffionem donati, focii quoque et amici Francorum appellati funt, moxque urbem, cui ab igne ut propriis moenibus pepercerunt, primum incoluerunt. terram vero acceptam forte dividentes.

Meginhard.

Qui eam fortem dividentes, cum multi

Chr. Uraug. Ursperg.

Si qua fides his dictis adhibeatur, penes lectorem eft. mirari tamen non posfumns fatis, in tantam famam [1]) praevaluiffe, ut lacteus coeli circulus Iringis nomine Iringisftråza usque in praefens fit notatus [2]).

(Gesta Francorum 22.)

In Francorum vero geftis legitur quod Theodericus data fide Irmenfrido, ad Tulbiacam civitatem eum ad fe venire fecerit, et cum fupra muros civitatis colloquerentur, compulfus ille de muro in terram corruerit ficque mortuus fit fuosque filios Theodoricus interficere jufferit [3]).

Saxones autem bello peracto reverfi ad Theodoricum in caftra bene ab eo funt fuscepti fatisque laudati et praefenti terra in aeternam poffeffionem donati, focii quoque et amici Francorum appellati funt, moxque urbem, cui ab igne ut propriis moenibus pepercerunt, primum incoluerunt. terram vero acceptam forte dividentes.

Qui eam fortem dividentes, cum multi

Chronic. Repgow.

Differ rede mac men wol trûwen. Iz ne mac niht vollen wunderen, warvan dat komen fi, dat men den witten wec, de over den himmel geit, hét de Iringeftråte wente an deffen hûdeliken dac.

Me vint gefcreven an der vrankifchen hiftórien, dô Irmenfrid tô Diderike quam, tô éner ftat Tulbiac, ûp geleide unde ftnonden ûp éner mûren unde tôfamene fpråken, Irminfrid wart geftoten van der mûren unde vêl dôt. Sine kindere lét aver Diderik dôt flån [3]).

Nå defeme fege quåmen de Saffen tô Diderike. de uutféng fe hérlike unde lovede fe fère unde gaf en dat lant tô rehtem erve unde wurden gehéten der Franken vrûnt unde gefellen. De Saffen vóren dô van Diderike mit góden minnen wider an de ftat, de fe tovórt hadden unde begonden dar aller érft tô wonende.

Dô délden fe dat lant under in unde

ex iis in bello cecidiffent et pro rari-
tate eorum tota ab eis occupari non po-
tuit, partem illius et eam quam maxime
quae refpicit orientem, colonis tradebant,
finguli pro forte fua, fub tributo exercendam. Cetera vero loca ipfi poffiderunt. A meridie quidem Francos habentes et partem Thuringorum, quos prae-
cedens hoftilis turbo non tetigit, et alveo fluminis Unftrótae dirimuntur, a
feptentrione vero Nordmannos, gentes
ferociffimas, ab ortu autem folis Obo-
dritos et ab occafu Frifos, a quibus
fine intermiffione vel foedere vel con-
certatione neceffario finium fuorum
fpatia tuebantur. Erant autem inquieti nimis et finitimorum fedibus in-
fefti, domi vero pacati et civium uti-
litatibus placida benignitate confulen-
tes.

ex iis in bello cecidiffent et pro rari-
tate fui totam occupare non poffent,
partem illius et eam quam maxime
quae refpicit ad orientem, colonis
tradebant, fub tributo exercendam.
Cetera vero loca ipfi poffiderunt. A
meridie quidem Francos habentes et
partem Thuringorum, quos praece-
dens hoftilis turbo non tetigit, et alveo fluminis Unftródae dirimuntur, a
feptentrione vero Nordmannos, gentes
ferociffimas, ab ortu autem folis Obo-
dritos [4]) et ab occafu Frifos, a quibus
fine intermiffione vel foedere vel con-
certatione neceffario finium fuorum
fpatia tuebantur. Erant autem inquieti nimis et finitimorum fedibus in-
fefti, domi vero pacati et civium uti-
litatibus placida benignitate confu-
lentes.

wante ere vile geflagen was, fo ne
mohten it niht al befitten unde befåtten it, ûp dat óften mit anderen
lûden, de in dar van tins gæven.

Den anderen dêl befåtten fe felve.
In was gelegen ûp dat fûden Durin-
gen, dat niht vororloget ne was,
wante an de Unftrôte unde de Vran-
ken; ûppet Norden de Normanne, ên
vreislich volc; ûppet óften wâren de
Wenede. ûppet weften de Vrefen. de
orlogeden fô ftædelike funder vrede
unde ftrid. fe befchermeden den ende
des landes mit nôt. De Saffen wâren
harde unrówic. fe orlogeden alle de
lant umbe fic. dar heime wâren fe
vile fahte. fe wâren ôc bûrfam under
in unde trûwe.

Jo. Gottlob Böhm diff. de Runibergo, ubi victus eft a Francis Hermenfridus ultimus Thuringorum rex. Leipz. 1774. 4°. und Wachter Thüring. und Oberfächf. Gefchichte. Leipz. 1826. I, 39 ꝛc.

[5]) Kurz bei Grimm Mythol. S. 331—332.
[1]) Chr. Urfperg. in famam tantam.
[2]) Chr. Urfperg. vocatus.
[3]) Joh. Roth 1650: Dar nách liez Ditherich die kinder finer fueftir [Meginharb hatte oben generem fuum] alle tótin, worauf ihm alle Thüringer hulbigen [Widukind].   [4]) Chron. Urfperg. Abodritos.

Tacitus.	Meginhard. —	Adam. Brem. —	Ch. Uraug. Ursp.	Chr. Repgow.
4. nullis aliis aliarum nationum con- nubiis infectam, pro- priam et finceram et tantum fui fimilem gentem exftitiffe arbi- trantur. unde habitus queque corporum, quam- quam in tanto homi- num numero, idem: omnibus truces et cae- rulei oculi, rutilae co- mae, magna corpora et tantum ad impetum valida.	Generis quoque ac nobilitatis[1]) fuae pro- vidiffimam curam ha- bentes nec facile[2]) aliis aliarum gentium vel fibi inferiorum con- nubiis infecti, propriam et finceram et tantum fui fimilem gentem fa- cere conati funt. unde habitus quoque ac magnitudo corpo- rum comarumque color, tanquam in tanto nu- mero hominum idem pene omnibus.	= = = = = = = = = = = = = = = =	= = = ullis aliarum = = = = = = = = [Urfp. comarum] = [Urfp. hominum nu- mero] =	Se namen eres flch- tes unde erer edele- cheit grôte ware. fe ne wolden van anderen lû- den, de leneden in wæren, néne wif ne- men noch de vrowen man, ûp dat fe niht under menget ne wor- den. Dar umbe was ere fchipniffe unde ere grôte, de varwe van dem hâre under alfô vile volkes vil nâ al ên.
	Quatuor igitur diffe- rentiis[3]) gens illa con- fiftit: nobilium fcilicet et liberorum, liberte- rumque atque fervorum. Et id legibus firmatum, ut nulla pars in copu- landis conjugiis: pro-		Quatuor igitur dif- ferentias gens illa in genere habuit. nobi- lium fcilicet [Urfp. ac] eft.	De Saffen hadden an irme volke vêr hande underfcheit. edele lûde, vrie hêrren vrie lûde unde knehte. Ere reht unde ere ê was alfô geftâdeget, dat

priae fortis terminos transferat, sed nobilis nobilem ducat uxorem et liber liberam, libertus conjugatur libertae et servus ancillae. Si vero quispiam horum sibi non congruentem et genere praestantiorem duxerit uxorem, cum vitae suae damno componat.		de edele man næme én edele wif, de vrie hêrro êne vrie vrowen, de vriling sine nôtinne unde de kneht næme de dérnen. Swe sô anders dæde,
Legibus etiam ad vindictam malefactorum optimis utebantur. Et multa utilia atque fecundum legem naturae honesta in morum probitate habere studuerunt, quae eis ad veram beatitudinem promeren-	studuerunt habere	dat koste sines selves lif. Se hadden ôc ander reht over méndædære unde bôfe lûde. se hadden sô menege doget unde reinechêt under in,

1) Tacitus G. 13. Insignis nobilitas u. s. w.

2) Tacitus G. 4. Ipse eorum opinionibus accedo, qui Germaniae populos nullis aliis aliarum nationum connubiis infectos u. s. w.

3) Tacitus hat eigentlich nur bei den Suionen (45) star nobiles, ingenuos, libert(in)os, servos; 25. liberti non multum supra servos sunt. Wibukind unbestimmter: unde usque hodie gens Saxonum triformi genere ac lege, praeter conditionem servilem dividitur.

15

Tacitus.	Meginhard. =	Adam. Brem. =	Ch. Uraug. Urep.	Chr. Repgow.
	dam proficere potuif- fent, fi ignorantiam creatoris fui non habe- rent [et a veritate cul- turae illius non effent alieni.]	= =	fi notitiam fui creatoris haberent [fehlt — — — — — — — — —]	hadden fe got bekant, fe wåren alle tôten gnåden.
9. Deorum maxime Mercurium colunt, cui certis die- bus humanis quoqne ho- ftiis litare fas ha- bent. Herculem ac Martem conceffis animalibus placant [.... Jfis .....]	Coluerunt enim eos, qui natura non erant dii, inter quos maxime Mercurium venera- bantur, cui certis die- bus humanis quoque ho- ftiis litare confueve- rant.	Coluerunt enim eos, qui natura non erant dii, maximeque = = = litabant.	= = = = = =	Se lôveden an Marfe, deme bråh- ten fe tô befchêdenen dagen er offer ¹).
Ceterum nec cohibere parietibus deos, neque in ullam humani oris fpeciem affimulare ex magnitudine et digni- tate coeleftium arbi- trantur.	Deos fuos neque tem- plis includere neque ulli humani oris fpe- ciei adfimilare ex ma- gnitudine et digni- tate coeleftium arbi- trati funt.	= = = = = = =	= = ulli humanae fpeciei pro magnitudine et dignitate divinita- tis licitum ²) arbi- trati funt.	Se fpråken, de godde wåren fô hilech unde fô hêr, men nefolde fe nimmer nå minfchen belede geliken, men ne- folde fe ôc befûten noch an templen noch an hûfen.
Lucos ac nemora con-	L. a. n. confecran-	=	=	Se wieden an der

C. CORNELII TACITI
GERMANIA.

---

auſpiciorum, qua gravium bellorum eventus explorant: ejus gentis, cum qua bellum eſt, captivum quoquo modo interceptum cum electo popularium ſuorum patriis quemque armis committunt. victoria hujus vel illius pro praejudicio accipitur.	a. qua grav. b. e. explorare ſolebant. Ejus quippe gentis, c. qua bellandum fuit, captivum quoquo modo interceptum cum electo po. = = committere et victoriam hujus vel illius pro judicio habere.	a. quo ſolebant gravium explorare bellorum. Ejus ſcilicet g. c. q. = = = = = in praovidentia habere.	dere wihlinge, de plágen ſe beſôken, ſwenne ſe gróte ſtrid ſtriden ſolden. wider welher hande volc ſe ſtriden wolden, ſô vêngen ſe, ſwê ſe mohten, ênen man des volkes unde lêten ene vehten mit êneme erer manne mit ſô gedânen wâpene, alſe iewelc volc hadde, unde ſâgen, wilec ere den ſoge behêlde: dar hêlden ſe ſic an.
11. De minoribus rebus principes conſultant, de majoribus omnes; ita tamen nt ea quoque, quorum penes plebem arbitrium eſt, apud principes pertractentur. Coeunt, niſi quid fortuitum et ſubitum incidit, certis diebus, quum aut inchoatur luna aut impletur: nam agendis rebus	Quomodo autem certis diebus, cum aut inchoatur luna ant impletur, agendis rebus	c. d., e. aut luna inchoatur a. inpletur	Se hadden óe den grôteſten lôven tô al irme diage tô dwonde an dem mâuen, ſwenne ſô he tôwuos oder afbrak.

Tacitus.	*Meginhard.*	= *Adam. Brem.*	= *Ch. Uraug. Ursp.*	*Chr. Repgow.*
hoc aufpicatiffimum	aufpicatiffimum initium			
initium credunt.	crediderint, et alia in-	cr. aliaque innumera-	cr. et alia innumera-	Andere wihlinge had-
	numera vanarum fuper-	bilia vanarum fuper-	bilia vanarum fuper-	den fe noch, de untel-
	ftitionum genera, qui-	=	=	lic wâren, dar fe mede
	bus impliciti funt, ob-	=	q. impl. tenebantur	beworren wâren; de
	fervaverint, practereo.	=	=	wille wi nù lâten varén.
	Haec vero ideo comme-	=	=	We hebben deffen un-
	moravi, quo prudens	=	=	gelôven dar umbe gere-
	lector agnofcat, a quan-	=	=	kent, fwe fô diffe rede
	tis errorum tenebris per	=	=	hôre, dat he merke, wie
	dei gratiam et miferi-	=	= gratiam =	wol god mit in gedân
	cordiam fint liberati,	=	fint liberati.	heve, want he fie gelôft
	quando eos ad cognitio-	=		hevet van fô mangen un-
	nem fui nominis lumine	=		gelôven unde ôk van des
	verae fidei deducere	=		dùveles dienefte, dar fie
	dignatus eft.	=		mede beworren wâren
				lange.

Eginhard.	*Meginhard.*	*Adam. Brem.*	*Chr. Ur. Ursp.* [1])	*Chr. Repgow.*
Quia Saxones ficut	qui erant ficut	Erant enim ficut	Qui erant ficut omnes	Se wâren
omnes fere Germaniam	omnes fere Germaniam	omnes Germaniam in-	nationes Germaniam	
incolentes nationes et	incolentes nationes et	colentes et natura fe-	incolentes et natura	
natura feroces et cultui	natura feroces et cultui	roces et cultui daemo-	= [2])	vrêslike lùde
daemonum dediti no-	daemonum dediti ve-	num dediti veraeque	= veracque	
ftraeque religioni con-	raeque religioni con-	religioni contrarii, ne-	=	
trarii, neque divina ne-	trarii, neque divina ne-	quedivina neque huma-	=	
que humana jura vel pol-	que humana jura trans-	na jura vel polluere	= [3])	
luere vel transgredi in-	gredi inlicitum vel	vel transgredi inho-	=	
honeftum arbitrabantur.	inhoneftum putantes.	neftum arbitrabantur.	=	

secrant deorumque no-	tes deorumque nomi-	=		=	gode namen busche un-
minibus appellant secre-	nibus appellantes s.	=		=	de bôme unde nemden
tum illud, quod sola	illud sola reverentia	=		=	se nâ in unde sægen
reverentia vident.	contemplabantur.	=		contemplantur.	se an mit vrohten.
10. Auspicia fortesque	Auspicia et fortes	=		=	Se hadden manege
ut qui maxime obser-	quam maxime obser-	=		=	wihlinge unde plâgen
vant.	vabant.	=		= quaram	ôc tô lôtende.
Sortium consuetudo	Sortium consuetudo	=		fortium ³) =	Der lôtunge woneheit
simplex: virgam frugi-	simplex erat.	=		=	was vil ênvaldich. se
ferae arbori decisam in	=	=		=	sneden êne roden vane-
surculos amputant eos-	amputabant eos-	=		=	me fruhtbaren bôme
que notis quibusdam	que =	=		=	unde brâken af te twi-
discretos super candi-	=	=		=	geken unde têkeneden
dam vestem temere ac	= t. ac	=		=	se underschêdelike unde
fortuitu spargunt. mox	fortuito spargebant.	=		=	worpen se ûp ên wit
si publice consuletur,	mox si publica consul-	=	fuit	= consul-	klêt unwarlike unde ûp
sacerdos civitatis, sin	tatio fuit, sacerdos	consultatio =		tatio fuit. =	aventûre vêlen se tô-
privatim, ipse paterfa-	populi, si privata, =	=		=	samene.
milias precatus deos	=	=		=	
coelumque suspiciens	=	=		=	
ter singulos tollit, sub-	t. s. tulit sublatosque	t. s. tulit sublatos s.		[Ursp. inter] s. tulit	
latos secundum im-	secundum =	=		sublatosque s. i. an-	
pressam ante notam in-	= in-	=		tea n. =	
terpretatur. si prohi-	terpretatus est. si =	=		= et si pr.	

¹) Hier folgt (vorgreifend) erst Se lôveden ôc an busche unde an bôme.

²) Aus cēlitum (st. coelestium)?

³) Chron. Ursperg. 1515. forti nō.

Tacitus.	Meginhard.	Adam. Brem.	Ch. Uraug. Ursp.	Chr. Repgow.
buerunt, nulla de ea- dem re in eundem diem confultatio; fin permis- fum, aufpiciorum adhuc fides exigetur. Et il- lud quidem etiam hic	= = ipfe die conf. fi permiffum eft, eventuum adhuc fides exigebatur.	= = = eft, even- tuum =	= = ipfa die confultatio erat. fi p. eft, eventuum =	
notum, avium voces volatusque interrogare. proprium gentis, equo- rum quoque praefagia ac monitus experiri. publice aluntur iisdem nemoribus ac lucis can- didi et nullo mortali opere contacti, quos preffos facro curru fa- cerdos ac rex vel prin- ceps civitatis comitan- tur	Avium voces volatus- que interrogare pro- prium gentis iftius erat. Equorum quo- que praefagia ac mo- nitus experiri.	A. v. et volatus i. pr. erat illius gen- tis. E. q. praefagia ac motus.	A. v. volatusque i. pr. g. illius erat. E. q. praefagia ac motus	Se lóveden óc an der vogele ftemme unde an ire vluht. an der perde
hinnitusque ac fre- mitus obfervant. nec ulli aufpicio major fides non folum apud plebem, apud proceres, apud fa- cerdotes. fe enim mi- niftros deorum, illes confcios putant.	hinnitusque ac fre- mitus obfervare. nec ulli aufpicii major fides non folum apud plebem, fed etiam apud pro- ceres habebatur.	= = = =	= = = = = adhibebatur.	neinge hélden fe fic óc, niht aléne de ménen lúde, wande óc de hó- geften allermeift.
Eft et alia obfervatio	Erat et a. obf.	=	=	Se hadden óc éne an-

vertenda femper fuere praecipites, non fit ut fatis aeftimare, ad utrum horum faciliores verius dici poffint, quippe cum poft inchoatum cum eis bellum vix ullus annus exactus fit, quo non ab eis hujuscemodi facta fit permutatio.	f. pr. nec facile eft aeftimare — = dici verius poffint	= = 6)	alfô dicke aver alfe fe fic gæven, alfe dicke trâden fie tô rugge
Nam et frondofis arboribus fontibusque venerationem exhibebant truncumque ligni non parvae magnitudinis in altum erectum fub divo colebant, patria eum lingua irminfûl appellantes, quod latine dicitur univerfalis columna, quafi fuftinens omnia.		Frondofis arboribus = = truncum quoque = = = = = = = = =	unde bededen dô van nijes an telgen bôme unde bornen. fe rihten ûp êne grôte holtine fûle, hô, de hêten fie nâ irer fprâke irminfûle, dat quit gemêne fûle, alfe fie alle ding ôphêlde.

¹) Born adverfus.   ²) Born utrimque.

³) Born auch bloß triginta, dagegen nach cp. 8 Eginhard trigefimo tertio.

⁴) Born perfidia hoc.   ⁵) Born Dictu diff. eft.

⁶) Born abgebrochen mit praecipites — permutatio, und fortgefahren mit Regis verum magnanimitas.

Die hiernach bei Ecko von Repgau folgenden Worte, die zu Pipin, Hilderich, den Merovingern zurückgreifen, um auf Karl und Widukind und des Letzteren Sohn Wigbert und Enkel Waltbert zu kommen, und von da auf die Ottonen zu gelangen, sind in ihrem Auszuge aus Meginharb's Translatio S. Alexandri (cp. 4. 5.), woran besonders die Worte dô gaf ime Leo, de bl den tiden tô Rôme paves was, den lichamen sancti Alexandri ganz [1]), de sone was sante Felicitatis erinnern, recht bestimmt wieder Beweis, daß Ecko nicht unmittelbar aus Meginharb, sondern (auch hier wieder) wörtlich aus dem ihm zeitnäheren Chronicon Urangiense (Urspergense) seinen Text entnahm: die in diesem eingetretenen Styländerungen des meginharbischen Textes klingen wörtlich in Ecko's Übersetzung wieder.

[1]) Nach Wigaldingohûson d. i. Wilbeshusen (s. S. 163.).

Suberant et caufae, quae quotidie pacem conturbare poterant, termini videlicet noftri et illorum pene ubique in plano contigui, praeter pauca loca, in quibus vel filvae majores vel montium juga interjecta utrorumque agros certo limite disterminant, in quibus caedes et rapinae vel incendia viciffim fieri non ceffabant; quibus adeo Franci funt irritati, ut non jam viciffitudinem reddere, fed	Unde factum eft, quod cum finitimis fuis et maxime cum Francis lites atque discordias habebant, quia fuberant caufae quae quotidie pacem perturbare poterant, termini videlicet noftri et illorum pene ubique in plano contigui, praeter pauca loca, = = = = = = = = = =	Unde factum eft, quod cum finitimis fuis et maxime cum Francis lites atque difcordias habebant, quia fuberant canfae, quae quotidie pacem perturbare poterant, termini videlicet amborum pene ubique in planicie contigui, praeter pauca loca, i. q. v. faltus magni = = interpofita = = = atque rapinae = = = = =	unde orlogeden al de lant, de bi in wâren, allermeift de Vranken. dat ne was ôc niht funder fake, wante ire velt gingen tô-famene flihtlike unde nemohten de ackere niht evene dêlen. It wâren ôc twifchen in berge unde brôc. dar van wart ftâdelike under in pihte unde rôf unde brant. Hir van worden de Vranken unmôdes unde ne wolden in niht van

Eginhard.	*Meginhard.*	= *Adam. Brem.* =	*Ch. Uraug. Ursp.*	*Chr. Repgow.*
apertum contra eos bellum fuscipere dignum judicarent. Susceptum eft igitur adverfus eos bellum, quod magna utrimque animofitate, tamen majore Saxonum quam Francorum damno, per continuos triginta tres annos gerebatur. Poterat fiquidem citius finiri, fi Saxonum hoc perfidia pateretur. Difficile dictu eft, quoties fuperati ac fupplices regi fe dediderunt, legatos qui mittebantur fusceperunt, aliquoties ita domiti et emolliti, ut etiam cultum daemonum dimittere et chriftianae religioni fe fubdere velle promitterent; fed ficut ad haec facienda aliquoties proni, fic ad eadem per-	= eos deliberarent bellum fuscipere. = contra [1] = utrorumque [2] a. majore tamen Saxonum damno per = triginta annos [3] = = = perfidia hoc [4] p. Difficile quippe d. e. f. = = dederunt —		= = = = = = = = = = = = = [5] = = = — = = = = =	ftunde tò ftunde widergelt geven mèr fe beftònden fe mit ènem openbaren orloge. Under diffeme orlogo wart manich gròt ftrit van ir beider hòmòde. dar nàmen iedoch de Saffen den fchaden tò allen tiden. dit gewarede wol drittich jàr. It wære aver èr wol geendet, ne hadde gewefen der Saffen hòmòt unde ir twivelmòt. It is verdròtenllc unde pinlic tò feggene, wè dicke fie fic gàven unde loveden dat fè dèn wolden, wat men in gebode. fe gàven gi fele. fe untfèngen de boden. fe worden òc dicke alfò getèmet unde alfò gewèket, dat fe loveden fe wolden de afgòde làten unde criften werden.

M. ACCII PLAUTI
COMOEDIAE.
Ad praestantium librorum fidem recensuit, versus ordinavit,
difficiliora interpretatus est
Carolus Herm. Weise.
Altera editio multis in partibus locupletata.
Tomus I.
Insunt: *Amphitruo, Asinaria, Aulularia, Bacchides, Captivei,
Casina, Cistellaria, Curculio, Epidicus, Menaechmi, Mercator, Miles.*
gr. 8. Preis: 2 Thlr. — Auf Schweizer-Velinpap. 2 Thlr. 15 Sgr.

Der 2te Band, in gleichem Preise, erscheint binnen einem
Monat.

C. IULII CAESARIS Commentarii de
BELLO GALLICO.
Mit Anmerkungen und einem vollständigen Wörterbuche von
Franz Oehler.
gr. 8. Preis: 22½ Sgr.
Das »Wörterbuch« apart: 10 Sgr.

HESIODI
quod fertur
Scutum Herculis
ex recognitione et cum animadversionibus *Fr. Aug. Wolfii* edidit
C. Ferd. Ranke. Accessit apparatus criticus et dissertatio edito-
ris. gr. 8. Preis: 1 Thlr. 25 Sgr.

M. ANNAEI LUCANI
PHARSALIAE
LIBRI X.
Ad meliorum librorum fidem recensuit scholiisque interpretatus
est et indicem adjecit *C. H. Weise.*
gr. 8. Preis: 1 Thlr. 20 Sgr. Velinpapier: 2 Thlr. 10 Sgr.

Nachträge.

Seit ich Abhandlung, Vorrede 2c. abschloß und der viel spätere Druck zu
Ende gieng, ist Robert Tagmann's Abhandlung De Taciti Germaniae
apparatu critico (Breslau, Schulz. 1847. gr. 8.) erschienen, eine Schrift, die
ihr Verhältniß zu meinem Buche S. 15 2c. selber angiebt, S. 65 2c. aber na=
türlich noch mit meinen 1841 in den Jahrbb. f. wissensch. Kritik. n. 87—90.
aufgestellten ersten Vermuthungen zu thun hat, die sich nun (S. v. und 196 2c.)
vielfach anders begrenzen. —

Tagmann stellt S. 17—28. gleichfalls die Handschriften und alten Drucke
der Germania zusammen, wobei für die Zukunft erfreulich ist, daß unsre Be=
zeichnungen fast wörtlich stimmen, nur daß er **Va**(ticani) nennt, was ich
R(omani), und **HJ**, was ich **L** genannt habe 2c. T. fehlen aber Cod. **R**
(S. 13.) und die Drucke **R²** (S. 25.), **C** (S. 30.), **B¹** (S. 30.), **R²**
(S. 36.), **F** (S. 37.), **R³** (S. 37.) **B³** (S. 39.). Die von ihm S. 24, 7.
aufgeführte Ausgabe Venedig 1481, aus der Gebauer nur drei Lesarten mit=
theilt und daher nur Ruperti cxxviii, 1. aufführte, ließ ich S. 27. weg, weil
sie mir nie zu Gesichte gekommen war.

Tagmann versucht S. 30 - 32., 36 - 37., 97—105. Vorschläge für den
Text der Germania: meine Absicht konnte dieß nicht sein; ich hatte den her=
kömmlichen Text aufzustellen, da es diesmal nur die Lesarten sammeln galt.

———

S. 1, A. Vgl. Tagmann S. 19, 15. Anmk. — In Pertz Archiv IX, 50¹.
wird (leider ohne alle und jede nähere Angabe) als Handschrift
des Baronets Thomas Phillipps zu Middlehill aufgeführt Taciti Germania (6748). — S. 1, 1 v. u. füge hinzu: Vaterlandskunde St. 8. S.
61—63.; 3. 10 v. u. Catalogue of Manufcripts in the British Mufeum.
New Series. Volume I (The Arundel Manuscripts). gr. fol.

S. 5, Anmk. 1. wird gerechtfertigt durch Tagmann S. iv. und S. 9, 12 15.
31. 46. 58. 61. 66. 97. 2c.

S. 6, 13 v. u. Tagmann sagt S. 17, 3: eilfmal.

S. 9, 2. ipseu͞ steht in der Hdschr. (für c͞fpc͞u, confpectu?)

S. 19, 5. für Tagmann verglichen von Offander, 26. für T. vgl. von Kelner.

S. 22, 19 2c. über die vermeinten Handschriften des Jf. Voffius, Abr. Grono=
vius, Groslotius, Longolius 2c. ist T. S. 75 - 79. ausführlicher.

S. 45, 11 füge hinzu: u. XLIII, 68.

S. 72, 10. V(enetus) hat bennoch nach Heubachs genauer Abschrift hat, obgleich T. 21, 15 v. u. es leugnet.

S. 81, 32: sieh Tagmann S. 30—31.

S. 84, 37. füge zu: T. S. 32.

S. 93, 31. sieh T. S. 33.

S. 158, Anm. 5. In den Tischreben (1573. Bl. 149b) sagt Luther: „Ein Esel, mit Gelde beladen, vermag Alles, wie der Heide Cornelius Tacitus von Teutschen schreibet Wir haben sie gelehret Geld nehmen, es ist kein Treu noch Glauben mehr auf Erden, die Welsche und Spanier konspiriren und halten sich zusammen wider uns, nur umb ihres Gewinstes willen."

S. 208—209. füge zu das Beispiel amnem für amisiam Ann. 1, 70 (Visurgim ist Glosse; vgl. Ann. 1, 60. flumen Amisiam). Vgl. Ritter in Jen. Literat. Zeit. 1847, Sp. 423.

S. VII. Vgl. über Plan und Zweck in Tacitus Germania von Johannes von Gruber im Neuen Jahrb. der Berlin. Gesellsch. f. D. Sprache. Berl. 1839. S. 74—91.

S. 3, 4 v. u. lies (nach Siena) geboren. — S. 10, 20. u. 13, 6. l. Abhandlung. — S. 12, 6. l. bloß Asculanus. — S. 16, 1. l. pri-|ora, 10. nuper, 22. (nach q°q3) eius mediocre extitit. Si quidem antiquissimi docto4 (die Zeilensonderung gehört wahrscheinlich nur der neuen Abschrift an). — S. 19, 22. l. capellani, 29. Venetus — S. 26, 6. Fritzias? — S. 48, 5. l. Vandalios — S. 49, 41. l. p'mi; 69, 47. p'acipū; 117, 7. Reudig'. — S. 56, 38. 44. schließ die Klammer; eben so 64, Z. 12 v. u. (nach iudicio) — S. 57, 3. l. 50 (st. 60). — S. 58, 3. v. u. l. sit — S. 76, 9. l. XXII (st. XXV) u. XLVI (st. XLVII). — S. 84, 16. l. crellbre — S. 89, Z. 2. v. u. l. XXVI. — S. 93, 18. l. aluetij — S. 96, Z. 1. v. u. l. Rhomāi — S. 100, 27. l. exece — S. 113, 25. l. **Rf.** — S. 127, 6, fehlt ein Punkt. — S. 167, 7. l. Wicbald. — S. 168, 21. l. 1560. — S. 172, 3. v. u. l. Facius — S. 174, 1. tilge das Komma zw. A. u. M. — S. 175, 5. l. ergastulis — S. 201, 19. l. 40 (st. 41).

Berlin, am 5. September 1847.

8.

ACITI · I
RIBVS · IN(

... iuste fabri(
mentru opat
nt, nostra po(
oguitiæ orbate
meat. Neq: (
lorum autē (
ati. et patron

ad manu: lat. 234. fol.   8ª

Damascus
Ascalona
Domus sanctificationis.

Damiata

Barcei.

De habitatoe Terre

quātu distet gangis ho
rium ab ulta bona

firmat
234
assequit
236
uidet

Neitbu

c   f

87
   pptāe
89
igno — ...   152
     pars | uerború
91
   utātu   153
        solo
93   ī ipso, uerbice
   custody
95   154
   colligūt   in ipsoū erat
97
   euoluūtu
           155
          men

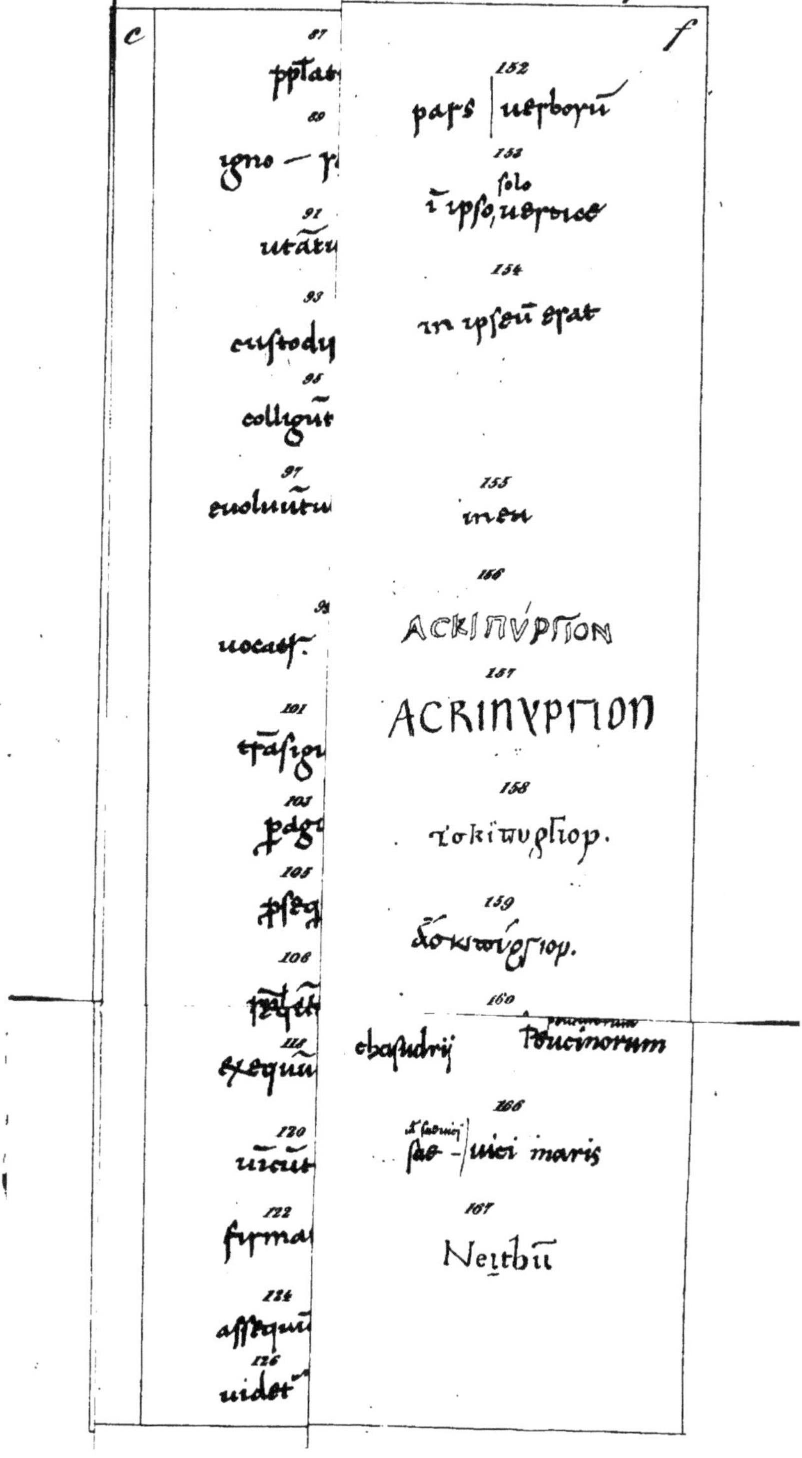

         156
99
   uocat   ΑCΚΙΠΥΡΠΟΝ
         157
101
   tᵃsigu   ΑCΡΙΝΥΡΠΟΝ
103
   pᵈgu   158
105   τοκιπυρℓιορ.
   pseq
106   159
        δοκιπουℓℓιορ.
         160
111   Poucinorum
   exequū   obastudrij
120   166
   uicus   sao — uici maris
122
   firma   167
124   Neitbū
   asseqū
126
   uidet